ampus

Luca Maldini

Bruno Bentivogli, Paola Vecchi Galli

Filologia italiana

Bruno Mondadori

Progetto grafico: Massa & Marti s.r.l., Milano

La scheda catalografica è riportata nell'ultima pagina del libro

Indice

7 Premessa

9 Sezione storica: la filologia in Italia
1. Il Duecento
10 2. Il Trecento. Dante, Petrarca, Boccaccio
14 3. Il Quattrocento
17 4. Il libro a stampa
20 5. Il Cinquecento
23 6. Il Seicento e il Settecento
25 7. Il primo Ottocento
27 8. Il secondo Ottocento e la scuola storica
32 9. Il primo Novecento
34 10. Il secondo Novecento

41 Sezione metodologica: l'edizione critica
1. Il testo e l'edizione: nozioni preliminari
2. I manuali, i "classici"
43 3. L'edizione critica: una forma per una definizione
45 4. Prima dell'edizione critica: il manoscritto, la scrittura, la stampa
48 5. Edizione fotografica, diplomatica e interpretativa
50 6. Il censimento e la tradizione: alcune tipologie esemplari
56 7. Il "metodo di Lachmann"
57 8. Il "metodo di Lachmann" in azione: le prime fasi di intervento (testi a trasmissione plurima di copia)
59 9. Errori e varianti: il problema e la sua soluzione. La classificazione
63 10. Le varianti: scelte meccaniche
65 11. Le varianti: criteri "interni"; la diffrazione
66 12. L'archetipo
68 13. Il cerchio si chiude: l'originale (processi di *emendatio*)
69 14. La crisi del "metodo di Lachmann"
71 15. Recensione aperta
76 16. L'edizione critica basata su un solo testimone (non autografo)
78 17. Pubblicare un autografo (con alcune riflessioni sui problemi di resa grafica)
79 18. La filologia d'autore e gli originali plurimi
81 19. Filologia dei testi a stampa
82 20. L'apparato, gli apparati
83 21. Criteri grafici e colorito linguistico: la "restituzione formale"
85 22. Ultime questioni
22.1 Metrica e filologia, p. 85
22.2 I "macrotesti": edizione spicciolata e ordine dei componimenti, p. 87
88 23. Per finire... (ma si potrebbe continuare)

91 Gli esempi
93 L'enigma di Ser Durante
98 La *Vita Nuova* (o *Vita Nova*) di Dante: un caso riaperto
104 Il *Canzoniere* di Francesco Petrarca: "filologie" di un libro esemplare

114 Il *Bel Gherardino*: la filologia dei testi poveri
120 Boccaccio: il libro, i "mercatanti" e le visioni
127 Burchiello, la "burchia" e la filologia del Novecento
133 L'*Orlando* ritrovato: testo e tradizione di un poema "padano"
141 Parini, o *Il Giorno* senza fine
149 I *Canti* di Giacomo Leopardi: origine ed evoluzione dell'edizione critica d'autore
158 Un dittico novecentesco: Montale, Ungaretti
164 Appendice. Il *Diario postumo* di Eugenio Montale

169 La rete della filologia. L'edizione digitale e le banche dati testuali: una rassegna per l'italianistica
170 1. Le monografie ipertestuali e gli archivi testuali
1.1 Monografie ipertestuali, p. 170
1.2 Archivi testuali, p. 174
178 2. Le nuove frontiere
2.1 La codifica "semantica", p. 178
2.2 L'edizione critica ipertestuale, p. 180
2.3 L'edizione come database, p. 181
182 3. Altri strumenti utili
3.1 Cd-rom-collezioni, p. 182
3.2 Siti Web: gli OPAC, p. 183
3.3 I repertori *on-line*, p. 185

189 Indice dei termini filologici
195 Indice dei manoscritti
199 Indice dei nomi

Premessa

Il punto di vista che qui si vuole promuovere mira all'integrazione tra filologia, critica e storia. La filologia *tout court*, prima ancora della filologia italiana, ha sviluppato nel tempo una sua precisa continuità operativa; il testo letterario ne viene illuminato nella propria lezione, vale a dire nella forma definitiva che l'autore gli impose, e nella propria tradizione, cioè nella trafila che a partire dall'originale lo consegna ai lettori del nostro tempo. Questo volume costituisce quindi un appello alla concretezza e all'oggettività del testo, che si rivolge ai nuovi utenti delle discipline letterarie in lingua italiana (la futura classe di laurea specialistica intitolata a "Filologia e letteratura" potrà realizzare in pieno il binomio che qui viene enunciato).

Il volume si divide in tre parti: una "Sezione storica: la filologia in Italia"; una "Sezione metodologica: l'edizione critica"; una serie di esempi (dodici opere in tutto, suddivise in dieci brevi capitoli), in cui trovano applicazione gli enunciati sopra esposti. A una sobria scheda storico-letteraria si affianca una presentazione esaustiva del caso filologico e dei criteri adottati dall'edizione critica che ne è il risultato (come l'opera è stata fruita nei secoli, e in quali forme, ai nostri giorni, la si pubblica e la si legge): dodici opere, dalla *Vita Nuova* di Dante sino all'*Opera in versi* di Montale e all'*Allegria* di Ungaretti, nella loro testualità di base, nella loro genesi e formazione, nella ricezione secolare e contemporanea. Gli esempi intendono mostrare sul campo a quali ambiti, e con quali metodi, la filologia italiana del Novecento si è applicata con particolare ingegno e fortuna. Accanto ai classici (come la *Vita Nuova* pubblicata da Michele Barbi) trovano posto edizioni critiche recenti e recentissime, per restare al passo con le ultime e più vitali esperienze di questa disciplina. La bibliografia, frapposta nel corpo del testo o aggiunta alla fine di ogni capitolo, è di norma presentata in ordine cronologico: è selettiva e intesa a suggerire eventuali approfondimenti di lettura.

Le tre parti, pur integrandosi a vicenda (anche nella forma dei rinvii a distanza), possono essere fruite singolarmente: ciascuna di esse è compiuta e ha una sua autonomia all'interno del volume. Le inevitabili, ma nel complesso modeste, sovrapposizioni nel contenuto e negli apparati bibliografici sono funzionali all'impostazione complessiva del libro: in tal modo il manuale può prestarsi a una scansione "modulare", che privilegi, a seconda delle diverse occasioni di studio, una o più delle sue sezioni. Così come trovano giustificazione le lievi differenze con cui la materia è stata affrontata nelle tre sezioni: differenze di stile, più che di sostanza, utili se non altro ad abituare i giovani lettori anche a linguaggi critici un po' diversi.

Gli autori desiderano ringraziare Emilio Pasquini, come sempre partecipe e attento consigliere; Gian Mario Anselmi, lettore e promotore del volume; Andrea Comboni per gli innumerevoli, preziosi suggerimenti; Francesca Tomasi, cui spetta integralmente il capitolo "La rete della filologia"; Camilla Giunti, che ha collaborato alla redazione dell'opera.
Il volume è dedicato, con affettuosa gratitudine, a Raffaele Spongano.

Bruno Bentivogli
Paola Vecchi Galli

I due autori hanno operato in regime di sostanziale e costante collaborazione: Bruno Bentivogli è responsabile di: "Sezione storica: la filologia in Italia" (pp. 9-40); "L'enigma di Ser Durante" (pp. 93-97); "La *Vita Nuova* (o *Vita Nova*) di Dante: un caso riaperto" (pp. 98-103); "Il

Bel Gherardino: la filologia dei testi poveri" (pp. 114-119); "I *Canti* di Giacomo Leopardi: origine ed evoluzione dell'edizione critica d'autore" (pp. 149-157).

Paola Vecchi Galli ha scritto: "Sezione metodologica: l'edizione critica" (pp. 41-90); i capitoli "Il *Canzoniere* di Francesco Petrarca: 'filologie' di un libro esemplare (pp. 104-113); "Boccaccio: il libro, i 'mercatanti' e le visioni" (pp. 120-126); "Burchiello, 'la burchia' e la filologia del Novecento" (pp. 127-132); "L'*Orlando* ritrovato: testo e tradizione di un poema 'padano'" (pp. 133-140); "Parini, o *Il Giorno* senza fine" (pp. 141-148); "Un dittico novecentesco: Montale, Ungaretti" (pp. 158-167); l'"Indice dei termini filologici" (pp. 189-194).

Avvertenza: i testi riportati come esempi all'interno dei singoli capitoli sono stati, quando ciò era possibile, riprodotti direttamente dagli originali; in caso diverso, sono stati presentati curando di conservare almeno la struttura e la forma previste nelle edizioni originali.

Sezione storica: la filologia in Italia

Indirizzato a un pubblico studentesco, questo sintetico profilo di storia della filologia italiana aspira a delineare le tappe essenziali dell'evoluzione nei criteri e nelle tecniche adottati per l'edizione dei testi letterari in lingua italiana; concentrato dunque sulla *critica del testo*, non manca tuttavia di occuparsi, soffermandosi almeno sui momenti più salienti, anche di *storia della tradizione*, in quanto illustra i modi in cui il patrimonio della nostra letteratura ci è stato trasmesso a partire dalle sillogi poetiche duecentesche, passando per gli autografi di Petrarca e Boccaccio, per arrivare alla rivoluzione tipografica quattrocentesca e alle straordinarie novità della tecnologia elettronica. Non potendosi giovare di precedenti omogenei per concezione e dimensione – troppo sintetici risultano ovviamente i capitoli che ripercorrono la storia della disciplina nei manuali correnti di filologia italiana, e invece spesso sovrabbondanti quelli dedicati, in varie sedi, a questioni e periodi particolari (la scuola storica, la nuova filologia ecc.) – il discorso ha dato spazio preminente alla materia più familiare all'autore, con conseguenze che non si negano, ma che si sperano tollerabili, sulla tenuta dell'insieme.

1. Il Duecento

Come all'inizio della nostra storia letteraria trovano luogo (non per mera convenzione scolastica, né in omaggio a una tradizione secolare, ma per oggettiva preminenza del fenomeno) le scuole poetiche del XIII secolo, dalla siciliana, alla cosiddetta "siculo-toscana", alla stilnovistica, così all'inizio della storia della nostra filologia devono di necessità figurare i testimoni che quella poesia ci hanno tramandato. Toscani e databili tra la fine del Duecento e l'inizio del Trecento sono il già Palatino 418, ora Banco Rari 217 della Biblioteca Nazionale Centrale di Firenze (siglato P), il Rediano 9 della Biblioteca Medicea Laurenziana di Firenze (siglato L), il Vaticano Latino 3793 della Biblioteca Apostolica Vaticana (siglato V); alquanto più tardo (metà del XIV secolo) è, della stessa Vaticana, il codice Chigiano L. VIII. 305 (siglato Ch). In area veneta ci portano invece il fascicolo di quindici carte ora legato nel codice composito Escorialense Latino e. III. 23, che è quanto resta di un canzoniere di origine padovana del primo Trecento, e il Vaticano Barberiniano Latino 3953, allestito fra il 1325 e il 1335 dal notaio e rimatore trevigiano Nicolò de' Rossi.

I canzonieri delle origini

Eccezionale è l'importanza che questi manoscritti rivestono per la conservazione del patrimonio poetico del XIII e XIV secolo: si consideri che senza il codice Vaticano la produzione dei poeti fiorentini della generazione precedente a Dante ci sarebbe quasi del tutto ignota, e che senza la testimonianza del Chigiano ben poco avremmo di Cecco Angiolieri e degli altri giocosi del suo tempo. Ma non solo: questi manoscritti costituiscono, con tutti i limiti che il termine comporta prima della diffusione della stampa, delle autentiche edizioni, che selezionano e ordinano secondo criteri non casuali (e dunque non per semplice accumulo) il materiale prescelto. Così, se il Rediano è una vera e propria silloge guittoniana, che raccoglie con le liriche anche le lettere in volgare del caposcuola, e aggiunge una scelta di rime dei seguaci, il Vaticano mette insieme una ricchissima e ordinata antologia della poesia delle origini dal Notaio agli esordi di Dante, presente con la canzone *Donne ch'avete intelletto d'Amore*. In questi due codici una non comune attenzione alla qualità del testo è provata da una decisa propensione all'intervento congetturale, ma più importante è osservare che i manoscritti toscani sono, se non diretti responsabili, testimoni essenziali di quel processo di omogeneizzazione linguistica che cancella quasi completamente dalle poesie siciliane i tratti del dialetto originario, di fatto livellando sui più tardi esiti toscani la lingua dei primi maestri. È questa la prima delle ricorrenti operazioni di travestimento linguistico che hanno coinvolto i testi non toscani della nostra tradizione letteraria, ed è senz'altro la più importante, anche perché, nella quasi totale perdita di testimonianze conservatrici della fisionomia linguistica originale, presenta già operante fin dal Duecento quella scelta del toscano come lingua letteraria nazionale che sarà invece acquisizione assai più tarda.

Bibliografia consigliata

Domenico De Robertis, *Il canzoniere Escorialense e la tradizione "veneziana" delle rime dello stilnovo*, supplemento al "Giornale Storico della Letteratura Italiana", 27, Loescher-Chiantore, Torino 1954.

d'Arco Silvio Avalle, *I canzonieri: definizione di genere e problemi di edizione*, in *La critica del testo. Problemi di metodo ed esperienze di lavoro*, Atti del convegno di Lecce, 22-26 ottobre 1984, Salerno Editrice, Roma 1985, pp. 363-382.

Corrado Bologna, *Tradizione testuale e fortuna dei classici italiani*, in *Letteratura italiana*, vol. VI: *Teatro, musica, tradizione dei classici*, Einaudi, Torino 1986, pp. 445-928 (poi in volume autonomo: *Tradizione e fortuna dei classici italiani*, Einaudi, Torino 1993).

Roberto Antonelli, *Canzoniere Vaticano Latino 3793*, in *Letteratura Italiana. Le opere*, vol. I: *Dalle origini al Cinquecento*, Einaudi, Torino 1992, pp. 27-44.

Concordanze della lingua poetica italiana delle origini (CLPIO), a c. di d'Arco Silvio Avalle, Ricciardi, Milano-Napoli 1992, vol. I.

Claudio Giunta, *Un'ipotesi sulla morfologia del canzoniere Vaticano Lat. 3793*, in "Studi di Filologia Italiana", LIII (1995), pp. 23-54.

Giovanni Borriero, *"Quantum illos proximius imitemur, tantum rectius poetemur". Note sul Chigiano L. VIII. 305 e sulle "antologie d'autore"*, in "Anticomoderno", III: *La filologia*, Viella, Roma 1997, pp. 259-286.

I canzonieri della lirica italiana delle Origini. Riproduzioni fotografiche, a c. di Lino Leonardi, Fondazione Ezio Franceschini-Edizioni del Galluzzo, Firenze 2001.

2. Il Trecento. Dante, Petrarca, Boccaccio

La filologia dantesca

Non toccato, almeno per ciò che testimonia l'opera superstite, da interessi propriamente filologici (sia nell'ambito metodico, sia per ciò che concerne la tradizione di quella letteratura volgare duecentesca di cui è il primo storiografo e critico), Dante occupa tuttavia una posizione di assoluta preminenza nella filologia italiana. Un tale privilegio, di cui è segno concreto l'istituzione, da oltre un secolo, di un insegnamento universitario di "Filologia dantesca", unica specializzazione settoriale della filologia italiana contemplata nei nostri ordinamenti, è dovuto certamente al primato che è stato riconosciuto a Dante in epoche diverse, e dal primo Ottocento a oggi senza interruzione. A sancire tale primato si potrà osservare che i momenti cruciali nella storia della nostra filologia hanno spesso coinciso con l'allestimento di edizioni dantesche, a partire da quelle curate dal Boccaccio, che a quella storia hanno dato ufficialmente inizio, fino alle edizioni, allestite intorno alla fine dell'Ottocento da Pio Rajna (*De vulgari eloquentia*) e da Michele Barbi (*Vita Nuova*), che, fregiandosi legittimamente per prime del titolo di "critiche", hanno inaugurato per l'Italia la stagione della filologia "scientifica".

Ma l'interesse dei filologi per Dante è stimolato anche dalle condizioni peculiari in cui sono state trasmesse le sue opere. Dante è l'unico autore maggiore della letteratura italiana di cui mancano al tutto scritti autografi; delle sue opere sono andati perduti gli originali e in nessun caso sono sopravvissuti testimoni a quegli originali sicuramente prossimi (e tali dunque da risolvere senz'altro o almeno da semplificare il problema editoriale). Analogamente a quanto accade di norma per quella classica e medievale, la filologia dantesca è dunque in ogni caso "filologia della copia". Ciò significa che problemi, più o meno complessi, di restauro testuale si pongono per tutte le opere del *corpus* dantesco e che persistono margini di incertezza non sempre minimi proprio sull'uso linguistico del padre della nostra lingua. Si aggiunga poi che, in tale situazione, spazio ridotto e fondamento precario è lasciato nella critica dantesca allo studio delle varianti, che ha potuto esercitarsi soltanto sulla tradizione "estravagante" delle rime della *Vita Nova* e su quell'interessante ma circoscritto episodio costituito dal doppio cominciamento del sonetto *Era venuta nella mente mia* (*Vita Nova* 23. [XXXIV]).

Per quanto concerne le modalità della tradizione, si può affermare che la produzione superstite di Dante presenta tutte o quasi le situazioni possibili: mentre per la *Commedia*, opera ampia e di larghissima diffusione, il testo dovrebbe essere ricostruito dal confronto di circa ottocento codici (ma si vedrà come la mole del materiale abbia infine imposto una selezione), la tradizione della *Vita Nova*, del *Convivio* e della *Monarchia* è assai meno ricca (una quarantina di codici per le prime due opere, diciotto per la terza) ed è stato quindi possibile prepararne l'edizione con una metodologia di tipo lachmanniano. Ben più ridotta la tradizione del *De vulgari eloquentia*, di cui sopravvivono tre sole copie, mentre del *Fiore* e del *Detto d'Amore*, di certe rime e di certe epistole non resta che un solo testimone; la *Questio de aqua et terra*, infine, è nota soltanto grazie a un'edizione a stampa del 1508. E aggiungiamo che l'opera dantesca ha offerto alla filologia attributiva diverse questioni complesse e stimolanti, alcune delle quali tuttora assai dibattute, come nel caso del *Fiore* (vedi **Esempio Dante, *Fiore***).

La filologia del Petrarca

Se la distanza che separa la personalità dantesca da quella del Petrarca è stata nel corso dei secoli enfatizzata fino a trasformarsi in una opposizione totale e irriducibile fra l'uomo del Medioevo e l'umanista, il poeta e l'artista, il profeta e il letterato, non c'è dubbio che per quanto attiene al nostro discorso quella distanza sia davvero immensa. Il Petrarca, per le assidue e fortunate indagini alla ricerca di antichi codici, che restituissero opere smarrite o contribuissero alla miglior conoscenza delle già note, e per le riflessioni, abbondantemente disseminate nelle opere latine, su questioni attributive, testuali, esegetiche, paleografiche e codicologiche, merita senza dubbio il titolo di iniziatore della filologia umanistica. Ma questo ardore filologico è stimolato in lui solo dalla letteratura latina antica, classica e cristiana; la letteratura volgare, irrimediabilmente confinata a un livello inferiore, non è degna di ricevere le stesse attenzioni. Egli conosce bene la poesia in lingua d'oc e d'oïl, e benissimo quella in lingua di sì, compreso ovviamente quel Dante la cui opera maggiore vanamente proclama di non aver voluto leggere negli anni giovanili per non subirne l'irresistibile influsso; come poeta in volgare tributa omaggi ai predecessori, siano essi i rimatori provenzali e italiani che seguono il carro trionfale d'Amore (*Tr. Cup*. IV 28-60) o i maestri che prestano ciascuno un verso a suggellare le stanze della canzone LXX, e piange defunti il vecchio Cino da Pistoia (*RVF* XCII) e l'amico Sennuccio del Bene (*RVF* CCLXXVII), che la morte ha congiunto a Guittone, Cino, Dante, Franceschino degli Albizzi. Ma ai suoi occhi di appassionato cultore dell'antico, le carte che tramandano quella poesia moderna si direbbero prive di fascino, né trova spazio in tutta la sua opera latina e nel suo immenso epistolario una sia pur minima annotazione critica su quei poeti, su un qualsiasi testo in volgare, in prosa o in rima.

Fra i molti libri della sua straordinaria biblioteca che ancora possediamo o di cui abbiamo notizia non figura che un solo codice volgare: quel bell'esemplare della *Commedia* (ora Vat. Lat. 3199) che gli donò il Boccaccio e che non dovette essere dei più amati e dei più letti, se il meticoloso postillatore dei classici latini non vi appose, in oltre vent'anni, che una sola, brevissima ed enigmatica annotazione. Né la situazione cambierebbe di molto se anche si attribuissero alla sua mano un paio di varianti e qualche segno marginale; decisamente troppo poco per parlare di un Petrarca filologo dantesco. D'altra parte, nella celebre lettera al Boccaccio (*Fam.* XXI 15) è lo stesso poeta ad ammettere (a proposito del non nominato Alighieri, ma l'affermazione vale ovviamente anche per i minori duecentisti) le proprie singolari predilezioni: «Ea vero michi obiecte calumnie pars altera fuerat, cuius in argumentum trahitur quod a prima etate, que talium cupidissima esse solet, ego librorum varia inquisitione delectatus, numquam librum illius habuerim, et ardentissimus sempre in reliquis, quorum pene nulla spes supererat, in hoc uno sine difficultate parabili, novo quodam nec meo more tepuerim. Factum fateor [...]» («L'altra calunniosa accusa che mi si fa è che io, che fin da quella prima età in cui avidamente si coltivano gli studi, mi compiacqui tanto di far raccolta di libri, non abbia mai ricercato il libro di costui, e mentre con tanto ardore mi diedi a raccogliere libri quasi introvabili, di quello solo, che era alla mano di tutti, stranamente non mi sia curato. Confesso che è così [...]»; trad. di Enrico Bianchi).

Il *Canzoniere*: l'originale e gli abbozzi

Ma la sensibilità filologica petrarchesca emerge con tutta la sua novità nella cura che il poeta pone nell'allestimento della sua opera, questa volta anche e soprattutto in volgare, e nella conservazione del materiale preparatorio. Si consideri il manoscritto Vat. Lat. 3195, originale dei *Rerum vulgarium fragmenta*, scritto in parte dal segretario del Petrarca, il ravennate Giovanni Malpaghini, e per la parte restante dallo stesso Petrarca, ma controllato e corretto dall'autore fino agli ultimi anni di vita. Il codice è ben più di una trascrizione in bella copia dell'ultima redazione del *Canzoniere*. Esso costituisce una vera e propria edizione, nel senso che a questo termine si può dare prima dell'invenzione della stampa: un esemplare cioè che l'autore cura personalmente nei minimi dettagli perché diventi depositario ufficiale e tendenzialmente perfetto della sua volontà, destinato a servire da modello (per il testo, ovviamente, ma anche per il suo assetto complessivo) alle copie future. È un libro concreto, ma anche, per così dire, ideale, in cui ogni scelta, dall'impaginazione alla disposizione del testo, alla stessa grafia, prototipo nobilissimo di quella semi-gotica che tempera le asprezze della scolastica *littera textualis*, per accostarsi al modello della minuscola carolina, è meditata per ottenere un oggetto di superiore eleganza. Non è arbitrario pensare che gli autografi danteschi, alla cui perdita così difficilmente ci rassegniamo, fossero di tutt'altra fatta.

Più sorprendente ancora, rispetto a quelle che dovevano essere le abitudini dei contemporanei, è la cura che il Petrarca ebbe di quegli abbozzi che, anche quando il loro contenuto era già stato trascritto in bella copia, venivano tuttavia gelosamente custoditi, nella evidente convinzione che il loro valore intrinseco non venisse meno con l'esaurirsi della loro funzione pratica. Il codice degli abbozzi, oggi Vat. Lat. 3196, raccoglie soltanto una ventina di carte, ma sappiamo con certezza che altro materiale era ancora disponibile, in quantità forse cospicua, molti anni dopo la morte del poeta. L'impulso alla conservazione non risponde, o non risponde unicamente a una esigenza immediata, e neppure a quella di preservare la memoria contro la forza demolitrice del tempo, ma deriverà piuttosto dalla convinzione, o diciamo meglio dall'intuizione, che quegli scartafacci costituiscano, più ancora che un'utile testimonianza del lavoro del poeta, una parte sostanziale dell'opera, alla cui piena comprensione offrono un contributo non marginale. Si tratta di un concetto che la critica variantistica, che proprio in quelle carte troverà un oggetto di indagine ideale, elaborerà compiutamente soltanto in anni assai più vicini ai nostri (vedi **Esempio Petrarca**).

Se la filologia del Petrarca volgare può dunque iscriversi, in senso lato e con tutte le distinzioni del caso, nell'ambito della "filologia d'autore", con il Boccaccio si realizza per la prima volta un progetto filologico consapevole, di vastissima portata, che ha come oggetto l'edizione e la diffusione dell'opera di uno scrittore volgare: si tratta, ovviamente, di Dante, l'autore venerato con commovente amore, che per tutta la vita Boccaccio non si stancò di proporre all'ammirazione dei contemporanei, si trattasse del dottissimo Petrarca o del popolo che nella chiesa fiorentina di Santo Stefano in Badia ascoltava dalla sua voce il più memorabile ciclo di *lecturae Dantis*.

Boccaccio "editore" di Dante

Boccaccio allestisce dell'opera in versi di Dante un'edizione pressoché completa (restano fuori soltanto le rime "minori"), che al cosiddetto *Trattatello in laude di Dante* dello stesso Boccaccio fa seguire la *Vita Nova*, una silloge di quindici canzoni (le tre del *Convivio* e le altre che l'editore diceva destinate ai libri di quel trattato che non furono poi composti) e la *Commedia*. Tre sono le copie del poema trascritte dal Boccaccio che ancora si conservano (Toledano 104. 6; Riccardiano 1035; Chigiano L. VI. 213); da una quarta, oggi perduta, si ritiene che sia stato copiato il Palatino 323. Il testo cui le copie risalgono è quello del già ricordato Vat. Lat. 3199, che fu poi inviato al Petrarca, o di un suo "gemello"; ritornando, a distanza di tempo – il Toledano, che è il più antico, risale agli anni cinquanta, l'ultimo, il Chigiano, agli anni sessanta se non addirittura all'epoca della pubblica lettura (1373) –, sul suo autore prediletto, Boccaccio, copista appassionato e infaticabile, ma spesso distratto e poco scrupoloso, intervenne ogni volta con indebite correzioni congetturali, e introdusse nel testo del Vaticano lezioni ricavate da altre fonti. Ne risulta un testo inaffidabile e contaminato, che sconvolge in maniera irrimediabile una tradizione che a pochi decenni dalla morte di Dante Alighieri si presentava già fortemente turbata e complessa. L'intervento del Boccaccio è peraltro decisivo: i suoi codici, e i moltissimi esemplari che ne derivano, dominano a lungo il campo, costituendo una *vulgata* del poema che sarà accolta anche nella tradizione a stampa (compresa l'aldina curata dal Bembo nel 1502) ed eserciterà la sua autorità fino all'Ottocento. Analoga è la situazione della *Vita Nova*, che il Boccaccio trascrive in due codici (il Toledano già ricordato e il Chigiano L. V. 176, che con il Chigiano L. VI. 213 costituiva in origine un solo libro), dai quali discende un gran numero di esemplari manoscritti. Ma il trattamento che l'editore riserva al prosimetro dantesco è particolarmente interessante: egli infatti estrae dal testo e colloca ai margini (oggi diremmo "in nota") le "divisioni" che Dante fa seguire di norma alle poesie. Di questo intervento il Boccaccio si giustifica in una postilla in cui afferma che quelle divisioni «più tosto chiosa appaiono dovere essere che testo» e che egli ha peraltro saputo da «persone degne di fede» che lo stesso Dante, negli anni della maturità, «si rammaricava d'avere inchiuse le divisioni nel testo». Il Boccaccio, dunque, sacrifica il rispetto della volontà dell'autore all'esigenza di rendere l'opera più rispondente al gusto e alle (vere o presunte) aspettative del lettore, salvo poi inventare, a sua giustificazione, una misteriosa testimonianza che gli assicurerebbe il postumo consenso del suo autore. Emerge qui in termini espliciti, forse per la prima volta, una questione che per la nostra filologia diventerà, e per certi aspetti è tuttora, essenziale, cioè se all'editore sia consentito, e fino a che punto, intervenire sul testo, per alterarne elementi grafici, linguistici, di contenuto e di struttura, al fine di agevolare l'approccio di un lettore non specialista che potrebbe altrimenti incontrare difficoltà anche insormontabili. In altre parole, e ponendo l'alternativa in termini estremi, si tratta già qui di stabilire se chi pubblica i nostri classici (quegli autori cioè che dovrebbero raggiungere un pubblico non formato da soli esperti e specialisti) debba porsi "al servizio del testo" o piuttosto "al servizio del lettore".

L'autografo del *Decameron*

Per quanto attiene poi alle opere del Boccaccio, basterà qui ricordare che l'autografia del codice Hamilton 90 della Staatsbibliothek di Berlino, già intuita da Alberto Chiari, accertata poi con sicurezza da Pier Giorgio Ricci e da Vittore Branca, ha consentito a quest'ultimo di allestire su un fondamento sicuro l'edizione critica del *Decameron*. Si aggiunga tuttavia, anche per rilevarne la distanza dal sorvegliatissimo e quasi perfetto originale del *Canzoniere*, che questo manoscritto, oltre che lacunoso per la caduta di tre fascicoli, è poco curato e macchiato da sviste ed errori, che si infittiscono con il procedere della trascrizione. Quanto alla elaborazione dell'opera, lo stesso Branca e altri studiosi sono convinti che un buon numero delle varianti riportate da alcuni manoscritti, in particolare dal codice 482 della Nazionale di Parigi, possano risalire a una o a più redazioni precedenti: ma su questo punto si attendono ancora conclusioni definitive (vedi **Esempio Boccaccio**). Senza affrontare qui l'esame della tradizione delle opere minori in volgare, per cui basterà il rinvio ai classici contributi di Vittore Branca, è opportuno ricordare che un interesse particolare rivestono, come primo esempio illustre di «libro-archivio d'autore» (Mordenti), i tre "zibaldoni" autografi – Laurenziano XXIX. 8; Laurenziano XXXIII. 31; Nazionale II. II. 327 (B.R. 50) – in cui il Boccaccio raccolse materiale di varia natura e interesse (fra i pezzi pregiati, tre epistole dantesche non note da altra fonte, le *Ecloghe* scambiate da Dante e Giovanni del Virgilio, e qualche epistola dello stesso Boccaccio). Destinati a rimanere, probabilmente in fascicoli slegati, sullo scrittoio dell'autore, sono libri poveri, uno cartaceo, gli altri due membranacei ma palinsesti, in cui sono raschiati e piegati i fogli di un corale del XII secolo.

Bibliografia consigliata

Michele Barbi, *Studi sul canzoniere di Dante con nuove indagini sulle raccolte manoscritte e a stampa di antiche rime italiane*, Sansoni, Firenze 1915 (rist. anastatica 1965).

Gianfranco Folena, *La tradizione delle opere di Dante Alighieri*, in *Atti del convegno internazionale di Studi Danteschi*, Sansoni, Firenze 1965, vol. I , pp. 1-78.

Domenico De Robertis, *Sulla tradizione estravagante delle rime della "Vita Nuova"*, in "Studi Danteschi", XLIV (1967), pp. 5-84.

Ginetta Auzzas, *I codici autografi. Elenco e bibliografia*, in "Studi sul Boccaccio", VII (1973), pp. 1-20.

Il codice Chigiano L. V. 176 autografo di Giovanni Boccaccio, edizione fototipica, introduzione di Domenico De Robertis, Archivi Edizioni-Alinari, Roma-Firenze 1974.

Armando Petrucci (a c. di), *Libro e scrittura in Francesco Petrarca*, in *Libri, scrittura e pubblico nel Rinascimento*, Laterza, Bari 1979, pp. 3-20.

Furio Brugnolo, *Il libro di poesia nel Trecento*, in M. Santagata, A. Quondam (a c. di), *Il libro di poesia dal copista al tipografo*, Istituto di Studi Rinascimentali-Panini, Ferrara-Modena 1989, pp. 9-23.

Id., *Libro d'autore e forma-canzoniere: implicazioni petrarchesche*, in "Lectura Petrarce", XI (1991), pp. 259-289.

Vittore Branca, *La tradizione delle opere di Giovanni Boccaccio*, vol. I: *Un primo elenco di manoscritti e tre studi*, Edizioni di Storia e Letteratura, Roma 1958; vol. II: *Un secondo elenco di manoscritti e studi sul testo del "Decameron" con due appendici*, Edizioni di Storia e Letteratura, Roma 1991.

Carlo Pulsoni, *Il Dante di Francesco Petrarca: Vaticano Latino 3199*, in "Studi Petrarcheschi", X (1993), pp. 155-207.

Alessandro Pancheri, *"Petrarca filologo" e la tradizione romanza: appunti minimi sui "canoni" degli autori volgari nei "Trionfi" e nel "Canzoniere"*, in "Anticomoderno", III: *La filologia*, Viella, Roma 1997, pp. 63-72.

Gli Zibaldoni di Boccaccio. Memoria, scrittura, riscrittura, Atti del seminario internazionale di Firenze-Certaldo (26-28 aprile1996), a c. di Michelangelo Picone e Claude Cazalé Bérard, Cesati, Firenze 1998.

Raul Mordenti, *Problemi e prospettive di un'edizione ipertestuale dello Zibaldone Laurenziano*, in *Gli Zibaldoni di Boccaccio*, cit., pp. 361-367.

3. Il Quattrocento

Nella storia della filologia italiana il "secolo senza poesia", vale a dire i cent'anni che separano la morte del Boccaccio dalla rinascita della letteratura volgare tra Firenze e Ferrara, può essere assunto come utile unità di periodizzazione (dal valore, è ovvio, meramente pratico) solo avvertendo che a determinare il secondo termine cronologico va in questo caso considerato non meno importante l'inizio della diffusione in Italia della stampa a caratteri mobili; volendo fissare una data emblematica, si potrà proporre quella della pubblicazione del primo libro in volgare, il *Canzoniere* petrarchesco impresso a Venezia da Vindelino da Spira nel 1470.

La filologia umanistica

Sono gli anni, diciamo pure "eroici", della filologia umanistica, che seguendo le orme del Petrarca e del Boccaccio rinnova a fondo gli studi classici. È un fenomeno d'importanza straordinaria, che parte dall'Italia per espandersi in tutta Europa: mentre continuano le ricerche e i recuperi di codici nelle biblioteche monastiche, da Oriente inizia, per culminare negli anni intorno alla caduta di Costantinopoli, l'afflusso di codici greci; e con essi arrivano quei dotti bizantini che, se pure in un rapporto che non esclude conflitti e incomprensioni con gli umanisti latini, recano ai nuovi studi un impulso decisivo. I testimoni manoscritti vengono interrogati con una nuova consapevolezza di metodo: si discutono e si confrontano lezioni, si riflette sulla genesi degli errori e sui criteri con cui emendarli, si affrontano senza pregiudizi, con le armi della linguistica, della storia e della filologia questioni interpretative, attributive e di autenticità anche assai spinose (meritamente celebre il caso della presunta donazione di Costantino, smascherata da Lorenzo Valla) con uno spirito entusiastico e pugnace che innesca spesso furibonde polemiche. Tutto ciò nella consapevolezza orgogliosa che ogni scoperta, ogni acquisizione segna un passo avanti, una vittoria che allontana sempre più le tenebre "gotiche" della vecchia cultura.

La filologia umanistica è, soprattutto nei primi decenni del secolo, rigorosamente latina e, più tardi, anche greca; la tradizione volgare, quando non è sprezzantemente rimossa, è spesso ignorata o considerata con sufficienza: ci si accapiglia sulla lezione o sull'interpretazione autentica di un passo di Livio o di Cicerone, non su una *crux* della *Commedia* o di qualche altro poeta antico volgare. Con tutto ciò, e anche senza voler mettere in conto le eccezioni che con il passare del tempo si faranno sempre meno sporadiche, sarebbe ingiusto ed erroneo ritenere che la filologia italiana non abbia nei confronti della filologia umanistica un debito cospicuo, per certi aspetti decisivo. In primo luogo, e ragionando in termini di lungo periodo, si dovrà ricordare che la filologia scientifica di stampo tedesco cui gli italiani si rivolgeranno a fine Ottocento per colmare un ritardo secolare affonda le sue lontane radici proprio nella filologia dei nostri umanisti. Ma soprattutto non si dovrà dimenticare che, alla fine del Quattrocento e nel secolo successivo, quando la filologia italiana vivrà un periodo di autentico rigoglio, i protagonisti di quella stagione non faranno che applicare, con i necessari aggiustamenti, alla letteratura in volgare, i risultati del poderoso lavoro svolto dai vecchi maestri sui testi latini e greci: il debito dei filologi e dei migliori editori cinquecenteschi nei confronti dei grandi del secolo precedente non sarà solo ideale. A questo proposito è opportuno ricordare che la filologia umanistica stabilisce o recupera princìpi di ecdotica ancora generalmente validi. Nell'opera filologica del Poliziano, per esempio, sono già enunciate e operanti la distinzione fra l'*emendatio ope codicum*, che trova fondamento e conforto nei testimoni superstiti, e che presuppone dunque l'esame sistematico dell'intera tradizione, e l'*emendatio ope ingenii*, da praticare solo nei casi disperati e con estrema cautela; nella scelta fra le varianti, si dà la preferenza a quella che risulti *difficilior* (della quale l'alternativa *facilior* sarà piuttosto indebita banalizzazione di copista); si pratica la *eliminatio codicum descriptorum*; e si definisce, pur con qualche incertezza, il concetto di "archetipo" (vedi **Sezione metodologica**).

La tradizione della letteratura volgare

D'altra parte, se le avanguardie umanistiche non concepiscono una filologia che non si eserciti sui classici, la vitalità della tradizione volgare, quella delle tre Corone in primo luogo, ma anche quella dei mediocri e minimi rimatori e prosatori tre-quattrocenteschi, è testimoniata dall'immensa produzione di manoscritti volgari che ancora si conservano nelle biblioteche italiane e straniere. In Italia il numero delle persone in grado di leggere e di scrivere il volgare è cresciuto enormemente, ed è cresciuta perciò la produzione di letteratura destinata a quel pubblico di lettori non professionisti. Si scrivono libri di ogni sorta: sono oggetti di lusso, membranacei splendidamente scritti e ornati, confezionati in officine prestigiose per committenti d'alto rango, ma anche poveri miscellanei e zibaldoni cartacei di ambiente mercantesco e piccolo-borghese; libri "da bisaccia" fatti in casa da quelli che oggi definiamo copisti "per passione". Contengono i capolavori del Trecento, la *Commedia*, il *Canzoniere* e i *Trionfi*, il *Decameron*, ma anche rime amorose, morali e giocose, novelle spicciolate e cantari anonimi, racconti edificanti, laudi e prediche. Le preoccupazioni di correttezza testuale che assillano gli umanisti sono qui quasi sconosciute: i testi, soprattutto quelli più dimessi, sono modificati, tagliati, manipolati, smembrati e ricuciti nella convinzione che il lettore può rimodellare l'opera a suo gusto, poco curandosi del rispetto di un autore la cui identità stessa è ritenuta dato accessorio se non superfluo (onde il proliferare di testi adespoti o l'abitudine di attribuire i pezzi più disparati ai pochi maestri di cui si conosce il nome).

Nel Quattrocento, soprattutto a Firenze, dove l'alimenta l'orgoglio municipale, la dignità della tradizione volgare trova peraltro difensori prestigiosi anche nell'ambiente umanistico. Il caso più illustre è quello di Leon Battista Alberti, umanista bilingue, che con l'iniziativa clamorosa del Certame Coronario (1441) mobilita i rimatori fiorentini per trattare in volgare un tema, l'amicizia, caro alla retorica classica; ma bisognerà ricordare almeno che nella battaglia contro i detrattori di Dante intervengono umanisti di prestigio come Coluccio Salutati, il quale, seguace in questo più del Boccaccio che del Petrarca, loda la *Commedia* e ne cerca esemplari corretti; come Leonardo Bruni, che stende in volgare una biografia dantesca, e come Cristoforo Landino che, ormai vecchio, dà alle stampe un nuovo e fortunatissimo commento del poema.

La riscossa del volgare: la *Raccolta Aragonese*

Ma il superamento definitivo di ogni pregiudizio nei confronti della letteratura in volgare due-trecentesca è segnato infine da una impresa filologica di largo respiro, paragonabile a quelle del Boccaccio, che vede la collaborazione di Lorenzo de' Medici e del Poliziano. Protagonisti del definitivo riscatto della letteratura in volgare, il signore di Firenze e il maggior filologo del tempo allestiscono infatti fra il 1476 e il 1477 la *Raccolta Aragonese*, vasta antologia lirica inviata in dono a Federico d'Aragona: preceduta da una *Epistola* dedicatoria firmata dal Magnifico ma scritta dal Poliziano, essa consta di una sezione dantesca (la biografia del Boccaccio, la *Vita Nuova* e le rime) e di un'ampia scelta di poesie dei primi tre secoli, dal Notaio allo stesso Lorenzo. Perduto l'originale, la raccolta è ricostruibile grazie alle diverse copie superstiti (Firenze, Nazionale, Palatino 204; Parigi, Bibliothèque Nationale, Italiano 554; Laurenziano XC. Inf. 37). Il lavoro di recupero e sistemazione è imponente: per Dante, *Vita Nuova* e canzoni si risale alla raccolta del Boccaccio, per i duecentisti si ricercano e si collazionano gli antichi canzonieri.

Bibliografia consigliata

Vittore Branca, *Copisti per passione, tradizione caratterizzante, tradizione di memoria*, in *Studi e problemi di critica testuale*, Convegno di studi di filologia italiana nel centenario della Commissione per i Testi di Lingua (7-9 aprile 1960), Commissione per i Testi di Lingua, Bologna 1961, pp. 69-83.

Domenico De Robertis, *La Raccolta Aragonese primogenita*, in "Studi Danteschi", XLVII (1970), pp. 241-253 (poi in *Editi e rari. Studi sulla tradizione letteraria tra Tre e Cinquecento*, Feltrinelli, Milano 1978, pp. 50-65).

Guglielmo Gorni, *Storia del Certame coronario*, in "Rinascimento", s. II, XII (1972), pp. 135-181.

Silvia Rizzo, *Il lessico filologico degli umanisti*, Edizioni di Storia e Letteratura, Roma 1973.

Sebastiano Timpanaro, *La genesi del metodo del Lachmann*, 2ª ediz., Antenore, Padova 1981.
Emilio Pasquini, *Le botteghe della poesia. Studi sul Tre-Quattrocento italiano*, il Mulino, Bologna 1991.
De vera amicitia. I testi del primo Certame coronario, ediz. critica e commento a c. di Lucia Bertolini, Istituto di Studi Rinascimentali-Panini, Ferrara-Modena 1993.
Carla Battelli, *Poliziano e la critica testuale. Inventiunculae?*, in "Anticomoderno", III: *La filologia*, Viella, Roma 1997, pp. 73-88.
Manoscritto n. 3 della Società Dantesca Italiana, ediz. fototipica, Edimond, Città di Castello 1997.

4. Il libro a stampa

La nuova arte e la crisi del manoscritto

L'originale della *Raccolta Aragonese* fu certamente un sontuoso codice di dedica, uno di quei libri di lusso che costituivano il vanto delle grandi biblioteche principesche. Da quelle biblioteche continuavano invece a essere esclusi, come dozzinali prodotti di una lavorazione in serie, i libri a stampa che proprio in quegli anni, favoriti dal prezzo competitivo, dalla facile reperibilità in commercio, dalla più agevole leggibilità, cominciavano a conquistare il mercato, tanto più vasto, dei lettori comuni. Ma il signorile disprezzo di chi, come Federico da Montefeltro, non tollerava nella sua biblioteca alcun libro a stampa «ché» riferisce Vespasiano da Bisticci «se ne sarebe vergognato», non bastò a tenere in vita oltre la fine del XV secolo l'artigianato del manoscritto di pregio: la concorrenza del libro stampato si rivelò ben presto insostenibile. Ai primi stampatori venuti dalla Germania non tardarono ad affiancarsi gli italiani e nel giro di pochi anni in tutte le maggiori città la produzione fu avviata. Il primato, per quantità e qualità fu di Firenze e, più ancora, di Venezia, dove nell'ultimo decennio del XV secolo e nel primo del seguente operò il più celebre dei tipografi italiani, Aldo Manuzio (1449-1515). Le botteghe che producevano manoscritti accusarono il colpo, e molti copisti si diedero ad apprendere la nuova arte.

Naturalmente, il libro a stampa mise in crisi soltanto la produzione di libri manoscritti venali, allestiti su commissione da professionisti e quindi inevitabilmente costosi. Sopravvisse invece, in tutte le sue molteplici forme, il libro manoscritto messo insieme a uso proprio dal privato, che poteva addirittura trovar più comodo e conveniente (il caso non era raro) trarre copia manoscritta da un libro a stampa. E naturalmente prosegue la produzione casalinga di zibaldoni, libri di memorie, cronache, antologie di prosa o poesia. Il libro a stampa è d'altra parte soltanto l'approdo conclusivo di un processo che per il resto si svolge su carte manoscritte; un caso particolare, che ha attirato recentemente l'attenzione degli studiosi, è quello del manoscritto che l'autore o il curatore preparano in vista della stampa e che spesso reca le tracce evidenti (comprese le "ditate" di inchiostro tipografico) del trattamento subito in officina.

Le conseguenze che il graduale passaggio dal libro manoscritto a quello stampato ebbe sulla tradizione dei testi letterari in volgare e sul modo di pubblicarli furono diverse e decisive. Si potrà cominciare osservando che lo stesso concetto di "edizione" cambia radicalmente. L'edizione manoscritta, se è lecito chiamarla così, sia essa allestita dall'autore o da altra persona, si identifica pur sempre in un esemplare unico: se non ne vengono tratte copie la sua funzione di trasmettere il testo fallisce; se viceversa se ne ricavano altri esemplari manoscritti, questi recheranno inevitabilmente alterazioni più o meno gravi e frequenti, e per il testo inizierà un nuovo processo di deterioramento. L'edizione a stampa invece, mettendo in circolazione un numero elevato di esemplari identici (l'eccezione alla regola, vale a dire l'esistenza di modifiche apportate al testo durante la tiratura degli esemplari, produce casi interessanti, ma la sua incidenza è modesta), fissa il testo in una forma molto più stabile, rendendone più facile la sopravvivenza e la diffusione (vedi **Sezione metodologica**).

La cura del testo a stampa

Ma l'edizione a stampa di un testo, promossa da un imprenditore che agisce per interesse economico e che non ha di solito competenze letterarie (il caso appena ricordato di Aldo Manuzio non è la regola), richiede spesso l'intervento di un curatore che procuri il testo e lo predisponga alla realizzazione tipografica. Nei casi più fortunati a sorvegliare l'edizione sarà lo stesso autore, e in tal caso il libro a stampa avrà a tutti gli effetti valore di originale (ciò che non esclude, naturalmente, la presenza di errori, da imputare al tipografo ma anche allo stesso autore, poco attento nella revisione); quando non si possa o non si voglia ricorrere all'autore, il curatore potrà essere un collaboratore scrupoloso, che valuta le varie fonti disponibili per scegliere la più autorevole e sicura su cui fondare il testo, si astiene dal modificarlo senza necessità, assiste il tipografo in ogni fase del lavoro e ne sorveglia l'operato. Più frequente è però il caso che il curatore lavori in fretta e senza scrupoli, limitandosi a riprodurre una stampa già disponibile o, se non ve ne siano, il manoscritto più agevolmente raggiungibile, e intervenendo sul testo con aggiustamenti e modifiche, tagli e integrazioni più o meno giustificabili. A questo proposito bisogna ricordare che chi stampa e vende libri ha per primo scopo quello di offrire un prodotto che soddisfi le vere o presunte esigenze del pubblico; accade quindi che alle sue pretese si debbano piegare tanto l'autore, che con l'invenzione della stampa comincia a sperimentare l'imposizione delle "correzioni coatte", quanto il curatore, che è spesso indotto o costretto a intervenire sul testo per adattarlo al gusto dei lettori. Le manipolazioni mirano in primo luogo a completare e sistemare testi incompiuti o lacunosi, a tagliare parti ritenute superflue o inadatte, a intervenire sulla lingua per adeguarla all'uso corrente. Non c'è dunque da meravigliarsi se con la diffusione della stampa accade molto spesso di vedere sacrificato al gusto e alle abitudini del lettore (e dunque alle esigenze del tipografo o, più tardi, dell'editore) il rispetto della volontà dell'autore.

La censura

Una diversa forma di coercizione che diviene in breve tempo, e soprattutto a partire dal pieno Cinquecento, anche molto pesante (e che viceversa prima della diffusione del libro a stampa aveva potuto esercitarsi soltanto in forma poco più che simbolica) è quella della censura, con cui le autorità civili e religiose colpiscono opere del passato o del presente, vietandone la stampa (onde il fiorire, in diverse epoche, dell'editoria clandestina e anche il ricorso, per la diffusione di opere proibite, a copie manoscritte) oppure obbligando gli autori stessi o i curatori a revisioni più o meno massicce (che colpiranno, e non c'è da stupirsi, opere come il *Decameron*, ma anche, e la cosa può oggi apparirci incredibile, la *Vita Nova*).

La letteratura volgare in tipografia

A partire dagli anni settanta del XV secolo si cominciano a pubblicare i classici della letteratura volgare (nello stesso 1470 escono il *Canzoniere*, come già si è detto, e il *Decameron*; nel 1472 tocca alla *Commedia*, e poi a Jacopone, Cecco d'Ascoli, Fazio degli Uberti; minore è l'interesse per gli autori del primo Quattrocento, con le eccezioni di Giusto de' Conti e, più ancora, del Burchiello); né tardano ad arrivare a stampa le opere dei maggiori contemporanei (Poliziano, Boiardo, Pulci, e una serie di poeti cortigiani, Tebaldeo e Serafino Aquilano in testa); a un pubblico popolare si rivolgono le stampe di poemetti e cantari, e di altri libri poveri che escono spesso malconci dalle mani degli avidi lettori e sopravvivono, quando sopravvivono, in pochissimi esemplari. L'importanza di queste prime stampe è spesso determinante nella tradizione di un testo letterario: accade infatti spesso che il tipografo che ripubblica un'opera attinga alla prima edizione (*editio princeps*), o a un'altra stampa da essa derivata, che è agevole acquisire e riprodurre, piuttosto che a un manoscritto, più difficilmente reperibile e che non potrebbe in alcun caso essere trasferito a stampa senza un più complesso trattamento preliminare. Ciò significa che di norma, mentre l'*editio princeps*, che ha necessariamente attinto a un manoscritto non di rado perduto (magari proprio perché irrimediabilmente deteriorato durante il processo della stampa), è testimone utile al restauro testuale, la testimonianza delle successive edizioni a stampa, che ripropongono, con l'aggiunta di nuovi errori, il testo della *princeps*, non ha alcun valore. E ancora: se la *princeps*, per merito di chi l'ha curata o anche soltanto per buona fortuna, avrà potuto attingere da una fonte manoscritta di buona qualità (che potrà anche essere lo stesso autografo), il testo che essa imporrà, e che costituirà la cosiddetta *vulgata* di quell'opera, sarà attendibile; se viceversa la fonte sarà scorretta, il testo che si diffonderà sarà a sua volta inaffidabile.

Un caso fortunato può dirsi quello dei *Rerum vulgarium fragmenta*: nel 1472, a soli due anni dalla *princeps*, esce a Padova l'edizione stampata da Bartolomeo Valdizocco che riproduce con straordinaria fedeltà l'originale (ora codice Vat. Lat. 3195); e sullo stesso originale Pietro Bembo, che del prezioso codice entrerà in possesso parecchi anni più tardi, può confrontare e correggere il testo allestito nel 1501 per Aldo Manuzio; questa edizione, destinata a grande fortuna (come destinato a imporsi sarà alla lunga l'innovativo sistema di punteggiatura e segni diacritici che vi è attuato), è però tanto meno fedele alla lingua dell'originale, che viene spesso costretta a piegarsi a una norma grammaticale già rigidamente definita. Nell'anno successivo il Bembo curò per Manuzio un'edizione della *Commedia* il cui testo fu fondamento alla *vulgata* nei secoli successivi: questa volta il codice utilizzato fu quello posseduto dal Petrarca (Vat. Lat. 3199), che lo stesso Bembo ereditò dal padre e da cui trasse copia per la tipografia nel Vat. Lat. 3197.

L'edizione d'autore

Come abbiamo anticipato, molti autori iniziano già nel Quattrocento a occuparsi dell'edizione a stampa delle proprie opere: preparano, o fanno preparare, il manoscritto da mandare in tipografia, seguono il lavoro degli stampatori, correggono le bozze di stampa. La sorte di queste edizioni d'autore non è sempre la medesima. Soprattutto nei primi tempi, non è raro che delle tirature non sopravviva neppure un esemplare e che l'opera ci sia tramandata perciò solo da manoscritti e da edizioni non originali. È il caso dell'opera maggiore del Boiardo, *L'inamoramento de Orlando* (titolo da preferirsi a quello tradizionale di *Orlando Innamorato*), che intorno al 1482 ebbe una prima edizione a stampa, limitata ai primi due libri e probabilmente sorvegliata dall'autore, di cui neppure un esemplare si è salvato (vedi **Esempio Boiardo**). Più fortunata, nel Cinquecento, la sorte di opere importanti di cui si conservano le edizioni originali, come le *Prose della volgar lingua*, che il Bembo poté curare personalmente. Notissimo ed esemplare il caso del *Furioso*, che fu stampato sotto il controllo dell'autore nella prima (1516), nella seconda (1521) e nella terza edizione (1532), ampliata e corretta. La cura che l'autore dedicò all'ultima edizione del capolavoro fu attentissima, al punto che errori di stampa identificati dall'Ariosto durante la lavorazione furono corretti prima che si completasse la tiratura, con il risultato che le copie residue del poema rivelano alcune differenze. Sorte analoga avrà, nell'Ottocento, la seconda edizione (1840) dei *Promessi Sposi*. Non mancano, naturalmente, edizioni uscite senza che l'autore eserciti alcuna forma di controllo (è il caso della *Mandragola* del Machiavelli) o che l'autore è indotto a pubblicare per contrastare una diffusione, a stampa o manoscritta, avvenuta contro la sua volontà (che è quanto accade, per esempio, al *Cortegiano* di Baldassar Castiglione). Caso esemplare di pubblicazione avvenuta, non solo senza, ma contro l'espressa volontà dell'autore, sarà quello della *Gerusalemme Liberata* del Tasso.

Infine, non sono poche le opere, anche fra quelle oggi considerate capitali, che rimangono inedite fino alla morte dell'autore, e che hanno una più o meno vasta circolazione manoscritta: basterà ricordare che le *Stanze* furono edite a Bologna solo poche settimane prima della morte del Poliziano (che probabilmente non arrivò a vedere il volume), il *Principe* venne stampato solo nel 1532, mentre le opere del Guicciardini rimasero in massima parte sconosciute fino a molti anni dopo la morte dell'autore.

Bibliografia consigliata

Gianfranco Folena, *Filologia testuale e storia linguistica*, in *Studi e problemi di critica testuale*, Convegno di studi di filologia italiana nel centenario della Commissione per i Testi di Lingua (7-9 aprile 1960), Commissione per i Testi di Lingua, Bologna 1961, pp. 17-40.

Armando Petrucci, *Alle origini del libro moderno: libri da banco, libri da bisaccia, libretti da mano*, in *Libri, scrittura e pubblico nel Rinascimento*, Laterza, Bari 1979, pp. 139-156.

Amedeo Quondam, *La letteratura in tipografia*, in *Letteratura italiana*, vol. II: *Produzione e consumo*, Einaudi, Torino 1983, pp. 555-686.

Marco Santagata, Amedeo Quondam (a c. di), *Il libro di poesia dal copista al tipografo*, Istituto di Studi Rinascimentali-Panini, Ferrara-Modena 1989.

Paolo Trovato, *Con ogni diligenza corretto. La stampa e le revisioni editoriali dei testi letterari italiani (1470-1570)*, il Mulino, Bologna 1991.

Id., *L'ordine dei tipografi. Lettori, stampatori, correttori tra Quattro e Cinquecento*, Bulzoni, Roma 1998.

5. Il Cinquecento

Con le edizioni di Petrarca e di Dante, Bembo e Manuzio sancivano il recuperato prestigio della letteratura volgare; a decretarne il trionfo, additando a modello sovrano di stile per la poesia e la prosa l'opera volgare di Petrarca e Boccaccio, provvederanno le *Prose della volgar lingua* (1525) dello stesso Bembo, nelle quali la difesa del latino come lingua privilegiata della letteratura moderna apparirà ormai frutto dell'ostinazione di pochi attardati.

Filologi italiani del Cinquecento

Conseguenza della definitiva riscossa del volgare è la ripresa di interesse per le fonti più antiche e autorevoli della nostra letteratura. Come Petrarca, Boccaccio e i primi umanisti avevano rintracciato e trascritto i codici dei classici latini e greci, così lo stesso Bembo e altri letterati della sua cerchia si mettono a ricercare libri volgari (soprattutto raccolte di rime, ma anche prose narrative) due-trecenteschi: spesso ne traggono copie che, quando gli esemplari non sopravvivono, acquistano valore di testimonianza primaria. Sui margini di quelle copie, o delle stampe via via disponibili, vengono annotate lezioni alternative: sono quei "collettori di varianti" che, riproponendo modelli ben noti alla filologia umanistica, già si configurano come abbozzi di edizioni critiche.

Riemergono codici volgari le cui tracce si erano perdute (o riperdute, dopo il primo recupero all'epoca del Magnifico e della *Raccolta Aragonese*): Bembo mette le mani su un canzoniere, poi disperso, affine al Chigiano L. VIII. 305, e si procura, tramite l'amico Giulio Camillo, la copia (ora codice Vat. Lat. 3214) di un altro manoscritto, oggi pure irreperibile, contenente il *Novellino* e un'antologia poetica duecentesca. Mario Equicola ritrova l'Escorialense, Angelo Colocci il Vaticano Latino 3793, su cui lascia annotazioni e postille e da cui fa trarre copia (l'attuale Vaticano Latino 4823), mentre da tre diversi codici appartenuti al Bembo, a Giovanni Brevio e a Lodovico Beccadelli attinge l'abate fiorentino Lorenzo Bartolini per mettere insieme una sua preziosa raccolta, ora alla Biblioteca dell'Accademia della Crusca. L'eccellenza riconosciuta al modello petrarchesco stimola nuove ricerche sulla sua produzione volgare: lezioni desunte da perduti autografi dei *Trionfi* sono scrupolosamente annotate nei cosiddetti "apografi" cinquecenteschi, mentre, giovandosi di abbozzi più abbondanti di quelli ora raccolti nel Vat. Lat. 3196, ancora il Bembo può istituire nelle *Prose* raffronti di ordine stilistico che possono essere considerati come i primi tentativi di critica delle varianti.

La "Giuntina di rime antiche"

Se i risultati delle indagini sulla letteratura antica di molti studiosi e appassionati, noti e ignoti, rimangono spesso consegnati a carte manoscritte, non mancano importanti esiti a stampa. Allievo del Bembo, delle cui *Rime* sarà editore postumo, è, per esempio, quel Carlo

Gualteruzzi che nel 1525 dà la prima edizione moderna del *Novellino*. Ma l'impresa più importante, per il recupero e la diffusione della poesia delle origini, è l'allestimento, curato per gli editori fiorentini Giunti dallo studioso e rimatore Bardo Segni, dei *Sonetti e canzoni di diversi antichi autori toscani*, l'antologia nota come "Giuntina di rime antiche". Uscito nel 1527, l'agile volumetto in carattere corsivo aldino riunisce in 142 carte 289 testi di 23 autori (più qualche anonimo) quasi tutti duecenteschi e toscani. Destinata a fornire per secoli il testo base della poesia italiana antica, riprodotta in molte antologie e edizioni successive, la Giuntina è frutto di una esplorazione a largo raggio, che attinge a fonti diverse: alla tradizione boccacciana fanno capo le liriche della *Vita Nova* e le canzoni dantesche, mentre per le altre rime l'esame della lezione fa emergere legami ora con la tradizione veneta dell'Escorialense, ora con quella che alimenta la *Raccolta Aragonese*, ora addirittura con il Palatino 418, il più antico dei canzonieri duecenteschi; ma la fonte può anche essere del tutto sconosciuta, come per i sonetti di Dante da Maiano, che proprio per l'assenza di altre testimonianze furono a lungo e ingiustamente sospettati di apocrifia.

Una conferma del ruolo centrale della Giuntina è offerta dalla sopravvivenza di parecchie copie che recano, nei margini o in fogli aggiunti, postille e varianti; ad apporle furono lettori sconosciuti, ma anche studiosi ben noti, come Vincenzio Borghini, Lorenzo Bartolini, Giovanni Galvani, Francesco Sadoleto.

Vincenzio Borghini

Proclamato dal veneto Bembo, il primato della letteratura toscana trecentesca, con l'annesso diritto a costituirsi come modello della lingua letteraria d'Italia, fu largamente riconosciuto (si pensi all'Ariosto, che sottopose a revisione, per depurarla dalle tracce "padane", la lingua del primo e del secondo *Furioso*) e fu naturalmente sostenuto con forza soprattutto a Firenze, anche se non mancarono voci di dissenso nei confronti di alcune posizioni bembiane, soprattutto da parte dei difensori di Dante, che nelle *Prose* era stato posposto al Petrarca, e di coloro che sostenevano i diritti del fiorentino contemporaneo. Certo è che, anche in accordo con la politica culturale del duca Cosimo I de' Medici, le indagini sui testi antichi toscani, depositari della lingua nella sua aurea purezza, coinvolsero molti studiosi, il più illustre e autorevole dei quali fu il fiorentino Vincenzio Borghini (1515-1580). Monaco benedettino, priore dell'Ospedale degli Innocenti, Borghini mise a frutto il bagaglio di conoscenze e di esperienze accumulato dalla filologia degli umanisti (che in Firenze aveva dato le prove maggiori con il Poliziano e che in quegli anni riconosceva come suo massimo rappresentante Pier Vettori), ma già chiaramente intese che i problemi della filologia greco-latina, che opera su testi in lingua letteraria e morta, affidati a una tradizione eminentemente colta, non erano gli stessi di una filologia "moderna", che opera su testi in lingua viva, e dunque non regolata da una norma grammaticale cristallizzata, e la cui tradizione è affidata a copisti diversi per interessi e cultura. Borghini fu straordinario conoscitore della poesia e più ancora della prosa due-trecentesca; i suoi interessi, oltre che storici e critici in senso più ampio, furono insieme linguistici e filologici; né poteva essere diversamente, poiché la conoscenza dell'autentica lingua fiorentina antica, che si proponeva a modello del volgare letterario, non si poteva raggiungere se non attraverso l'esame rigoroso delle testimonianze antiche nei loro dati testuali, e prima ancora codicologici e paleografici. È singolare che Borghini, che lasciò incompiuti molti dei suoi scritti (in larga parte tuttora inediti) abbia dedicato gran parte delle sue cure editoriali a testi, come il *Decameron* o il *Novellino*, che la commissione di esperti da lui presieduta aveva il compito di "rassettare", cioè di ridurre in forma tale da soddisfare le esigenze della censura controriformistica; ma è innegabile che in questo compito di censore, accettato peraltro a malincuore, Borghini rivelò tutta la sua competenza, esaminando con criteri sicuri la tradizione, valutando con precisione le diverse lezioni, ricostruendo la personalità, la cultura, le abitudini dei copisti. Le sue riflessioni sul problema dell'edizione dei testi in prosa del XIII e del XIV secolo sono esposte lucidamente nelle *Annotazioni et discorsi sopra alcuni luoghi del Decameron* (1574) e nella incompiuta *Lettera intorno a' manoscritti antichi*; in quest'ultima le considerazioni sul testo del *Decameron* e sulla *Cronica* del Villani toccano alcuni dei concetti nodali della filologia moderna e italiana. Per quanto attiene alla ricostruzione del testo, Borghini sostiene la necessità di confrontare il maggior numero possibile di testimoni, ma avverte che non si deve «farne carovana», e che il confronto deve consentire di riconoscere i più attendibili, senza peraltro escludere che, in casi eccezionali, si possa dar credito privilegiato a un testimone di straordinaria autorevolezza (ma se è vero che vi sono testimoni tanto scorretti da risultare inservibili, è quasi impossibile trovarne uno che sia «intatto et per tutto perfettissimo»). L'azzardo dell'*emendatio* congetturale deve essere evitato, ed è necessario indagare sulle origini delle alterazioni, tenendo conto del carattere e della cultura dei copisti. Questi poi si dividono in tre tipi, alla cui individuazione concorrono osservazioni inedite di ordine paleografico: quelli che scrivono i libri «a prezzo», e che per la loro ignoranza e trascuratezza commettono spesso errori madornali; i saccenti che «a bello studio, pensando di far meglio, volsono errare»; e infine quelli che copiano «per piacere o per onesto esercitio», che quando sono fedeli sono senz'altro i migliori (e fra questi è ricordato il più celebre dei copisti del *Decameron*, Francesco d'Amaretto Mannelli, che scrisse nel 1384 il codice ora Laurenziano XLII. 1), ma che spesso, «faccendo per loro stessi et per uso loro proprio», hanno ritenuto lecito alterare e tagliare il testo a proprio gusto. Punto centrale della riflessione borghiniana è il rispetto per il testo quale l'autore lo ha scritto, e dunque la necessità che chi copia e soprattutto chi pubblica un testo antico si astenga dal modificarlo per adattarlo alla mutata situazione linguistica; in questo modo egli si opponeva alla prassi corrente fra gli editori del suo tempo che, anche quando dichiaravano l'assoluta fedeltà a testimoni sempre presentati come autorevolissimi, non esitavano a rassettare massicciamente i testi antichi, nell'intento di renderli meno ostici ai lettori.

La convinzione che i testi letterari dei primi tre secoli potessero essere ammodernati nella lingua, nella metrica, negli stessi contenuti (anche a prescindere dai condizionamenti della censura) era in realtà largamente diffusa ed ebbe esiti variamente incisivi: se per i testi toscani potevano bastare ritocchi all'assetto fonetico-morfologico e la sostituzione di qualche vocabolo desueto, sulle poche opere di area non toscana che continuarono a circolare si intervenne in modo più radicale. È il caso del poema boiardesco che fu riproposto al pubblico nel rifacimento del Berni, e la cui veste linguistica originale venne così dimenticata fino al recupero ottocentesco (vedi **Esempio Boiardo**).

Meno acuti che in Borghini sono gli interessi filologici di altri studiosi fiorentini del pieno e dell'ultimo Cinquecento, in cui prevale invece l'attenzione per l'aspetto linguistico; e se le indagini, soprattutto di ordine lessicale, sul volgare toscano o fiorentino delle origini richiedono il recupero e lo studio di manoscritti antichi, le questioni testuali e la storia della tradizione, che pure non sono ignorate, non stimolano riflessioni altrettanto lucide; ciò vale anche per Benedetto Varchi (1503-1565) e per Leonardo Salviati (1540-1589), rifondatore e animatore dell'Accademia della Crusca, di cui si devono ricordare almeno gli *Avvertimenti della lingua sopra il "Decameron"* (1586). Una menzione si deve peraltro a Fulvio Orsini, erudito e bibliofilo (1529-1600) che si occupò principalmente di filologia classica, ma che ha meriti immensi per avere raccolto, e poi donato alla Biblioteca Vaticana, uno cospicuo numero di codici volgari, e fra questi l'originale (Vat. Lat. 3195) e gli abbozzi (Vat. Lat. 3196) del *Canzoniere*; e al fiorentino esule Jacopo Corbinelli (1535 o 1536-c. 1590), che a Parigi pubblicò nel 1577 la *princeps* del *De vulgari eloquentia* (solo una versione italiana era stata divulgata a stampa da Gian Giorgio Trissino nel 1529) e nel 1589 quella della *Bella mano* di Giusto dei Conti, con l'importante appendice di un *Raccolto di antiche rime di versi toscani oltre a quelli dei X libri* (cioè della Giuntina). E un merito particolare si deve riconoscere al modenese Giovanni Maria Barbieri (1519-1574), filologo provenzalista, che da un «antico libro siciliano» trasse copia della canzone *Pir meu cori alligrari* di Stefano Protonotaro, unica, e perciò quanto mai preziosa, testimonianza in cui un testo della scuola siciliana presenta l'originale colorito linguistico.

Bibliografia consigliata

Santorre Debenedetti, *Nuovi studi sulla Giuntina di rime antiche*, Lapi, Città di Castello 1912.

Id., *Le canzoni di Stefano Protonotaro* (1932), in *Studi filologici*, con una nota di Cesare Segre, Franco Angeli, Milano 1986, pp. 27-64.

Sonetti e canzoni di diversi autori toscani, introduzione e indici di Domenico De Robertis, Le Lettere, Firenze 1977.

Giuseppe Frasso, *Studi sui "Rerum Vulgarium Fragmenta", e i "Triumphi"*, vol. I: *Francesco Petrarca e Ludovico Beccadelli*, Antenore, Padova 1983.

Vincenzio Borghini, *Lettera intorno a' manoscritti antichi*, a c. di Gino Belloni, Salerno Editrice, Roma 1995.

Carlo Pulsoni, *Pietro Bembo filologo volgare*, in "Anticomoderno", III: *La filologia*, Viella, Roma 1997, pp. 89-102.

Emilio Pasquini, *Il testo fra l'autografo e i testimoni di collazione*, in *I "Triumphi" di Francesco Petrarca*, a c. di Claudia Berra, Cisalpino, Milano 1999, pp. 11-45.

6. Il Seicento e il Settecento

Il magistero di Borghini e la filologia cinquecentesca in generale non hanno eredi nel Seicento; mentre continuano le polemiche e le indagini sulla lingua, e si moltiplicano in particolare le accuse e le difese all'operato della Crusca (che nel corso del secolo pubblicò le prime tre edizioni del *Vocabolario*), gli studi filologici sono quasi del tutto trascurati. Causa principale di tale abbandono, che colpisce la filologia italiana, ma anche quella classica, che viceversa andava affinandosi in quegli anni fuori d'Italia, è la caduta di interesse da parte dei letterati e dei lettori per le opere del passato, di cui solo pochi capolavori si continuano a ristampare (la *Commedia* non ha che tre edizioni in tutto il secolo).

La nascita delle grandi biblioteche

Vi è tuttavia almeno un ambito in cui l'erudizione secentesca può vantare meriti cospicui nei confronti della filologia dei secoli successivi. Per ciò che attiene alla conservazione dei testimoni (prima ed essenziale tappa di ogni operazione filologica), bisogna infatti ricordare che nel Seicento si costituiscono o si arricchiscono in modo decisivo alcune delle grandi biblioteche italiane private e pubbliche, e che in esse trova ricetto, e, in qualche caso, anche una prima illustrazione, quel ricchissimo materiale soprattutto manoscritto su cui lavoreranno eruditi e filologi del Settecento e dell'Ottocento. Se il pensiero va subito alla Biblioteca Ambrosiana, che per volontà del cardinale Federigo Borromeo fu aperta al pubblico nel 1609, bisognerà ricordare anche quella immensa raccolta che nel 1714 fu legata alla città di Firenze dal bibliofilo ed erudito Antonio Magliabechi (1633-1714) e che diventerà il nucleo su cui si costituirà la Biblioteca Nazionale Centrale. Ancora a Firenze si costituiscono la Riccardiana e la Marucelliana; mentre nella raccolta del letterato e scienziato Francesco Redi (1626-1698) entrano alcuni dei cimeli più importanti della nostra letteratura antica (la raccolta passerà infine alla Laurenziana nel 1820). Un discorso a parte merita la Vaticana: arricchitasi grandemente per il legato dell'Orsini (1600), la biblioteca pontificia vide utilizzati e illustrati a stampa alcuni dei suoi pezzi più pregiati: a Leone Allacci dobbiamo la raccolta dei *Poeti antichi raccolti da' codici manoscritti della Biblioteca Vaticana e Barberina* (Alecci, Napoli 1661), a Federico Ubaldini la pubblicazione, nel 1642, delle *Rime di M. Francesco Petrarca estratte da un suo originale*, cioè del codice degli abbozzi.

Erudizione e filologia

Lo sviluppo delle ricerche storiche ed erudite, che è carattere peculiare del XVIII secolo, coinvolge anche gli studi letterari: se la filologia non segna progressi sostanziali sul piano del metodo, importante è l'affinarsi di discipline confinanti e "ausiliarie", mentre il riaccendersi dell'interesse per la letteratura antica, che il classicismo dell'Arcadia esalta nella sua polemica contro il cattivo gusto barocco, stimola una ripresa dell'attività editoriale che produce spesso testi poco affidabili o malamente pasticciati (fino al limite del falso integrale, di cui proprio in questo secolo si confezionano esemplari memorabili, e non solo in Italia: pensiamo all'*Ossian* di Macpherson, il più importante falso della letteratura occidentale moderna); essa tuttavia costituisce condizione necessaria, non meno dell'esplorazione e della catalogazione delle grandi biblioteche pubbliche e private, per la stesura delle prime sistemazioni storico-letterarie di ampio respiro (Crescimbeni, Quadrio, Tiraboschi). Fra i grandi eruditi del secolo, a fianco del più insigne di tutti, Ludovico Antonio Muratori (1672-1750), che recupera fra tanti monumenti storici dei secoli passati anche un capolavoro della nostra prosa trecentesca come la *Cronica di anonimo romano*, e che trattando *Della perfetta poesia italiana* (1706) sostiene che «la venerazione da noi dovuta all'antichità» richiede indagini sulla tradizione manoscritta e nuove edizioni della poesia delle origini, vi sono bibliofili che si dedicano con tenacia alla ricerca di manoscritti antichi, come Apostolo Zeno (1668-1750), la cui ricchissima biblioteca entrerà, solo in parte purtroppo, nella Marciana; e accanto ai maggiori, fra i quali ricordiamo almeno il veronese Scipione Maffei (1675-1755) e il fiorentino Domenico Maria Manni (1690-1788), tanti eruditi locali raccolgono, e pubblicano in parte, un'imponente quantità di materiali, diffondendo per via epistolare o nei primi periodici letterari notizie di autori, di opere, di manoscritti e di antiche stampe. Gli studiosi settecenteschi lavorano spesso piuttosto sulla quantità che sulla qualità e cadono di frequente in errori anche grossolani; le loro opere ci appaiono talvolta viziate dalla mancanza di ordine e dalla superficialità dei giudizi critici; tuttavia il debito della filologia otto-novecentesca nei loro confronti rimane cospicuo. In alcuni settori poi si registrano progressi decisivi, rispetto ai quali il primo Ottocento segnerà non di rado un innegabile arretramento: ciò vale per la catalogazione e l'illustrazione delle raccolte di codici delle grandi biblioteche (premessa indispensabile all'esercizio del restauro filologico) che ha in Italia un esempio eccellente con i cataloghi dei manoscritti laurenziani allestiti da Angelo Maria Bandini (1726-1800). Quanto alle edizioni di testi antichi, tornano a stampa autori trascurati da tempo, e non mancano pubblicazioni di inediti tre e quattrocenteschi: è il caso dell'*Istoria della volgar poesia* di Giovan Mario Crescimbeni (1663-1728), corredata da testi dei primi secoli attinti direttamente a fonti manoscritte. Riemergono, in una silloge significativamente intitolata *Delizie degli eruditi toscani, raccolte dal padre Ildefonso da San Luigi* (Firenze 1770-1789), versi dimenticati di Antonio Pucci, e ritorna, dopo l'oblio seguito alle fortune cinquecentesche, Giusto de' Conti. Fra i recuperi dei quattrocentisti toscani si possono ricordare quelli di minori come il Montemagno e il Tinucci, ma più significativo è quello del Burchiello, di cui si stampa nel 1757 a Livorno (ma nel frontespizio è indicata Londra, onde l'edizione è nota come "pseudolondinese") una raccolta, *Rime del Burchiello, del Bellincioni e d'altri poeti fiorentini alla burchiellesca*, destinata a fare testo fino a ieri (vedi **Esempio Burchiello**), ma che riunisce sotto il nome del barbiere-poeta una quantità di materiale incerto o senz'altro spurio. D'altra parte, i responsabili delle edizioni settecentesche, non di rado coperti dall'anonimato, si concedono spesso pesanti arbitri: non si tratta solo di una disinvoltura che a noi pare senz'altro eccessiva (ma sulla cui necessità vi è generale accordo) nell'aggiustare i testi, troppo rozzi per l'orecchio moderno, per quanto concerne la lingua, il lessico, la metrica; gli interventi mirano anche a integrare parti mancanti, a correggere senz'altro, e senza che il lettore ne sia avvertito, errori effettivi o presunti, ad azzardare attribuzioni prive di qualsiasi fondamento.

I falsari: Girolamo Baruffaldi

Il passo successivo, quando il desiderio di produrre testi inediti si accompagna alla mancanza di scrupoli e all'ebbrezza dell'azzardo, è la confezione del falso. Merita qui di essere ricordato il più geniale falsario nel campo della lingua e della letteratura antica, il ferrarese Girolamo Baruffaldi (1675-1755). Alla storia della lingua pertiene la straordinaria "patacca" dell'iscrizione del duomo di Ferrara, smascherata finalmente da Angelo Monteverdi (1886-1967), a quella della filologia la confezione dell'antologia di *Rime scelte dei poeti ferraresi* (1713); frammisto a materiale noto e autentico, c'è un buon numero di testi attribuiti a ferraresi più o meno illustri, ma tutti usciti dalla penna del Baruffaldi. Non si tratta di un episodio marginale; i presunti rimatori ferraresi dei primi secoli trovarono estimatori di rango come Foscolo e Carducci, e ingannarono Leopardi, che aprì la *Crestomazia poetica* con due leggiadrissimi sonetti spacciati da Baruffaldi come di Brunelleschi e di Leonello d'Este, e lasciò filtrare nei *Canti* segni evidenti della lettura di una fortunatissima canzone macabra pseudoquattrocentesca.

Bartolomeo Perazzini

Nella diffusa indifferenza per questioni di metodo, si segnala almeno un'eccezione, che riguarda non a caso il problema che resterà centrale per la nostra filologia, quello del testo della *Commedia*. Contro quanti non ritenevano di doversi discostare dal testo della *vulgata* aldina, e contro l'edizione del poema «ridotta a miglior lezione» dagli Accademici della Crusca (1716), intervenne nel 1775 il veronese Bartolomeo Perazzini con le sue *Correctiones et adnotationes in Dantis Comoediam*; mettendo a frutto le indicazioni di metodo che venivano da quanti, in Italia e all'estero, si occupavano di filologia biblica, il Perazzini sosteneva la necessità di procedere a un confronto sistematico dei codici, di adottare con rigore il criterio della *lectio difficilior*, di localizzare i testimoni e studiarne le particolarità linguistiche; pur senza trarne conseguenze definitive, dimostrava di aver chiaro il concetto che un gruppo numeroso di codici di comune ascendenza non ha maggiore autorità di un testimone isolato e indipendente. Le considerazioni del Perazzini suscitarono qualche reazione polemica, ma di fatto non ebbero seguito: del testo della *Commedia* ci si comincerà a occupare seriamente solo molti anni più tardi, e non per merito di studiosi italiani.

Bibliografia consigliata

Antonia Tissoni Benvenuti, *Appunti sull'antologia dei poeti ferraresi di Girolamo Baruffaldi*, in "Giornale Storico della Letteratura Italiana", CXLVI (1959), pp. 18-48.

Carlo Dionisotti, *Appunti su antichi testi*, in "Italia Medioevale e Umanistica", VII (1964), pp. 84-99.

Angelo Monteverdi, *Lingua italiana e iscrizione ferrarese* e *Storia dell'iscrizione ferrarese*, in *Cento e Duecento*, Edizioni dell'Ateneo, Roma 1971, pp. 7-24 e 25-95.

Maria Mannelli Goggioli, *La Biblioteca Magliabechiana. Libri, uomini, idee per la prima biblioteca pubblica a Firenze*, Olschki, Firenze 2000.

7. Il primo Ottocento

I puristi. Ritardo della filologia italiana

I primi decenni del XIX secolo non furono felici per la nostra filologia, che accumulò un ritardo grave rispetto ai più avanzati paesi stranieri. La tradizione erudita settecentesca ebbe pochi eredi e la cura delle edizioni di letteratura antica e moderna fu spesso assunta da volonterosi ma sprovveduti dilettanti. Il giudizio sferzante con cui Leopardi, filologo classico di notevole statura, liquidò in celebri lettere l'ambiente culturale romano non può naturalmente essere esteso senz'altro a realtà più ricche e dinamiche, ma è indubbio che gli intellettuali di maggior valore e prestigio dell'Italia neoclassica e romantica ebbero scarso interesse per le discipline filologiche, confinate a un rango servile, quasi espressione di un retaggio pedantesco, rispetto al più nobile esercizio della critica letteraria. Non è un caso che tocchi ai puristi, cioè a coloro che vengono additati come i più attardati nel panorama culturale del secolo, perseverare nella ricerca e nella pubblicazione di testi antichi, anche se al merito di recuperare testi sconosciuti questi difensori e propugnatori della lingua dell'aureo Trecento non uniscono quasi mai quello di pubblicarli in modo corretto. Per tali edizioni si ricorre spesso a codici, ma la mancanza di cataloghi sufficienti (anche la codicologia e la catalogazione dei manoscritti sono in crisi, e l'esempio del Bandini non ha seguito, almeno per le grandi biblioteche) impedisce indagini sull'effettiva consistenza della tradizione; anche quando si conoscono più testimoni, il confronto è condotto in modo sommario e si finisce di solito per adottarne uno (che sarà magari quello più a portata di mano) correggendolo qua e là con lezioni di altri, e intervenendo, spesso senza neppure avvertire, con congetture e interpolazioni. Si aggiunga che le scarse cognizioni paleografiche e l'abitudine di affidare ad altre persone (bibliotecari, scrivani, corrispondenti ecc.) la consultazione e la trascrizione di testimoni lontani producono frequenti errori di lettura e infortuni di vario genere.

Un trattamento non meno disinvolto, a giustificare il quale spesso non bastano ragioni economiche o il timore di rendere un cattivo servizio all'autore divulgandone opere incomplete o imperfette, si riserva in molti casi anche a testi recenti, sui quali i curatori intervengono per aggiungere parti mancanti, costruendo, con suture più o meno vistose e arbitrarie, strutture che l'autore non aveva realizzato e chiaramente concepito. Il caso più noto è quello dell'edizione postuma del *Giorno* pariniano, in cui Francesco Reina provvede a dare forma compiuta a un'opera che era tale soltanto per la prima parte (vedi **Esempio Parini**). Quanto ai criteri da adottare per la resa grafica e fonetica dei testi antichi, la prassi corrente prevede ancora interventi massicci, anche se non mancano esempi di trascrizioni diplomatiche o semidiplomatiche che adottano i modelli delle trascrizioni di documenti non letterari. Dietro a queste scelte, però, si cela spesso la casualità o l'indolenza, piuttosto che l'esigenza di mantenere inalterata la fisionomia del documento.

Del livello men che modesto della filologia italiana del primo Ottocento testimoniano fenomeni diversi, ma ugualmente allarmanti. Continuano a proliferare i falsi, che la diffusa incompetenza degli italiani, soprattutto in fatto di lingua antica, non riesce a smascherare. Il caso più noto è quello delle famigerate Carte d'Arborea, manoscritti di misteriosa provenienza, il cui contenuto avrebbe dovuto documentare l'attività poetica di un gruppo di rimatori sardi del XII secolo. Una commissione di esperti berlinesi denunciò senza appello la grossolanità del falso; ma per molti anni ancora alcuni studiosi italiani si ostinarono a difendere l'autenticità di quelle carte, sedotti dall'idea che grazie a quella scuola di Sardegna l'Italia avesse annullato il vergognoso ritardo rispetto alla poesia di Provenza e di Francia.

Altro segnale inquietante è la perdita di cognizioni importanti già acquisite e diffuse in passato. E qui si dovrà ricordare come la nozione dell'autografia petrarchesca del codice Vat. Lat. 3195, che sopravviveva ancora all'inizio del XVIII secolo, fosse già scomparsa all'inizio dell'Ottocento; al punto che negli anni ottanta ne fu salutata con entusiasmo, ma non senza vergogna per gli italiani, la riscoperta da parte di un filologo francese, Pierre de Nolhac.

D'altra parte, sono spesso gli stranieri a intervenire con autorità e con risultati importanti nel campo della filologia nostrana. Il maggior filologo dantesco di questi anni è il tedesco Karl Witte (1800-1883), che pubblica nel 1862 una importante edizione della *Commedia*: il testo, risultato di una vasta indagine sulla tradizione e della collazione di quattro codici trecenteschi (e fra questi l'autorevolissimo codice Laurenziano S. Croce XXVI sin. 1, scritto da Filippo Villani), è molto più sicuro e attendibile di quello affermatosi con l'Aldina del 1502. Ed è italiano di nascita, ma lavora e pubblica in Inghilterra, l'esule Antonio Panizzi, che nel 1830-1831 stampa l'*Orlando Innamorato* nella versione autentica del Boiardo, da secoli abbandonata in favore del rifacimento bernesco (vedi **Esempio Boiardo**). Meriti analoghi non può vantare invece nel campo della filologia l'altro e più illustre italiano in quegli anni esule anch'egli in Inghilterra, Ugo Foscolo: modesto è il contributo delle sue riflessioni sul testo della *Commedia*, e l'edizione delle opere di Raimondo Montecuccoli risulta inquinata da gravi arbitri.

Bibliografia consigliata

Ezio Raimondi, *Per le Opere di un guerriero*, in *Anatomie secentesche*, Nistri-Lischi, Pisa 1966, pp. 119-138.

Sebastiano Timpanaro, *Ancora sul Foscolo filologo*, in "Giornale Storico della Letteratura Italiana", CXLII (1965), pp. 149-158.

Id., *La filologia di Giacomo Leopardi*, 2ª ediz., Laterza, Bari 1977.

Carlo Dionisotti, *Panizzi professore* (1980), in *Ricordi della scuola italiana*, Edizioni di Storia e Letteratura, Roma 1998, pp. 209-226.

William Spaggiari, *Panizzi e l'"Orlando Innamorato"*, in *I libri di Orlando Innamorato*, Istituto di Studi Rinascimentali-Panini, Ferrara-Modena 1987, pp. 145-150.

Carteggio D'Ancona-Vitelli. Con un'appendice sulle false Carte d'Arborea, a c. di Rosario Pintaudi, Scuola Normale Superiore, Pisa 1991.

Le carte d'Arborea. Falsi e falsari nella Sardegna del XIX secolo, Atti del convegno a c. di Luciano Marrocu, AM&D, Cagliari 1997.

8. Il secondo Ottocento e la scuola storica

La nuova scuola: D'Ancona e Carducci

L'avvio del mutamento decisivo, che vedrà la filologia italiana recuperare infine il grave distacco nei confronti di quella d'oltralpe (prima soprattutto germanica, poi anche francese) può essere fissato agli anni sessanta del secolo, quando negli studi letterari si viene delineando, e poi rapidamente affermando, un nuovo indirizzo, variamente denominato in passato, ma che oggi concordemente si definisce "scuola storica". In opposizione sempre più netta alla critica estetica, che aveva avuto il suo massimo rappresentante in Francesco De Sanctis (e che appunto nella *Storia della letteratura italiana* [1870] ebbe il più memorabile, ma anche ultimo prodotto), la nuova scuola indicava nell'accertamento del fatto, nella ricostruzione oggettivamente documentata del quadro storico il compito primario dello studioso. La filologia, in quanto disciplina istituzionalmente positiva e scientifica, recuperava, dopo decenni di abbandono, una posizione centrale, nella generale convinzione che la riflessione critica poteva trovare solido fondamento solo nella certezza del testo, e nella sempre più diffusa e allarmata consapevolezza che le edizioni dei nostri classici (Dante in testa), quando non mancavano del tutto, erano comunque gravemente inaffidabili. Pur largamente affermata, l'esigenza di una riscossa filologica non poté tuttavia trovare rapida soddisfazione: la strumentazione già proficuamente collaudata all'estero rimase a lungo impraticabile per gli esponenti della prima generazione, che trovarono più agevole e sicuro concentrarsi nella ricerca erudita e poco progredirono, per quanto concerne in particolare le tecniche ecdotiche, rispetto ai puristi di inizio secolo. I risultati più importanti arriveranno più tardi, quando i primi maestri avranno ormai passato la mano, e mentre già comincia a profilarsi il contrattacco di una nuova scuola estetica, che riconosce il primato di Benedetto Croce.

La Commissione per i Testi di Lingua

Il 1860 può essere indicato come l'anno di svolta, per la concomitanza di avvenimenti in vario modo determinanti. La nascita dello stato italiano promuove un rinnovamento della politica culturale che, pur fra le immense difficoltà di ordine organizzativo ed economico, si sforza di restituire prestigio alle diverse istituzioni, alla scuola, all'università. Segno di questo rinnovamento (che è anche svecchiamento anagrafico) è la nomina, appunto nel 1860, di due venticinquenni toscani, Giosue Carducci e Alessandro D'Ancona, sulle cattedre di Letteratura italiana delle Università di Bologna e di Pisa. Autonoma rispetto all'università, ma capace di collaborare proficuamente con i suoi esponenti più intraprendenti (compresi i due già citati, e specialmente il secondo) è la Commissione per i Testi di Lingua, fondata a Bologna nel 1860 e affidata alla presidenza di un maturo ma infaticabile purista faentino, Francesco Zambrini (1810-1887); suo compito è quello di ricercare e pubblicare testi letterari dei primi secoli, giovandosi della disponibilità delle molte biblioteche che con l'unità hanno aperto le porte agli studiosi. Ma grazie all'intraprendenza zambriniana la Commissione saprà andare oltre il programma prefissato: alla collana maggiore, la "Collezione di opere inedite o rare dei primi tre secoli della lingua" si affiancheranno un'importante "Scelta di curiosità letterarie inedite o rare dal secolo XIII al XVII" e, dal 1868, "Il Propugnatore", prima rivista italiana in cui troveranno spazio, in forzata coabitazione con vecchi puristi, i filologi della nuova scuola. Criticato spesso, e non senza ragione, per le sue edizioni di testi antichi (vedi **Esempio *Bel Gherardino***) Zambrini diede prova della sua vasta competenza bibliografica in quel repertorio delle *Opere volgari a stampa dei secoli XIII e XIV* (1884; 4ª ediz.) che, con il *Supplemento* di Salomone Morpurgo (1929), costituisce tuttora un utile strumento nelle indagini sulla tradizione della letteratura antica.

Carducci e i suoi allievi non confluirono nella scuola storica, e anzi con alcuni dei suoi esponenti più intransigenti e pugnaci il professore bolognese arriverà a scontrarsi aspramente. Tuttavia non si può negare che egli condivise con i fondatori (di D'Ancona in particolare fu amico e collaboratore in anni cruciali, prima di allontanarsene per contrasti politici e accademici) molti dei punti essenziali del programma, comprese le istanze filologiche. Premesso che Carducci, e come lui la maggior parte dei suoi scolari diretti, non possedette mai, e quindi non poté applicare sistematicamente, gli strumenti del metodo filologico elaborato in Germania e noto, non del tutto a ragione, come "metodo di Lachmann" (vedi **Sezione metodologica**), non c'è dubbio che la sua attività editoriale, soprattutto nell'ambito della poesia antica, riveli interessi e competenze di ordine filologico che invano si cercherebbero in studiosi della precedente e della sua stessa generazione. Nelle imprese in cui il problema della definizione del testo era essenziale (pensiamo qui alle edizioni delle *Cantilene e Ballate, strambotti e madrigali dei secoli XIII e XIV*, delle *Rime dei memoriali bolognesi*, delle *Poesie di M. Cino da Pistoia e d'altri del secolo XIV*, delle rime di Matteo Frescobaldi o del Poliziano; diverso è il discorso per quelle edizioni e antologie, spesso di destinazione scolastica, che si limitarono di solito a riprodurre edizioni precedenti), Carducci lavorò su materiale di prima mano, e dunque sui manoscritti, soprattutto fiorentini, dimostrando notevoli qualità nel giudicarne la correttezza, vagliando con acume le varianti e proponendo correzioni giudiziose. La convinzione ripetutamente espressa che l'indagine erudita, storica e filologica dovesse in ogni caso preparare, non mai surrogare, il giudizio critico, e anche il convivere, nel professore come in molti dei suoi allievi (Guido Mazzoni, Severino Ferrari, e anche, più grande ma più lontano dal maestro, Giovanni Pascoli), di una pratica poetica che ai giovani intransigenti di scuola pisana sembrerà fatua digressione e perdita di tempo, non devono far dimenticare che il lavoro filologico costituì per Carducci, soprattutto negli anni più laboriosi della giovinezza, impegno primario. A conferma di ciò, gioverà riproporre, nella lucida formulazione carducciana, il precetto che individua la ragione stessa del lavoro del filologo: nell'introduzione all'edizione commentata delle *Rime* petrarchesche (che è del 1899 nella forma completa e condotta insieme a Ferrari; ma la stessa formula era anche nella premessa all'edizione parziale del 1876, quando peraltro il problema di quel testo si poneva in termini ben diversi) si legge infatti:

> La prima cura di chi pubblichi e commenti l'opera d'uno scrittore classico ha da essere intorno al testo. Qual è la lezione, non che piace più a me o a questo o a quel critico, non che si affaccia allettatrice improvvisa da questo o quel codice più o meno antico, ma che uscì ultima dalla penna dell'autore? Tale è la domanda che un editore non materiale e non empirico dee aver sempre innanzi alla mente per risponderviti con la maggior certezza ch'ei possa.

La filologia di D'Ancona e l'edizione del canzoniere Vat. Lat. 3793

All'impegno filologico Alessandro D'Ancona, caposcuola riconosciuto del metodo storico, si presentava ancor meno attrezzato di Carducci: privo di una solida cultura umanistica di base, egli fu un vorace ma intelligente autodidatta, lavoratore infaticabile ma consapevole dei propri limiti; secondo la ben nota definizione carducciana, il collega pisano fu in primo luogo «de' cognati e de i dispersi miti / per la selva d'Europa indagatore», vale a dire un comparatista e uno studioso di letteratura popolare. Dai contatti amichevoli e frequenti con un grande filologo di lingua italiana ma di scuola tedesca, il dalmata Adolfo Mussafia e con il primo romanista di Francia, Gaston Paris, D'Ancona apprese non i fondamenti della filologia, al cui esercizio lo inibiva anche l'ignoranza della moderna linguistica, che proprio in quegli anni veniva introdotta in Italia da Graziadio Isaia Ascoli (1829-1907), ma qualche nozione sparsa e imprecisa; significativo il fatto che in una inedita lettera a Zambrini del maggio 1867 egli dichiari l'intenzione di preparare del *Novellino* non una «edizione critica, vale a dire con le varianti dei diversi testi mss. o stampati». Come si vede, il progresso rispetto al passato non è affatto decisivo: se è acquisito il principio che l'edizione critica deve tenere conto di tutti i testimoni, rimane ancora del tutto sconosciuto quello della necessità di classificarli. Ben si comprende dunque come il professore pisano incontrasse difficoltà enormi in quella che, al di là dei molti difetti, è giusto indicare come la prima impresa di grande rilievo filologico portata a compimento dalla scuola storica: l'edizione interpretativa del grande canzoniere delle origini, il codice Vaticano Latino 3793. L'iniziativa incontrò l'entusiastica adesione di Zambrini (che negli anni successivi avrebbe ospitato nelle collane della Commissione e nel "Propugnatore" le edizioni degli altri maggiori canzonieri delle origini), ma il lavoro procedette a rilento, anche perché D'Ancona dovette lavorarvi da solo, non avendo il Comparetti, che pure firmò l'opera insieme a lui, collaborato se non per questioni pratiche e finanziarie. Solo per gli ultimi due volumi D'Ancona si associò nell'impresa il bolognese Tommaso Casini, giovane filologo assai più preparato di lui, e l'opera, il cui primo volume era uscito nel 1875, giunse in porto, con il quinto, alla fine del 1888. L'idea che il più grande collettore della lirica duecentesca, fino ad allora inteso e utilizzato quale semplice serbatoio da cui estrarre questo o quel testo, si dovesse pubblicare integralmente, in quanto "libro" di cui interessava non solo il contenuto, ma anche il disegno complessivo, la struttura, indica che i tempi erano davvero mutati; anche se può oggi apparirci incredibile e filologicamente intollerabile che l'edizione, nell'impossibilità di disporre del codice Vaticano (l'accesso alla Biblioteca papale era interdetto a D'Ancona, ebreo, patriota e monarchico), venisse condotta su una copia fatta eseguire alla chetichella per l'occasione! Gli errori e le incertezze di questa edizione, e di altri lavori in cui variamente si manifesta la carenza dell'attrezzatura filologica, non devono tuttavia far dimenticare che il principale merito di D'Ancona fu quello di creare, con il suo lungo e fecondo magistero, una scuola straordinaria, i cui esponenti più capaci e geniali, sorretti e spronati generosamente dal maestro, portarono le discipline filologiche e linguistiche, e non solo la filologia italiana, a un progresso decisivo. Se D'Ancona fu insomma un maestro memorabile, lo fu perché seppe spingere e aiutare i propri allievi a farsi a loro volta esperti di tutte quelle discipline in cui egli aveva men che modesta competenza.

Il "Giornale Storico della Letteratura Italiana"

Agli inizi degli anni ottanta al fianco dei primi maestri è già attivo un nutrito gruppo di giovani, formatisi alle scuole bolognese e pisana, ma anche a quella fiorentina di Adolfo Bartoli (1833-1894), a quella torinese di Arturo Graf (1848-1913) e a quella romana di Ernesto Monaci (1844-1918), concordi, pur da posizioni non sempre coincidenti, nel sostenere il nuovo metodo di studi. Due di costoro, Francesco Novati (1859-1915) e Rodolfo Renier (1857-1915), insieme a Graf, che avrà peraltro nell'impresa un ruolo secondario, fondano nel 1883 il "Giornale Storico della Letteratura Italiana", periodico destinato a divenire in breve l'organo ufficiale della scuola storica. Mentre il "Propugnatore" perde progressivamente il suo ruolo, la nuova rivista, che ha tagliato i ponti con la vecchia scuola puristica, accoglie soprattutto contributi di storia ed erudizione; i titoli più propriamente filologici sono di qualità molto difforme e dimostrano come in questo ambito ci si muova ancora, da parte dei più, con disagio e difficoltà. Gli stessi direttori non sono perfettamente attrezzati: Novati, dopo alcune prove ancora incerte nella pubblicazione di testi delle origini, ottiene un risultato migliore nella filologia umanistica, con la monumentale edizione dell'epistolario di Coluccio Salutati (ma il promesso volume, che avrebbe dovuto illustrare i criteri adottati nella ricostruzione del testo, non fu mai pubblicato), mentre Renier, nella massiccia e assai criticata edizione delle *Liriche edite e inedite* di Fazio degli Uberti (1883), mostra di avere idee confuse su questioni non secondarie, come la distinzione tra fenomeni grafici e fonetici; a rilevarlo è, con altri, Tommaso Casini, allievo di Carducci e di Bartoli, che spicca fra i coetanei per la più profonda e diretta conoscenza della lirica antica (a lui dobbiamo le prime edizioni a stampa, presso la Commissione bolognese, dei manoscritti Palatino 418 e del Rediano 9, e una pregevole raccolta dei rimatori bolognesi del Duecento).

Negli stessi anni ottanta si registrano altre edizioni, non prive di meriti, ma non tali ancora da potersi definire "critiche", come le due delle rime cavalcantiane allestite da Nicola Arnone (1881) e Pietro Ercole (1885), mentre un progresso è già evidente in quella dei *Reali di Francia* di Andrea da Barberino, curata da Giuseppe Vandelli (1892-1900). Il passaggio decisivo, nel senso di una ricostruzione del testo che si fonda sul confronto e sulla classificazione dei testimoni, e sul ricorso allo *stemma codicum* per la discriminazione fra le varianti adiafore (in altre parole sul metodo detto "di Lachmann"), avviene a opera non degli italianisti, ma dei filologi romanzi. Attingendo direttamente alle fonti europee, cioè alla scuola tedesca, che riconosceva come fondatore Friederich Diez (1794-1876), e come maggiori esponenti Adolf Tobler (1835-1910) e Adolfo Mussafia (1834-1905), e alla scuola francese di Gaston Paris (1839-1903) e Paul Meyer (1840-1917), i filologi romanzi applicano quel metodo anche alla nostra letteratura, forti di quella competenza nella glottologia e nella linguistica romanza che difettava per lo più agli italianisti.

Pio Rajna: «il rigore del metodo»

Fondatore in Italia della filologia romanza e massimo esponente della scuola storica è il valtellinese Pio Rajna (1847-1930). Allievo di D'Ancona, che gli fece pubblicare presso la Commissione bolognese i suoi primi studi, con il favore di Ascoli, ottenne all'Accademia scientifico-letteraria milanese la prima cattedra di Letterature romanze (1874); passato a Firenze, tenne fino al 1922 l'insegnamento di Lingue e letterature neolatine. Nella sua lunghissima carriera pubblicò opere fondamentali per la letteratura romanza (*Le origini dell'epopea francese*) e italiana (*Le fonti dell'"Orlando Furioso"*), e una lunghissima serie di saggi, in cui risaltano l'equilibrio del giudizio e la serietà nella ricerca, uniti a una straordinaria competenza nella linguistica romanza e nella critica testuale. Nel campo che qui ci interessa, e tralasciando una serie di contributi minori, si deve ricordare soprattutto l'edizione critica del *De vulgari eloquentia* (1896). Qui per la prima volta l'opera di un autore italiano è pubblicata applicando quello che lo stesso Rajna chiamerà «il rigore del metodo», grazie al quale «si è sostituita la logica infallibile e la precisione scientifica a un procedere intuitivo». I testimoni dell'opera – all'epoca, e prescindendo dai *descripti*, due soltanto, il manoscritto Trivulziano 1088 e quello di Grenoble (Bibl. Civ. 580), non essendo ancora stato ritrovato il codice di Berlino, Staatsbibliothek, Lat. fol. 437 – sono dunque esaminati e confrontati sistematicamente; si definiscono i rapporti, si giustifica la scelta fra le varianti, si identificano e si correggono con congetture ponderate (e che saranno poi confermate in parte dal nuovo testimone) gli errori del comune ascendente. Primo in Italia ad applicare senza incertezze il metodo lachmanniano, Rajna è anche il primo a darne una illustrazione, sintetica ma lucidissima, e didatticamente a lungo preziosa, nelle pagine intitolate "Testi critici", che furono pubblicate in appendice alla seconda edizione dell'*Avviamento allo studio critico delle lettere italiane* di Guido Mazzoni (1907). Per il rigore scientifico che lo anima, ma anche per il severo richiamo a non ridurre in nessun caso la disciplina filologica ad «arte meccanica», che presuma di poter fare a meno «di senno, di acume, di dottrina», il breve saggio di Rajna va additato come il capostipite illustre della numerosa famiglia di manuali novecenteschi di filologia italiana.

Altri maestri della scuola storica; Ernesto Giacomo Parodi e Michele Barbi

Nell'ultimo decennio del secolo il progresso nelle discipline linguistiche e filologiche appare evidente nelle opere di un gruppo di studiosi, provenienti in gran parte dalle scuole pisana e bolognese: a quello già ricordato di Tommaso Casini (1859-1917) aggiungiamo i nomi di Francesco D'Ovidio (1849-1925), Salomone Morpurgo (1860-1942), Vittorio Rossi (1865-1938), Francesco Flamini (1868-1922), gli ultimi due collaboratori della seconda serie della *Storia letteraria d'Italia* (1900-1926), promossa dall'editore milanese Vallardi, in cui si raccolse il frutto di una lunga stagione di ricerche filologiche ed erudite prodotte dalla scuola storica. Fra tutti, spiccano nel campo della filologia italiana i nomi di Ernesto Giacomo Parodi e di Michele Barbi. Il primo, allievo dello stesso Rajna, sorretto da una profonda competenza dell'italiano antico, allestisce un'edizione eccellente del *Tristano Riccardiano* (1896): opera a tradizione unica, del tipo cioè che fino a pochi anni prima aveva stimolato soluzioni editoriali estemporanee, oscillanti fra un avventuroso interventismo, che, pretendendo di correggerlo, finiva per alterare e sfigurare il testo, e un conservativismo "diplomatico" con cui l'editore, adducendo la necessità di rispettare il documento, abdicava di fatto al suo compito di interprete e autentico "curatore" dell'opera.

L'edizione della *Vita Nuova*

A Michele Barbi (1867-1941) va invece il merito di avere per la prima volta applicato senza incertezze il metodo lachmanniano a un'opera in volgare, tramandata da un numero notevole di manoscritti, con la pubblicazione, avvenuta nel 1907, dell'edizione critica della *Vita Nuova* (vedi **Esempio Dante, *Vita Nuova***). Allievo all'università pisana di D'Ancona, che lo indirizzò agli studi danteschi, e a Firenze di Rajna, da cui apprese i fondamenti dell'ecdotica, Barbi per lunghi anni concentrò la sua attività sull'opera di Dante. Direttore del "Bullettino della Società Dantesca Italiana" (insieme a Parodi) e poi degli "Studi Danteschi", pubblicò fra l'altro due volumi di *Problemi di critica dantesca* (1934 e 1941), gli *Studi sul canzoniere di Dante* (1915), fondamentali per le indagini sulla tradizione della poesia delle origini (antichi canzonieri, *Raccolta Aragonese*, "Giuntina di rime antiche", Raccolta bartoliniana ecc.), e il testo critico, rimasto però per gran parte privo di giustificazione filologica e di apparato, delle rime dantesche.

A quasi un secolo dalla sua prima comparsa (nel 1932 l'opera fu riproposta dopo profonda revisione), l'edizione della *Vita Nuova* può ancora dirsi esemplare; anche quanti, su diverse questioni di metodo e su singoli luoghi del testo, hanno espresso perplessità e dissensi, concordano tuttavia nel riconoscere la solidità dell'impianto, la sicurezza con cui i testimoni sono stati esaminati, confrontati e classificati, l'equilibrio con cui l'editore ha discusso e valutato le varianti adiafore, la chiarezza dell'apparato critico. Salutata come un capolavoro per la tecnica della ricostruzione testuale, l'opera diede una risposta che a lungo fu ritenuta inoppugnabile anche alla complessa questione della resa grafica di testi antichi a testimonianza plurima (e non autografa). A questo proposito, Barbi sostenne che l'aspetto fonetico andava in tutto salvaguardato, che cioè nessun elemento sostanziale della lingua antica doveva essere alterato, ma che viceversa, per non intralciare il lettore, si dovevano ridurre all'uso moderno quelle grafie che nei primi secoli erano state introdotte per adattare l'alfabeto latino ai suoni della lingua volgare (come *cha* e *cie* rispettivamente per *ca* e *ce*, *ngn* per *gn*, *lgl* per *gl* ecc.); allo stesso modo, venivano abbandonate tutte quelle grafie latineggianti, etimologiche o pseudoetimologiche, di cui scrittori e copisti fecero largo uso fino a tutto il Quattrocento e oltre, ma che già allora non avevano rispondenza nell'effettiva pronuncia (*ct* e *pt* per *tt*, *x* per *s* o *ss*, *ph* per *f* ecc.). In altre parole, la lingua antica veniva scritta con la grafia odierna (vedi **Sezione metodologica**).

Bibliografia consigliata

Marino Berengo, Le origini del "Giornale Storico della Letteratura Italiana", in *Critica e storia letteraria. Studi offerti Mario Fubini*, Liviana, Padova 1970, vol. II, pp. 3-26.

Cent'anni di "Giornale Storico della Letteratura Italiana", Atti del convegno (Torino, 5-7 dicembre 1984), Loescher, Torino 1985.

Carlo Dionisotti, *Scuola storica*, in *Dizionario Critico della Letteratura Italiana*, diretto da Vittore Branca, 2ª ediz., UTET, Torino 1986, vol. IV, pp. 139-148.

Id., *Ricordi della scuola italiana*, Edizioni di Storia e Letteratura, Roma 1998 (in part. i saggi: *Appunti sul carteggio D'Ancona* [1976], pp. 321-368; *Appunti sulla scuola padovana* [1979], pp. 369-387; *Letteratura e storia a Torino* [1980], pp. 389-400).

Carducci e la letteratura italiana, Atti del convegno (Bologna, 11-13 ottobre 1985), a c. di Mario Saccenti, Antenore, Padova 1988.

Convegno di Studi in onore di Francesco Zambrini nel centenario della morte, Atti del convegno (Faenza, 10-11 ottobre 1987), Società Torricelliana di Scienze e Lettere, Faenza 1989.

Guido Lucchini, *Le origini della scuola storica. Storia letteraria e filologia in Italia (1866-1883)*, il Mulino, Bologna 1990.

Pio Rajna e le letterature neolatine, Atti del convegno internazionale di studi (Sondrio, 24-25 settembre 1983), a c. di Rudy Abardo, Le Lettere, Firenze 1993.

Guglielmo Gorni, *Il Dante perduto. Storia vera di un falso*, Einaudi, Torino 1994.

Carteggio D'Ancona, Scuola Normale Superiore, Pisa (D'A.-Carducci, a c. di P. Cudini, 1972; D'A.-Mussafia, a c. di L. Curti, 1978; D'A.-Novati, a c. di L.M. Gonelli, 1986-90, 4 voll.; D'A.-Vitelli. *Con un'appendice sulle false Carte d'Arborea*, a c. di R. Pintaudi, 1991; D'A.-Monaci, a c. di S. Covino, 1997, 2 voll.).

Alfredo Stussi, *Tra filologia e storia. Studi e testimonianze*, Olschki, Firenze 1999.

9. Il primo Novecento

Benedetto Croce e la crisi della filologia positivistica

L'edizione critica della *Vita Nuova* appare quando la stagione più felice e produttiva della scuola storica volge ormai al termine. Nello stesso 1907 muore Carducci, nel 1914 D'Ancona, fondatore e maestro riconosciuto di quella scuola, l'anno successivo, a distanza di pochi mesi, i due direttori del "Giornale Storico", Renier e Novati. Ma più ancora che all'uscita di scena di vecchi e giovani maestri, la crisi è dovuta all'affermazione sempre più travolgente di una nuova scuola che si richiama al magistero desanctisiano e ha il proprio fondatore e massimo esponente nel filosofo e critico letterario Benedetto Croce (1866-1952). A partire dalla pubblicazione dell'*Estetica* (1902), a una critica letteraria perfettamente ambientata nell'istituzione universitaria, tutta fondata sull'indagine storica ed erudita, e naturalmente attenta alla filologia, si oppone una concezione nata al di fuori dell'ambiente universitario, che si concentra sul giudizio del valore estetico dell'opera, mentre riduce a funzioni modestamente ausiliarie e strumentali le discipline, come la filologia e la linguistica, che la scuola storica aveva ritenuto essenziali.

Il tentativo di contenere il successo del crocianesimo spinge alcuni rappresentanti della scuola storica a cercare soluzioni di compromesso, che non escludono atti di deferenza nei confronti del già condannato e poi a lungo dimenticato De Sanctis; ma la decadenza delle discipline filologiche si fa presto inarrestabile e sono sempre meno numerosi coloro che continuano a praticarle. A dissuadere chi, avendo a modello il capolavoro barbiano, volesse praticare la ricostruzione testuale secondo il metodo lachmanniano, si aggiunge poi l'accoglienza che ottengono anche in Italia le critiche a quel metodo formulate da Joseph Bédier (1864-1938); la difesa del *codex optimus*, intesa in maniera riduttiva e acritica, quasi come invito a non perdere tempo in lunghe e improduttive collazioni, finisce spesso per autorizzare soluzioni editoriali approssimative e avventurose (vedi **Sezione metodologica**).

L'edizione dantesca del 1921

L'autorità di studiosi come Barbi, Parodi, Rajna conserva alla sola filologia dantesca una posizione di prestigio, e il centenario del 1921 vede rispettato un traguardo ambizioso: la pubblicazione delle *Opere di Dante* nel testo critico della Società Dantesca Italiana. Il *corpus* dantesco, compresa l'appendice del *Fiore*, curata da Parodi, è pubblicato integralmente e il risultato è complessivamente di alto livello. Particolarmente importante è l'edizione della *Commedia*, curata da Giuseppe Vandelli, che sostituisce quella allestita nel 1894 dall'inglese Edward Moore (la quale, a sua volta, migliorava il testo di Karl Witte); giovandosi anche dei risultati delle indagini sul testo del poema condotte dai migliori dantisti, e in particolare dallo stesso Barbi, Vandelli dovette ammettere l'impossibilità di classificare e ordinare rigidamente una tradizione immensa e già all'origine inquinata da gravi fenomeni di contaminazione, e procedette alla ricostruzione testuale vagliando e selezionando con grande finezza interpretativa le singole varianti; quanto alla lingua, l'editore cercò di recuperare quella forma autentica del volgare toscano e fiorentino dell'epoca di Dante che già nella tradizione manoscritta, e poi nelle diverse edizioni, era stata alterata e adattata a modelli più tardi.

La nuova filologia

Al di fuori del settore dantesco (e, in parte almeno, di quello petrarchesco, in cui si segnala la splendida edizione critica delle *Familiares*, curata da Vittorio Rossi, 1933-1937; il quarto e ultimo volume, a cura di Umberto Bosco, uscirà nel 1942), la situazione della filologia italiana si presenta tuttavia largamente deficitaria. A denunciare il "tracollo", con lucidità e fermezza, provvide lo stesso Barbi nell'introduzione a un volume che già nel titolo propone una ripresa e un rinnovamento degli studi: *La nuova filologia e l'edizione dei nostri scrittori da Dante a Manzoni* (1938). Il problema più grave (e di ordine generale) che l'anziano filologo affronta è quello della sempre più scarsa considerazione in cui le nuove generazioni tengono gli studi filologici, nel momento in cui «l'aureola di filosofo e di critico soddisfa più di quella di filologo»; un disinteresse, un fastidio che ha come inevitabile conseguenza il diffondersi di edizioni che, anche all'interno di prestigiose collezioni di classici, diffondono testi incredibilmente scorretti e malamente raffazzonati. La necessità di un cambiamento è motivata da Barbi con il carattere fondativo, non strumentale e accessorio, della filologia: «si richiede solo che non sia trascurata come è oggi la filologia, ma che riacquisti ciò che le è dovuto per sé e come necessario fondamento della critica e della storia».

Necessariamente più problematica e complessa la replica a quanti contestano la pretesa scientificità del metodo lachmanniano e rischiano così di generare un pericoloso "scetticismo" sull'operato stesso del filologo. Barbi esamina le critiche mosse in Francia da Bédier e da dom Henri Quentin (1872-1935) al metodo che trent'anni prima egli stesso aveva applicato al testo della *Vita Nuova*, per concludere che vi sono casi in cui l'applicazione di quel metodo, che non può comunque pretendere di essere definito "scientifico" nel senso che al termine si dà nelle scienze esatte, può dare e dà di fatto eccellenti risultati in quanto consente di ricostruire un «testo corretto, e vicino più che si può all'originale»; ma poiché ogni opera si presenta con diverse caratteristiche, per la sua stessa natura e per la tradizione che la conserva, è evidente che quel metodo potrà anche rivelarsi «insufficiente e in certi casi inapplicabile», e dovrà in ogni modo essere adottato con circospezione e senza rigidezza, soprattutto senza pretendere che i problemi e le scelte possano essere risolti sempre in modo meccanico. I vantaggi che derivano da una classificazione dei testimoni fondata sugli errori sono innegabili (possibilità di individuare i *descripti* e le lezioni alternative sicuramente inaccettabili), e non c'è alcuna ragione per cui, nei casi di equipollenza delle varianti, l'editore non possa, con fondati argomenti, operare una scelta. E dunque «la filologia italiana farà bene a mantenersi lontana e dal semplicismo con cui viene inteso e applicato spesso il metodo del Lachmann e dallo scetticismo del Bédier».

Della varietà dei casi che si presentano al filologo, e quindi della necessità di trovare per ciascuno soluzioni appropriate e non precostituite, Barbi dà poi nel volume una esemplare dimostrazione: in particolare si rivelano importanti e innovativi quei saggi che affrontano questioni relative a opere di cui sopravvivono testimonianze, tutte o in parte, originali, cioè manoscritti autografi (i *Ricordi* del Guicciardini, le *Grazie* del Foscolo) o stampe controllate dall'autore (*I Promessi Sposi*); in questo modo Barbi, per lunghi anni dedito quasi esclusivamente a Dante, e dunque a una filologia "della copia" e per elezione lachmanniana, afferma la necessità di misurarsi nel campo, straordinariamente ricco, della filologia "d'autore"; non si tratta solo di un deciso allargamento di prospettiva, ma della individuazione di un settore specifico, che consente alla filologia italiana di affrancarsi dalla condizione di inferiorità nei confronti delle filologie romanza e classica, cui la problematica della variantistica è di fatto estranea (anche se, in quegli stessi anni, è proprio un classicista, Giorgio Pasquali, che dà fondamento teorico allo studio delle varianti d'autore in un libro di capitale importanza, *Storia della tradizione e critica del testo*, 1934).

Bibliografia consigliata

Giorgio Pasquali, *Storia della tradizione e critica del testo*, Le Monnier, Firenze 1934; 2ª ediz. 1952 (rist. Mondadori, Milano 1975; Le Lettere, Firenze 1988).

Michele Barbi, *La nuova filologia e l'edizione dei nostri scrittori da Dante a Manzoni*, Sansoni, Firenze 1938; 2ª ediz. 1952 (rist. Le Lettere, Firenze 1994).

10. Il secondo Novecento

La filologia d'autore: Moroncini e Debenedetti. La critica degli scartafacci: G. De Robertis e Contini

Quando Michele Barbi licenzia *La nuova filologia*, la riscossa auspicata è in realtà già iniziata. Edizioni importanti nel campo della filologia d'autore precedono anzi di pochi anni il volume barbiano: sono l'edizione critica dei *Canti*, delle *Operette morali* e delle *Opere minori approvate* curata da Francesco Moroncini (1927-1931) e quella dei *Frammenti autografi*

Filologia italiana, filologia romanza, storia della lingua

dell'"Orlando Furioso" allestita da Santorre Debenedetti nel 1937; dello stesso anno è l'articolo-recensione *Come lavorava l'Ariosto* di Gianfranco Contini (1912-1990), con il quale la «critica delle varianti» ha ufficialmente inizio. Nel corso degli anni quaranta la polemica su quella che Croce sprezzantemente definì la «critica degli scartafacci» vede schierati da un lato il vecchio maestro, dall'altro, e sia pure su posizioni non coincidenti, lo stesso Contini e Giuseppe De Robertis. La sconfitta della posizione idealistica riconsegna alla filologia una posizione decisiva: l'esigenza di disporre di edizioni critiche che rappresentino diacronicamente, in modo sempre più chiaro ed esauriente, i diversi stadi del processo elaborativo, restituisce al filologo il ruolo primario che la critica crociana gli aveva negato; proprio il filologo, che conosce meglio di ogni altro la tradizione del testo e, quando si tratti di "filologia d'autore", ha seguito passo passo e ricostruito il percorso creativo dell'opera, si qualifica anzi come colui che meglio di altri è in grado di formulare un giudizio di valore. Nel 1951 il saggio di Lanfranco Caretti *Filologia e critica* stabilisce i criteri che individuano l'edizione critica "d'autore" (introducendo fra l'altro la distinzione fra "apparato genetico" e "apparato evolutivo") e sancisce già nel titolo la necessaria, e ormai largamente operante, connessione e collaborazione di due discipline fino a pochi anni prima ritenute inconciliabili. E in effetti, nella seconda metà del secolo i critici più importanti proverranno in gran parte dai ranghi della filologia italiana e romanza (oltre che da quelli di una disciplina per tanti aspetti contigua, la storia della lingua): a quello già ricordato di Contini, si potranno aggiungere i nomi di Vittore Branca, Domenico De Robertis, Dante Isella, Cesare Segre, Gianfranco Folena, Pier Vincenzo Mengaldo, Maria Corti, Cesare Bozzetti, Franca Brambilla Ageno, d'Arco Silvio Avalle, Alfredo Stussi. D'altra parte, i legami sempre più saldi con la linguistica e la storia della lingua non escludono proficui apporti da altre discipline che riscuotono largo favore nei decenni settanta e ottanta, come lo strutturalismo e la semiotica, che in Italia sono peraltro introdotte e praticate da studiosi in gran parte formatisi nella critica testuale (fra quelli appena citati la Corti, Avalle e Segre, che nel 1979 pubblica *Semiotica filologica*).

La rinascita non riguarda soltanto la filologia d'autore; anche delle opere a tradizione non autografa, soprattutto dei primi secoli, si allestiscono edizioni critiche importanti, che mettono a frutto le indicazioni di Barbi sulla necessità che ogni problema sia affrontato e risolto non pretendendo di applicare in ogni caso soluzioni metodiche preconfezionate, ma elaborando, a seconda della diversa natura dei testi e della peculiarità della tradizione, le procedure più adeguate; l'edizione critica, piuttosto che come soluzione meccanica e definitiva di un problema, si propone, secondo la definizione di Contini, come una «ipotesi di lavoro».

Il convegno bolognese del 1960 e i *Poeti del Duecento*

Le eccellenti condizioni e prospettive della rinata filologia italiana sono testimoniate, nel 1960, dal convegno bolognese che celebra i cent'anni della Commissione per i Testi di Lingua, la cui attività, dopo decenni di difficoltà, è ripresa intensa sotto la direzione di Raffaele Spongano; il volume degli atti documenta la molteplicità dei settori di intervento e delle prospettive di metodo, e sancisce una costante collaborazione con i filologi romanzi e gli storici della lingua. Nello stesso anno, l'edizione dei *Poeti del Duecento*, preparata da un'équipe di giovani studiosi diretti da Contini, dà misura del progresso della filologia italiana nel settore cruciale della letteratura predantesca.

Non credo si esageri definendo la seconda metà del secolo appena concluso come uno dei periodi più fecondi e vivaci nella storia della nostra filologia. Se è vero che, come è ovvio e inevitabile, sono stati prodotti talvolta lavori difettosi e scadenti, e che in settori importanti i progressi sono stati inferiori alle attese e alle necessità, la quantità e la qualità del lavoro svolto giustificano, anche a costo di venir meno alle norme di prudenza che impongono il rinvio del giudizio a tempi meno vicini, un bilancio largamente positivo.

In questa sede si potrà dare solo conto sommario di quanto si è prodotto, avvertendo che un bilancio esauriente dei progressi compiuti nel quarto di secolo successivo al convegno bolognese è negli atti di quello svoltosi a Lecce nel 1984 e intitolato *La critica del testo. Problemi di metodo ed esperienze di lavoro* (Salerno Editrice, Roma 1985).

Filologia d'autore

Distingueremo per comodità il settore della filologia d'autore (testimonianze tutte, o in prevalenza, originali, manoscritte e/o a stampa) da quello della filologia "di copia" (testimonianze, tutte, o in prevalenza, non originali, manoscritte e/o a stampa). Nel primo basterà dire che non vi è autore maggiore, a partire dal Petrarca e fino ai poeti e prosatori novecenteschi, che non sia stato oggetto di indagini, spesso approdate all'allestimento di edizioni critiche. Al primo posto va segnalato il caso del *Decameron*, la cui edizione critica a cura di Vittore Branca (1976) e quella diplomatica allestita da Charles S. Singleton (1974) si fondano sul codice Hamilton 90 di Berlino, cioè sul testimone la cui autografia, già riconosciuta nel 1948 da Alberto Chiari, è stata confermata con nuovi e decisivi argomenti dallo stesso Branca e da Pier Giorgio Ricci (vedi **Esempio Boccaccio**). Fra gli altri autori citeremo qui i nomi di Ariosto (*Orlando Furioso*), di Marino (*Adone*), di Parini (*Odi* e *Giorno*), Alfieri (*Tragedie*, *Vita*, opere minori), Foscolo (per il quale si deve ricordare in particolare, per la complessità del problema ecdotico, l'edizione delle *Grazie*), Manzoni (*Inni Sacri*, *Tragedie*, *Promessi Sposi*), Leopardi (*Canti*, *Operette morali*, *Zibaldone* e varie opere minori); e poi Porta, Belli, Carducci, Verga, Pascoli, D'Annunzio, per arrivare a Ungaretti, Saba, Montale, Sereni. Le diverse condizioni della tradizione hanno suggerito soluzioni discordi e spesso innovative; basterà ricordare che gli editori hanno dovuto spesso decidere se collocare gli apparati in calce al testo, con il risultato di rendere agevole all'addetto ai lavori la comprensione del processo elaborativo (ma di intralciare alquanto il lettore comune, cui l'opera evidentemente non si indirizza; è il caso dell'*Allegria* ungarettiana a cura di Cristiana Maggi Romano) o se collocare, con esito opposto, tutto l'arredo filologico in calce al volume; e sarà questo il caso, per esempio, dell'*Opera in versi* di Montale a cura di Gianfranco Contini e Rosanna Bettarini (edizione che si distingue peraltro anche per la scelta inedita di far collaborare all'impresa lo stesso autore, in quel caso ancora vivente). Per quanto concerne il metodo, una questione assai dibattuta riguarda la necessità, sulla quale vi era stato a lungo unanime consenso, che il testo critico rappresenti la volontà ultima dell'autore, o se non sia più utile, in casi particolari, pubblicare il testo nella redazione decisiva, per la storia interna del testo stesso e per quella della sua ricezione, rispetto alla quale l'ultima può rappresentare una fase a vario titolo minore (vedi **Esempio Leopardi**).

Filologia "di copia"

Per la filologia "di copia", il dibattito sul metodo lachmanniano, sulla sua effettiva utilità e applicabilità, è giunto a conclusioni su cui si registra un sostanziale consenso: tutti negano ormai, ma lo negavano già Rajna e Barbi, che il metodo possa essere applicato in ogni caso e con meccanica rigidità; compito primario dell'editore è quindi quello di giudicare se la natura del testo e le caratteristiche della tradizione rendano applicabili quelle norme, fino a che punto, e con quali aggiustamenti. La rinuncia ad agire in termini di stemmatica è generalmente ammessa quando si tratti di testi popolari o popolareggianti come i cantari, i canti popolari o certe rime di livello medio-basso, per i quali lo stesso concetto di "originale" appare sfuggente e ogni redazione, godendo di una condizione di pari dignità, può, almeno in teoria, aspirare a una edizione autonoma. Dalla ricostruzione genealogica sono poi inevitabilmente esclusi quei testimoni in cui il copista si dimostra particolamente attivo nei confronti del proprio modello, trascritto non con l'intento di conservarne per quanto possibile l'assetto autentico (ciò che si verifica di norma nel settore della filologia classica e, in generale, per la letteratura di livello alto), ma sottoponendolo volutamente ad alterazioni più o meno incisive (aggiunte, omissioni, riscritture): fenomeni che non risparmiano un'opera di largo successo presso il pubblico borghese come il *Decameron*, e a maggior ragione colpiscono tutte le varie forme di prosa narrativa, storica, morale, agiografica. Se, in certi casi, la dimostrata eccellenza di un testimone (un *codex*, dunque, davvero *optimus*) induce a soluzioni francamente bédieriane, non mancano esempi in cui si è ragionevolmente optato per una selezione dei testimoni concorrenti alla definizione del testo: è il caso dell'edizione critica della *Commedia* secondo l'antica *vulgata* curata da Giorgio Petrocchi, che degli oltre ottocento codici del poema trasceglie soltanto quelli datati o databili entro il 1370. La scelta, che pure contraddice il principio secondo cui *recentiores non deteriores* (principio che trova applicazione concreta soprattutto nel campo della filologia classica, che ha troppo spesso, e ingiustamente, trascurato la tradizione umanistica a favore di quella medievale), appare qui e per ora l'unica praticabile, non solo perché la classificazione di una tradizione così immensa sarebbe certamente superiore alle forze di un solo uomo, ma perché negli infiniti codici successivi all'intervento del Boccaccio il testo risulta talmente sfigurato da contaminazioni e manipolazioni da rendere impossibile qualsiasi tentativo di razionalizzazione genealogica.

Questioni di filologia: lingua e grafia

Una questione che risale al XIX secolo (e per certi aspetti già a Borghini), ma che è tuttora assai dibattuta, riguarda la soluzione da adottare per quanto concerne la resa grafica, fonetica e morfologica del testo: problema particolarmente spinoso per le opere risalenti ai primi tre secoli della nostra letteratura. Senza affrontare qui nei suoi aspetti più tecnici una questione assai complessa (per la quale vedi **Sezione metodologica**), esporremo in sintesi i problemi e le diverse proposte operative, avvertendo che anche per questo aspetto saranno le diverse condizioni della tradizione, piuttosto che una norma precostituita, a suggerire la soluzione più soddisfacente per il singolo caso.

Per quanto riguarda la grafia, la prassi seguita da Barbi e da Parodi, che prevedeva la sostituzione delle grafie antiche con quelle in uso nella lingua moderna, è stata da molti editori rifiutata o almeno corretta, nel senso di una maggiore fedeltà alla grafia del testimone; in particolare la tendenza alla conservazione della grafia antica si è venuta affermando da quando Contini, pubblicando il *Canzoniere* di Petrarca (Tallone, Paris 1949; Einaudi, Torino 1964) dichiarò preminente «l'interesse che si ha a conoscere, anche fuori della ristretta cerchia degli specialisti, l'uso grafico del primo grande scrittore di lingua volgare, e sommo paradigma letterario, sul quale siamo direttamente informati». A quanti sostengono l'opzione conservativa, in forma più o meno rigida, e fino al limite della trascrizione diplomatica, continuano peraltro a opporsi coloro che, ritenendo prioritaria la necessità di offrire al pubblico un testo agevolmente leggibile, preferiscono intervenire con più o meno incisivi adeguamenti all'uso grafico corrente.

Connessa eppure ben distinta dalla precedente è la questione della determinazione delle forme della lingua, e in generale dell'assetto linguistico dei testi. Chiarito con unanime consenso il punto di partenza, cioè che compito dell'editore è quello di procurare un testo in cui la lingua dell'autore sia per quanto è possibile testimoniata fedelmente (compito tutt'altro che agevole quando manchino autografi, visto che per secoli copisti e editori hanno viceversa ritenuto legittimo e naturale ogni intervento che ammodernasse e rimodellasse sulla propria la lingua di un testo lontano nel tempo o nello spazio), il dibattito tuttora in corso riguarda la soluzione preferibile quando l'opera sia tramandata da più di un testimone. In tal caso, le soluzioni alternative che si fronteggiano sono in sostanza le seguenti: 1) seguire fedelmente, fin dove è possibile, un solo testimone, che si ritenga più degli altri vicino all'assetto linguistico originale (soluzione in certo modo "bédieriana", da applicarsi anche quando il testo venga ricostruito secondo il metodo lachmanniano); 2) attingere dai vari testimoni le forme che, anche se numericamente e stemmaticamente minoritarie, possano di volta in volta, e per quanto si conosce della lingua dell'autore e del suo tempo, risultare più attendibili; 3) selezionare le varianti di forma, non diversamente da quelle di sostanza, sulla base della sistemazione stemmatica della tradizione, applicando cioè il principio della maggioranza. È evidente che i diversi criteri condurranno a esiti anche assai difformi: nel primo caso la scelta di un solo testimone potrà risultare spesso problematica e opinabile; nel secondo ci si dovrà spesso affidare a testimonianze isolate, nel terzo la lezione preferibile a norma di stemma potrà essere frutto di una irresistibile convergenza su forme linguistiche più banali o più tarde.

La filologia dei testi a stampa

Coltivata da tempo all'estero, sopratutto nei paesi di lingua inglese, la filologia dei testi a stampa (*textual bibliography*) ha da alcuni decenni suscitato l'interesse anche dei filologi italiani: in particolare ci si è occupati di quei manoscritti che sono stati allestiti, dagli autori stessi o dagli editori, per fungere da esemplari per il tipografo (e che di tale destinazione conservano tracce più o meno evidenti), e si è approfondito il fenomeno, più frequente di quanto non si credesse un tempo e che riguarda anche opere importanti come il *Furioso* e *I Promessi Sposi*, delle modifiche apportate agli esemplari durante la tiratura. Più in generale, si può affermare che è venuta meno l'aprioristica convinzione che la tradizione a stampa sia in ogni modo meno importante e affidabile di quella manoscritta; e che la bibliologia deve entrare ormai, non meno della codicologia, nel bagaglio di competenze del filologo italiano.

La canzone *Quando eu stava*

Compito primario della filologia italiana, insieme a quello dell'analisi, della ricostruzione e della pubblicazione di testi già noti, è la ricerca e l'illustrazione di materiali inediti, poco noti o dimenticati. Di questi materiali le biblioteche e gli archivi, pubblici e privati, in Italia e all'estero, conservano una quantità immensa e molto resta da fare anche solo per disporre di una catalogazione completa dei manoscritti e delle stampe antiche posseduti dalle maggiori biblioteche italiane. Qui il problema, diversamente da quanto accade per le filologie classica e romanza, sta piuttosto nell'abbondanza che nella scarsità del materiale, e quindi nella necessità di evitare che preziose risorse umane ed economiche vengano concentrate su obiettivi non meritevoli (il gusto dell'inedito continua a fare danni) o sicuramente secondari. Ciò premesso, non c'è dubbio che la filologia novecentesca abbia segnato grandi progressi grazie a queste ricerche, e che è legittimo attendersi proprio in questo settore molte e importanti novità. A testimonianza di quanto sia concreta la possibilità di trovare, anche senza uscire dalle sedi di conservazione ufficiali e pubbliche, documenti di letteratura e di lingua di straordinaria importanza, basterà ricordare il recentissimo recupero, a opera di Alfredo Stussi, della canzone *Quando eu stava in le tu' cathene*, trascitta nella pergamena 11518 ter dell'Archivio Storico Arcivescovile di Ravenna: primo esemplare conosciuto, e di diversi decenni precedente i testi della scuola siciliana, di poesia d'amore in volgare italiano.

Resta da ricordare che nella seconda metà del Novecento hanno ricevuto particolare impulso le indagini su questioni attributive e di autenticità; questioni che, quando hanno coinvolto autori di prima grandezza, hanno finito per uscire dalla cerchia degli specialisti, trovando eco anche presso un pubblico più vasto. Si potranno qui ricordare le discussioni sull'autenticità del *Dialogo intorno alla lingua* che Mario Martelli ha voluto sottrarre al Machiavelli, o quelle per individuare l'autore della commedia intitolata *Gli intrichi d'Amore* (sulla cui restituzione al Tasso c'è ormai sostanziale accordo) o della tragedia *Edippo*, la cui attribuzione al Foscolo, avanzata da Mario Scotti, è stata recentemente respinta da Maria Maddalena Lombardi; e aggiungiamo le documentate argomentazioni con cui Giuseppe Billanovich ha proposto di assegnare a Bartolomeo di Iacovo da Valmontone quella che fino a ieri si intitolava la *Cronica di anonimo romano*.

Ma il caso più clamoroso è certo quello del *Fiore*, il rifacimento in sonetti del *Roman de la Rose*, la cui attribuzione a Dante, già sostenuta da molti e autorevoli studiosi da quando Ferdinand Castets lo fece conoscere nel 1881, è stata appassionatamente difesa da Contini, che ne ha procurato anche l'eccellente edizione critica; e tuttavia le proposte di paternità concorrenti che sono state avanzate, da Rustico Filippi a Brunetto Latini, da Antonio

Pucci a Folgore da San Gimignano, fino a quelle recentissime del francese Guillaume Durand e addirittura di Guido Cavalcanti, dimostrano che la questione è tutt'altro che chiusa e che sono molti coloro che, pur tenendo nel massimo conto la vocazione dantesca allo sperimentalismo, non si rassegnano a dare all'Alighieri un'opera che con tutte quelle di pacifica attribuzione ha, soprattutto per l'oltranzismo francesizzante della lingua, troppo poco in comune (vedi **Esempio Dante, *Fiore***).

Una rassegna, anche assai più ricca di quella che è qui abbozzata, delle più importanti edizioni critiche e dei più innovativi interventi d'ordine metodologico (quale si legge nell'eccellente capitolo sulla "Filologia italiana" firmato da Luisa Avellini per la *Guida allo studio della letteratura italiana*, a c. di E. Pasquini, 3ª ediz., il Mulino, Bologna 1997), darebbe tuttavia un'idea parziale del ruolo assunto dalla filologia nell'ambito dell'italianistica; per offrirne una valutazione più attendibile bisognerà tenere conto di aspetti solo apparentemente secondari.

In primo luogo, nel settore dell'editoria, si dovranno considerare non solo l'intensa attività di collane specialistiche, di testi e studi, che hanno affiancato quelle dell'Accademia della Crusca e della Commissione bolognese, o di periodici con esclusivo o preminente interesse filologico (oltre al glorioso "Giornale Storico", citiamo almeno gli "Studi di Filologia Italiana", "Filologia e critica", "Studi e problemi di critica testuale"); ma si potrà osservare come questioni di ordine testuale trovino sede di discussione anche in edizioni indirizzate a un pubblico ampio, ivi comprese alcune benemerite collane economiche. Il costituirsi della disciplina con caratteristiche di totale autonomia rispetto alla filologia classica e romanza da un lato, e alla letteratura italiana dall'altro, trova conferma nel ruolo non più accessorio da tempo acquisito nelle facoltà umanistiche universitarie, e fortemente riaffermato nella recente riforma degli ordinamenti didattici. D'altra parte, proprio l'acquisita autonomia della disciplina, per la specificità dei contenuti ma anche del metodo, insieme alla necessità di soddisfare esigenze didattiche sempre più urgenti, ha indotto autorevoli specialisti a pubblicare manuali di filologia italiana, a partire dagli anni settanta, dunque a più di sessant'anni dalle pionieristiche pagine del Rajna (se ne veda una rassegna nella **Sezione metodologica**).

Il primo anno del terzo millennio ha visto la pubblicazione di importanti edizioni critiche: quella della *Commedia* dantesca a cura di Federico Sanguineti, quella delle *Prose della volgar lingua* di Pietro Bembo a cura di Claudio Vela, quella dei pascoliani *Canti di Castelvecchio* a cura di Nadia Ebani.

Senza indulgere a pericolosi sbilanciamenti trionfalistici, si potrà dunque concludere che la filologia italiana versa in buona salute e che le prospettive, pure in tempi non proprio ideali per gli studi umanistici, appaiono favorevoli, almeno nel senso che non sembra possibile una revisione del concetto, ora concordemente accolto, che una piena comprensione e una fondata valutazione del testo letterario non possono prescindere in alcun caso dal rigoroso accertamento del testo stesso.

Bibliografia consigliata

Lanfranco Caretti, *Filologia e critica* (1952), in *Antichi e moderni. Studi di letteratura italiana*, Einaudi, Torino 1976, pp. 469-488.

Gianfranco Contini, *Varianti e altra linguistica. Una raccolta di saggi (1938-1968)*, Einaudi, Torino 1970.

Id., *Breviario di ecdotica*, Ricciardi, Milano-Napoli 1986 (rist. Einaudi, Torino 1992).

Id., *La critica degli scartafacci e altre pagine sparse. Con un ricordo di Aurelio Roncaglia*, Scuola Normale Superiore, Pisa 1992.

Cesare Segre, *Semiotica filologica*, Einaudi, Torino 1976.

Id., *Le varianti e la storia. Il Canzoniere di Francesco Petrarca*, Bollati Boringhieri, Torino 1999.

Mario Martelli, *Una giarda fiorentina. Il "Dialogo della lingua" attribuito a Niccolò Machiavelli*, Salerno Editrice, Roma 1978.

Mario Scotti, *L'"Edippo Tragedia di Wigberto Rivalta" (Un inedito giovanile di Ugo Foscolo?)*, in "Giornale Storico della Letteratura Italiana", CLVI (1979), pp. 1-71.

Ornella Castellani Pollidori, *Nuove riflessioni sul "Discorso o Dialogo intorno alla nostra lingua" di Niccolò Machiavelli*, Salerno Editrice, Roma 1981.

Niccolò Machiavelli, *Discorso intorno alla nostra lingua*, a c. di Paolo Trovato, Antenore, Padova 1982.

Roberto Antonelli, *Interpretazione e critica del testo*, in *Letteratura italiana*, vol. IV: *L'interpretazione*, Einaudi, Torino 1985, pp. 140-282.

Ignazio Baldelli, Ugo Vignuzzi, *Filologia, linguistica, stilistica*, in *Letteratura Italiana*, vol. IV: *L'interpretazione*, cit., pp. 451-493.

Pasquale Stoppelli (a c. di), *Filologia dei testi a stampa*, il Mulino, Bologna 1987.

Conor Fahy, *Saggi di bibliografia testuale*, Antenore, Padova 1988.

Alfredo Stussi, *Filologia e storia della lingua italiana* (1991), in *Lingua, dialetto e letteratura*, Einaudi, Torino 1993, pp. 214-234.

Id., *Tra filologia e storia. Studi e testimonianze*, Olschki, Firenze 1999.

Id., *La canzone "Quando eu stava"*, in "Appendice" a *Antologia della poesia italiana*, diretta da Cesare Segre e Carlo Ossola, vol. I: *Duecento*, Einaudi, Torino 1999, pp. 607-620.

Maria Maddalena Lombardi, *Sull'attribuzione al Foscolo dell'"Edippo", tragedia di Wigberto Rivalta*, in "Studi di Filologia Italiana", LIV (1996), pp. 291-309.

Claudio Giunta, *Prestigio storico dei testimoni e ultima volontà dell'autore*, in "Anticomoderno", III: *La filologia*, Viella, Roma 1997, pp. 169-198.

Guglielmo Gorni, *Classici: al servizio del testo*; Marco Santagata, *Classici: al servizio del lettore*, in "La Rivista dei libri", 3 marzo 1997, pp. 14-17.

Simone Albonico (a c. di), *Due seminari di filologia* (I: *Testo e apparato nella filologia d'autore. Problemi di rappresentazione*; II: *Filologia e critica stilistica in Gianfranco Contini 1933-1947*), Edizioni dell'Orso, Alessandria 1999.

Sezione metodologica: l'edizione critica

1. Il testo e l'edizione: nozioni preliminari

Pensare all'edizione critica

L'edizione critica di un testo è un'impresa scientifica fondata su procedure di pubblicazione relativamente formalizzate, che aspirano all'oggettività e che, storicamente, si riconoscono in scuole e metodi diversi. Degli aspetti dell'opera letteraria (storici, concettuali, formali, strutturali, semiotici ecc.) l'edizione critica affronta il livello testuale, cioè elabora e pone in atto le tecniche che garantiscono la pubblicazione e la corretta fruizione del suo originale. Tali tecniche si fondano su competenze molteplici: dalla letteratura dei primi secoli sino a oggi sono diverse le condizioni per cui, nel tempo, il testo si corrompe, e si trasmette in forme mutate rispetto a quelle volute dall'autore. Una prima e basilare distinzione, quindi, è fra la nostra letteratura antica e quella moderna e contemporanea: sono due ambiti che, in filologia, si fronteggiano piuttosto nettamente, ciascuno caratterizzato da proprie metodiche editoriali.

Sono questi i concetti che analizzeremo, a partire da una bibliografia che elenca alcuni precedenti (interventi sul tema o veri e propri manuali), sui quali è utile richiamare l'attenzione dei lettori. Le ragioni delle scelte bibliografiche sono, qui e di seguito, oltre che scientifiche, anche, e soprattutto, (auto)biografiche. Le letture e le citazioni, i testi a cui si farà più spesso riferimento, gli esempi di volta in volta addotti, il taglio semplificante (ma non semplicistico) e, insieme, certe insistenze del discorso, si devono all'esperienza di studio e di insegnamento di chi scrive; testimoniano un colloquio a distanza, che ormai dura negli anni, con opere e autori che sono stati più vicini e più cari; e desiderano suggerire qualche risposta a tante domande d'esame rimaste inevase. In tal senso, più di "diario" filologico che di "breviario" si può in questa sede parlare.

2. I manuali, i "classici"

Prime nozioni

La filologia italiana è spesso attiva su testi di cui si conservano solo le copie (è il caso in particolare delle nostre opere più antiche: su tutte, della *Commedia* di Dante, di cui abbiamo perso gli autografi); ma, a differenza della filologia classica e della filologia romanza, ha elaborato anche strategie atte a pubblicare opere, manoscritte o a stampa, antiche o contemporanee, di cui possediamo l'originale d'autore, o magari più originali, come il *Canzoniere* di Petrarca, o l'*Orlando Furioso* di Ariosto, o, in tempi più vicini a noi, i *Canti* di Leopardi.

L'oggettiva poliedricità (in esempi e in tipologie editoriali) della filologia italiana imporrebbe una trattazione approfondita e sistematica di ogni questione. Ci auguriamo perciò che le pagine che seguono, necessariamente sintetiche, possano fornire una prima ed esatta impressione dei princìpi generali che regolano oggi, in Italia, la pubblicazione scientifica di un'opera letteraria, e possano suscitare interesse sufficiente a sviluppare altre indagini sul campo, a partire dalle brevi letture e dai suggerimenti bibliografici essenziali collocati negli snodi dei paragrafi.

Muoviamo da un affondo di Cesare Segre sulle nozioni di "testo" e di "critica del testo", ricco di implicazioni anche nel versante filologico. Che cos'è, oggi, la "cura al testo"?

> Uno dei compiti fondamentali che la filologia si è assunta è appunto la cura ai testi. Specie se un testo è particolarmente venerabile per ragioni intrinseche o estrinseche, lo sforzo di difenderne la genuinità si è fatto più consapevole [...]. I primi espedienti usati per la critica del testo (collazione e congettura)

indicano già le due direzioni principali delle ricerche possibili: una documentaria, centrifuga, l'altra interpretativa, centripeta. Così è spesso sembrato che nella filologia si opponessero lavoro e intuizione, sistematicità e genialità. I termini del dilemma vanno invece spostati, se si tien conto che l'attitudine alla congettura – e persino a individuare i guasti di un testo – si sviluppa soltanto grazie all'esperienza dei testi, dunque alla sistematicità di un lavoro [...]. Sussiste invece differenza tra una comparazione di testimonianze plurime (che evidenzia per contrasto le lezioni genuine e quelle deteriori) e un'analisi interna al testo, alle sue leggi di coesione stilistica e linguistica. (C. Segre, *Testo*, in *Enciclopedia Einaudi*, Einaudi, Torino 1981, vol. XIV, pp. 276-277)

Dell'edizione critica leggiamo invece una breve definizione, ovvia in apparenza, in realtà problematica, di Gianfranco Contini:

[...] un'edizione critica è, come ogni atto scientifico, una mera ipotesi di lavoro, la più soddisfacente (ossia economica) che colleghi in sistema i dati. (G. Contini, *Ricordo di Joseph Bédier* [1939], poi in *Esercizi di lettura sopra autori contemporanei con un'appendice su testi non contemporanei*, Einaudi, Torino 1974, pp. 358-371)

Manuali e "classici"

Abbiamo ritagliato questi primi frammenti di riflessione sul testo soprattutto per mostrare al lettore che la disciplina a cui si sta accostando annovera frequentatori illustri, che vi hanno riversato competenze e linguaggi specialistici. Ora, invece, allarghiamo la visuale prospettica, anticipando un elenco di manuali e di classici della filologia italiana.

Questa scelta di bibliografia generale risente dei nostri gusti, oltre a segnalare implicitamente i nostri debiti maggiori. Chi compone un manuale di filologia si richiama di necessità a una tradizione ben consolidata, e finisce per assumerne formule e "tagli" metodologici comuni. L'elenco che segue, che spazierà cronologicamente dai maestri italiani della scuola storica per arrivare sino a noi, vale dunque una volta di più a suggerire quel colloquio con i libri (gli "altri" libri) a cui sono invitati anche i nostri lettori.

Bibliografia consigliata

Pio Rajna, *Testi critici*, in "Appendice" a Guido Mazzoni, *Avviamento allo studio critico delle lettere italiane* (1907), 4ª ediz. riveduta e aggiornata a c. di Carmine Jannaco, Sansoni, Firenze 1951 (e ristampe successive), pp. 211-218.

Michele Barbi, *La nuova filologia e l'edizione dei nostri scrittori da Dante al Manzoni* (1938), Sansoni, Firenze 1994 (2ª ediz. a c. di Vittore Branca).

Giorgio Pasquali, *Storia della tradizione e critica del testo*, 2ª ediz., Le Monnier, Firenze 1952 (rist. anastatica con premessa di Dino Pieraccioni, Le Lettere, Firenze 1988).

Studi e problemi di critica testuale, Convegno di studi di filologia italiana nel centenario della Commissione per i Testi di Lingua (7-9 aprile 1960), Commissione per i Testi di Lingua, Bologna 1961.

Domenico De Robertis, *Edizione critica*, in *Le Muse*, De Agostini, Novara 1965, vol. IV.

d'Arco Silvio Avalle, *Principi di critica testuale*, Antenore, Padova 1975.

Bruno Basile, *Letteratura e filologia*, Zanichelli, Bologna 1975.

Aurelio Roncaglia, *Principi e applicazioni di critica testuale*, Bulzoni, Roma 1975.

Vittore Branca, Jean Starobinski, *La filologia e la critica letteraria*, Rizzoli, Milano 1977.

Gianfranco Contini, *Filologia*, in *Enciclopedia del Novecento*, Istituto della Enciclopedia Italiana, Roma 1977.

Id., *Breviario di ecdotica*, Ricciardi, Milano-Napoli 1986 (rist. Einaudi, Torino 1992).

Cesare Segre, *Semiotica filologica. Testo e modelli culturali*, Einaudi, Torino 1979.

Id., *Testo*, in *Enciclopedia Einaudi*, Einaudi, Torino 1981, vol. XIV, pp. 269-291.

Id., *Avviamento all'analisi del testo letterario*, Einaudi, Torino 1985.
Id., *Testo letterario, interpretazione, storia: linee concettuali e categorie critiche*, in *Letteratura italiana*, vol. IV: *L'interpretazione*, Einaudi, Torino 1985, pp. 21-140.
Id., *Ritorno alla critica*, Einaudi, Torino 2001.
Rossella Bessi, Mario Martelli, *Guida alla filologia italiana*, Sansoni, Firenze 1984.
Lucia Cesarini Martinelli, *La filologia*, Editori Riuniti, Roma 1984.
Franca Brambilla Ageno, *L'edizione critica dei testi volgari*, 2ª ediz. riveduta e ampliata, Antenore, Padova 1984.
Roberto Antonelli, *Interpretazione e critica del testo*, in *Letteratura Italiana*, vol. IV: *L'interpretazione*, cit., 1985.
La critica del testo. Problemi di metodo ed esperienze di lavoro, Atti del convegno di Lecce, 22-26 ottobre 1984, Salerno Editrice, Roma 1985.
Armando Balduino, *Manuale di filologia italiana*, 3ª ediz. ampliata, Sansoni, Firenze 1989.
Corrado Bologna, *Tradizione e fortuna dei classici italiani*, Einaudi, Torino 1993, 2 voll.
I moderni ausili all'ecdotica, ESI, Napoli 1994.
La filologia testuale e le scienze umane, Accademia Nazionale dei Lincei, Roma 1994.
Alfredo Stussi, *Introduzione agli studi di filologia italiana*, il Mulino, Bologna 1994.
Apporto di temi moderni alla pratica ecdotica, in *Tra filologia e storia. Studi e testimonianze*, Olschki, Firenze 1999, pp. 27-43.
Guglielmo Gorni, *Il testo e la storia*, in Alberto Asor Rosa (a c. di), *La scrittura e le storie. Problemi di storiografia letteraria*, La Nuova Italia, Firenze 1995, pp. 79-98.
Giuseppe Gigliozzi, *Il testo e il computer. Manuale di informatica per gli studi letterari*, Bruno Mondadori, Milano 1996.
"Anticomoderno", III: *La filologia*, Viella, Roma 1997.
Luisa Avellini, *Filologia italiana*, in Emilio Pasquini (a c. di), *Guida allo studio della letteratura italiana*, il Mulino, Bologna 1997, pp. 27-48.
Tempo e critica del testo. Venti domande di Roberto Antonelli a Cesare Segre, in "Critica del testo", I, 1 (1998), p. 620.
Lino Leonardi (a c. di), *Testi, manoscritti, ipertesti. Compatibilità informatica e letteratura medievale*, SISMEL-Edizioni del Galluzzo, Firenze 1998.
Giorgio Inglese, *Come si legge un'edizione critica. Elementi di filologia italiana*, Carocci, Roma 1999.
Genesi, critica, edizione, Atti del Convegno internazionale di studi, a c. di Paolo D'Iorio e Nathalie Ferrand, in "Annali della Scuola Normale Superiore di Pisa", serie IV, Quaderni, I (1999).
I nuovi orizzonti della filologia. Ecdotica, critica testuale, editoria scientifica e mezzi informatici elettronici, Accademia Nazionale dei Lincei, Roma 1999.

3. L'edizione critica: una forma per una definizione

La ***constitutio*** o ***restitutio textus*** è l'obiettivo perseguito dalla filologia di ogni tempo: che si è proposta, nei secoli, di far rivivere gli **originali** perduti (di cui è stato perciò necessario restaurare induttivamente la fisionomia) o di individuare e pubblicare le testimonianze autentiche dell'opera letteraria (autografi, idiografi o stampe d'autore). Specialmente per la letteratura italiana dei primi secoli la ricerca dell'originale è spesso una mera approssimazione, un obiettivo solo virtuale; di moltissimi autori moderni e contemporanei, e talvolta anche degli antichi (come Petrarca e Boccaccio), si possiedono invece le opere in versione definitiva e autenticata, manoscritta o a stampa.

La forma dell'edizione critica

Se l'originale di un'opera è l'obiettivo e il "prodotto finito" dell'**edizione critica**, quest'ultima è a sua volta suddivisa in alcune sezioni la cui presenza è, per così dire, obbligata e caratterizzante: una Introduzione o una Postfazione (o **Nota al testo**, o comunque questa parte sia intitolata dall'**editore**, o **curatore** del volume), un **testo critico** (appunto il testo dell'originale), un **apparato critico**. Tali sezioni contengono la giustificazione scientifica dell'edizione stessa. Sono invece accessori, e dunque facoltativi, altri strumenti, come note esegetiche, glossario, tavola metrica, indici diversi ecc. Se la tipologia è variabile, il classico binomio **testo** più **apparato** consente di distinguere l'edizione critica da ogni altra forma, anche accuratissima, di pubblicazione di un testo.

Il testo critico

Edizione critica e testo critico convivono nello stesso volume; ma il testo critico è anche dotato di vita propria, può cioè venire accolto in edizioni commentate o correnti dell'opera. Questa è del resto una prassi tanto comune da non essere spesso neppure notata dai lettori (né l'edizione critica di un testo gode oggi, purtroppo, di alcuna protezione giuridica). È per esempio il caso, fra i numerosissimi, delle edizioni commentate della *Commedia* di Dante Alighieri che si fondano quasi tutte sul testo critico fissato nel 1966-1967 da Giorgio Petrocchi; o delle edizioni dei *Canti* di Leopardi, che "sfruttano" le edizioni critiche novecentesche di Moroncini o di Peruzzi (vedi **Esempio Leopardi**).

Vediamo quindi, prima di tutto, i versi che aprono l'*Inferno* nell'edizione della *Commedia* "secondo l'antica *vulgata*" (a c. di Giorgio Petrocchi, Mondadori, Milano 1966-1967, vol. II, p. 3), e, di seguito, il testo critico che ne deriva (e che, nel caso della *Commedia*, rappresenta il testo base di ogni successiva edizione commentata: Einaudi, Torino 1975, p. 5); per ultima, la stessa pagina con il commento esegetico Pasquini-Quaglio, cioè in una forma testo fra le più familiari agli studenti di letteratura italiana (Garzanti, Milano 1982, p. 1):

CANTO I

[Incomincia la Comedia di Dante Alleghieri di Fiorenza, ne la quale tratta de le pene e punimenti de' vizi e de' meriti e premi de le virtù. Comincia il canto primo de la prima parte la quale si chiama Inferno, nel qual l'auttore fa proemio a tutta l'opera.]

Nel mezzo del cammin di nostra vita
mi ritrovai per una selva oscura,
ché la diritta via era smarrita.
Ahi quanto a dir qual era è cosa dura

1. *meggio* Urb; *dil* Mad; *cammin<o>* Eg, *cammino* Tz
2. *ritroua* Cha La (poi agg. *-i*) Si Vat; *oscura* Eg (rev. *scura*) La (idem), *scura* Fi Ham Laur Mad Pa Parm Rb
3. *dricta* La, *drita* Mad Rb; *era* Co (precede una lettera abrasa); *ismarrita* Co, *smarita* Ham La Mad Pa Rb
4. *E quando* Ash, *E quanto* Cha Co Eg Fi Ham La (*hay* agg. poster. in marg.) Lau Laur Lo Mad Mart Pa Parm Po Pr Rb Ricc Triv Tz Vat (*quant*); *a dire*

3. *ché*: congiunzione causale; non modale *che*, 'talmente che', 'in modo che', oppure 'nella condizione di chi' (come in PAGLIARO *Nuovi saggi* 256; più diffusamente in *Altri saggi* 197-199; poi nel commento del Chimenz). Si respinge il valore causale ritenendo che soltanto dal v. 10 il poeta spieghi la causa del suo smarrimento: e invece *ché* consente sùbito, in forma di compendio e di piana presentazione nell'esordio gravido d'allegorismo e di riferimenti morali (tutt'altro che banalmente, come pensa il Pagliaro), di indicare la causa del viaggio, e quindi l'evento motore dell'itinerario dantesco nei regni dell'oltretomba. Altrove peraltro (ad es. *Inf.* VIII 64; VIII 111; XII 7, cfr. anche XXV 16) la soluzione presentata dal Pagliaro mi sembra accettabile. Variante tarda ed erronea *avia smarrita*: Florio, Cass., Ol. ecc. (Ricc. 1029 *in che*).
4. *Ahi quanto*: su questa lezione e la variante in *app.* disputarono il Del Lungo e il D'Ovidio (vedi DEL LUNGO *Inferno I*; in Appendice la polemica).

CANTO I

[Incomincia la Comedia di Dante Alleghieri di Fiorenza, ne la quale tratta de le pene e punimenti de' vizi e de' meriti e premi de le virtú. Comincia il canto primo de la prima parte la quale si chiama Inferno, nel qual l'auttore fa proemio a tutta l'opera.]

Nel mezzo del cammin di nostra vita
mi ritrovai per una selva oscura,
ché la diritta via era smarrita.
Ahi quanto a dir qual era è cosa dura
esta selva selvaggia e aspra e forte
che nel pensier rinova la paura!

CANTO I

Il protagonista nella « selva oscura » del peccato (vv. 1-12). – Tentativo di uscita attraverso il « dilettoso monte » e scontro con le tre fiere, lonza leone e lupa (vv. 13-60). – Apparizione di Virgilio, maestro di « bello stile » e guida del viaggio, oltre che simbolo della ragione umana (vv. 61-90). – La profezia del Veltro (vv. 91-111). – Annuncio e principio dell'itinerario oltremondano (vv. 112-137).

Nel mezzo del cammin di nostra vita
mi ritrovai per una selva oscura,
ché la diritta via era smarrita.
Ahi quanto a dir qual era è cosa dura

1 A trentacinque anni (culmine dell'arco dell'esistenza di un uomo, anche a norma del IV libro del *Convivio*), dunque nel 1300 (data del Giubileo indetto da Bonifacio VIII).
2 *selva oscura*: buia foresta; ma al valore letterale si sovrappone (per riverbero dal verso seguente) quello allegorico, « la selva erronea... di questa vita » (*Conv.* IV XXIV 12), il labirinto del peccato o (rispetto a Dante personaggio) il suo traviamento individuale.
3 *la ... via*: la strada buona (cfr. v. 12 *la verace via*), quella della rettitudine (riferita insieme al singolo protagonista e al genere umano).
4 Ahimè, quanto è difficile, penoso (*cosa dura*), descrivere nella sua qualità, natura.

4. Prima dell'edizione critica: il manoscritto, la scrittura, la stampa

Prima di parlare dell'edizione critica sono necessarie alcune nozioni, per chiarire la terminologia a cui si farà più spesso riferimento. Questo paragrafo è preliminare all'analisi delle diverse fasi operative dell'edizione critica, ma, come si vedrà, esamina in special modo le tipologie e le tecniche di trasmissione della letteratura dei primi secoli (manoscritti e stampe antiche), le meno familiari e le più lontane dalla nostra esperienza di scrittura e di lettura. Nelle pagine che seguono sono di necessità anticipati alcuni cenni sulla **tradizione** di un'opera (cioè sulla tipologia delle copie, manoscritte e a stampa, che la tramandano, e sugli eventi che ne hanno consentito la conservazione).

I supporti materiali: il manoscritto

Di solito, il supporto materiale di un'opera antica (ma spesso anche moderna e contemporanea) è il **manoscritto** (**ms.**; o **codice**): un insieme di **fogli**, o **carte** (**f.**; **c.**), di membrana (o pergamena) o carta, in cui il **copista** o **amanuense**, oppure l'autore, hanno vergato il testo. Lo studio degli aspetti materiali e ornamentali del manoscritto può essere affrontato con l'aiuto di una disciplina specialistica, la **codicologia**. E le prime difficoltà dell'editore sorgono proprio dalla necessità di decifrare e interpretare correttamente testi mal conservati e trasmessi in forme assai lontane da quelle in uso oggi. Le lettere dell'alfabeto hanno infatti assunto nel tempo stili molto diversi; le parole sono state scorciate o compendiate; spesso due o più parole sono state trascritte "all'antica", cioè come un unico **grafema**; gli stessi **fonemi** tradotti in diversi **allografi**. Per superare i primi ostacoli nella lettura di un manoscritto è necessario quindi possedere almeno i rudimenti della materia che si definisce **paleografia**: con l'avvertenza che, specie nell'ambito della filologia italiana antica, esistono grafie standardizzate che assumono la propria denominazione, oltre che dalla tipologia (come maiuscola, testuale, corsiva ecc.), anche dalle epoche o dagli ambienti che le hanno prodotte. Avremo così la grafia carolina, gotica, semigotica, umanistica, italica, cancelleresca, mercantesca ecc., con possibilità di intrecci delle forme, come nella cosiddetta "bastarda". Ma la nostra letteratura è stata spesso praticata, oltre che da copisti di professione, anche da copisti dilettanti (o "per passione"), ciascuno dei quali ha travasato sulla carta sue abitudini o *tic* di scrittura (come l'uso di certe abbreviazioni, gli *a capo*, le maiuscole, i segni di paragrafo o punteggiatura e così via). Si potrà quindi sostenere, all'estremo, che ogni manoscritto ha una storia, anche paleografica, a sé, e deve essere esaminato nelle proprie caratterizzazioni sino a diventare un oggetto familiare per chi lo studia.

Bibliografia consigliata

Alphonse Dain, *Les Manuscrits*, 2ª ediz., Les Belles Lettres, Paris 1964.

Antonio Cappelli, *Dizionario di abbreviature latine e italiane*, 6ª ediz., Hoepli, Milano 1979.

Armando Petrucci (a c. di), *Libri, scrittura e pubblico nel Rinascimento*, Laterza, Roma-Bari 1979.

Id., *Il libro manoscritto, in Letteratura italiana*, vol. II: *Produzione e consumo*, Einaudi, Torino 1983, pp. 499-524.

Id., *La scrittura del testo*, in *Letteratura italiana*, vol. IV: *L'interpretazione*, Einaudi, Torino 1985, pp. 285-308.

Id., *La descrizione del manoscritto*, Carocci, Roma 2001.

Leighton D. Reynolds, Nigel G. Wilson, *Copisti e filologi. La tradizione dei classici dall'antichità al Rinascimento*, con una Premessa di Giuseppe Billanovich, 3ª ediz., Antenore, Padova 1979.

Bernard Bischoff, *Paleografia latina. Antichità e Medioevo*, Antenore, Padova 1992.

Attilio Bartoli Langeli, *La scrittura dell'italiano*, il Mulino, Bologna 2000.

La stampa

Di norma l'edizione critica non trascura (anzi, ne deve fornire un elenco completo, corredato di succinte schede bibliografiche) neppure le stampe, integrali o parziali, dell'opera, a partire dalla prima (l'***editio princeps***) sino alle riproduzioni più recenti (ivi comprese, eventualmente, le edizioni moderne e l'ultima edizione critica). L'edizione a stampa, specialmente se antica e vigilata dall'autore, ha del resto la stessa funzione testimoniale del manoscritto. In ogni caso (si tratti di manoscritti come di stampe) l'età del testimone non ne determina a priori la qualità, sulla base del precetto «recentiores non sunt deteriores» (Pasquali). In altre parole, l'importanza di una fonte sta nei suoi contenuti, non certo nell'epoca in cui essa venne materialmente redatta. Potrà addirittura capitare che un'edizione antica, quattrocentesca (un **incunabolo**) o cinquecentesca (una **cinquecentina**), conservi un'opera di cui si sono perdute tutte le copie a mano. Un caso del genere è rappresentato, per esempio, dalla *princeps* di un'opera dantesca, la *Questio de aqua et terra*: la stampa veneziana del 1508 ne è l'unica fonte. Se poi la stampa (antica o moderna) è stata curata dall'autore in persona, avrà il valore di originale.

La letteratura in tipografia

Sarà ridotto a termini essenziali lo spazio dedicato alla "letteratura in tipografia", per la quale rinviamo alla **Sezione storica** e alla Bibliografia consigliata in coda al paragrafo. Anche in questa sede, tuttavia, proponiamo qualche nozione indispensabile.

Il passaggio dal manoscritto alla stampa avvenne in Italia fra il XV e il XVI secolo, e non senza ripercussioni notevoli sulle condizioni di trasmissione del libro. Oltre all'apparizione di inedite figure di artigiani, e di intellettuali-imprenditori (i compositori, che sostituiscono i copisti, gli editori e i curatori dell'opera: pensiamo allo straordinario binomio veneziano formato da Aldo Manuzio e Pietro Bembo; e, nel Novecento, all'*editor* di casa editrice, come Calvino o Bassani, Pavese o Ginzburg), e di nuove attività commercial-culturali legate al libro, il dato più vistoso consiste nel diffondere l'opera in un numero di esemplari sbalorditivo rispetto alla scarsità (e alla lentezza di riproduzione) delle copie manuali. È proprio da qui che muove il concetto di "pubblicazione" nel suo significato moderno: nei secoli precedenti l'opera veniva semplicemente licenziata dal suo autore, le accadeva spesso di affrontare il mondo in sordina ed era frequente che se ne conservassero pochissime copie. Pensiamo a Dante, di cui sono certamente perdute alcune epistole e poesie, o ai manoscritti unici che tramandano fortunosamente i testi più antichi della nostra letteratura. All'opposto, la riproduzione tipografica consente una diffusione ampia e simultanea di più esemplari di uno stesso testo, e pone di solito al riparo da rischi del genere (anche se non mancano eccezioni clamorose, come la *princeps* perduta, in due libri, dell'*Orlando Innamorato*, 1482-1483: vedi **Esempio Boiardo**).

La stampa e l'ortografia

Infine, l'incontro della letteratura con la tipografia impone di «definire, regolare, disciplinare l'intero campo della comunicazione scritta» (Bartoli Langeli, *La scrittura dell'italiano*, p. 83). Da un lato stabilizza la norma grafica e linguistica: l'edizione del Petrarca curata da Pietro Bembo (Aldo Manuzio, Venezia 1501) è uno dei primi, e più celebri, esempi di disciplinamento formale di un antico manoscritto compiuto da una stampa "moderna". Dall'altro è strumento decisivo a fissare la cosiddetta ***vulgata*** di un'opera, ossia il testo che la tramanda senza un sistematico controllo della sua tradizione (***textus receptus***). Capita così, per esempio, ai *Trionfi* del Petrarca, che, in origine ricopiati in un numero altissimo di manoscritti (se ne conoscono oggi quasi seicento), sono stati letti, nei secoli della stampa, nella forma e nella struttura elaborate dall'edizione aldina (cioè pubblicata dal veneziano Aldo Manuzio) del 1501.

Va detto però che la copia a mano sopravvive sino a tutto il XVI secolo e oltre, affiancando l'esemplare di tipografia. Lo studente, il cortigiano, l'erudito, l'autore stesso continuano a scrivere e trascrivere per diletto, attingendo al patrimonio del recente o del lontano passato. Nello snodo cruciale fra Quattro e Cinquecento le raccolte manoscritte di poesia sono, per esempio, ancora numerosissime. Ci sembra addirittura possibile formulare questa distinzione generale: fra il XV e il XVI secolo, mentre la stampa si specializza nella pubblicazione delle prime edizioni autoriali, ossia di libri di poesia di un solo autore (Dante, Petrarca, Giusto de' Conti), il manoscritto mostra una decisa predilezione per la raccolta di più autori (la cosiddetta "miscellanea"). Quest'ultima è anzi la forma canonica del manoscritto di rime fra Quattro e Cinquecento.

La tradizione

Tutti insieme, manoscritti, stampe e ogni altro genere di **fonti** (come citazioni, sunti, iscrizioni, parodie ecc.), testimonianze complete o parziali, compongono la **tradizione** (**diretta** e **indiretta**) di un'opera.

Bibliografia consigliata

Amedeo Quondam, *La letteratura in tipografia*, in *Letteratura italiana*, vol. II: *Produzione e consumo*, Einaudi, Torino 1982, pp. 555-686.

Pasquale Stoppelli, *Filologia dei testi a stampa*, il Mulino, Bologna 1987.

Conor Fahy, *Saggi di bibliografia testuale*, Antenore, Padova 1988.

Amedeo Quondam, Marco Santagata (a c. di), *Il libro di poesia dal copista al tipografo*, Istituto di Studi Rinascimentali-Panini, Ferrara-Modena 1989.

Paolo Trovato, *Con ogni diligenza corretto. La stampa e le revisioni editoriali dei testi letterari italiani (1470-1570)*, il Mulino, Bologna 1991.

Id., *L'ordine dei tipografi*, Bulzoni, Roma 1998.

Lorenzo Baldacchini, *Il libro antico*, nuova ediz. aggiornata, Carocci, Roma 2001.

5. Edizione fotografica, diplomatica e interpretativa

Altre edizioni

E, dal momento che ci siamo soffermati su manoscritti e stampe, è bene avvertire che, specialmente per i settori più antichi della nostra letteratura in volgare, sopravvivono **testimoni** la cui importanza storica, letteraria e documentaria è, ancora ai nostri giorni, assoluta (vedi **Sezione storica**). Nel corso del Novecento (ma già a partire dagli ultimi decenni dell'Ottocento), hanno così preso piede, soprattutto nell'ambito della filologia medievale, studi intesi a esplorare la fisionomia «materiale» (Antonelli) della tradizione e della copia, nello spirito di ricerca qui sotto illustrato:

> Il filologo diviene realmente uno speleologo, o un archeologo del sapere, che, in base innanzitutto alla *materialità* del testo, alla sua *storicità* effettuale (composizione del codice, origine, rapporti di copia con altri codici, ma anche contenuti e gusti rappresentati negli autori e nelle opere prescelte), ne ricostruisce integralmente (riducendo al minimo le scelte, e quindi la necessità di *giudicare* il rapporto col "presente") la storia e l'influenza, il "potere", esercitato su altri codici e su altri testi. In questo senso si può parlare correttamente, e su basi storico-documentarie, di una vera e propria "tradizione materiale" del testo letterario, che si affianca e contribuisce in maniera nuova (e ancora in gran parte da esplorare) allo studio complessivo della tradizione culturale e letteraria, anche volgare. (R. Antonelli, *Interpretazione e critica del testo*, p. 208)

Fotografica

Sulla scia di questa consapevolezza critica (e filologica) si sono quindi moltiplicate le riproduzioni di alcuni celebri manoscritti: anzitutto quelle fotografiche, come per i canzonieri della lirica italiana delle origini, gli autografi italiani petrarcheschi (i codici Vat. Lat. 3195 e 3196), l'autografo del *Decameron*, ms. Hamilton 90, il "Dante e Petrarca" sempre di mano del Boccaccio trascritto nei mss. Chigiani L. V. 176 e L. VI. 213 (e altri ancora). Anche diverse stampe antiche hanno suscitato uguale attenzione documentaria: ricordiamo per esempio il facsimile della *Comedia di Dante Alleghieri*, Foligno, Giovanni Numeister ed Evangelista Angelini di Trevi, 11 aprile 1472 (Centro Dantesco dei Frati Minori Conventuali, Ravenna 1978), e l'anastatica della cosiddetta "Giuntina di rime antiche", cioè i *Sonetti e canzoni di diversi antichi autori toscani* (Firenze, Giunti 1527), ripubblicati a cura di Domenico De Robertis (Le Lettere, Firenze 1977): vedi **Sezione storica**.

Diplomatica

Ma lo studioso di letteratura italiana antica dispone anche di altre tecniche editoriali intese a valorizzare un singolo testimone. Vi è l'edizione **diplomatica** (o **semidiplomatica**), ovvero la pura e semplice e fedelissima trascrizione dei contenuti di un documento, senza alcun intervento volto a mediare il testo, al di là della soluzione delle abbreviazioni. Fra Otto e Novecento sono stati pubblicati così alcuni insigni monumenti delle nostre lettere, come il manoscritto Vaticano Latino 3793, l'antologia più completa e preziosa della poesia in volgare duecentesca (dai poeti Siciliani al Dante della *Vita Nuova*), "libro registro" cui si affiancano i "libri cortesi di lettura" Laurenziano Rediano 9 e Palatino Banco Rari 217 (vedi **Sezione storica**).

Leggiamo un sonetto di Giacomo da Lentini tratto dal ms. Vaticano Latino 3793, come lo presenta in edizione diplomatica Roberto Antonelli (Giacomo da Lentini, *Poesie*, Bulzoni, Roma 1979, vol. I, p. 296):

A:

notaro giacomo

(c. 112r)

Molti amadori laloro malatia. portano jncore chemuista nompare. | edio nomposso sicielare lamia. chella nompaia p(er)lomio penare. | pero chesono sotto altrui sengnoria. nedimeue non(n)o neiente affare. | senon quanto madonna mia voria. chella mi pote mortte euita dare. |
℃ Sue lo core esuo sono tutto quanto. echinona comsilglio dasuo core. | nonuiue jmfra la giente como deue. Cadio nomsono mio ne piu neta(n)to. | senon quanto madonna uedemi difore. eduno poco dispirito chenmeue.

Interpretativa

Di diversa, e forse di più contestata utilità, l'edizione **interpretativa**, dove si ammettono alcuni interventi sul testo volti appunto a interpretarlo (come la divisione delle parole, le maiuscole e i segni diacritici moderni), senza tuttavia procedere alla vera e propria edizione critica (cioè senza emendare eventuali errori o lacune del testimone). Ne è frequente l'uso soprattutto quando si pubblica un'opera a partire da un manoscritto unico, di cui si voglia preservare il più possibile la *facies* documentaria. Un esempio fra i tanti può essere addotto dalla stessa pagina del Vaticano Latino 3793, nell'edizione interpretativa delle *CLPIO* (*Concordanze della lingua poetica italiana delle origini*):

V 336 JaLe

Notaro Giacomo c. 112*r*

Molti amadori la loro malatia
portano in core, che 'm vista nom pare;
ed io nom posso sì cielare la mia,
ch' ella nom paia per lo mio penare,
peroché sono sotto altrui sengnoria,
né di meve nonn- ò neiente a ffare,
se non quanto madonna mia voria,
ch' ella mi· pote mortte e vita dare.
Su' è lo core e suo sono tutto quanto,
e chi non à comsilglio da suo core
non vive imfra la giente como deve.
Cad io nom sono mio né più né tanto,
se non quanto madonna vede ·mi di fore
ed uno poco di spirito ch' è 'n meve.

Di applicazione più limitata, infine, l'edizione diplomatico-interpretativa, in cui, pur interpretando il documento, «si segnalino tutte le caratteristiche dell'originale» (Castellani).

Bilbiografia consigliata

Vittore Branca, *Edizione diplomatica e/o riproduzione*, in "Lettere Italiane", XXIX (1977), pp. 233-239.
Armando Petrucci, *Edizione diplomatica e/o riproduzione? Un problema critico (con appendice boccacciana)*, in "Belfagor", XXXII (1977), pp. 63-71.
Giacomo da Lentini, *Poesie*, ediz. critica a c. di Roberto Antonelli, Bulzoni, Roma 1979, vol. I .
Arrigo Castellani, *Problemi di lingua, di grafia, di interpretazione nell'allestimento dell'edizione critica*, in *La*

critica del testo. Problemi di metodo ed esperienze di lavoro, Atti del convegno di Lecce, 22-26 ottobre 1984, Salerno Editrice, Roma 1985, pp. 229-254.

d'Arco Silvio Avalle (a c. di), *Concordanze della lingua poetica italiana delle origini (CLPIO)*, Ricciardi, Milano-Napoli 1992.

I canzonieri della lirica italiana delle Origini. Riproduzioni fotografiche, a c. di Lino Leonardi, SISMEL-Edizioni del Galluzzo, Firenze 2000-2001, 4 voll.

6. Il censimento e la tradizione: alcune tipologie esemplari

Nessuna edizione che voglia dirsi critica può prescindere dal **censimento** della tradizione dell'opera, ossia dalla raccolta e dall'esame di tutti i suoi testimoni conosciuti, manoscritti e/o a stampa.

Prima di sapere qual è la consistenza della tradizione, l'editore ha dovuto svolgere un'accurata indagine. Ha dovuto cioè visitare biblioteche ed esplorarne i **fondi**, consultare vecchie e nuove edizioni e riviste specializzate, e infine esaminare cataloghi e repertori che, biblioteca per biblioteca, argomento per argomento, consentono di definire le condizioni documentarie di un testo, le sue testimonianze, ciò che resta del suo cammino nel tempo, dallo scrittoio dell'autore sino a noi.

Esaurita (oggi anche con l'aiuto di cd-rom e di Internet) ogni possibile ricerca in merito, lo studioso ha completato il censimento della tradizione, radunando le fonti, dirette o indirette, integrali o parziali, manoscritte o a stampa, che recano testimonianza dell'opera. Com'è ovvio, tale verifica può dare esiti molto diversi a seconda dell'epoca in cui l'opera venne composta, o del successo che i suoi lettori le riconobbero.

La descrizione delle fonti

All'interno dell'edizione critica questa lunga fase di indagine è di solito riassunta in un elenco (pubblicato nella Nota al testo) di manoscritti e di stampe. Spesso, l'elenco è accompagnato, o composto, da una schedatura dettagliata delle fonti. Nel corso delle operazioni di censimento il filologo deve perciò essere in grado di illustrare un manoscritto o una stampa: deve cioè indicarne le caratteristiche codicologiche più salienti secondo formule (in specie se si tratta di testimoni antichi) pressoché standardizzate (**descrizione**), ed elencarne i contenuti (**tavola**). Si prenda a modello lo schema che segue, che compendia il tipo di attenzione da riservare al manoscritto nelle fasi preliminari di allestimento dell'edizione critica:

I manoscritti: una scheda-tipo

Modello di scheda

Città, Biblioteca, Segnatura (anche quelle pregresse). Sigla del manoscritto (ossia modo convenzionale per richiamarlo all'interno dell'edizione critica).
Provenienza del manoscritto (cioè fondi o proprietari precedenti).

Membranaceo o cartaceo o misto; miscellaneo o composito; integrale o parziale; anno o secolo (in.[eunte] o ex.[eunte]); misura in mm.; carte complessive. Seguono caratteristiche relative alla qualità delle carte, se di guardia o palinseste, o bianche, o mutile, o acefale ecc.
Numero delle righe per pagina.
Carattere del *ductus*. Il copista o i copisti. Identificazione della mano o delle mani.
Presenza di formule di datazione interne al testo. Filigrane.
Fascicoli, con o senza richiami.
Legatura.

Caratteri delle iniziali; stemmi o altri indicatori utili a stabilire provenienza o qualità dell'opera. Disegni, miniature, richiami.
Opere presenti nel manoscritto, precedute o meno dalla formula: *Contiene...*

Bibliografia a stampa (nella quale si citano i contributi a stampa, antichi o moderni, che abbiano prestato attenzione, più o meno estesa, al manoscritto).

Come termine di confronto, e come applicazione pratica, possiamo esaminare una delle schede che Domenico De Robertis ha compilato per il suo *Censimento dei manoscritti di "Rime" di Dante*, opera di catalogazione delle fonti tra le più ampie e utili nell'ambito della letteratura italiana antica, che ha fatto conoscere nel dettaglio decine di manoscritti di poesia in volgare del XIII e del XIV secolo (da "Studi Danteschi", XXXVII, 1960, pp. 220-221):

59.

Magliabechiano VII. 1187 (prov. Strozzi in 4° 765, già 326).

Cart., composto di 9 codicetti o frammenti a-i, formati vari. Secc. XV e XVI.
Cc IV, 8, 6, 1, 15, 16, 6, 10, 5, 10 (queste ultime avvolte in un foglio aggiunto più recentemente), numeraz. complessiva ant. (originale ?) 1-7 proseguita di m. recenziore 8-78 con salto di 1 c. dopo la 55. Delle cc. I-IV (numeraz. mod. I-IV), le I-II sono di qualità differente dalle III-IV, che son costituite da 1 foglio piegato in 2 recante all' interno (III v.-IV r., o piuttosto IV r.-III v.), scritte per il lungo, note di quantitativi di granaglie per gli anni 1649-51, di m. di Giob^a^ Carnatti o Cernatti, che appose il suo nome a c. III r. Alle cc. II r., III r., IV v., di una sola m., il titolo del cod. ripetuto (con variante a c. III r.).
Mani diverse, una per sez., meno l'ultima che è scritta da 2 mani (le cc. 72-3 sono un foglio di carta differente inserito nel quaderno formato dalle cc. 68-71 e 74-77), per lo più del sec. XVI e XVI ex., tranne la sez. e e la g, che son del sec. XV. Annotazioni di mani varie qua e là. Bianche le cc. 14 v., 32 v., 39 v.-46 v., 47 v., 52 v. (ma con annotazione d'altra m.), 53 v., 57 v., 58 v.-61 v. (ma la 61 v. con titolo forse di m. diversa), 65-66 (ma la 66 v. con titolo di m. diversa), 67, 70 v., 74 v., 75 v., 77 v.-78 v.
Versi in col. La sez. f ha rubriche rosse.
Legatura ant. in cartone e mezza pergamena.
Poesie uulgari (var. *Toscane*) *di diuersi antichi.*

A c. III r., di m. del sec. XVII: « Giob^a^ Carnatti [o Cernatti] ».

Poesie italiane e latine, e un'epistola latina. Interessa qui la sez. d, frammento di canzoniere (inizia e termina con frammenti, e presenta una lacuna interna con relative interruzioni di testi, la c. 23, centrale del fascicolo, essendo solo un mezzo foglio, e dovendosi ritenere — cfr. Barbi, *Studi*, 49 nota 2 — che manchi almeno un altro foglio), mal rilegato (ordine effettivo: cc. 30 v., 30 r., 16-29), e scritto in 2 tempi, cc. 30, 16-23, e cc. 24-9, come si rileva dalla qualità dell' inchiostro, e dal corpo della scrittura. Contiene rime di Cino da Pistoia, Nicolò de' Rossi, Dante, Guido Cavalcanti, Chiaro Davanzati, Onesto da Bologna, Guido Novello da Polenta, Girardo da Castelfiorentino, Franceso Petrarca, Girolamo Benivieni. Sulla prima c. attuale (c. 16 r.) reca, della stessa m. di cc. II r., III r., IV r.: *Poesie Toscane* (le altre sez. recano tra l'altro rime di Lorenzo de' Medici, Annibal Caro,

Vincenzo Martelli, F. Guidetto, Franco Sacchetti, Nicolò Tinucci [ma anche Bonaccorso da Montemagno], Angelo Parmisio, Ridolfo Lotti, e adespote).

Descrizione e tavola della sez. d: Barbi, *Studi*, 48-50.

Arnone, XCI-XCII; Lega, *Barb.*, VIII nota 1; G. D. De Geronimo, *Alcune osservazioni sul cod. Marciano it. IX. 191*, GSLI, LVII (1911), 55; Barbi, *Studi*, 48-52; De Robertis, *Esc.*, 184 nota 2; Favati, *Rime*, 160.

Molto più succinta la descrizione dei codici nell'*Iter Italicum* di Paul Oskar Kristeller, un repertorio dove la scheda relativa a ogni manoscritto si riduce di solito a una breve segnalazione, sufficiente però a esporne con esattezza i contenuti. E occorre aggiungere che quest'opera è oggi disponibile anche in cd-rom, con possibilità di consultarne rapidamente i lemmi e gli indici, e richiamarne all'interno autori e opere.

Vediamo allora la descrizione del medesimo codice ricavata dal secondo volume dell'*Iter Italicum* (Warburg-Brill, London-Leiden 1967, p. 512):

Magl. VII 1187. cart. misc. s. XVI, 78 fols. Data supplied by Dott. Alberto Giraldi. Cf. *Iter* I, p. 124. Rime by Lor. de' Medici, Annibal Caro, Vinc. Mar(te)lli, F. Guidetto (to Clemens VII), Franco Sachetti, Dante, Guido Cavalcanti, Cino da Pistoia, Petrarch, Hyeronimo Benivieni (canzone, f. 28v-29, damaged), Nic. Tinucci. f. 48-52. Angelus Parmisius Arretinus, Latin and Italian poems, with a Latin prose preface to Laur. Stroccius, dated from Florence. f. 64. Anon., four sonnets, attributed by a modern hand to Giovanni Pico della Mirandola, inc. Ecco'l tuo re che mansueto e humile. 72 Cosimo de P., sonnet.

Le stampe

Analoga l'attenzione da riservare alle stampe antiche, anch'esse descritte più o meno sommariamente nelle fasi preliminari dell'edizione critica. Vediamo per esempio una scheda tratta dal primo volume delle *Rime* di Antonio Tebaldeo (a cura di Tania Basile e Jean-Jacques Marchand, Istituto di Studi Rinascimentali-Panini, Ferrara-Modena 1989, p. 90). La scheda illustra la *princeps* di quest'opera:

Sm *Modena, D. Rococciola, 13 ottobre 1498.*

Opere de. M. | Antonio The-|baldeo da | Ferra-|ra. || *c.* a_1 *v bianca* || *c.* a_2 *r* Illustris: March. Mantuę. | Hauẽdo io gia uedute in uarii luogi disperse...|| *c.* a_3 *r* ANTONII THEBALDEI | FERRARIENSIS AD | INCLYTAM ISA|BELLAM | ESTEN|SEM | MARCH: MANTVAE: | ... || *c.* z_5 *r* Impresso in Modena per.M. Dominico Roco|ciolo ne lanno.M.cccc.lxxxxviii. a di. xiii. | de Octobre Imperante Hercule Ducha de | Ferrara Modena & Rezo &c. || *c.* z_5 *v bianca* || *c.* z_6 *r* Francisci Rococioli Mutinensis | Ad Lectorem Epigrãma | ... || *c.* z_6 *v marca tipografica.*

[Modena *Est*, α.X.6.9]

Altre copie: Bologna *C Carducci**; Fermo *C*; Ferrara *C**; København *KB*; London *BL*; Lucca *S*; Montecassino *Ben*; Napoli *N*; Paris *BN*; Verona *Cap, C**.

Quarto; cc. 174 n.n., segn. a-l^8, m^4, n-u^8, x^4, y^8, z^6 (bianche le cc. a_1 v; m_4 v; x_4; z_5 v); car. rom.; spazio bianco per la decorazione dell'iniziale del son. 1 (c. a_3 r)[2] e del cap. 269 (c. n_1 r). I componimenti sono privi di numerazione.

Contiene, in successione ordinata, le rime 1-309.

Bibl.: Maittaire IV/2 683; F.X. Laire, *Index librorum ab inventa typographia ad annum 1500...*, II (*Catalogue...* par G. de Bure), Senonis 1792, 246; Panzer II 152.38; Hain 15450; Gamba 352; Brunet V 776; Graesse VI/2 111; Sola 100; B. Quaritch's, *Catalogue. Monuments of printing no. 175*, London 1897, 413; Reichling I 198-99; Fava 1272; BMC VII 1063; D. Fava, *La cultura e la stampa italiana nel Quattrocento. Modena-Reggio Emilia-Scandiano*, Modena 1943, 114; BNP 183,629; *Short-title BM* 672; IGI 9383.

Tradizione caratterizzante

Va detto che la ricerca delle fonti è di solito un compito avvincente, e spesso foriero di scoperte inattese. Può infatti capitare che, fra le carte del manoscritto che sta consultando, lo studioso si imbatta in componimenti inediti o sconosciuti, e alimenti così altri studi: uno dei tanti casi di *serendipity* che la filologia è in grado di innescare. Sin da questo momento accade poi che l'editore restringa il suo interesse (ma non il suo campo di indagine) ad alcuni testimoni che gli paiono i più completi, o particolarmente corretti, fra quelli censiti. Oppure constati che i manoscritti antichi, oltre a trasmettere un testo, forniscono, in modo implicito o esplicito, notizie sul luogo, i tempi e le diverse modalità di duplicazione dell'esemplare; e possono manipolare e "personalizzare" l'opera secondo i gusti dei copisti (e avremo così una **tradizione caratterizzante** o **attiva**: vedi **Esempi Boccaccio** e **Burchiello**).

In ogni modo, nessuno sforzo dovrà essere trascurato per completare il censimento, che potrà offrire risultati modesti (vale a dire pochi testimoni dell'opera), oppure, all'opposto, particolarmente ricchi e complessi. È molto esteso l'elenco dei manoscritti della *Vita Nuova* (vedi **Esempio Dante, *Vita Nuova***). Ancora più ampio il *Censimento dei manoscritti di "Rime" di Dante*, allestito a partire dal 1960 da Domenico De Robertis per la rivista "Studi Danteschi" (sono cinquecentoquattro copie, da ultimo elencate in *I manoscritti di "Rime" di Dante*, "Studi Danteschi", LXII, 1990, pp. 335-344). Per citare altri numeri, ricordiamo i quattrocento e più codici che trasmettono i commenti antichi della *Commedia*, o i quasi seicento che attestano i *Trionfi* di Petrarca. Come esempio di censimento trascriviamo di seguito l'elenco dei dieci testimoni antichi della dantesca *Epistola a Cangrande* (dall'ediz. critica a c. di Enzo Cecchini, Giunti, Firenze 1995):

Conspectus siglorum

Bg	=	Bergamo, Biblioteca Comunale, Delta 5, 25
M	=	München, Staatsbibliothek, lat. 78
A	=	Milano, Biblioteca Ambrosiana, C 145 Inf.
Me	=	Firenze, Archivio di Stato, Carte Strozziane, s. Iª, 136
Ri	=	Firenze, Bibl. Naz. Centr., Fondo Palatino, Filza Rinuccini 19
Ma3	=	Firenze, Bibl. Naz. Centr., Magliab. VII 1028
V	=	Verona, Bibl. Capitol., cod. 314
Ma1	=	Firenze, Bibl. Naz. Centr., Magliab. VI 164, cc. 1r-9r
(Ma2	=	id., cc. 10r-15r)
Bar	=	editio princeps, cur. G. Baruffaldi, «La Galleria di Minerva» III (1700), pp. 219-28.

Bibliografia consigliata

Per provvedere al censimento dei manoscritti e delle stampe, antiche e moderne, esistono numerosi cataloghi e repertori generali. Oltri agli strumenti a cui abbiamo già accennato nel testo, è d'obbligo segnalare almeno:

Inventario dei manoscritti delle biblioteche d'Italia (*IMBI*), fondati da Giuseppe Mazzatinti, Bologna 1890; poi, a partire dal 1909, Olschki, Firenze; sono in tutto, fino al 1997, 110 volumi; *Incipitario unificato della poesia italiana*, a c. di Marco Santagata, Istituto di Studi Rinascimentali-Panini, Ferrara-Modena 1988, voll. I e II; *Edizioni di lirica antica*, a c. di Bruno Bentivogli e Paola Vecchi Galli, 1990, vol. III; *Bibliografia della lirica italiana nei periodici*, a c. di Silvia Bigi e Maria Giovanna Miggiani, 1996, vol. IV (*IUPI*). Nel versante degli autori italiani moderni e contemporanei, ricordiamo il Fondo istituito da Maria Corti presso l'Università di Pavia, che raccoglie gli autografi otto-novecenteschi (più o meno celebri e rari, letterari o documentari) in vista di futuri studi, ricerche, edizioni di testi: cfr. il Catalogo del *Fondo manoscritti di autori contemporanei*, a c. di G. Ferretti, M.A. Grignani, M.P. Musatti, Einaudi, Torino 1982. Il Fondo pubblica dal 1984 la rivista "Autografo".

Per gli incunaboli segnaliamo invece:

IGI, Indice Generale degli Incunaboli, Libreria dell'Istituto Poligrafico dello Stato, Roma 1943-1981, 6 voll., ordinato alfabeticamente. Ma anche altri repertori, come Hain-Copinger, *Gesamtkatalog der Wiegendrucke*, *British Museum Catalogue*, *Short Title Catalogue*, *Index Aureliensis*, sostengono le prime indagini in materia di stampe antiche. È ancora in fase di allestimento il catalogo delle *Edizioni italiane del XVI secolo. Censimento nazionale*, ICCU, Roma 1993 (3 voll., sino alla lettera C); mentre per il censimento delle edizioni quattro-cinquecentesche di poesia italiana si può ricorrere a Italo Pantani, *Biblia*, vol. I: *Libri di poesia*, Bibliographica, Milano 1996.

Tipologie primarie di tradizione

Una volta raccolte tutte le fonti (i testimoni) dell'opera, occorre renderle parlanti. E può essere utile isolare alcune tipologie della tradizione.

1. Immaginiamo per esempio che di un'opera si abbiano a disposizione diverse copie manoscritte e/o a stampa, ma nessun autografo, vale a dire nessuna copia di mano dell'autore (**tradizione plurima di copia**). È un'evenienza comune nell'ambito della nostra letteratura antica: e abbiamo già visto come questa tipologia si applichi alla serie quasi completa delle opere di Dante (vedi **Sezione storica** e Bibliografia consigliata).

2. Una seconda tipologia della tradizione è rappresentata da un testo del quale si conservi una sola copia, non autografa. Molte opere della nostra letteratura antica, in prosa o in versi, possono contare su una situazione documentaria di questo tipo, dai componimenti della Scuola Siciliana (si pensi al "contrasto" *Rosa fresca aulentissima*, trasmesso dal solo ms. Vaticano Latino 3793) a uno dei testi più celebri e dibattutti del Duecento volgare, il *Fiore*, "attribuibile" a Dante Alighieri (vedi **Esempio Dante, *Fiore***).

3. La terza tipologia comprende opere delle quali si sia conservato, magari assieme a copie non di mano dell'autore, l'originale (o gli originali plurimi). Indichiamo con questo termine anzitutto un manoscritto **autografo**, meglio ancora se coincidente con quella che si può ritenere la forma definitiva dell'opera. Fra i primi autografi letterari, ricordiamo il ms. 7. 1. 32 della Biblioteca Capitular di Siviglia, testimone del "canzoniere" del poeta trecentesco trevigiano Nicolò de' Rossi. Più noto il caso del *Decameron* di Boccaccio, di cui possediamo l'autografo definitivo (circa 1370-1372) nel ms. Hamilton 90 di Berlino. Un altro esempio illustre è l'originale del *Canzoniere* di Petrarca, il codice Vat. Lat. 3195, che, trascritto nel corso di una decina d'anni dal poeta e dal suo segretario Giovanni Malpaghini, ci trasmette, in forma di **idiografo** (cioè di copia autenticata) e di autografo, la stesura definitiva di questo libro di poesia. Con il passare dei secoli, appaiono tradizioni più articolate. Spesso del testo si conserva più di un autografo; e accanto ai manoscritti si diffondono le stampe sorvegliate dall'autore, anch'esse a tutti gli effetti "originali". Sono perciò numerose le edizioni critiche di opere moderne o contemporanee che si fondano su stampe "d'autore", magari variamente mescolate ad autografi a penna: si considerino i casi, ormai classici, dell'*Orlando Furioso*, dei *Canti* di Leopardi, dei *Promessi Sposi*, delle poesie di Montale ecc. Si può dire infine che l'applicazione più tipica e fortunata della filologia italiana del Novecento riguardi proprio l'edizione critica che procede dallo studio di originali plurimi e di varianti d'autore (la cosiddetta "filologia d'autore": cfr. § 18).

Per concludere, un'avvertenza: le tre tipologie che abbiamo isolato sono meramente strumentali, e non esauriscono (neppure in via teorica) i possibili intrecci della tradizione. Sono frequenti i casi di autografi che si conservano a fianco di apografi, di originali "in movimento", di stampe che convivono con manoscritti: la tradizione è forse l'aspetto più poliedrico e caratteristico della storia di un'opera letteraria.

Bibliografia consigliata: la tradizione e il "caso Dante"

Di Dante non possediamo alcun autografo e, all'interno di una tradizione tutta di copia, le sue opere possono contare su tipologie di trasmissione molto diverse (dal testimone unico alla tradizione più folta e intricata della nostra letteratura antica, quella della *Commedia*, o, meglio, *Comedia*). Di tutte le opere è disponibile, raccolto in unico volume, il testo critico (privo cioè di apparati) "del VI Centenario" (Bemporad, Firenze 1921); mentre l'esito più brillante di questa prima stagione della filologia dantesca del Novecento è l'edizione della *Vita Nuova* a c. di Michele Barbi (Bemporad, Firenze 1907; 1932). In occasione del successivo Centenario (1965), la Società Dantesca Italiana, promotrice dell'Edizione Nazionale, ha avviato un nuovo programma di studi e di pubblicazioni, che ha già prodotto diverse edizioni critiche: dopo la *Commedia* (vedi *infra*), la *Monarchia* (a c. di Pier Giorgio Ricci, Mondadori, Milano 1965), Il *Fiore* e *Il Detto d'Amore* (a c. di Gianfranco Contini, Mondadori, Milano 1984), l'ultima, in ordine di tempo, è quella del *Convivio* (a c. di Franca Brambilla Ageno, Le Lettere, Firenze 1995, 3 voll.); e si annunciano imminenti le *Rime* a c. di Domenico De Robertis (per altri rinvii bibliografici si può consultare l'*Enciclopedia dantesca* ("Dante"), Istituto della Enciclopedia Italiana, Roma 1996, il cui sesto e ultimo volume è interamente dedicato all'esame, anche testuale, delle opere di Dante, oltre alla "voce" *Edizione Nazionale*, redatta da Francesco Mazzoni).

La più nota e diffusa edizione moderna della *Commedia* (dopo gli studi e i tentativi di Witte, Moore, Barbi, Casella e molti altri, e l'edizione Vandelli del VI Centenario, priva di apparato critico) è stata sino a oggi quella curata da Giorgio Petrocchi (1966-1967; poi Le Lettere, Firenze 1994, 4 voll., 2ª rist. riveduta, a c. di Francesco Mazzoni). È l'edizione "secondo l'antica *vulgata*", che si basa cioè sui ventisette manoscritti più antichi degli oltre ottocento che testimoniano, in tutto o in parte, il poema. Complessi i criteri che informano l'edizione, fondata sulla classificazione dei testimoni databili 1330-1355, e suddivisi in famiglia *alfa* (toscana) e *beta* (settentrionale), ma non coronata da un archetipo, né da un «compiuto canone ricostruttivo» (Inglese), e anzi spesso costretta a ricorrere a operazioni di tipo esegetico, vale a dire all'analisi interpretativa e qualitativa di lezioni equipollenti. Ne dà un efficace ragguaglio Giorgio Inglese, *La tradizione della Commedia*, in *Come si legge un'edizione critica. Elementi di filologia italiana*, Carocci, Roma 1999, pp.144-154. In sintesi, il testo vulgato dopo il 1321 sarebbe in realtà «una edizione postuma affermatasi nella cerchia degli amici ravennati del Poeta, e portatrice – inevitabilmente – di qualche refuso» (Inglese).

Il "laboratorio" filologico della *Commedia* non si è però esaurito qui. La scoperta di nuovi manoscritti, altre indagini sulla tradizione settentrionale del poema, l'ampliamento e la revisione degli apparati, la segnalazione di nuovi emendamenti hanno infatti significativamente aggiornato, negli anni, il versante testuale e documentario dell'edizione. Dello stesso Petrocchi occorre perciò consultare gli incrementi al testo e alla tradizione della *Commedia* consegnati al volume *Itinerari danteschi*, a c. di Carlo Ossola, Franco Angeli, Milano 1993.

È condotta su basi diverse la proposta di edizione avanzata nel 1996 da Antonio Lanza, sostenitore della fedeltà testuale al «più antico codice datato fiorentino», vale a dire il ms. Trivulziano 1080 (Dante Alighieri, *Commedìa*, testo critico secondo i più antichi manoscritti fiorentini, nuova ediz., a c. di Antonio Lanza, De Rubeis, Anzio 1996). E, infine, è di questi ultimi mesi la pubblicazione, presso la SISMEL e a cura di Federico Sanguineti, di una nuova edizione critica del poema: *Dantis Alagherii Comedia*, ediz. critica a c. di Federico Sanguineti, Archivio Romanzo 2, SISMEL-Edizioni del Galluzzo, Firenze 2001, vol. I (vedi § 14).

Gianfranco Folena, *La tradizione delle opere di Dante Alighieri*, in *Atti del congresso internazionale di Studi danteschi*, Sansoni, Firenze 1965, vol. I, pp. 8-23.

Enciclopedia dantesca ("Dante"), diretta da Umberto Bosco, Istituto della Enciclopedia Italiana, Roma 1970-1978, 6 voll. (rist. 1996).

Marcella Roddewig, *Dante Alighieri. Die göttliche Komödie. Vergleichende Bestandsaufnahme der Commedia-Handschriften*, Hiesermann, Stuttgart 1984 (con censimento e descrizione, non priva di errori, di più di seicento codici della *Commedia*).

Dante Alighieri, *Commedia*, ediz. critica a c. di Giorgio Petrocchi (1966-1967), Le Lettere, Firenze 1994, 4 voll., 2ª rist. riveduta, a c. di Francesco Mazzoni.

Commedìa, testo critico secondo i più antichi manoscritti fiorentini, nuova ediz., a c. di Antonio Lanza, De Rubeis, Anzio 1996.

Federico Sanguineti, *Per l'edizione critica della "Comedìa" di Dante*, in "Rivista di Letteratura Italiana", XII (1996), pp. 277-292.

Id., *Prolegomeni all'edizione critica della "Commedia"*, in Leonella Coglievina, Domenico De Robertis (a c. di), *Sotto il segno di Dante. Scritti in onore di Francesco Mazzoni*, Le Lettere, Firenze 1998, pp. 261-282.

Emilio Pasquini, *Critica e filologia nell'esegesi dantesca fra Otto e Novecento*, in *"Per correr miglior acque…". Bilanci e prospettive degli studi danteschi alle soglie del nuovo millennio*, Salerno Editrice, Roma 2001, vol. I, pp. 671-699.

Dantis Alagherii Comedia, ediz. critica per c. di Federico Sanguineti, SISMEL-Edizioni del Galluzzo, Firenze 2001, vol. I.

7. Il "metodo di Lachmann"

Il "metodo" in azione

Entriamo ora nel vivo della prassi di pubblicazione di un testo (o **ecdotica**, se ci serviamo del termine proposto per la prima volta nel 1926 da Henri Quentin). Il metodo di edizione che illustreremo nei paragrafi seguenti non è, come vedremo, il solo modo di pubblicare criticamente un testo. È però meritamente il più famoso, e può contare su una tradizione e un'esperienza più che centenarie. Preceduto anche in Italia da qualche significativa anticipazione (vedi **Sezione storica**), ed elaborato in origine attorno a casi e problemi di filologia classica, si applica con una certa efficacia alle opere della nostra letteratura antica (sino all'avvento della stampa), in presenza di una tradizione plurima e in assenza di originali. Valicato il discrimine che separa il manoscritto dalla stampa, le mutate condizioni di trasmissione dei testi rendono meno cogente, più problematico, a volte inefficace, il ricorso a questo tipo di procedure. Ma il metodo ha il vantaggio di costituire anche una sorta di addestramento primario all'ecdotica: quasi un *imprinting* che ha marcato tutta la filologia italiana del Novecento.

La storia del "metodo"

Indichiamo con "metodo di Lachmann" una serie di operazioni che hanno lo scopo di pubblicare l'opera a partire da ciò che resta della sua effettiva diffusione nella storia (la tradizione). La prima, approssimativa, definizione di tale metodo (iniziatore della moderna filologia "scientifica") spetta al tedesco Karl Lachmann (1793-1851), filologo classico e editore fra l'altro di Properzio, del Nuovo Testamento e di Lucrezio. È proprio nei *Prolegomena* al *De rerum natura* lucreziano (Berlin 1850) che Lachmann postulò alcune operazioni ecdotiche (peraltro già note in parte, ma non praticate con coerenza): *recensere* (con il corollario della *eliminatio codicum descriptorum*), *emendare*, *originem detegere*. ***Recensio*** ed ***emendatio*** sono da allora i princìpi guida del metodo: princìpi che resistono nel tempo, e che vengono richiamati con profitto in ambiti lontanissimi da quelli praticati dal fondatore. Va detto però che il "metodo di Lachmann" è oggi ritenuto «nozione sempre più problematica [...]: quasi un'astrazione prodottasi per accumulazioni successive» (R. Antonelli, *Interpretazione e critica del testo*, pp.152-153); e che nel corso del Novecento la metodologia ecdotica, fra molte incertezze operative, ha elaborato altri principi di critica testuale, a partire dalle proposte stemmatiche di Paul Maas (la sua *Critica del testo* è del 1927).

Le fasi del "metodo"

Lo scopo di Lachmann fu di sottrarre l'edizione alla soggettività dell'editore-interprete: «recensere sine interpretatione et possumus et debemus». In sintesi si tratta, allora come oggi, di raccogliere i testimoni superstiti di un testo, di confrontarne attentamente la **lezione** (o, con latinismo, **collazionarli**), e, dopo avere operato la **classificazione** (con lo **stemma**) dei testimoni (e aver quindi concluso la *recensio*), di individuare le lezioni che è lecito ritenere autentiche in base a un calcolo di maggioranza, e di risalire infine all'**archètipo** (il vertice della tradizione conosciuta); esaminato attentamente il quale, sarà infine necessario applicare la ***divinatio*** (o **congettura**) per rimuovere gli ultimi errori e restaurare così l'originale. I termini latini con cui vengono indicate tali operazioni sono: *recensio*, *collatio*, *classificatio*, *emendatio ope codicum*, *examinatio*, *emendatio ope ingenii*.

Bibliografia consigliata

Henri Quentin, *Essais de critique textuelle (Ecdotique)*, Picard, Paris 1926.
Giorgio Pasquali, *Il metodo del Lachmann*, in *Storia della tradizione e critica del testo*, 2ª ediz., Le Monnier, Firenze 1952 (rist. anastatica con premessa di Dino Pieraccioni, Le Lettere, Firenze 1988), pp. 1-12.
Sebastiano Timpanaro, *La genesi del metodo del Lachmann*, 3ª ediz., Liviana, Padova 1985 .
Giovanni Fiesoli, *La genesi del lachmannismo*, SISMEL-Edizioni del Galluzzo, Firenze 2000.

8. Il "metodo di Lachmann" in azione: le prime fasi di intervento (testi a trasmissione plurima di copia)

I processi di edizione che illustreremo di seguito si fondano su trasmissioni plurime e non autografe: gli esempi che accompagnano il testo saranno perciò tratti prevalentemente dall'ambito della nostra letteratura antica.

La *collatio*

Raccolti ("censiti") i testimoni di un'opera, ci troviamo nel pieno della sua tradizione, che è necessario esaminare. L'editore metterà allora a confronto (***collatio***) le testimonianze, manoscritte o a stampa, antiche o moderne.

Il testo guida

Per eseguire la *collatio*, è necessario incolonnare i versi di un componimento in rima, o i paragrafi di una prosa, così come appaiono nei vari testimoni, a partire da un esemplare che serve da modello, appunto il **testo guida** (o **testo base**, manoscritto o a stampa: la redazione il più possibile stabile e integrale dell'opera). Il procedimento di confronto tra lezioni omotetiche (verso per verso, riga per riga, parola per parola), non verrà pubblicato nella Nota al testo, ma resterà fra le carte dell'editore, o nella memoria del suo computer. Nel caso di tradizioni particolarmente folte (come quella della *Commedia* di Dante) è senz'altro legittimo e fruttuoso operare una collazione non completa ma parziale dei testimoni, mediante il ricorso ai ***loci critici*** (luoghi del testo dove si verifica «il concentrarsi di errori significativi» [Balduino]): vedi § 14.

Un esempio di *collatio*

Proponiamo ora al lettore di sperimentare la *collatio* integrale fra due copie (o stesure) del medesimo sonetto. Avvertiamo che, nel nostro caso, fungerà da testo base la stesura di R (ms. Silvestriano 289 della Biblioteca dei Concordi di Rovigo), sotto la quale andranno indicate le differenze (o varianti) di L (ms. Laurenziano Acquisti e Doni 72 di Firenze):

R

Mors

Io son la despiatata e cruda Morte
Che porto l'arco teso a tutte l'hore;
non campo papa, re né imperadore
che sentir[e] non convegna la mia sorte;
la mia saglietta <è> temperata forte
per la virtù de Cristo salvatore;
contra di me non val mostrar valore
né stare arditto cum parolle ascorte.
Io som la Morte ch'è cotanto scura
Che fo tremare il mondo in ogni foze;
ognium di me si ha la gran paura,
però che io ocisi Cristo in su la croze:
quel[lo era] signore di tutto l'universo
bem lo feci parlar a bassa voze.
Quest'è cosse veraze,
ch'a ognion che nasce io posso dar[e] finita,
però ch'io sum colei che spingo vita.

L

I' so' la cruda e dispietata Morte
Che temgho l'archo teso a tutte l'hore;
Sie chi si vuole, o re o 'mperadore,
Che possa riparare alle mie sorte.
La mia saetta è temperata forte
Per la virtù di Christo salvatore,
E non gli vale dimostrar valore,
Né esser saputo chom parole achorte.
Ch'i' son la Morte, che son (cho)tanto schura
Che sopra ogni chosa son feroce:
Ciaschun di me dovrebbe aver paura,
Perch'io uccisi Christo in sulla croce,
Ch'era signore di chotanta altura
E fecilo parlare a bassa boce.
A chiunche nascie posso dar finita
Però ch'i' son cholei che spengho vita.

Errori e varianti

Se la *collatio* è eseguita con attenzione, consentirà di far emergere quanto segue. Tutti i testimoni presenteranno larghe porzioni dell'opera in comune, cioè grosso modo identiche (a eccezione delle varianti grafiche o fonetiche di ciascun manoscritto, che fanno parte della sua caratterizzazione storica e geografica). Ma la *collatio* mette di solito in luce anche differenze più vistose, che investono la natura del testo, il suo significato, la sua struttura metrica, il suo assetto argomentativo. In alcuni casi le denunceremo come veri e propri **errori**, "deformazioni" o "violazioni" del testo evidenti a prima vista. In altri, confrontando fra loro le lezioni omotetiche, parleremo piuttosto di "divergenze", o "**varianti**", che hanno l'apparenza di autenticità. Fra l'altro, non potremo per il momento neppure escludere che tali varianti (o almeno alcune di esse) risalgano a successivi interventi d'autore (siano cioè tutte lezioni autentiche).

Nel caso appena esaminato, elementare perché ristretto alla *collatio* di due soli manoscritti, è errore l'espressione *tutto l'universo* (R, v. 13), che viola l'assetto regolare delle rime; mentre tratteremo come varianti (in attesa di decidere quali di essi siano promovibili a lezioni autentiche) i molti altri luoghi divergenti dei due testimoni.

Ricorriamo di nuovo al caso della *Commedia*, scegliendo, all'interno della sua tradizione, due diversi esempi (di errore e di variante).

In *Purg*. XVIII 83 la patria di Virgilio («E quell'ombra gentil, per cui si noma / Pietola più che villa mantoana») è trasformata, da una parte della tradizione manoscritta, nelle espressioni *pietola più che nulla / pietosa più che nulla / cortese più che nulla*, già a prima vista destituite di senso, e perciò errate.

Nella tradizione di *Inf.* II 60 («O anima cortese mantoana, / di cui la fama ancor nel mondo dura, / e durerà quanto 'l *mondo-moto* lontana») si fronteggiano invece le lezioni, entrambe «ineccepibili concettualmente», *mondo / moto*. A parità di peso documentario (e «in un'opera, quale la *Commedia*, mal sospettabile di varianti d'autore» [Petrocchi]), è impossibile decidere di primo acchito dell'autenticità dell'una o dell'altra lezione, entrambe dotate di senso e calate con proprietà nel contesto.

Suggeriamo ora di prendere in esame altri casi di errori e di varianti, traendoli dall'introduzione e dall'apparato della *Commedia* (nell'edizione di Giorgio Petrocchi, Le Lettere, Firenze 1994), o da quelli del *Convivio* (nell'edizione a c. di Franca Brambilla Ageno, Le Lettere, Firenze 1995).

Bibliografia consigliata

Scevola Mariotti, *Varianti d'autore e varianti di trasmissione*, in *La critica del testo. Problemi di metodo ed esperienze di lavoro*, Atti del convegno di Lecce, 22-26 ottobre 1984, Salerno Editrice, Roma 1985, pp. 97-111.

Giorgio Inglese, *Testimoni a confronto*, in *Come si legge un'edizione critica. Elementi di filologia italiana*, Carocci, Roma 1999, pp. 63-69.

9. Errori e varianti: il problema e la sua soluzione. La classificazione

Torniamo sulle nozioni di "errore" e "variante", approfondendone la fenomenologia e l'uso nell'ambito della classificazione dei testimoni.

Fenomenologia della copia; errore poligenetico ed errore monogenetico

È pressoché inevitabile che copie non autografe di un testo contengano errori, soprattutto se pensiamo a una lunga e complessa riproduzione manuale, o alle condizioni precarie di allestimento delle stampe antiche (e talvolta anche di quelle moderne). L'errore è consustanziale alla copia, è un sottoprodotto inevitabile della duplicazione dell'opera. Prendiamo il caso di un manoscritto medievale. Da un esemplare venivano tratte singole o più copie simultaneamente (con il sistema della **pecia**, cioè della divisione dell'***exemplar*** in fascicoli), a seconda che si scrivesse per sé e per diletto, o per mestiere, all'interno di una bottega artigiana, di una biblioteca ecclesiastica, di uno ***scriptorium***. Ed ecco tagli o raddoppiamenti di lettera o di parole; scambio di una parola con una simile o opposta di senso; fraintendimenti e banalizzazioni dei termini; ***saut du même au même*** (salto dallo stesso allo stesso); inversione nell'ordine degli elementi della frase ecc. Sappiamo che errori identici si possono a volte produrre in copie diverse in via del-

tutto indipendente l'una dall'altra (è per esempio il caso di errori meccanici, di lieve entità, o di "trivializzazioni" e banalizzazioni...): parleremo allora di **errori poligenetici**. Se invece l'errore è grave e conclamato, e si ritiene possibile la sua compresenza in due o più testimoni solo per filiazione diretta, gli si attribuirà carattere **monogenetico** (è il caso di una lacuna, di un'inversione di ampie proporzioni, di una palese violazione metrica e linguistica, o logica ecc.).

Le varianti

Accanto agli errori, in genere facilmente isolati dall'editore (che si accorgerà senza dubbio se il testo contiene sviste, inversioni o salti di parola, fraintendimenti ecc., o se una lezione è priva di senso, lacunosa, o non rispetta, in poesia, la rima o la misura prevista), di norma nelle copie si manifestano alterazioni più insidiose. Nei testimoni antichi sono difatti frequenti minime o più estese innovazioni testuali di solito imputabili ai copisti: esse appaiono a prima vista accettabili, se non autentiche, e vengono identificate come tali nel corso del confronto fra lezioni omotetiche di testimoni diversi. Le denominiamo appunto **varianti**, anche se ad alcune di loro dovremo, al termine delle operazioni di edizione, applicare lo statuto di errori, cioè di violazioni, alterazioni dell'originale.

Errori guida

La distinzione fra varianti ed errori è, per l'ecdotica, essenziale. Lasciando per il momento da parte le prime, è sui soli errori monogenetici che l'editore deve concentrare la propria attenzione, perché solo questi gli forniranno gli strumenti per andare oltre, sulle tracce dell'originale. Sono proprio gli errori, infatti, e nella fattispecie quelli più evidenti e inconfutabili (i cosiddetti **errori significativi** o **errori guida**), a indicare al filologo i rapporti di parentela fra i testimoni dell'opera, in una parola a guidarlo nella classificazione.

Errori congiuntivi e separativi

È semplice spiegare come ciò possa accadere. Se due o più testimoni fossero, per ipotesi, del tutto identici e privi di errori (come avviene, di solito, per le medesime copie di un moderno libro a stampa), se non vi fossero segnalati né tempi né modi di composizione e di stesura, e se anche la loro cronologia fosse aleatoria, noi non avremmo elementi utili a fissare i loro rapporti di parentela e neppure un loro ordine, pur approssimativo. La correttezza di due testimoni, difatti, permette di constatarne la reciproca identità, non la loro affinità genetica (cioè la provenienza dal medesimo scrittoio, o la dipendenza dallo stesso esemplare). L'errore certo e comune fornisce invece al filologo la prova che due copie sono molto vicine l'una all'altra. Come spiegare altrimenti che esse, proprio nello stesso luogo (o lezione), condividano un identico guasto, o lo stesso fraintendimento? Si dovrà supporre che l'una abbia copiato dall'altra, o che entrambe abbiano attinto alla medesima fonte, mutuandone, assieme alle lezioni buone, anche quelle sbagliate. Tali errori possono essere condivisi da diversi testimoni, che non li abbiano prodotti in via poligenetica (cioè per puro caso, indipendentemente l'uno dall'altro); o viceversa possono essere presenti in una copia dell'opera soltanto rispetto alle altre. Nel primo caso li definiremo errori **congiuntivi**; nel secondo **separativi**. Consideriamo per esempio una **lacuna**, cioè una porzione dell'opera che manchi in più testimoni. La fonte che non la presenta appartiene a un ramo della tradizione diverso da quei codici che, contrassegnati da questo errore, si raccolgono in un differente, comune, sottogruppo. Altri tipici **errori guida** saranno il grave fraintendimento di senso, la violazione della struttura metrica, il palese anacronismo linguistico o contenutistico ecc.

Riportiamo, in conclusione, il sintetico principio di Giorgio Pasquali («Coincidenza in errori ovvi e in "trivializzazioni" non prova parentela», *Storia della tradizione*, p. XVI), ribadendo per ora l'avvertenza (niente affatto ovvia, e anzi divenuta principio ecdotico ben dopo Lachmann), a servirsi unicamente e sistematicamente degli errori monogenetici per imparentare i testimoni. Sulla irrilevanza ecdotica (cioè classificatoria) della variante, dopo Quentin e Fränkel ha discusso a più riprese anche Contini, da cui possiamo trarre il precetto "epigrafico" che segue: «Insignificante è di per sé la concordanza in lezione buona (e buona qui significa solo "non cattiva")».

Bibliografia consigliata

Franca Brambilla Ageno, *Osservazioni sugli errori significativi*, in "Lettere italiane", XIX (1967), pp. 457-459.
Guglielmo Gorni, *Lacuna e interpolazione*, in *Dante prima della "Commedia"*, Cadmo, Firenze 2001, pp. 83-110.

Famiglie di testimoni: terminologia

Siamo ora in una fase cruciale della prassi ecdotica. Grazie agli errori guida identificati con certezza sarà possibile distribuire i testimoni in gruppi e sequenze corrispondenti, grosso modo, alla loro effettiva successione nel tempo e nello spazio. In altre parole siamo in grado di classificarli, cioè di ordinarli geneticamente e tipologicamente all'interno di **famiglie** dipendenti da diversi **capostipiti** o **subarchetipi**. Si deve al filologo classico tedesco Paul Maas (1880-1964) il merito di avere definito, all'interno della *recensio*, l'importanza di questo passaggio teorico e operativo: fu lui a fondare la moderna **stemmatica**, stabilendo le regole per interpretare i rapporti fra i testimoni proprio a partire dai loro errori significativi (*Critica del testo*, 1927).

La classificazione: lo stemma

La **classificazione** mette ordine fra le copie superstiti di un'opera, riassumendo in uno **stemma** (o albero genealogico) il cammino della tradizione. Attenzione, però: lo stemma è uno strumento di lavoro, e non coincide quasi mai con l'effettiva e storica trasmissione di un'opera; è un'astrazione, uno schema virtuale che ha funzione meramente pratica.

Si attribuisce di norma allo *stemma codicum* una terminologia fissa, che qui alleghiamo:

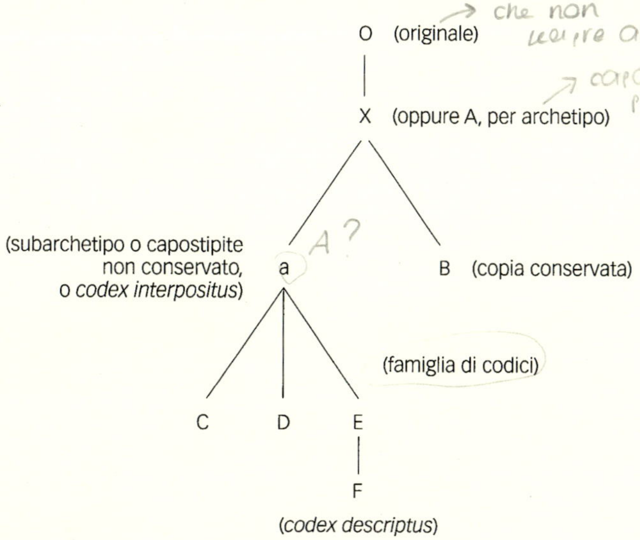

Con il termine **apografo** si definisce l'esemplare manoscritto che deriva da altro codice; **antigrafo** sarà appunto tale esemplare. La **famiglia** è invece il raggruppamento di testimonianze che convergono su un comune subarchetipo, sia esso conservato o no; la **sottofamiglia** è una sua ulteriore frammentazione, derivata da un successivo capostipite.

Quando due copie di un'opera, nota Maas, sono accomunate da almeno un errore significativo, è possibile affermare la loro interdipendenza. In particolare: se i due testimoni A e B condividono un errore comune (**congiuntivo**), e sono ciascuno caratterizzato da un errore proprio (**separativo**), sarà inevitabile concludere che B derivi da A, oppure che A derivi da B, oppure che entrambi derivino dall'originale tramite un esemplare intermedio, noto o sconosciuto, che qui denominiamo X.

In forma grafica (**stemma**) tali rapporti si schematizzano come segue:

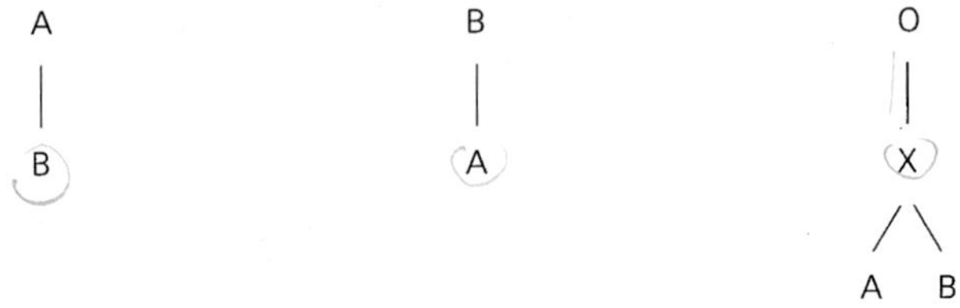

Abbiamo così visualizzato alcuni semplici stemmi, cioè fissato, sinteticamente e graficamente, i rapporti possibili fra due testimoni di un'opera. È evidente che, più numerose sono le copie, più complessi saranno gli stemmi che le collegano. Fra i più intricati, e meritamente famosi, "alberi" della filologia italiana del Novecento, vi è quello della *Vita Nuova* (nell'ediz. critica di Michele Barbi, 2ª ediz., Bemporad, Firenze 1932; vedi **Esempio Dante, *Vita Nuova***).

A titolo di esercizio, proponiamo al lettore in forma "muta" un paio di stemmi, invitandolo a formulare ipotesi sulle condizioni testuali (appunto la presenza di errori guida, congiuntivi o separativi), che hanno indotto gli editori a elaborare le proposte grafiche che seguono. Da Giacomo da Lentini, *Poesie*, ediz. critica a c. di Roberto Antonelli, Bulzoni, Roma 1979, vol. I, p. 10 (è lo stemma relativo alla canzone *Madonna, dir vo voglio*):

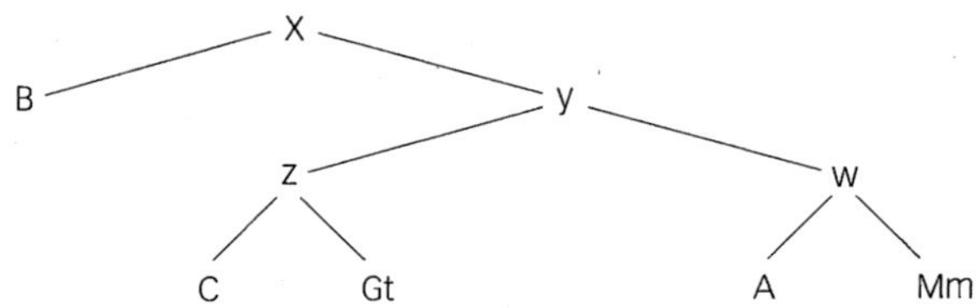

Da Dante Alighieri, *Epistola a Cangrande*, a c. di Enzo Cecchini, Giunti, Firenze 1995, p. XXXIX:

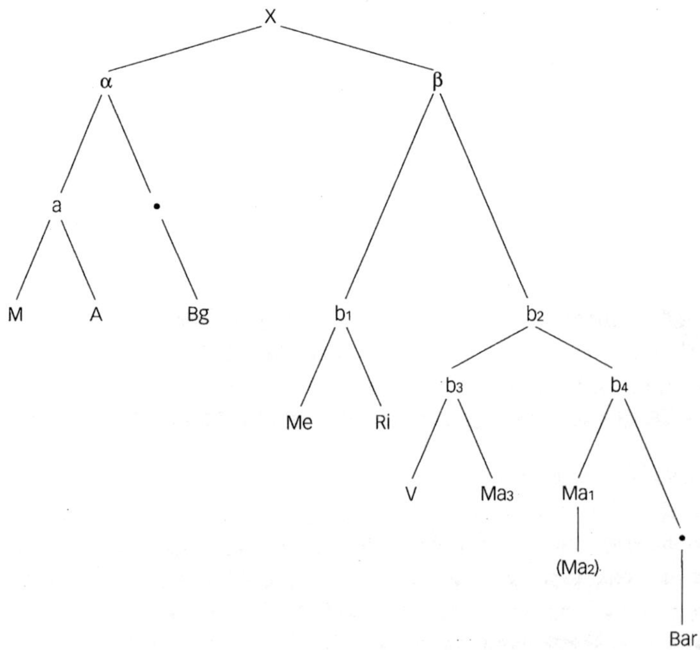

Bibliografia consigliata

Paul Maas, *Critica del testo*, 3ª ediz., Le Monnier, Firenze 1980.
Luciano Canfora, *Origini della stemmatica di Paul Maas*, in "Rivista di filologia e di istruzione classica", CX (1982), pp. 362-379.

10. Le varianti: scelte meccaniche

Eliminatio codicum descriptorum

Facciamo un altro passo avanti. Una volta fissato lo stemma, o albero genealogico, l'editore dispone dello strumento (del **canone**) per operare all'interno della tradizione. Anzitutto potrà eliminare le testimonianze *descriptae*, che cioè risultano copia di altra copia, conservata (***eliminatio codicum descriptorum***). È ***descriptus***, per esempio, il manoscritto Vaticano Latino 4823, riproduzione del Vaticano Latino 3793 organizzata dall'erudito cinquecentista Angelo Colocci; così come, nella ridottissima tradizione del *Reggimento e costumi di donna* del trecentista Francesco da Barberino (due soli mss.), il Capponiano 50 risulta copia seicentesca del Barberiniano Latino 4001 (metà del XIV secolo).

Passando poi al testo, il filologo si libererà delle lezioni errate, presenti in famiglie o in manoscritti isolati dello stemma, grazie al ricorso alle lezioni vere documentate dagli altri testimoni. Questa operazione non richiede dunque l'applicazione della cosiddetta "legge di maggioranza" (vedi *infra*); tuttavia sarà bene osservare che, in ogni momento di tale processo di restauro, a prima vista semplice e scontato (data l'evidenza palmare del guasto), l'editore dovrà chiedersi se ciò che sta emendando è veramente e definitivamente errore; e se, viceversa, ciò che sta prendendo per buono ha tutti i requisiti per appartenere all'originale dell'opera, ed essere cioè lezione "vera". L'errore ha in sé evidenza fenomenica, e costringe all'emendamento; ma anche la lezione apparentemente "buona" potrebbe essere il frutto di un restauro, ingannevole e non corrispondente alla volontà dell'autore. Questo restauro apocrifo è normalmente definito **conciero**.

In terzo luogo, lo stemma consente di sgombrare il campo delle cosiddette ***lectiones singulares***, ossia di innovazioni che variano singolarmente il testo all'interno di una folta tradizione di copia (sono documentate da una fonte isolata, che dimostra di aver assunto, in quello specifico luogo, iniziative solitarie e perciò destituite di fondamento).

Scelte meccaniche tra varianti adiafore; la legge di maggioranza

Infine, e soprattutto, il filologo sarà messo in grado di *scegliere meccanicamente* tra varianti **adiafore** (o **ammissibili**, secondo la più recente proposta terminologica di Giorgio Inglese), se si verificano le condizioni che seguono: lo stemma sia a più rami (o i rami principali siano almeno più di due); e comunque sia sempre possibile mettere a frutto la cosiddetta **legge di maggioranza** (ovvero il principio in base al quale, a parità di "livello" stemmatico, verrà considerata autentica la lezione che può contare sul maggior numero di ramificazioni).

Esaminando lo stemma riportato nella pagina seguente, per esempio, dovremo concludere che la lezione di *y* è data dall'accordo di tutti i suoi derivati, oppure del maggior numero di essi (che impongono dunque l'abbandono delle lezioni minoritarie); mentre è da avvertire che la lezione dell'isolato A vale quanto la somma di B-C-D-E, che dipendono da un comune ascendente.

In tal modo, un mero procedimento meccanico di cernita consente di eliminare via via le lezioni spurie: in altre parole, le molte varianti che il secolare procedimento di copia ha prodotto saranno fatte oggetto di una scelta non soggettiva né meramente quantitativa, ma affidata alla ricostruzione completa dei rapporti fra i testimoni all'interno della tradizione. In sintesi, *è la classificazione a guidare "oggettivamente" la scelta dell'editore, orientan-*

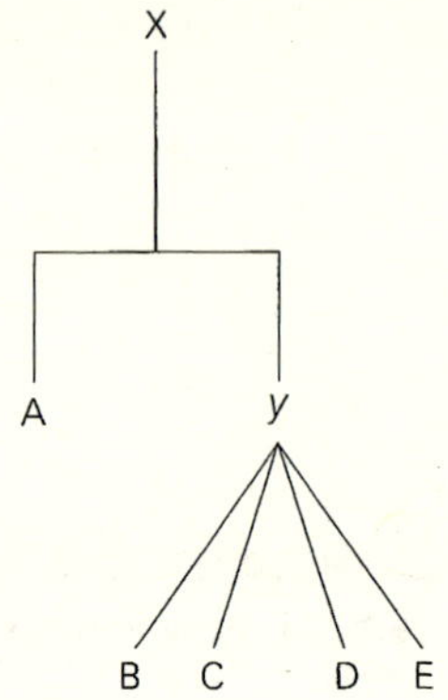

dolo verso quella lezione che, a parità stemmatica, è garantita dal maggior numero di ramificazioni.

Leggiamo sull'argomento un'ulteriore chiarificazione di Alfredo Stussi:

> Si faccia dunque attenzione al fatto che lo stemma, fondato sulla presenza di lezioni sicuramente erronee, serve, di fronte a due o più varianti adiafore, a identificare la lezione giusta e a scartare il resto, scoprendo che si tratta di altri errori, ma non immediatamente evidenti. *Perciò è chiara l'estrema, decisiva importanza della tappa iniziale, consistente nell'identificare gli errori sicuri: se questa operazione è difettosa, cioè se si promuovono ad errori mere varianti adiafore, si cade infatti in un circolo vizioso.* (A. Stussi, *Introduzione agli studi di filologia italiana*, p. 132; nostro il corsivo)

La lettura di uno stemma fittizio ci permetterà di interpretare le operazioni di scelta fra varianti:

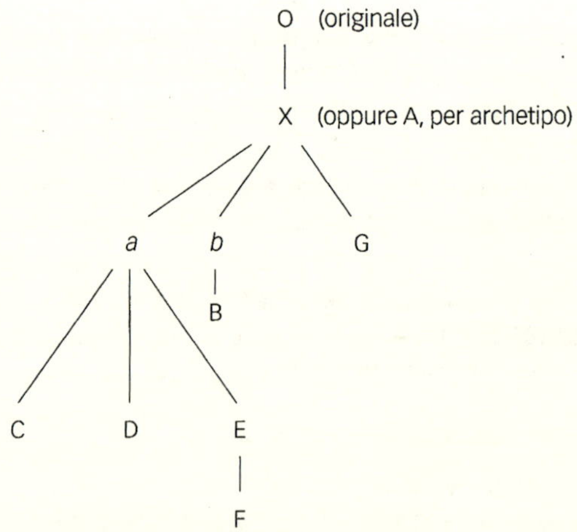

Eliminato il *descriptus* F, copia di E, il testo di *a* si ricostruisce mediante l'accordo in lezione di C, D, E; oppure di C e D contro E ecc. Potrà anche ottenersi dalla coincidenza di C, o D, o E con B e/o G: si dovrà in tal modo ipotizzare che gli altri testimoni, che innovano indipendentemente la lezione, hanno introdotto varianti *singulares*. Allo stesso modo procederemo al restauro di X (l'archetipo), la cui lezione è ottenuta dall'accordo di *a* con *b* (B) e con G (o comunque di due rami della tradizione contro il terzo). Se i tre rami della tradizione si attestano su posizioni divergenti, vedi *infra* § 11 ("Le varianti: criteri 'interni'") e § 15 ("Recensione aperta").

Bibliografia consigliata

Sebastiano Timpanaro, *Recentiores e deteriores, codices descripti e codices inutiles*, in "Filologia e critica", X (1985), pp. 164-192.

11. Le varianti: criteri "interni"; la diffrazione

Criteri interni di scelta tra varianti

Se non è possibile operare una scelta fra varianti su base stemmatica (se cioè due o più lezioni si fronteggiano su piani tradizionali equivalenti), l'editore dovrà ricorrere all'uso dei cosiddetti **criteri interni**, riassumibili nelle formule, ormai invalse, di ***usus scribendi*** e ***lectio difficilior***. In realtà i due momenti sono più simili tra loro di quanto non appaia a prima vista, se non altro perché entrambi presuppongono, da parte dell'editore, una conoscenza approfondita dello statuto linguistico, formale, ideologico dell'autore. Si ritorni per esempio sul caso che abbiamo esposto al § 8: fra le varianti *mondo* e *moto* di *Inf.* II 60, Petrocchi ha privilegiato la prima lezione, ritenendola «tanto più conchiusa e naturale» in quanto «basata sull'istituto e la tecnica della replicazione, secondo un accorgimento retorico diffuso in tutto il poema». L'editore si è perciò affidato a parametri di gusto e di proprietà espressiva, promuovendo il proprio *iudicium* a criterio decisivo di scelta fra le varianti.

Usus scribendi e lectio difficilior

Fra due (o più) lezioni di uguale peso stemmatico, l'editore sceglierà dunque (il procedimento è appunto denominato *selectio* da Maas) quella che meglio corrisponde alla tipologia formale e culturale dell'autore (*usus scribendi*). Tale *usus* può essere accertato anche grazie allo strumento, oggi molto diffuso, delle concordanze. Nel caso della *lectio difficilior*, invece, si dovrà promuovere fra due varianti quella che risulterà più difficile dell'altra, cioè quella che presenta caratteri di maggiore complessità (per esempio linguistica o concettuale). Una lezione del genere si presta difatti alla banalizzazione e alla semplificazione (e dunque può trasformarsi in lezioni più triviali), e nello stesso tempo fornisce qualche garanzia di essere conservata da un copista particolarmente scrupoloso (o viceversa passivo, cioè riproduttore diligente del testo). Essenziale, in proposito, l'avvertenza di Giorgio Pasquali:

> [...] a ricostruir l'originale, anche soltanto per mezzo di procedimenti recensori [...], è necessario sin da principio applicare il criterio della *lectio difficilior* e quello dell'*usus scribendi* (inteso questo in senso larghissimo, che comprende anche, per esempio, osservazioni prosodiche e ritmiche); è necessario cioè saper intendere, interpretare gli autori e conoscer bene [...] la lingua e lo stile di ciascun autore in particolare (G. Pasquali, *Storia della tradizione*, p. XII),

seguita da una chiarificazione di Michele Barbi:

> [...] operazione delicata è quella di correzioni fondate, più che sull'evidenza della tradizione manoscritta, sul ragionamento, ossia su principii generali di critica, suggeriti sia pure da una secolare esperienza; ma è inevitabile, se vogliamo giungere a un testo corretto e vicino più che si può all'originale. (M. Barbi, *La nuova filologia*, p. XXIII)

Diffrazione

È venuto il momento di introdurre brevemente una nuova tipologia della tradizione, che Contini ha denominato **diffrazione** (o «innovazione multipla»).

Concorrenza di lezioni tutte diverse l'una dall'altra

Il fenomeno non è raro nella trasmissione di opere antiche: l'originale può difatti corrompersi, in famiglie o testimoni diversi, in una serie di varianti adiafore. Quando si instaura una diffrazione, la lezione autentica è talora conservata fra le varianti concorrenti (e individuata come *lectio difficilior*): si parlerà allora di diffrazione **in presenza**. In caso contrario, se fra le lezioni superstiti si annidano solo forme banalizzanti, occorrerà risalire "per congettura" all'originale, trattandosi di diffrazione **in assenza**.

Si veda come esempio, unico ma efficace, la diffrazione prodottasi nella tradizione di *Inf.* XIII 63 («tanto ch' i' ne perde' *li sonni e' polsi*»): *li senni e polsi* (Ham., Mad., Triv.); *li sensi e polsi* (Mart.); *el sonno e polsi* (Laur.); *le vene e polsi* (Lo., Vat.).

È anche importante riflettere sul possibile valore "congiuntivo" della *varia lectio*, un corollario della ecdotica neolachmanniana. Dopo tante raccomandazioni a servirsi dei soli errori monogenetici per formulare lo stemma, la filologia italiana ha difatti prudentemente convenuto che la compresenza di medesime varianti in testimoni diversi può "suggerire" parentela (affiancandosi così all'errore certo per stabilire affinità fra i testimoni):

> Sarebbe difficile sopravvalutare l'importanza e le potenzialità della razionalizzazione operata da Contini nel campo della critica interna con queste proposte, le prime che provano a estendere i princìpi "lachmanniani" al di là dell'"errore" positivamente accertabile. Saranno, beninteso, praticabili in testi a tradizione multipla nella misura in cui sarà stato dimostrato l'archetipo (non per nulla uno dei punti chiave anche del metodo continiano) ma sono anche utilizzabili a postularne o rafforzarne l'esistenza, se è vero che il sistema istituito dal Contini per le varianti adiafore ambisce proprio alla stessa funzione significativa (di parentela) dell'errore. (R. Antonelli, *Interpretazione e critica del testo*, p. 195)

Il testo tràdito

Con queste ultime operazioni, l'editore avrà ricostituito il **testo tràdito**, ossia il testo quale risulta dall'esame critico di tutte le fonti conosciute.

Bibliografia consigliata

Gianfranco Contini, *Breviario di ecdotica*, Ricciardi, Milano-Napoli 1986, pp. 115-134 e *passim* (sulla diffrazione).

Guglielmo Gorni, *"Divinatio", "lectio difficilior" e diffrazione nella filologia di Contini*, in "Filologia e critica" (*Su/Per Gianfranco Contini*), XV, 2-3 (1990), pp. 230-258.

Aurelio Roncaglia, *Procedimenti formali e "divinatio" nell'ecdotica*, in Mario Ricciardi (a c. di), *Lingua, letteratura, computer*, Bollati Boringhieri, Torino 1996, pp. 19-29.

12. L'archetipo

L'archetipo

È possibile che il testo tràdito risulti, all'esame delle sue lezioni (ossia all'*examinatio*), sostanzialmente corretto. Se non vi si riconoscono errori, a parte quei modesti incidenti di scrittura in cui a volte incorrono anche gli autori, esso potrà coincidere, in forma più o meno diretta, con il testo dell'originale (indicato nello stemma con A, per "autografo", o con O, appunto "originale"). Lo ripetiamo: l'assenza, teorica o reale, di ogni mediazione fra l'originale e la tradizione conosciuta è desunta proprio dalla mancanza di errori significativi (almeno uno) condivisi da tutte le copie dell'opera. Per esempio, nella trasmissione dei *Pastoralia* di Boiardo (Antenore, Padova 1996) l'editore critico, Stefano Carrai, non ha potuto rintracciare errori congiuntivi di sorta: la *varia lectio* e i guasti sporadici dei testimoni andranno in tal caso addebitati direttamente all'originale (nel nostro caso un **originale in movimento**: vedi § 15). Se invece nel testo tràdito è possibile individuare almeno un errore monogenetico, fra l'originale e la tradizione postuliamo un intermediario (X), vale a dire un'"incognita" denominata **archetipo**.

È ampia la riflessione, dall'antichità sino a oggi, sull'archetipo: se si tratti di una copia materialmente e storicamente esistita; la prima a venir prodotta *dopo* l'originale; a quale intervallo da esso ecc. Ma, con Contini, possiamo notare l'irrilevanza di certe domande, data la funzionalità di questa *astrazione ecdotica*: l'archetipo è infatti il nodo teorico con cui sono costrette a fare i conti le edizioni critiche che non abbiano a fondamento un originale conservato.

Diamone una definizione. È la più antica, e perduta, copia dell'originale: ricostruita induttivamente dalle operazioni di *recensio* e di *emendatio ope codicum*, da essa soltanto si fa discendere tutta la tradizione conosciuta. La presenza in questa copia di almeno un errore significativo permette di inferire che appunto di archetipo e non di originale si tratta (e avvertiamo che il guasto deve assumere carattere di particolare evidenza, data l'eventualità che anche l'originale possa essere stato contrassegnato da più o meno lievi errori d'autore: vedi § 17). Per descrivere in sintesi i processi di formazione dell'archetipo, dobbiamo immaginare che, dopo che l'autore ebbe conclusa l'opera, qualcuno, a una qualche distanza di tempo, ne trasse un apografo. Tale riproduzione, già compromessa da un numero più o meno alto di errori gravi (e perciò necessariamente diversa dall'originale), alimentò la tradizione del testo, finendo poi a sua volta per scomparire. Questa copia intermedia (l'esemplare virtuale in cui si concentra e si condensa la tradizione stessa) è appunto ciò che noi designamo come "archetipo".

Sono istruttivi alcuni rilievi "storici" di Franca Brambilla Ageno sull'instaurarsi dell'archetipo nella trasmissione delle opere volgari:

> [...] qualunque sia il numero degli apografi tratti direttamente dall'originale, e qualunque sia la rapidità di diffusione del testo, è inevitabile che, per ragioni puramente casuali, a un certo momento i discendenti di uno di tali apografi si trovino a essere in maggioranza rispetto ai discendenti degli altri.
> Una volta determinatasi una situazione di questo genere, e indipendentemente dalla frequenza con cui il testo continua a venir riprodotto, la prevalenza, per quanto lieve in origine, dei discendenti di quell'apografo è destinata ad accentuarsi in progresso di tempo [...]. Data la forte decimazione dei codici, accade che spariscano totalmente i poco numerosi rappresentanti di quei rami della tradizione che si sono presto seccati, oppure che ne sopravvivano solo isolati esemplari. (F. Brambilla Ageno, *Ci fu sempre un archetipo?*, in "Lettere Italiane", XXVII, 1975, pp. 308-309)

Si spiega in tal modo come la tradizione di un'opera possa convergere su un solo capostipite antico, vale a dire sull'archetipo.

Per concludere il paragrafo con un esempio facilmente memorabile, ricordiamo che, alle origini della letteratura in volgare, anche l'intera «dotazione siciliana dei nostri canzonieri risale a un unico archetipo, già toscano» (G. Contini, *Poeti del Duecento*, Ricciardi, Milano-Napoli 1960, vol. II, p. 800). Tale ipotesi stemmatica viene accertata dall'editore, dove sia possibile, caso per caso. Ripercorriamo per esempio la *recensio* della canzone di Giacomo da Lentini *Meravigliosamente*: il testo di questa poesia è «costituito su P, L e V» (i manoscritti Palatino 418 [ora Banco Rari 217], Laurenziano Rediano 9 e Vaticano Latino 3793), e la «vicinanza dell'archetipo è provata dagli errori comuni ai vv. 46 (*laudata*) e 53 (*voi o vi per no*)» (ivi, p. 802). Per qualche altra esercitazione pratica sullo stesso argomento si consiglia appunto il rinvio a Giacomo da Lentini, *Poesie*, ediz. critica a c. di Roberto Antonelli, Bulzoni, Roma 1979, vol. I.

Bibliografia consigliata

Gianfranco Contini, *Questioni attributive nell'ambito della lirica siciliana*, in *Atti del convegno internazionale di studi federiciani*, Palermo 1952, pp. 369-395.

Giorgio Pasquali, *Ci fu sempre un archetipo?*, in *Storia della tradizione e critica del testo*, 2ª ediz., Le Monnier, Firenze 1952 (rist. anastatica con premessa di Dino Pieraccioni, Le Lettere, Firenze 1988), pp. 15-21.

Franca Brambilla Ageno, *Ci fu sempre un archetipo?*, in "Lettere Italiane", XXVII (1975), pp. 308-309.

Roberto Antonelli, *Archetipo e Originale*, in *Interpretazione e critica del testo*, in *Letteratura italiana*, vol. IV: *L'interpretazione*, Einaudi, Torino 1985, pp. 178-179.

13. Il cerchio si chiude: l'originale (processi di *emendatio*)

Ritorno all'originale

Ipotizzata la mediazione dell'archetipo, l'ultimo intervento dell'editore, necessario alla costituzione dell'originale, consiste nella sua correzione (ossia nel risanamento di tutti gli errori d'archetipo). Giova ripeterlo: l'archetipo si pone a fondamento della tradizione superstite, ma non è l'originale, al cui "restauro" e al cui recupero il filologo aspira.

Una volta identificati, tramite l'*examinatio*, tutti i guasti dell'archetipo (già evidenziati in parte, per altro, nel corso della *recensio*), la loro correzione avviene per *emendatio ope ingenii*, ossia per "congettura": le operazioni necessarie all'*emendatio* sono tradizionalmente indicate con i termini latini *delere*, *supplere*, *transponere*, *mutare*.

La congettura

È importante soffermarsi su questo passaggio, logico e operativo, che spesso sfugge ai lettori meno esperti. Quando procediamo a sanare l'archetipo non possiamo più ricorrere alla cosiddetta *emendatio ope codicum* (in quanto questa si è esaurita nei procedimenti di scelta meccanica fra lezioni diverse dello stemma), né a criteri interni come la *lectio difficilior*, che comportano un confronto, una cernita fra possibilità di lettura differenti. In altre parole, l'archetipo è un individuo testuale singolo: non presenta perciò varianti fra cui scegliere. Gli errori dell'archetipo, i suoi guasti, verranno sanati ricorrendo al *iudicium* e alla *divinatio* dell'editore. Occorre congetturare, "indovinare" la lezione originale sottesa all'errore che, già presente nella copia più antica dell'opera (appunto l'archetipo), si è poi propagato in tutta la tradizione, contrassegnandola come un marchio di riconoscimento.

È stato detto che isolare l'errore è il primo passo per correggerlo; e bisogna aggiungere che nell'archetipo sarà presente una diversa gradazione di guasti, alcuni evidenti, altri ben mimetizzati e dunque più insidiosi. Risalire all'eziologia dell'errore, cioè alla sua origine, significa comunque porsi sulla strada per sanarlo, scoprendo le cause delle innovazioni o dei fraintendimenti che hanno corrotto il testo. A volte saranno spie presenti nell'opera, di natura linguistica, stilistica, metrica (e tornerà allora utile richiamare l'*usus scribendi* dell'autore), a orientare il filologo nel restauro dell'originale. In altre circostanze, invece, l'editore potrà soppesare a lungo la lezione dell'archetipo, ritenerla accettabile, e dubitare tuttavia che sia vera. È plausibile infatti che essa sia stata alterata (e cioè modificata rispetto all'originale), conservando un'apparenza di legittimità. Sarà allora molto complesso difendersi da un errore comune a tutta la tradizione, e per di più ben mascherato nel contesto. In certi casi, poi, l'esame degli errori di archetipo finirà per lasciare un altro margine di incertezza: occorrerà difatti distinguervi «le lezioni che a nessun patto possono attribuirsi all'autore da quelle distrazioni o da quegli ardimenti e arbitri sintattici, che invece a lui possono essere ricondotti», e che meritano di essere conservati (C. Delcorno, "Nota al testo", in Giovanni Boccaccio, *Elegia di Madonna Fiammetta*, in *Tutte le opere*, Mondadori, Milano 1994, p. 213). Più difficile ancora recuperare una lezione venuta meno per lacuna, che andrà di norma segnalata con apposite indicazioni tipografiche (come le parentesi quadre o acute). Se l'editore si dovrà arrendere alla "indecifrabilità" dell'errore, lo accompagnerà con una convenzionale *crux desperationis* (†).

I nostri umanisti, fra i primi, in Italia, ad accostarsi alla tradizione storica di un'opera con consapevolezza critica, ci hanno consegnato esempi insigni (vere e proprie divinazioni, appunto) di interventi correttori sul testo dell'archetipo. Ma anche edizioni contemporanee ne comprendono di interessanti, e vale perciò la pena di proporne qualcuno. Si veda l'"Introduzione" di Brambilla Ageno nella recente edizione critica del *Convivio* di Dante (Le Lettere, Firenze 1995, vol. I, 1, pp. 61 ss.): in I ii 7 l'archetipo, molto travagliato, legge: «Lodare sé è da fuggire [...]. È *laido* nella punta delle parole, è vituperio [...]». La congettura necessaria è *loda*, per ripristinare il senso del periodo (nonché l'evidente antitesi fra *loda* e la parola che segue e le si contrappone, *vituperio*). In I ii 15, la lezione dell'archetipo (in apparenza plausibile) è *lo pane del mio formento*: si tratta però di un'espressione da emendare in *lo pane del mio comento*, perché altrove nell'opera (I v i) Dante parla di pane «di biado» e non «di frumento».

Accanto a queste sanatorie più sottili, l'archetipo del *Convivio* reclama a volte correzioni più evidenti, ma tutte di natura congetturale: alcune «suggerite dalle fonti filosofiche [dell'opera], ormai ben individuate» (C. Delcorno, rec. a *Convivio*, in "Lettere Italiane", XLVIII [1996], pp. 493-508); altre dalla nozione dei *loci paralleli*; altre da ragioni di opportunità stilistica e sintattica; altre, infine, circoscritte e automatiche, come nel caso di «caduta della seconda vocale quando si seguano due vocali identiche»; di singolari o plurali incongrui, di omissione di avverbi negativi o pronomi relativi ecc.

Bibliografia consigliata

Franca Brambilla Ageno, *La funzione delle fonti e dei luoghi paralleli nella fissazione del testo critico: esperienze di un editore del "Convivio"*, in "Studi Danteschi", LVIII (1986), pp. 239-273.

Ead., *Gli errori auditivi nella trasmissione dei testi letterari*, in "Italia Medioevale e Umanistica", XXIX (1986), pp. 89-105.

Maria Luisa Delvigo, *Emendatio del filologo, del critico, dell'editore: tre modi di correggere il testo?*, in "Materiali e discussioni per l'analisi di testi classici", XXIV (1990), pp. 71-110.

14. La crisi del "metodo di Lachmann"

Apriamo ora una breve parentesi storica, necessaria alla comprensione dei problemi e dei metodi di edizione che illustreremo nei paragrafi seguenti.

Tipologie della tradizione irriducibili al metodo di Lachmann

Delineando il nostro profilo del "metodo di Lachmann" abbiamo visto l'editore alle prese con procedure di *recensio* e di *emendatio ope codicum* e *ope ingenii*, rese possibili da una tradizione di copia a più rami (cioè da stemmi plurimi). Ma non sempre il filologo può contare su dati così favorevoli, cioè interpretabili in modo oggettivo e univoco. Nella realtà dei fatti, la geometrica disciplina lachmanniana deve spesso cedere il passo a «un'arte nella quale il metodo s'improvvisa volta per volta, commisurato all'oggetto e non a un prestabilito codice di norme» (Giunta). La filologia di copia volge verso la filologia della variante, moltiplica gli apparati, potenzia il *iudicium*.

Barbi, Quentin e Bédier

Dove la prassi lachmanniana denuncia aporie e insufficienze, si affermano altre regole del gioco, e altri modi di pubblicare il testo. Tali operazioni si fondano su una lunga (non pacifica, ma comunque fruttuosa) riflessione teorica, sviluppatasi in Italia nel corso del XX secolo a contatto con le grandi opere della nostra letteratura. Esemplari in tal senso i casi richiamati dalla *Nuova filologia* di Barbi (da Dante a Boccaccio a Guicciardini a Foscolo a Manzoni, 1928), e molte delle considerazioni presenti nella *Storia della tradizione e critica del testo* di Giorgio Pasquali (1934) (vedi **Sezione storica**). Ma anche la Francia partecipa al rinnovamento del metodo. Pensiamo al rifiuto della nozione di "errore", e alla proposta di classificazione tramite variante avanzata da dom Henri Quentin (*Essais de critique textuelle*, Picard, Paris 1926); e pensiamo soprattutto alla selva degli alberi a due rami (cioè delle tradizioni bipartite), identificata e messa sotto accusa in Francia dal filologo Joseph Bédier (*La tradition manuscrite du "Lai de l'Ombre"* [1928], Champion, Paris 1929). Gli stemmi bipartiti, infatti, rendono di solito inoperoso il processo di *emendatio ope codicum*: non è possibile scegliere meccanicamente, "impersonalmente", fra due (ma anche fra più) lezioni che si fronteggiano con pari autorità stemmatica e critica.

«[...] L'aporia è risolta dal Bédier mediante il ricorso a un solo manoscritto, depurato soltanto degli errori "evidenti": più esattamente il "miglior" manoscritto» (G. Contini, *Breviario di ecdotica*, p. 139). In Italia il criterio del *bon manuscrit* (o *codex optimus*) ha preferito invece allearsi a un meditato recupero della prassi lachmanniana, sorretto dalla «storia della tradizione» (Pasquali): per quanto il quadro di riferimento appaia oggi mutato e turbato rispetto a quello ottocentesco (un quadro "postlachmanniano" o "neolachmanniano", appunto), quasi mai la filologia italiana ha abdicato all'esame completo e caratterizzante della tradizione, all'analisi degli errori, al tentativo di risalire all'archetipo.

Un approccio alla prassi bédieriana è, per esempio, nelle due più recenti edizioni della *Commedia*, o, meglio, *Comedìa*, di Dante. La prima, curata da Antonio Lanza, è condotta, per l'aspetto testuale e linguistico, sul ms. Trivulziano 1080, il più antico codice fiorentino dell'opera (esemplato nel 1337 da Francesco di Ser Nardo): revisionato, però, ed emendato con l'apporto decisivo delle più antiche testimonianze toscane. La scelta di fondarsi sul *codex optimus* ha prodotto, a detta dell'editore, «il miglior testo del poema dantesco che si potesse leggere a Firenze nella prima metà del Trecento»; e presenta inoltre l'indubbio vantaggio di affidarsi «a un testo vero, fisicamente tangibile», e non al risultato di un'ipotetica ricostruzione stemmatica (Dante Alighieri, *Commedìa*, testo critico secondo i più antichi manoscritti fiorentini, nuova ediz., a c. di Antonio Lanza, De Rubeis, Anzio 1996). A un diverso *codex optimus*, il ms. Urbinate Latino 366, si è appellato invece Federico Sanguineti, responsabile della recentissima edizione critica del poema di Dante (*Dantis Alagherii Comedia*, ediz. critica a c. di Federico Sanguineti, SISMEL-Edizioni del Galluzzo, Firenze 2001, vol. I). Da un appropriato confronto e dalla classificazione di tutti i testimoni mediante lo strumento dei *loci critici* (in questo caso i quattrocento luoghi del poema selezionati già nel 1891 dalla Società Dantesca) scaturisce la decisione di privilegiare l'antichissimo Urbinate, copia della *Comedia* di origine emiliano-romagnola e «genuino rappresentante di uno dei due rami della tradizione». La *restitutio textus* si fonderà, di conseguenza, principalmente sul ms. Urbinate «correggendone, alla luce dello stemma, gli errori di sostanza» (Sanguineti), nonché tutti gli aspetti linguistici imputabili, più che all'autore, al copista settentrionale.

Sulla rivoluzione di Bédier leggiamo, in conclusione, una pagina di Roberto Antonelli:

> Fra i due poli estremi entro cui si svolge l'atto interpretativo, ricostruzione della volontà dell'autore, riuso a partire dalle condizioni storiche del fruitore, Bédier, paradossalmente ma non troppo, proprio per salvaguardare il testo dalle arbitrarietà interpretative dell'operatore novecentesco, accettava l'intermediazione di un altro interprete, il copista del manoscritto assunto come testo base, ponendosi però dalla parte di una fruizione e di un ri-uso storicamente più vicino all'emittente. Anche la conservazione implica però di fatto un'interpretazione: quella appunto del manoscritto prescelto; è quindi anch'essa [...] un'ipotesi di lavoro, non un dato oggettivo, al di là dell'innegabile storicità del dato ma-

teriale. Con l'edizione di tipo bédieriano, pur restando all'interno di un puro problema tecnico (non coinvolgendo la più complessiva questione della tradizione e del suo rapporto con l'interpretazione) viene posta in realtà in discussione una concezione ermeneutica e la nozione stessa della filologia quale "scienza" storica, "positivamente" fondata. Si spiega così, al di là della coscienza dei singoli e dell'importanza tecnica delle argomentazioni bédieriane, la centralità che la riflessione di Bédier ha assunto, da allora fino ai giorni nostri. (R. Antonelli, *Interpretazione e critica del testo*, pp. 170-171)

E ci sembra esemplare anche il consiglio di Cesare Segre a «evitare due opposti feticismi: il feticismo dell'edizione critica considerata come un risultato assoluto, come un atto di fede; e il feticismo del *codex optimus*, risposta positivistica alla crisi di questa fede» (C. Segre, *Semiotica filologica*, p. 69). Su questa difficile linea di equilibrio riteniamo si possa collocare il percorso di gran parte della filologia italiana del Novecento.

Bibliografia consigliata

Gianfranco Contini, *Ricordo di Joseph Bédier* (1939), poi in *Esercizi di lettura sopra autori contemporanei con un'appendice su testi non contemporanei*, Einaudi, Torino 1974, pp. 358-371.

Cesare Segre, *Semiotica filologica*, Einaudi, Torino 1979.

Roberto Antonelli, *Interpretazione e critica del testo*, in *Letteratura italiana*, vol. IV: *L'interpretazione*, Einaudi, Torino 1985, pp. 140-282.

Alfredo Stussi, *Cenni storici*, in *Introduzione agli studi di filologia italiana*, il Mulino, Bologna 1994, pp. 289-301.

Giorgio Inglese, *La selva degli alberi a due rami*, in *Come si legge un'edizione critica. Elementi di filologia italiana*, Carocci, Roma 1999, pp. 94-96.

Gian Battista Speroni, *Divagazioni su due maestri*, in Simone Albonico (a c. di), *Due seminari di filologia*, Edizioni dell'Orso, Alessandria 1999, pp. 153-168.

15. Recensione aperta

Recensione aperta

Sulla spinta dell'insoddisfazione teorica e operativa via via emersa nei confronti del "metodo di Lachmann", anche in Italia molti studiosi hanno concesso maggiore spazio al *iudicium*, promuovendo un approccio sempre più flessibile ai testi. In numerose edizioni è risultato difatti impossibile, o fuori luogo, concludere la *recensio* e approdare in tal modo all'archetipo. Al di fuori del quadro di riferimento delineato dal "metodo di Lachmann", la ***recensio*** si definisce infatti **aperta** «ogniqualvolta la lezione dell'archetipo non si può fissare meccanicamente, mediante la constatazione di coincidenze di lezioni in certi apografi, ma si determina solo col *iudicium*» (G. Pasquali, *Storia della tradizione e critica del testo*, p. 26).

Bipartitismo

Tra i fenomeni che, più di frequente, producono *recensio* aperta (e impongono quindi strategie di edizione differenti rispetto al "metodo di Lachmann") annoveriamo: il **bipartitismo** o **bifidismo** (o il caso di attestazione binaria dell'opera), che produce autentica adiaforia delle varianti; l'impossibilità di delineare uno *stemma codicum* che rispecchi l'andamento della tradizione (anche come effetto di fenomeni di **contaminazione**); la presenza di un **archetipo** (oppure di un originale) **mobile**; la tipologia "tradizionale" e **rielaborativa** dei testi popolari o popolareggianti.

a. *Alberi bipartiti*. Quando nello stemma si contrappongono due rami, o si fronteggiano due soli testimoni dell'opera (come nel caso dei due manoscritti collaterali, testimoni del poemetto duecentesco anonimo *L'intelligenza*, codici Laurenziano Gaddi rel. 71 e Magliabechiano VII. 1035), la geometrica operatività della legge di maggioranza viene meno. L'attitudine al *iudicium* dell'editore ne verrà potenziata: fra le possibili strategie editoriali si finirà di solito per privilegiare un'unica ramificazione, o addirittura un manoscritto, pubblicandone il testo come testo base. Operare questa semplificazione significa se non altro riprodurre un testimone storicamente esistito, evitando «un'incongrua opera di mosaico tra lezioni di codici divergenti» (*L'intelligenza*, poemetto anonimo del secolo XIII, a c. di Marco Berisso, Fondazione Pietro Bembo-Guanda, Parma 2000, p. 612). La scelta del testo base si propone perciò di documentare una tappa significativa della trafila dell'opera, che ebbe un suo pubblico e una sua fortuna (ovvero una propria ricezione). Ma, a garanzia della solidità della selezione, resta opportuno valutare anche l'intero percorso della tradizione, e quindi ricostruire, fin dove è possibile lachmannianamente, i rapporti fra i testimoni. In tal modo la filologia italiana si è avvicinata (con i correttivi del caso) al "soggettivismo" ecdotico di Bédier.

Consideriamo, per esempio, l'edizione critica della *Comedia delle ninfe fiorentine* (*Ameto*) di Giovanni Boccaccio (a c. di Antonio Enzo Quaglio, Sansoni, Firenze 1963). A fronte di una tradizione bipartita in due rami decisamente contrapposti, α e β (ciascuno portatore di lezioni adiafore più o meno estese), l'editore ha verificato quale presentasse requisiti di maggiore correttezza e verosimiglianza, e ha quindi optato per esso:

> Nel caso di varianti indifferenti risalenti ad α e β, quando cioè non si tratti per una delle testimonianze di chiaro errore, esclusa l'esistenza di varianti d'autore negata dall'archetipo, la nostra scelta si indirizza verso β, il gruppo che in base a quanto abbiamo osservato ci ha conservato una trascrizione più fedele e attenta dell'archetipo. (A.E. Quaglio, "Introduzione" a *Comedia delle ninfe*, p. CCLXV)

Una soluzione non dissimile è posta in atto sulle *Rime* del Poliziano (ediz. critica a c. di Daniela Delcorno Branca, Accademia della Crusca, Firenze 1986). A fronte di una tradizione manoscritta nettamente suddivisa in "pratese" e "medicea" (a seconda degli ambiti di produzione delle prime copie), che fa addirittura sospettare l'esistenza di due distinti archetipi, la curatrice ha isolato un testo base (il ms. Riccardiano 2723), eseguito una classificazione dei testimoni per gruppi di componimenti, e infine concluso:

> Quando non soccorrano i collaudati criteri della *lectio difficilior* e dell'*usus scribendi* (che vengono puntualmente illustrati nelle note al testo), si è accordata la preminenza ai testimoni rivelatisi nel corso della classificazione e della caratterizzazione maggiormente affidabili. (D. Delcorno Branca, "Introduzione" a Poliziano, *Rime*, p. 268)

Contaminazione

b. *Contaminazione*. Anche la contaminazione (ovvero il caso in cui un testimone non discenda da un unico antigrafo, ma da più esemplari, collazionati all'atto della ricopiatura; o sia inquinato da interventi di correzione "a memoria", come avviene per la tradizione della *Commedia*) è un evento che offusca la canonica classificazione lachmanniana. Dalla contaminazione si producono infatti fenomeni di **trasmissione orizzontale** del testo (come la convivenza in un unico esemplare di lezioni provenienti da famiglie diverse, o la correzione di errori significativi che separano un testimone dal ramo da cui effettivamente discende). Da Segre la contaminazione è stata distinta in *semplice*, *frazionata*, *multipla*, oppure in *sporadica*, *fitta*, *completa*; mentre il manoscritto che riporta varianti al testo provenienti da un altro ramo della tradizione è definito comunemente, con termine mutuato dalla filologia classica, ***editio variorum***.

Di fatto, molti dei nostri maggiori filologi, da Pasquali a Contini, da Segre ad Avalle ad Ageno a Timpanaro, si sono cimentati con i fenomeni di contaminazione. L'esito di tali rilievi è complesso: la turbativa dello stemma operata dalla contaminazione è spesso inestricabile, e potrebbe essere all'origine di molte tipologie bipartite presenti nelle edizioni moderne. Ci limitiamo a segnalare solo alcune proposte di intervento.

Se «la contaminazione non permette più di individuare la fisionomia dei subarchetipi, la scelta della lezione da promuovere resta tutta interna al lavoro esegetico», cioè affidata ai criteri interni di giudizio (così G. Inglese, *Come si legge un'edizione critica*, p. 154, a proposito della tradizione della *Commedia* nell'edizione a c. di Giorgio Petrocchi). Ma in casi estremi si dovrà procedere alla pubblicazione di un'opera sulla base di un solo manoscritto, secondo la prassi di edizione illustrata da Bédier.

Archetipo in movimento

c. *Archetipo in movimento*. Spendiamo ora qualche parola sul cosiddetto **archetipo in movimento** (o **archetipo mobile**), ossia sui casi in cui lo stemma faccia capo a un archetipo corretto o guastatosi nel tempo, o che addirittura conserva relitti di più stesure originali (il «bacino di raccolta» di cui ha parlato Pasquali). Ricordiamo per esempio il *Convivio* di Dante, il cui archetipo X «serba le tracce di una revisione» d'autore (cfr. F. Brambilla Ageno, in Dante Alighieri, *Convivio*, Le Lettere, Firenze 1995, vol. I, 1, p. 57); oppure la tradizione delle *Rime* del quattrocentesco Saviozzo, al cui fondamento stanno più archetipi (e insieme più autografi perduti) ben distinti (Simone Serdini da Siena detto Il Saviozzo, *Rime*, ediz. critica a c. di Emilio Pasquini, Commissione per i Testi di Lingua, Bologna 1965). Cesare Bozzetti, un maestro non dimenticato della filologia italiana del secondo Novecento, ha poi colto e messo a frutto l'abitudine ora ben nota, per i poeti quattro-cinquecenteschi, «di lavorare non sui propri autografi, ma su copie fatte approntare da copisti. Il che fatalmente, finiva non di rado con *l'introdurre nella storia redazionale dei testi fenomeni propri della tradizione meccanica di un testo*» (Galeazzo di Tarsia, *Rime*, ediz. critica a c. di Cesare Bozzetti, Fondazione Arnoldo e Alberto Mondadori, Milano 1980, p. XXVII; nostro il corsivo).

In questi come in altri casi simili, la tradizione è ambigua sin dai suoi piani più alti. Se l'editore non è in grado di riconoscere e descrivere gli eventi da cui ha preso le mosse una trafila così anomala, facilmente incorrerà in ipotesi stemmatiche errate, come attribuire le innovazioni dell'archetipo (in movimento) all'attività di un subarchetipo, o trascurare gli interventi variantistici promossi dall'autore. Per ognuna di queste tipologie, è opportuno, o, per meglio dire, è invalso privilegiare un unico testimone o un solo ramo della tradizione, isolando e pubblicando in apparato, ove sia possibile individuarle, le sospette varianti d'autore, o le lezioni di altri gruppi. Ma a volte sono necessarie procedure di edizione più articolate.

L'editore delle *Rime* di Cavalcanti, Guido Favati, ha preferito per esempio pubblicare alcuni componimenti in doppia redazione, dopo aver constatato che «i codici si distribuiscono in due gruppi violentemente contrapposti», e che si può di conseguenza sospettare la compresenza di archetipi e di varianti d'autore. Vediamo perciò la duplice stesura del sonetto *Chi è questa che vèn* (Guido Cavalcanti, *Rime*, ediz. critica a c. di Guido Favati, Ricciardi, Milano-Napoli 1957, pp. 136-137):

(1)

Chi è questa che vèn, ch'ogn'om la mira,
che fa tremar di claritate l'âre
e mena seco Amor, sì che parlare
null'omo pote, ma ciascun sospira?

O deo, che sembra quando li occhi gira
dical' Amor, ch' i' nol savria contare:

cotanto d'umiltà donna mi pare,
ch' ogn' altra ver di lei i' la chiam' ira. 8

Non si porìa contar la sua piagenza,
ch' a le' s'inchin' ogni gentil vertute
e la beltate per sua dea la mostra. 11

Non fu sì alta già la mente nostra
e non si pose 'n noi tanta salute,
che propriamente n'aviam canoscenza. 14

VARIANTI NOTEVOLI.

2 A, E, Va, Uba^1: chiaritate. 4 E. om le pode. 6 A: sauiria; E: saprei. 7 A, E: che tanto. 8 E: en uer de ley chiamo ira; Uba^1: in uer di lei la. 11 A: belta; E. beltaṭẹ.

(2)

Chi è questa che vèn, ch'ogn'om la mira,
che fa tremar di claritate l'âre
e mena seco Amor, sì che parlare
om[o] non può, ma ciascun ne sospira? 4

Deh, che rasembla quando li occhi gira
dical' Amor, ch'i' nol porìa contare;
cotanto d'umiltà donna mi pare,
ch'ogn'altra veramente la chiam' ira. 8

Non si porìa contar la sua piagenza,
ch'a le' s'inchin' ogni gentil vertute
e la beltate per sua dea la mostra. 11

Non fu sì alta già la mente nostra
e non si pose 'n noi tanta salute,
che 'n pria ne poss' aver om canoscenza. 14

VARIANTI NOTEVOLI.

2 Lf: che fa. *ibi*: Lf, α: di clairtà l'aer(e) tremare. 4 Lf: huom nonne puo; α: huom non le puo. 5 α: do (Pa: deh) che. 8 α: altro. 14 Ca: prima; Lf: che pria.

È molto simile la tipologia dell'**originale mobile** (o **in movimento**): è il caso in cui le condizioni della tradizione facciano sospettare un autografo che ha subìto nel tempo correzioni d'autore meno sporadiche e più organiche di quelle illustrate alla pagine precedenti, o addirittura la presenza di più originali (ma se si posseggono le carte *in fieri* di un'opera letteraria, la metodologia d'intervento è quella illustrata al § 18).

Possiamo addurre per esempio lo stemma delle *Stanze* del Poliziano elaborato da Guglielmo Gorni. I pochi testimoni dell'opera (R^1, R^2, F^3, P, C, M^1, B) si dispongono in uno stemma "in movimento", che si fonda su tre diverse fisionomie dell'autografo:

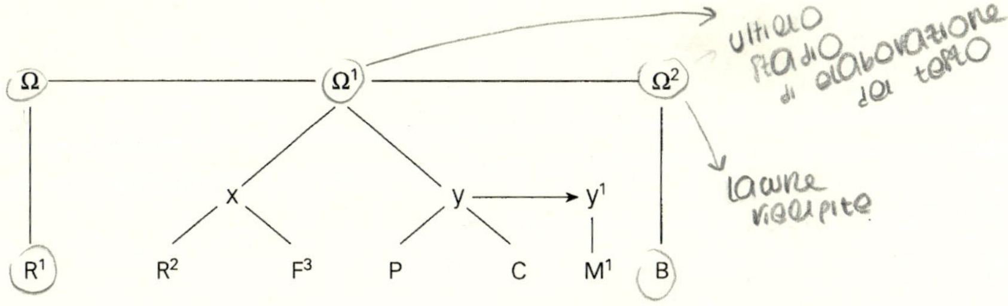

> Tra R¹ (*ante* 1480) e B (1494) corre l'intervallo di una quindicina d'anni, ben dilatato rispetto al triennio di composizione delle *Stanze* [...]. Ricapitolando, allo stadio di Ω, rappresentato da R^1, non vigevano ancora né secondo libro né didascalie (neppure, forse, titolo definitivo e divisione in libri); Ω^1 corrisponde già per contenuto all'ultimo stadio di elaborazione del testo [...]; infine, allo stadio di Ω^2, le dette lacune sono già riempite, e anche il secondo libro reca didascalie. (G. Gorni, *Novità su testo e tradizione delle "Stanze" di Poliziano*, in "Studi di Filologia Italiana", XXXIII, 1975, p. 255)

Esaminiamo infine la trasmissione degli *Amorum libri tres*, il canzoniere del Boiardo. Tramandati da tre soli testimoni (i manoscritti *L* e *O*, mutilo, e una stampa coeva, *R*), gli *Amorum libri tres* hanno conservato tracce di correzioni autografe del Boiardo sia in *L* sia in *O*. I due codici, che discendono da un comune archetipo (forse copia di servizio per i segretari del poeta), sono collaterali, portatori di stesure successive dell'opera. In questo caso si preferirà adottare l'ultima lezione di *O* oppure, qualora essa non sia disponibile per la perdita di carte, l'ultima di *L*, documentando ogni "movimento" autografo dell'originale (Matteo Maria Boiardo, *Amorum libri tres*, a c. di Tiziano Zanato, Einaudi, Torino 1998).

Tradizioni rielaborative

d. *Tradizioni popolari*. Anche le cosiddette **tradizioni rielaborative**, proprie dei testi popolari e semipopolari (le cui fonti assumono forma orale e scritta, come nei casi dei cantari e dei canti popolari), escono dall'ambito di applicabilità del "metodo di Lachmann". Per esempio, nel caso di cantari i cui testimoni presentino ciascuno innovazioni di qualità ed estensione notevoli, sarà indispensabile rinunciare a ipotesi genealogiche, e guardare invece, separatamente, alla redazione trasmessa da ogni fonte (privilegiando una sola stesura fra quelle tramandate). Sarà in altre parole necessario distinguere fra riproduzione e rielaborazione del testo (vedi **Esempio *Bel Gherardino***).

Di Domenico De Robertis, maestro di questi studi (con il precursore Michele Barbi, e con Vittorio Santoli), leggiamo qualche avvertenza in materia:

> Ora è chiaro che, in situazioni come questa, una classificazione, ove sia realizzabile, ha un valore essenzialmente introduttivo o illustrativo, non decisivo; è un modo di abbracciare il panorama della tradizione, ma non è traducibile in "recensio". Il suo risultato è insomma l'ordinamento dei testi, eventualmente un ordine di preferenza, la scelta di una redazione. E del resto, anche dove sia riconoscibile la presenza di un fondo comune, e la situazione appaia più nettamente schematizzabile, come potremo superare il limite dell'individualità dei singoli testi? [...] Non esistono cioè, praticamente, lezioni buone e lezioni cattive; esiste la lezione di questa o quella redazione. Gli altri testi potranno aiutare a emendare o a integrare il testo singolo solo nella misura in cui confermino o contribuiscano a giustificare una congettura, a indicare una linea di sviluppo, un passaggio in cui rispecchino cioè l'originale dell'errore. Di fatto, essi stanno sullo stesso piano del nostro personale intervento. (D. De Robertis, *Problemi di metodo nell'edizione dei cantari*, pp.136-137)

Bibliografia consigliata

Domenico De Robertis, *Problemi di metodo nell'edizione dei cantari*, in *Studi e problemi di critica testuale*, Convegno di studi di filologia italiana nel centenario della Commissione per i Testi di Lingua (7-9 aprile 1960), Commissione per i Testi di Lingua, Bologna 1961, pp. 119-138.

Cesare Segre, *Appunti sul problema delle contaminazioni nei testi in prosa*, in *Studi e problemi di critica testuale*, cit., pp. 63-67.

Sebastiano Timpanaro, *Ancora su stemmi bipartiti e contaminazione*, in "Maia", XVII (1965), pp. 392-399.

Giovan Battista Alberti, *"Recensione chiusa" e "recensione aperta"*, in "Studi italiani di filologia classica", XL (1968), pp. 44-60.

Rossella Bessi, Mario Martelli, *Guida alla filologia italiana*, Le Monnier, Firenze 1984, pp. 41-52.

Franca Brambilla Ageno, *L'edizione critica dei testi volgari*, Antenore, Padova 1984, pp. 173-185.

Gianfranco Contini, *La critica testuale come studio di strutture*, in *Breviario di ecdotica*, Ricciardi, Milano-Napoli 1986, pp. 139-140.

16. L'edizione critica basata su un solo testimone (non autografo)

Usciti dall'ambito della tradizione plurima di copia, il "metodo di Lachmann" (con i suoi correttivi) perde di perentorietà e di efficacia. Esso continua però a additare al filologo la necessità di raccogliere e vagliare tutte le fonti di un'opera, e, in assenza di originale, l'obbligo di emendarle.

Esaminiamo ora altre tipologie di trasmissione del testo.

Abbiamo già parlato di tradizione materiale (vedi § 5), e illustrato l'edizione di documenti di grande prestigio (manoscritti o stampe), riprodotti in forma fototipica, diplomatica e semidiplomatica, interpretativa. Ma è possibile, e anzi frequente, che opere letterarie, soprattutto antiche, vengano edite *criticamente* sulla base di una sola testimonianza conosciuta, e non autografa. La fonte superstite potrà essersi conservata in modo casuale o, viceversa, rivestire un'importanza cruciale all'interno della tradizione dell'opera. L'editore sarà allora costretto a operare su quest'unico relitto della tradizione, riflettendo sul fatto che esso non è l'originale, ma è il portatore del testo tràdito. L'applicazione del "metodo di Lachmann" ne sarà molto semplificata: indispensabili tuttavia la *examinatio* dell'interprete, per valutare i possibili guasti della fonte, e la sua *divinatio* (o congettura) per sanarli.

Metodi di intervento su un solo testimone

In sintesi, il filologo allestirà il testo critico correggendo errori palesi e lacune della fonte: ma occorre ribadire che «i dati offerti dal testimone devono essere rispettati sin quando non si offrano ragioni perentorie ed evidenti di correggere» (Brambilla Ageno). In presenza di testi arcaici, sarà poi quasi sempre necessario adattarne il sistema grafico all'uso attuale (secondo i criteri correnti di ammodernamento grafico: vedi § 21, "Criteri grafici e colorito linguistico"). Resta inteso, comunque, che parametri di maggiore conservazione grafica si giustificano se la fonte ha alle spalle una sua storia, letteraria o codicologica, di rilievo. In casi estremi, infine, l'editore dovrà dotare l'opera di un titolo (o di altri segnali paratestuali) di cui essa risulti priva (testo **anepigrafo**), o addirittura attribuirla a un autore, se esso non è esplicitamente indicato dalla fonte (testo **anonimo**).

Fra le edizioni condotte sulla base di una sola testimonianza ricordiamo il caso del componimento d'amore più antico della nostra letteratura in volgare, la canzone *Quando eu stava in le tu' cathene*, che Alfredo Stussi ha da poco recuperato nella Pergamena 11518 ter dell'Archivio Storico Arcivescovile di Ravenna (vedi **Sezione storica**); oppure l'esempio del *Fiore* «attribuibile a Dante Alighieri», pubblicato da Contini sul ms. di

Montpellier, Ècole de Médecine H 438 (vedi **Esempio Dante, *Fiore***). E anche i *Sonetti anonimi del Vaticano Latino 3793* (a c. di Paolo Gresti, Olschki, Firenze 1992) offrono un campionario essenziale delle operazioni necessarie a riprodurre un unico testimone non autografo, appunto il ms. Vaticano Latino 3793 (come ammodernamenti grafici, punteggiatura e oculata *emendatio* del testo tràdito). Vediamo il caso dei sonetti V e VI, pp. 38 e 40:

Uno piacere dal core si move
ed i[n] vedere gli oc[c]hi lo sentenza,
e nascene un pensiero che rimove
in molte guise al cor e dà intenza,
tant'è lo bene che se ne commove.
In giudicar lo cor nonn-ha potenza
ché d'Amor è feruto; – e dim[m]i dove?
Dentro dal corpo ov'è la canoscenza.
Però nullo vi val canoscimento,
poi ch'è feruto sì crudelemente
di quello foco ch'arde e non si spegne:
dunque lo core è sempre giudicato
da gli oc[c]hi, che gli mostran lo piacere
onde lo mena [Amor], tene e distrigne.

5 conmoue – 6 giudicare lo core – noño (?) – 9 uiuale – 13 mostrano – 14 mena etene

Nonn-è fallo, ma grande caonoscenza
chi non s'adastia a lo 'ncominc[i]amento:
ch'a la bataglia, quando si 'nconinza,
lo più valente non face ardimento;
alora è da laudare sua valenza
quando a la fine fa buon portamento;
ed ag[g]ialo madonna in provedenza
e non dispregi poco parlamento.
Quale amadore è prode e valente
non si diletta in troppe cose dire,
ma è tutora a l'amore ubidiente,
ca megli' è assai fare e poco dire
ca molto dire e non fare neiente.
Prego però madonna non s'adire.

6 buono – 9 prede

Bibliografia consigliata

Franca Brambilla Ageno, *Edizione di un autografo ed edizione di un'opera con testimone unico*, in *L'edizione critica dei testi volgari*, Antenore, Padova 1984, pp. 31-44.

17. Pubblicare un autografo (con alcune riflessioni sui problemi di resa grafica)

Questa sezione può contare sul rinvio agli esempi storici che seguono, in particolare al *Decameron* di Boccaccio e ai *Rerum vulgarium fragmenta* di Petrarca, entrambi pubblicati dagli editori moderni sulla scorta dell'autografo definitivo, in altre parole della copia di mano d'autore dell'originale. Limitandoci qui a pochi cenni essenziali, citeremo anzitutto le avvertenze di Michele Barbi:

> anche per opere di cui s'ha la fortuna d'avere l'autografo, o l'edizione approvata dall'autore, la precisa intelligenza del testo è necessaria a voler fare un'edizione che serva ai bisogni dei lettori moderni, e insieme degli studiosi. (M. Barbi, *La nuova filologia*, p. XXVII)

Interventi sull'originale

È evidente che l'originale di un'opera (manoscritto o stampa che sia) si suppone trascritto o sorvegliato dall'autore (in tal modo, errori talmente gravi da non essergli imputabili costituiscono elemento per escludere l'autografia del testimone: vedi **Esempio Dante, *Fiore***). Ma mentre l'autore ci ha trasmesso l'opera di sua propria mano, o rivista da lui sino all'ultima fase di elaborazione tipografica, non sempre vi ha aggiunto chiare istruzioni per pubblicarla (interpretazione letterale della fonte, "a capo", segni diacritici, punteggiatura, divisione delle parole ecc.). Queste devono essere stabilite dalla diligenza e dall'intuito dell'editore critico, che si farà garante moderno dell'originale, astenendosi da «qualsiasi ritocco quando la forma che si vorrebbe adottare non rappresenta una indubbia e illuminante soluzione della difficoltà» presente nel testimone (Brambilla Ageno).

Varianti d'autore

Sarà quindi necessario anzitutto attribuire all'autografo una resa ortografica e tipografica attuale (vedi § 21, "Criteri grafici e colorito linguistico"). L'operazione sarà relativamente semplice in presenza di un autografo elaborato in tempi vicini ai nostri; più complessa se l'intervento riguarda invece un testimone antico, il cui aspetto formale è di solito molto lontano da quello del libro di oggi (vedi **Esempi Petrarca** e **Boccaccio**). Aggiungiamo che, in presenza di un autografo, per di più trascritto da un autore consapevole delle proprie scelte formali, e intenzionato a dotarle di un preciso valore culturale (i cosiddetti "ipergrafemi"), il massimo rispetto della grafia è scientificamente raccomandabile. Un problema a parte, e di non piccolo rilievo, è quello che concerne le varianti d'autore di cui la testimonianza autografa sia eventualmente portatrice. Occorrerà ovviamente distinguere se la variante sia "risolta", cioè rappresenti una lezione ulteriore e definitiva rispetto a quella accolta a testo, o costituisca invece una tappa di riflessione e di elaborazione dell'autore, ancora lontana dal *placet* finale e perciò da confinare in apparato (vedi § 18; **Esempi Petrarca** e **Boccaccio**).

Errori d'autore

Per finire, contro ogni aspettativa è frequente che anche gli autografi presentino errori: ci si dovrà chiedere, perciò, se e come correggerli. A volte capita che l'autore, ricopiando la propria opera, incorra in fraintendimenti, comportandosi, per stanchezza o corrività, come un amanuense. Un esempio famoso di questa aberrante tipologia di copia è l'autografo del *Decameron*, inquinato da un gran numero di errori meccanici che l'editore moderno, Vittore Branca, ha emendato supponendo che non fosse intenzione dell'autore commetterli. Si tratta, in altre parole, di sviste nelle quali Boccaccio è caduto per distrazione: di fatto, nel caso in cui nell'errore si debba riconoscere l'«assenza di volontà» (Firpo) dell'autore, converrà emendarlo, ripristinando l'originale corretto. Se invece nel testimone si rintracciano «errori di fatto che risalgono all'autore» (come i cosiddetti errori "polari", vale a dire "antitetici"), l'editore dovrà astenersi rigorosamente dal correggerli (ha illustrato questo problema, ricavandone riflessioni di ordine generale, F. Brambilla Ageno, *Ancora sugli errori d'autore nel Decameron*, in "Studi sul Boccaccio", XII, 1980, pp. 71-93; vedi **Esempio Boccaccio**).

L'accertata presenza di sviste e di errori anche nelle copie autografe di un'opera letteraria vale a mettere in guardia l'editore sul riconoscimento dei guasti dell'archetipo: in altre parole, gli errori necessari e sufficienti a ipotizzare l'esistenza dell'archetipo devono possedere un'evidenza e una gravità tali da non essere imputabili neppure al più distratto degli autori (vedi § 12).

Bibliografia consigliata

Franca Brambilla Ageno, *Errori d'autore nel "Decameron"?*, in "Studi sul Boccaccio", VIII (1974), pp. 127-136.
Ead., *Edizione di un autografo ed edizione di un'opera con testimone unico*, in *L'edizione critica dei testi volgari*, Antenore, Padova 1984, pp. 31-44.
Rossella Bessi, Mario Martelli, *Guida alla filologia italiana*, Sansoni, Firenze 1984, pp. 71-81.

18. La filologia d'autore e gli originali plurimi

Critica genetica e critica delle varianti

Quest'ambito, fra i più praticati dalla filologia italiana di oggi, concerne «metodi e problemi relativi all'edizione di opere conservate da uno o più manoscritti autografi (o idiografi), oppure da stampe sorvegliate dall'autore» (A. Stussi, *Introduzione agli studi di filologia italiana*, p. 155). La definizione di **filologia d'autore**, coniata da Dante Isella, si affianca a quella continiana, ormai canonica, di «critica degli scartafacci»: entrambe sottintendono la stretta relazione e contiguità operativa fra ecdotica e interpretazione del testo. Il binomio di filologia e critica muove in Italia dalle edizioni dei *Canti* di Leopardi (a c. di Francesco Moroncini, 1927) e dell'*Orlando Furioso* di Ariosto (a c. di Santorre Debenedetti, 1937) (vedi **Sezione storica**): e la riflessione teorica attorno a questo specifico ambito disciplinare ha toccato ormai livelli complessi, tanto che è possibile oggi distinguere una "critica genetica" da una "critica delle varianti". La prima esamina «tutti i materiali di una elaborazione [...], tra i quali si fa strada progressivamente la consapevolezza di una decisione»; la seconda «stesure già consistenti, se in versi metricamente risolte, sulle quali l'autore lavorerà di ritocchi e di perfezionamenti» (C. Segre, *Critica genetica e studi sulle fonti*, p. 113). È evidente, infine, che un'attenzione del genere si esercita preferibilmente su reperti moderni e contemporanei; e spesso su opere che hanno (in una delle proprie fasi evolutive) "attraversato" la stampa. E così ci spostiamo ancora più decisamente verso il nostro tempo, abbandonando il versante antico (negli oggetti e nella prassi editoriale) rappresentato dal "metodo di Lachmann".

In sintesi, la filologia d'autore affronta i problemi legati alla pubblicazione di un'opera a partire da originali e materiali d'autore plurimi e conservati. Le tipologie e le dinamiche intratestuali degli originali plurimi presentano un'escursione morfologica molto ampia, in cui manoscritti e stampe si mescolano in percentuali variabili: stratificazioni di forme e di varianti, talora non definitivamente risolte (il *Canzoniere* di Petrarca; il *Decameron* di Boccaccio); prima edizione a stampa seguita da nuove redazioni autografe (*Il Giorno* di Parini); doppie o triple stesure (*Arcadia* di Sannazaro; *Il Cortegiano* di Castiglione); edizioni successive e bozze d'autore (*Orlando Furioso*, *I Promessi Sposi*); ma anche frammenti destituiti di compiutezza strutturale (come le *Grazie* e gli *Esperimenti di traduzione dell'"Iliade"* del Foscolo) ecc. Alla francese, denominiamo **avantesto** i materiali che accompagnano «le fasi dell'elaborazione scritta, dagli abbozzi alla prima forma compiuta ai ritocchi più minuti» dell'opera (Segre), ma anche certi dati «che non sono rapportabili direttamente al testo» (Stussi).

Filologia d'autore: varietà delle testimonianze e delle proposte editoriali

È oggi senso comune che ogni materiale originale e creativo e ogni stato dell'opera riferibile all'autore (varianti, stesure ultime o "in movimento", appunti, scartafacci, bozze corrette dall'autore, copie a stampa con revisioni ecc.) meritino di essere sottoposti a un'attenta verifica. In tal modo il filologo potrà stabilire quante e quali fasi del testo debbano essere documentate e pubblicate nell'edizione critica (a testo o in apparato), e in quale gerarchia. Le varie e complesse proposte editoriali (testi e apparati critici appositamente elaborati; stesure giustapposte o prospettiche ecc.), suggerite dai casi che si fondano su più originali (da Guicciardini a Parini a Foscolo a Leopardi a Manzoni, da Pascoli a Montale a Ungaretti), sfuggono perciò a una catalogazione rigida. Esse rompono di solito l'equilibrio testo più (un solo) apparato, sancito dall'edizione critica di tipo lachmanniano, per tentare altre vie e altri allineamenti testuali, secondo una concezione paradigmatica, o verticale, della storia dell'opera (vedi § 20, "L'apparato").

Nell'esempio che segue vediamo come Raffaele Spongano ha ricostruito criticamente (e ha presentato nella medesima pagina) le successive stesure dei *Ricordi* di Guicciardini, consegnate ai quaderni Q^1 e Q^2, e alle redazioni A, B e C (da Francesco Guicciardini, *Ricordi*, ediz. critica a c. di Raffaele Spongano, Sansoni, Firenze 1956, n. 44, p. 53).

(Q^{1-2} 3; A 49; B 2; C 44)

44. – Fate ogni cosa per parere buoni, ché serve a infinite cose: ma, perché le opinione false non durano, difficilmente vi riuscirà el parere lungamente buoni, se in verità non sarete. Così mi ricordò già mio padre.

Q^{1-2} 3. – *Chi non è buono cittadino*[1] *in verità*[2], *non può essere lungamente tenuto buono: però chi vuole parere, si debbe ingegnare prima di essere.*

A 49. – *Chi non si cura di essere buono, ma desidera buona fama, bisogna che sia buono, perché altrimenti è impossibile che lungamente sia tenuto buono.*

B 2. – *Chi non è in verità buono cittadino, non può lungamente essere tenuto buono: però, ancora che*[1] *desiderano più presto parere buoni che essere, bisogna che si sforzino di essere; altrimenti alla fine non possono parere.*

[1] Q^1: a) Chi non è buono; b) Chi non è buono cittadino
[2] In Q^2 manca il segno di interpunzione, ma non manca in Q^1.

[1] ancora che *non*

Ultima volontà dell'autore

Infine, si intreccia alla riflessione sugli originali plurimi il dibattito sul concetto di "ultima volontà dell'autore", cioè sul testo da promuovere come espressione definitiva della creazione autoriale. Sulla scia di edizioni critiche controcorrente, come quelle del *Porto Sepolto* e dell'*Allegria* di Giuseppe Ungaretti, viene da domandarsi, per esempio, quando sia legittimo, e anzi auspicabile, privilegiare, come meglio rispondente alla poetica dell'autore, un "momento" dell'opera diverso da quello definitivo. In tal caso, alla versione ultima (appunto "l'ultima volontà dell'autore") si può preferire un testo base caratterizzato da maggior "prestigio storico". Anche Domenico De Robertis ha pubblicato i *Canti* di Leopardi sulla scorta della prima edizione a stampa di ogni componimento, e ha confinato in apparato i movimenti testuali (vale a dire le varianti d'autore) espressi dalle successive ristampe e dall'autografo definitivo. È una scelta editoriale in apparenza sconcertante, che ha invece il grande merito «del rispetto della continuità di ciascuna fase del testo e insomma della sua intera leggibilità» (si veda *I "Canti". Storia e testo*, intr. a Giacomo Leopardi, *Canti*, ediz. critica e autografi, a c. di Domenico De Robertis, Il Polifilo, Milano 1984, 2 voll.).

Per questi e altri problemi rinviamo all'esemplificazione che segue (vedi **Esempi Leopardi** e **Ungaretti**).

Bibliografia consigliata

Dante Isella, *Le carte mescolate. Esperienze di filologia d'autore*, Liviana, Padova 1987.

Gianfranco Contini, *La critica degli scartafacci e altre pagine sparse. Con un ricordo di Aurelio Roncaglia*, Scuola Normale Superiore, Pisa 1992.

Carlo Ossola, *Sul "prestigio storico" dei testimoni testuali*, in "Lettere Italiane", XLIV (1992), pp. 525-551.

Alfredo Stussi, *Filologia d'autore*, in *Introduzione agli studi di filologia italiana*, il Mulino, Bologna 1994, pp. 155-261.

Claudio Giunta, *Prestigio storico dei testimoni e ultima volontà dell'autore*, in "Anticomoderno", III: *La filologia*, Viella, Roma 1997, pp. 169-198.

Cesare Segre, *Ecdotica e comparatistica romanze*, Ricciardi, Milano-Napoli 1998, pp. 75-90.

Id., *Critica genetica e studi sulle fonti* (1999), poi in *Ritorno alla critica*, Einaudi, Torino 2001, pp. 113-125.

Domenico De Robertis, Giuseppe Parigino, *Esperimento di visualizzazione informatica dell'elaborazione del testo, in Genesi, critica, edizione*, Atti del convegno internazionale di studi, a c. di Paolo D'Iorio e Nathalie Ferrand, "Annali della Scuola Normale Superiore di Pisa", serie IV, Quaderni, I (1999), pp. 241-252.

19. Filologia dei testi a stampa

Applicazione della bibliografia testuale

Ha a che fare con la filologia d'autore, ma talvolta anche con i metodi di edizione lachmanniana, la cosiddetta **bibliografia testuale**, ossia il bagaglio di conoscenze storiche, teoriche e tecniche che si sviluppa attorno alla trasmissione dei testi a stampa. Si tratta di una vera e propria specializzazione filologica che, diffusa nel Novecento soprattutto dal mondo anglosassone (con gli studi pionieristici di Conor Fahy e Philip Gaskell), raccoglie anche in Italia un numero consistente di seguaci e di teorici, e ha una sua voce ufficiale nella rivista "La Bibliofilia".

L'edizione fondata solo su stampe (antiche o moderne) richiede l'applicazione di competenze particolari. Dal censimento del materiale bibliografico al concetto di **esemplare ideale** (la somma di tutte le "forme" di una stessa emissione a stampa); dalla fenomenologia dell'errore all'analisi delle varianti (caso raro ma non eccezionale: cfr. l'*Orlando Furioso* e *I Promessi Sposi*) presenti nelle copie di una medesima tiratura tipografica, la filologia non può prescindere oggi da una conoscenza specialistica del mondo della stampa antica e moderna, dei suoi processi e dei suoi operatori, a partire dall'autore stesso. Come avviene per la tradizione manoscritta, lo studio analitico delle copie a stampa mira soprattutto a distinguere in esse gli interventi originali, d'autore, da quelli degli addetti di tipografia (dal curatore al compositore al correttore di bozze), trasferendo poi queste informazioni all'edizione critica.

Bibliografia consigliata

Conor Fahy, *Introduzione alla "bibliografia testuale"*, in "La Bibliofilia", LXXXII (1980), pp. 151-181.

Pasquale Stoppelli, *Filologia dei testi a stampa*, il Mulino, Bologna 1987.

Antonio Sorella (a c. di), *Dalla "textual bibliography" alla filologia dei testi italiani a stampa*, Libreria dell'Università Editrice, Pescara 1998.

20. L'apparato, gli apparati

Necessità dell'apparato critico

Abbiamo finora lasciata in ombra (anche se vi abbiamo più volte fatto cenno) una delle parti di cui si compone obbligatoriamente (assieme alla introduzione e al testo critico) l'edizione critica, e cioè l'apparato critico. L'apparato va anzi ritenuto, «con fastidio, con sopportazione o con reverenza, il proprio di un'edizione critica» (Bettarini-Contini).

Posto di solito a piè di pagina, sotto il testo (a volte in appendice al testo stesso, e in coda al volume), l'apparato non va confuso con le note esegetiche che spesso accompagnano l'opera e ne costituiscono il commento. Ma non è raro che questi due modi diversi di "interpretare" l'opera e di presentarla ai lettori di oggi (il primo come complemento ecdotico, il secondo come veicolo di riflessione critica) possano convivere completandosi a vicenda. Questa interazione è stata sperimentata per esempio nella recentissima edizione critica dell'*Inamoramento de Orlando* (vedi **Esempio Boiardo**). A volte invece, come nelle edizioni della della *Vita Nuova* a cura di Michele Barbi, o della *Commedia* a cura di Giorgio Petrocchi, la duplice fascia di apparato, presente ai piedi del testo, assolve due diverse funzioni: la prima presenta le varianti di tradizione; la seconda le commenta anche con il ricorso a note di carattere interpretativo.

Apparato sincronico

Rispetto al commento esegetico, l'apparato critico offre quindi un aiuto diverso al lettore, cioè lo assiste nel compito di ripercorrere le fasi dell'edizione stessa. L'apparato tradizionale, **sincronico** (Caretti), registra il vario comportamento della tradizione di copia. Esso contiene perciò gli errori e le lezioni rifiutate dell'archetipo, e le varianti dei subarchetipi che il filologo ha respinto come spurie, anche quando apparivano a prima vista "buone". Non accoglie quindi, di norma, le *lectiones singulares*, ossia le innovazioni documentate da un solo manoscritto; né solitamente riproduce le mere varianti formali, grafiche o fonetiche. Ospita invece le varianti redazionali dell'opera, cioè tutti i luoghi dove (anche in assenza di autografi) si sospetti, o sia certo, un intervento rielaborativo dell'autore.

In questo modo, non sarà possibile che passino inosservate scelte cruciali operate nel corso della *recensio*. La lettura dell'apparato è perciò uno degli esercizi più praticati dai filologi di professione, e insieme dei più consigliabili. L'apparato, instaurando un dialogo fra l'opera e la sua tradizione, consente di penetrare nell'"officina" dell'edizione, ripercorrendone le tappe salienti, come i luoghi e i momenti in cui l'editore si è discostato, con il suo *iudicium*, da ciò che le fonti gli consentivano di leggere. In altre parole, l'apparato affianca il testo critico, ne costituisce non un accessorio ma l'indispensabile complemento: insieme, testo e apparato rappresentano ciò che sopravvive dell'opera nella sua tradizione.

È bene perciò che l'apparato non sia affollato di lezioni e annotazioni, ma che vi si legga «soltanto ciò che conserva, accanto alla lezione prescelta, qualche diritto a essere tenuto in conto, o renda ragione, nei casi di bisogno, della scelta fatta» (M. Barbi, *Introduzione a "Vita Nuova"*, p. CCLXXII). A fronte di questa esigenza di chiarezza, trovano tuttavia a volte giustificazione anche i cosiddetti «apparati integrali» (Inglese), come quello con cui Petrocchi ha dato conto dell'intero assetto variantistico dei testimoni dell'"antica *vulgata*" della *Commedia*. Ma facciamo un passo avanti, esaminando le differenti tipologie degli apparati critici (e la loro nomenclatura).

Apparato positivo e apparato negativo

Si definisce **apparato positivo** quello che registra, per ogni caso esaminato, anzitutto la lezione accolta a testo, affiancata dalle sigle dei testimoni che la documentano; a fianco, e separati di solito dal segno], seguiranno errori o lezioni varianti, e le sigle dei testimoni portatori.

È detto invece **apparato negativo** quello che, sottintendendo la lezione accolta a testo, presenta solo la sua variante (o l'errore corrispondente), seguita dalle sigle dei testimoni portatori.

Apparato diacronico

Fin qui l'apparato sincronico, chiamato a rendere ragione delle scelte del filologo specialmente in materia di edizioni antiche. **Apparato diacronico** (da alcuni definito anche **genetico**) è invece quello che ospita e discute le varianti d'autore, distinguendole in **genetiche** ed **evolutive**. È genetica la fascia di apparato che precede il testo definitivo (e ne rappresenta dunque l'avantesto: e citeremo, fra gli altri, i casi dell'*Orlando Furioso* di Ariosto, e dei *Canti* di Leopardi nelle edizioni Moroncini e Peruzzi); evolutiva quella che ne rappresenta un ulteriore sviluppo, magari non approdato a una stesura ultima. La distinzione, proposta da Dante Isella, si esemplifica nel caso del poemetto settecentesco *Il Giorno* (vedi **Esempio Parini**). Va detto poi che la formalizzazione tipografica degli apparati diacronici (suggerita anche da criteri di economicità e concisione) ha fornito lo spunto per soluzioni editoriali particolarmente ingegnose: si consulti per esempio la rappresentazione degli apparati genetici del *Misogallo* di Vittorio Alfieri, nell'edizione di Clemente Mazzotta per la Casa d'Alfieri (Asti 1984); e si veda ora Pietro Bembo, *Prose della volgar lingua. L'editio princeps* del 1525 riscontrata con l'autografo Vaticano Latino 2310, ediz. critica a c. di Claudio Vela, CLUEB, Bologna 2001.

Bibliografia consigliata

Lanfranco Caretti, *Filologia e critica* (1952), in *Antichi e moderni. Studi di letteratura italiana*, Einaudi, Torino 1976, pp. 469-488.

Rossella Bessi, Mario Martelli, *Guida alla filologia italiana*, Sansoni, Firenze 1984, pp. 58-60.

Dante Isella, *Le carte mescolate. Esperienze di filologia d'autore*, Liviana, Padova 1987.

Aa.Vv., *Testo e apparato nella filologia d'autore. Problemi di rappresentazione*, in Simone Albonico (a c. di), *Due seminari di filologia*, Edizioni dell'Orso, Alessandria 1999, pp. 1-134.

21. Criteri grafici e colorito linguistico: la "restituzione formale"

Formuliamo ora qualche riflessione sulla *resa grafica*, *fonetica* e *morfologica* di un testo critico (operazione che Contini definì, nel suo *Breviario di ecdotica*, «restituzione formale»), particolarmente complessa nel caso di opere dei primi secoli della nostra letteratura, che quasi sempre prevedono l'instaurarsi di diasistemi (Segre), ovvero di casi di compromesso fra lingua dell'autore e quella del copista. Il passaggio dal manoscritto al libro contemporaneo comporta perciò un inevitabile ammodernamento dell'uso grafico (ne sono in parte esenti, come abbiamo visto, le edizioni diplomatiche e interpretative, più rispettose della *facies* documentaria della fonte). Tali interventi, del resto, sono forse più semplici, ma non assenti del tutto, persino nei confronti di un'opera moderna o contemporanea (punteggiatura, accenti, apostrofi, grafemi ecc.). Si consideri poi che, fra queste operazioni, che sembrano quasi irrilevanti, alcune (come la scelta della punteggiatura) sono veicoli decisivi per l'interpretazione del testo.

Come scegliere la "forma" del testo

In ogni caso, l'editore, una volta stabilita l'esatta lezione dell'originale, dovrà renderla fruibile per il pubblico di oggi. Se la presenza dell'autografo mette di solito al riparo da scelte grafiche arbitrarie, nel caso di una tradizione di copia il primo passo da compiere sarà di selezionare all'interno della tradizione le forme che si ritengono più vicine all'assetto dell'originale; o viceversa di guardare a un solo testimone dell'opera, per attenersi alla veste da esso documentata. Quest'ultima soluzione, sinora (non pacificamente) maggioritaria, dovrà privilegiare la fonte più attendibile e completa, e verosimilmente più vicina all'assetto grafico e fonetico dell'originale perduto:

> Quando i testimoni sono parecchi, nella rilevata impossibilità di dedurre da un confronto delle testimonianze le forme e la grafia dell'autore, conviene scegliere il testimone più conservativo e comunque meglio "qualificato" dal punto di vista linguistico e seguire quello. (F. Brambilla Ageno, *L'edizione critica*, p. 134)

Una volta compiuta questa scelta (ma altre opzioni sono pur sempre possibili: vedi **Sezione storica**), l'editore sarà in grado di elaborare il sistema grafico, fonetico e morfologico dell'opera in corso di stampa. Qui le cose si complicano, ed è perciò necessario riassumere brevemente i termini del dilemma che anche oggi separa i filologi "modernizzanti" dai più "conservativi". I primi, fautori della normalizzazione grafica, giudicano rischioso proporre la piena rappresentazione delle grafie del passato, per non indurre i lettori a commettere veri e propri errori di pronuncia (*et* in luogo di *e*, *absente* in luogo di *assente*, *conducto* per *condutto* e così via), cioè a confondere i grafemi con i fonemi. Preferiscono perciò, oggi come in passato (a partire dalla cosiddetta "linea Barbi-Parodi", che caratterizzò l'edizione dantesca "del VI Centenario", 1921), «avvicinarsi al massimo all'antica esecuzione fonica attestata dalla scrittura» (secondo il criterio che ha guidato appunto Contini nella sua edizione del *Fiore*: vedi **Esempio Dante, *Fiore***).

Un elenco essenziale di interventi di ammodernamento grafico di una fonte antica può essere così composto:

- divisione delle parole; separazione dei versi o dei paragrafi del testo in prosa;
- introduzione dei segni diacritici e di punteggiatura corrente; di maiuscole e minuscole;
- distinzione dei grafemi *u/v*;
- unificazione di *i*, *j*, *y*; regolarizzazione di *i* palatale;
- ammodernamento di *k*, *q*, *y*, *j*, e dei digrammi *ch* (per *c*); *ph* (per *f*);
- regolarizzazione dei nessi palatali (*c*, *g*, *gl*, *lgl*, *ngn*) e di *m*, *n* prima di labiale o in fine di parola;
- regolarizzazione delle *h* etimologiche o pseudoetimologiche;
- regolarizzazione dei nessi latineggianti.

I sostenitori del conservativismo grafico, specie se in presenza di testimonianze autografe, o di originali di grande prestigio, muovono invece da altre premesse, così riassunte da Contini nella sua "Nota" al testo dei *Rerum vulgarium fragmenta* (vedi **Esempio Petrarca**):

> l'ortografia è un metodo di rappresentazione, che può essere più o meno economico, di un sistema fonologico determinato; il principale ostacolo alla sua economia ideale (un segno per ogni fonema e inversamente) è costituito dai relitti, non immeritevoli di storica *pietas*, della tradizione.

Essi ritengono perciò indispensabile riprodurre quasi integralmente le abitudini scrittorie degli autori antichi, anche per illustrarne la qualità e le caratteristiche. Anche per quanto concerne testi non autografi, è vista con un certo favore la conservazione di forme e nessi grafici arcaici (*ct*, *pt*, *ph*, *ti*, *y*, *h* etimologica ecc.), che possano celare forme dialettali o essere provvisti di particolare significato stilistico (vedi **Esempio Dante, *Vita Nuova***).

Conservare o modernizzare

Fra le operazioni che stiamo illustrando, non è in gioco solo la grafia. Come si può facilmente notare, la relazione con fatti di pronuncia è strettissima, e il rischio è di compromettere o di confondere i due ambiti con interventi arbitrari di modernizzazione. La tendenza in uso oggi è quindi a conservare, piuttosto che ad attualizzare, la morfologia delle fonti: sembra «non più accettabile» il «criterio dell'ammodernamento grafico» (Trovato), volto a livellare esiti individuali o locali della lingua antica in improbabili "prefigurazioni" o "imitazioni" dell'uso toscano e nazionale (vedi **Esempio Boiardo**). Sulla questione non vi può essere tuttavia un'unica istruzione per l'uso. E così «la problematica della restituzione formale resta [...] aperta: non certo per mancato progresso ma in obbedienza a una situazione storica assai molteplice» (G. Contini, *Rapporti fra la filologia (come critica testuale) e la linguistica romanza*, p. 173).

Bibliografia consigliata

Bruno Migliorini, *Saggi linguistici*, Le Monnier, Firenze 1957.

Id., *Storia della lingua italiana*, Sansoni, Firenze 1960 (con successive ristampe).

Gianfranco Folena, *Filologia testuale e storia linguistica*, in *Studi e problemi di critica testuale*, Convegno di studi di filologia italiana nel centenario della Commissione per i Testi di Lingua (7-9 aprile 1960), Commissione per i Testi di Lingua, Bologna 1961, pp. 17-34.

Luigi Rosiello, *Grafematica, fonematica e critica testuale*, in "Lingua e stile", I (1966), pp. 63-78.

Gianfranco Contini, *Rapporti fra la filologia (come critica testuale) e la linguistica romanza* (1968), in *Breviario di ecdotica*, Ricciardi, Milano-Napoli 1986, pp.149-173.

Arrigo Castellani, *Problemi di lingua, di grafia, di interpretazione nell'allestimento dell'edizione critica*, in *La critica del testo. Problemi di metodo ed esperienze di lavoro*, Atti del convegno di Lecce, 22-26 ottobre 1984, Salerno Editrice, Roma 1985, pp. 229-254.

Id., *Grammatica storica della lingua italiana*, il Mulino, Bologna 2000, vol. I.

Cesare Segre, *La natura del testo e la prassi ecdotica*, in *La critica del testo*, cit., pp. 25-44.

Alfredo Stussi, *Premesse linguistiche*, in *Introduzione agli studi di filologia italiana*, il Mulino, Bologna 1994, pp. 53-87 e *passim*.

Paolo Trovato, *Storia della lingua e filologia: i testi letterari*, in Nicoletta Maraschio, Teresa Poggi Salani (a c. di), *Storia della lingua italiana e storia letteraria*, Cesati, Firenze 1998, pp. 73-98.

Id., *Il testo della "Vita Nuova" e altra filologia dantesca*, Salerno Editrice, Roma 2000.

Guglielmo Gorni, *Per la "Vita nova"*, in "Studi di Filologia Italiana", LVIII (2000), pp. 29-54.

Id., *Restituzione formale dei testi volgari a tradizione plurima* (1998), poi in *Dante prima della "Commedia"*, Cadmo, Firenze 2001, pp. 149-176.

Attilio Bartoli Langeli, *La scrittura dell'italiano*, il Mulino, Bologna 2000.

22. Ultime questioni

22.1 Metrica e filologia

Dal momento che una parte considerevole della nostra tradizione letteraria è in poesia, occorre spendere qualche parola sull'uso che della metrica è opportuno e possibile fare in prospettiva ecdotica.

Fenomeni metrici

Rima e metro sono eccellenti indicatori di correttezza (o viceversa di errore) del testo. Se un manoscritto antico ci tramanda un endecasillabo ridotto a sole otto sillabe, o storpia la successione di rime (lo schema) di un sonetto, di una terzina o di un'ottava, l'editore disporrà di un indizio sicuro per individuare un errore. Al contrario, se la forma metrica "tiene" (è regolare), il filologo avrà una garanzia in più della bontà del testo almeno nei riguardi della sua struttura ritmica.

A questa premessa generale bisogna far seguire alcune altre avvertenze. Specialmente nell'uso antico, la trascrizione di un componimento in rima avveniva solitamente in forma continua, cioè a tutta pagina. Nel Vaticano Latino 3195, ms. idiografo del *Canzoniere* petrarchesco, sono invece trascritte in forma bicolonnare tutte le poesie, tranne le nove sestine (su colonna singola) di cui l'autore volle sottolineare l'eccezionalità metrica. Questi fatti comportano che l'editore moderno, in presenza di forme metriche non rigide, debba suddividere correttamente le strofe, il che non è compito sempre pacifico (specie nel caso di canzoni, ballate o madrigali).

In secondo luogo, e ne leggiamo diversi esempi nell'antologia dei *Poeti del Duecento* (a c. di Gianfranco Contini, Ricciardi, Milano-Napoli 1960), la poesia delle origini (e quella popolareggiante) è spesso caratterizzata da **anisosillabismo**, cioè da instabilità sillabica del verso, che sfocia in ipermetrie o ipometrie "strutturali". È necessario quindi, in sede ecdotica, tenere conto del fenomeno e non regolarizzarlo, se è documentato dall'intera tradizione del componimento.

Infine, è recente, ma vigorosa, una notevole ripresa d'interesse per gli studi metrici, che ha prodotto risultati eccellenti, sia sul versante della manualistica, sia nel settore delle ricerche settoriali. E ormai, quasi ogni edizione critica di poesia esibisce fra gli indici una **tavola** che rende conto della particolare declinazione **metrica** del testo pubblicato. Di seguito, forniremo un breve elenco di interventi sul tema, in grado di suggerire più di una relazione fra esame morfologico del testo e giudizio critico. La scelta di privilegiare il settore antico e contemporaneo della nostra letteratura è deliberata, ma non esclusiva.

Bibliografia consigliata

Lorenzo Biadene, *Morfologia del sonetto nei secoli XIII-XIV* (1889), rist. anastatica, Le Lettere, Firenze 1977.

Ernesto Giacomo Parodi, *La rima e i vocaboli in rima nella "Divina Commedia"* (1896), in *Lingua e letteratura. Studi di teoria linguistica e di Storia dell'italiano antico*, a c. di G. Folena, con un saggio introduttivo di Alfredo Schiaffini, Neri Pozza, Venezia 1957, pp. 203-284.

Mario Fubini, *Metrica e poesia*, Feltrinelli, Milano 1962, vol. I.

Gianfranco Contini, *Innovazioni metriche italiane fra Otto e Novecento*, in *Varianti e altra linguistica*, Einaudi, Torino 1970.

Adriana Solimena, *Repertorio metrico dello Stil novo*, Società filologica romana, Roma 1980.

Roberto Antonelli, *Repertorio metrico della scuola poetica siciliana*, Bollettino del Centro di Studi Filologici e Linguistici Siciliani, Palermo 1984.

Andrea Pelosi, *La canzone italiana nel Trecento*, in "Metrica", V (1990), pp. 3-162.

Guglielmo Gorni, *Metrica e analisi letteraria*, il Mulino, Bologna 1993.

Id., *Metrica e filologia attributiva. Vent'anni dopo*, in *Carmina semper et citharae cordi. Études de philologie et de métrique offertes à Aldo Menichetti*, Éditions Slatkine, Genève, 2000, pp. 1-11.

Aldo Menichetti, *Metrica italiana. Fondamenti metrici, prosodia, rima*, Antenore, Padova 1993.

Alfredo Stussi, *Metrica e critica del testo*, in *Introduzione agli studi di filologia italiana*, il Mulino, Bologna 1994, pp. 265-288.

Pietro G. Beltrami, *La metrica italiana* (1991), il Mulino, Bologna 1995.

Alberto Bertoni, *Dai simbolisti al Novecento. Le origini del verso libero italiano*, il Mulino, Bologna 1995.

Arianna Punzi, *Appunti sulle rime della "Commedia"*, Bagatto Libri, Roma 1995.

"Anticomoderno", II: *La sestina*, Viella, Roma 1996.

Linda Pagnotta, *Repertorio metrico della ballata italiana (secoli XIII e XIV)*, Ricciardi, Milano-Napoli 1996.

Marco Berisso, *Che cos'è e come si dovrebbe pubblicare una frottola*, in "Studi di Filologia Italiana", LVII (1999), pp. 201-233.

Andrea Comboni, *Appunti sulla sestina in Italia nel XV e XVI secolo*, in *Métriques du Moyen Âge et de la Renaissance*, Textes édités et présentés par Dominique Billy, L'Harmattan, Paris 1999, pp. 71-83.

Massimo Zenari, *Repertorio metrico dei "Rerum vulgarium fragmenta" di Francesco Petrarca*, Antenore, Padova 1999.

22.2 I "macrotesti": edizione spicciolata e ordine dei componimenti

Filologia delle strutture

Le raccolte di poesia meritano un'attenzione testuale articolata. Pensiamo per esempio a opere che abbiamo ampiamente citato, come il *Canzoniere* di Petrarca o gli *Amorum libri tres* del Boiardo, o ai libri di rime contemporanei: sono **macrotesti** sulla cui organicità non vi sono dubbi. In casi simili l'autografo (o la tradizione di copia) attesta che il poeta ha tramandato un "canone" ufficiale di rime, i cui lineamenti sono stati preservati dalle fonti, e possono venir riprodotti senza difficoltà dalle edizioni moderne (vedi **Esempi Petrarca** e **Ungaretti**). Aggiungiamo che, in casi simili, è parso opportuno elaborare una speciale "filologia delle strutture", che descrive l'organismo poetico nel suo "farsi", cioè nelle fasi in cui esso fu di volta in volta cristallizzato, e poi ricomposto dall'autore in altre forme e redazioni.

Le rime antiche, invece, vengono spesso trasmesse in forma spicciolata e disorganica. In altre parole, ogni componimento si fonda su una tradizione indipendente, o si è diffuso in piccoli nuclei assieme ad altri del medesimo autore. Ricordiamo gli esempi delle *Rime* di Cavalcanti (pubblicate nel 1957 da Guido Favati), delle *Rime* di Dante (secondo l'edizione Barbi del 1921), o delle *Rime* dell'Alberti (edite nel 1975 da Guglielmo Gorni).

In casi come questi, l'ordine assegnato alla raccolta (che sarà dunque raccolta moderna, non macrotesto d'autore), potrà essere il più vario, se sorretto da istanze meditate e naturalmente rese esplicite al lettore. Per esempio, una volta adottato il criterio metrico, si pubblicheranno prima i sonetti, poi le canzoni e così via; se invece si conosce l'epoca di stesura dei componimenti, sarà legittimo proporne una sequenza in ordine cronologico. Altre ipotesi non sono, ovviamente, escluse, come quella di Favati, che ha pubblicato le *Rime* di Cavalcanti secondo un «criterio di giudizio interno», in un ordine «che [...] rifletta le tappe ideali del suo sviluppo, non senza aver fatto una sezione a parte delle sue rime di corrispondenza».

Anche certe prose, come quelle narrative o epistolari, possono afferire a una logica macrotestuale. E se l'autore non ha inteso dare un ordine alle sue lettere, toccherà all'editore postumo assegnargliene uno. Si veda il caso delle epistole del Bembo, trasmesse in un numero esorbitante di esemplari (centocinquantasette mss. e centodiciassette stampe antiche) e secondo un «fluttuante disegno» complessivo. Appare ragionevole la proposta dell'ultimo curatore, Ernesto Travi, di pubblicare questo epistolario nella «lezione dell'ultima volontà dell'autore attestata dai manoscritti», e secondo una mera (e funzionale) successione cronologica delle lettere.

Bibliografia consigliata

Mario Marti, *L'epistolario come genere e un problema editoriale*, in *Studi e problemi di critica testuale*, Convegno di studi di filologia italiana nel centenario della Commissione per i Testi di Lingua (7-9 aprile 1960), Commissione per i Testi di Lingua, Bologna 1961, pp. 203-208.

Domenico De Robertis, *Contiguità e selezione nella costruzione del "Canzoniere" petrarchesco*, in "Studi di Filologia Italiana", XLIII (1985), pp. 45-66.

Id., *Problemi di filologia delle strutture*, in *La critica del testo. Problemi di metodo ed esperienze di lavoro*, Atti del convegno di Lecce, 22-26 ottobre 1984, Salerno Editrice, Roma 1985, pp. 383-401.

d'Arco Silvio Avalle, *I canzonieri: definizione di genere e problemi di edizione*, in *La critica del testo*, cit., pp. 363-382.

Gianfranco Contini, *La critica testuale come studio di strutture*, in *Breviario di ecdotica*, Ricciardi, Milano-Napoli 1986, pp. 134-148.

Elio D'Auria (a c. di), *Metodologia ecdotica dei carteggi*, Le Monnier, Firenze 1989.

Amedeo Quondam, Marco Santagata (a c. di), *Il libro di poesia dal copista al tipografo*, Istituto di Studi Rinascimentali-Panini, Ferrara-Modena 1989.

Marco Santagata, *Dal sonetto al Canzoniere*, 2ª ediz., Liviana, Padova 1989.

Pietro Bembo, *Lettere*, ediz. critica a c. di Ernesto Travi, Commissione per i Testi di Lingua, Bologna, 1987-1993, 4 voll.

23. Per finire... (ma si potrebbe continuare)

In quest'ultimo paragrafo annotiamo alcune tra le questioni più anomale o bizzarre che la filologia sottopone ai suoi cultori: il falso (con il corollario della parodia e dell'imitazione), l'opera anonima, le "correzioni d'autore coatte". Forniremo solo qualche rapidissimo cenno bibliografico, invitando il lettore a esplorare da sé questi argomenti e augurandogli di appassionarvisi. Siamo ancora nel cuore della prassi ecdotica: e questa rassegna sottintende, una volta di più con Barbi, che ogni caso richiede una soluzione *ad hoc*, che il filologo dovrà elaborare, *con l'opera* e *attorno all'opera*.

Il falso

I falsi pullulano nella nostra letteratura antica o moderna. Non occorre attendere l'*Antologia apocrifa* di Paolo Vita Finzi (1927) per riconoscere che la nostra letteratura è fatta anche di riscritture, parodie, o addirittura di falsi volontari (vedi **Sezione storica**). Si sono sospettate di falso opere di Dante, come le rime della tenzone con Forese Donati, le egloghe latine scambiate con Giovanni del Virgilio, l'epistola a Cangrande (su tutto cfr. l'*Enciclopedia dantesca*). E gran parte della letteratura in versi del XIV e del XV secolo è un falso, o, meglio, è parodia, riscrittura, imitazione, a volte plagio della grande poesia del Trecento. Nel Novecento, si dovrà invece tenere conto dei rimaneggiamenti, più o meno estesi, imposti all'opera dalle case editrici: così è "falsa" (o per lo meno pesantemente manipolata dall'*editor*) la prima edizione del *Gattopardo* di Giuseppe Tomasi di Lampedusa, licenziata per le stampe nel 1958 con le cure di Giorgio Bassani. Infine, per segnalare un ultimo "caso limite", più di un dubbio di autenticità è gravato sull'ultima raccolta di Eugenio Montale, *Diario postumo*: un "falso" sconcertante, forse architettato dall'autore stesso (vedi **Esempio Montale**).

L'attribuzione e la datazione del testo

Ogni testo dovrebbe quindi (ma non sempre si è in grado di farlo) venir assegnato a un autore: ma si danno in letteratura anche casi accertati di pluripaternità, come quelli che, per esempio, concernono opere della "brigata" laurenziana (la *Nencia da Barberino*). Non ci si deve perciò accontentare, soprattutto per i componimenti antichi, delle attribuzioni indicate dal testimone (o dai testimoni), ma occorre vagliarle e confrontarle con il resto della tradizione e con quanto sappiamo dell'opera stessa. Pensiamo alle tante rime attribuite arbitrariamente a Dante e a Boccaccio, e alle tantissime ricondotte al Petrarca (una vera e propria "croce" della nostra filologia tre-quattrocentesca). Se a volte è l'analisi stilistica a guidare il riconoscimento d'autore (esemplare il caso della ingarbugliatissima tradizione delle rime dei lirici Buonaccorso da Montemagno il Vecchio e il Giovane, sbrogliata dalle indagini di Raffaele Spongano), in taluni casi è parso invece legittimo fondare la paternità dell'opera sulle indicazioni dello stemma. Lo si è fatto, per esempio, per la frottola *Di ridere ho gran voglia*, che Alessandro Pancheri ha ritenuto «attribuibile» a Francesco Petrarca (*"Col suon chioccio". Per una frottola "dispersa" attribuibile a Francesco Petrarca*, Antenore, Padova 1993). Ma a tale proposta sono seguite le obiezioni di Paolo Trovato, volte a ridimensionare proprio «le ragioni stemmatiche invocate per avvalorarla» (*Sull'attribuzione di "Di ridere ò gran voglia" (Disperse CCXIII). Con una nuova edizione del testo*, in "Lectura Petrarce", XVIII, 1998, pp. 371-423). Sui problemi di attribuzione sono state perciò elaborate diverse strategie di riconoscimento e di difesa (dall'indagine d'archivio all'osservazione tematica, linguistica e metrica, alle conferme intra- e intertestuali): se il *Fiore* è per Gianfranco Contini «attribuibile a Dante Alighieri», vi è però chi, con fondati argomenti, lo avvicina ad altri scrittoi, proponendo l'identikit di un autore francese "italianizzante", o chi sospetta di uno scrittore toscano infranciosato (magari un mercante fiorentino, vissuto a lungo oltralpe), o chi fa il nome di Brunetto Latini o di Guido Cavalcanti (vedi **Esempio Dante, *Fiore***). Un esempio eclatante di anonimia smascherata riguarda l'autore della trecentesca *Cronica di Anonimo romano*, che nel 1994 Giuseppe Billanovich ha restituito, con magistrale colpo di scena (ma non senza qualche dubbio residuo), alla mano di Bartolomeo di Iacovo da Valmontone. A stretto contatto con le opere anonime (e talvolta vicinissimi alla galassia dei falsi) collocheremmo anche i problemi di datazione. Se il testo è conservato solo da una fonte tarda e sospetta, sarà lecito dubitare dei dati documentari che lo accompagnano, dall'attribuzione all'epoca di composizione del reperto (pensiamo alla canzone pseudo-quattrocentesca *Ressurga dalla tomba avara e lorda*, composta in realtà in pieno Settecento dall'erudito ferrarese Girolamo Baruffaldi). Ma, anche in casi meno estremi, è dovere del filologo provvedere a una collocazione cronologica verosimile e accertata dell'opera di cui si sta occupando.

Correzioni d'autore coatte

Per finire, di "correzioni d'autore coatte" (ma anche deliberate) la nostra letteratura può offrire un campionario diverso e persino sconcertante. Il Tasso si è sentito a tal punto soffocare dai vincoli dell'opportunità religiosa e politica da rinunciare al suo capolavoro, la *Gerusalemme Liberata*, per riscriverla con penna smorta nella *Conquistata*. Altri autori, come Tommaso Campanella o Traiano Boccalini, sono stati invece costretti a modificare, senza volerlo, la lezione del proprio originale, nell'impossibilità di attingervi direttamente e traditi dalla propria memoria. In questi casi, i filologi non considerano stesura definitiva dell'opera quella che risulta da condizioni di illibertà (o di impossibilità materiale) dell'autore. È invece opposto l'esempio delle correzioni che, nel 1822, il censore asburgico vergò sul testo del primo Coro dell'*Adelchi*: anche in clima di libertà politica Manzoni non volle rinnegarle, inglobandole in un più ampio processo di revisione della tragedia.

E l'ultima volontà dell'autore, espressa dall'originale definitivo? Abbiamo già detto come questo baluardo della filologia sembri oggi vacillare, minacciato da metodi editoriali che percorrono cammini alternativi, ne mettono in dubbio l'efficacia e ne relativizzano i contenuti. Cosicché, anche per questa via l'editore si fa "interprete", e l'atto di pubblicare un testo si traduce in operazione militante, in grado di orientare e prefigurare i disegni della critica.

Bibliografia consigliata

Luigi Firpo, *Correzioni d'autore coatte*, in *Studi e problemi di critica testuale,* Convegno di studi di filologia italiana nel centenario della Commissione per i Testi di Lingua (7-9 aprile 1960), Commissione per i Testi di Lingua, Bologna 1961, pp. 143-157.

Antonia Tissoni Benvenuti, *Appunti sull'antologia dei poeti ferraresi di Girolamo Baruffaldi*, in "Giornale Storico della Letteratura Italiana", CXLVI (1969), pp. 18-48.

Le Rime dei due Buonaccorso da Montemagno, a c. di Raffaele Spongano, Pàtron, Bologna 1970.

Guido Almansi, Guido Fink, *Quasi come. Parodia come letteratura. Letteratura come parodia*, Bompiani, Milano 1976.

Armando Balduino, *Scrittori del Novecento e quesiti di critica testuale*, in *Messaggi e problemi della letteratura contemporanea*, Marsilio, Venezia 1976, pp. 212-237.

Gianvito Resta, *Sulla violenza testuale*, in "Filologia e critica", XI (1986), pp. 3-22.

Emilio Pasquini, *Le botteghe della poesia. Artigianato in versi nel Tre-Quattrocento italiano*, il Mulino, Bologna 1991.

L'attribuzione: teoria e pratica. Storia dell'arte. Musicologia. Letteratura, Atti del seminario di Ascona (30 settembre-5 ottobre 1992), a c. di Ottavio Besomi e Carlo Caruso, Birkhäuser Verlag, Basel-Boston-Berlin 1994.

Guglielmo Gorni, *Il Dante perduto. Storia vera di un falso*, Einaudi, Torino 1994.

Giuseppe Billanovich, *Come nacque un capolavoro: la "Cronica" del non più Anonimo Romano. Il vescovo Ildebrandino Conti, Francesco Petrarca e Bartolomeo di Jacovo da Valmontone*, in "Atti dell'Accademia Nazionale dei Lincei", Rendiconti, serie IX, CCCXCII (1995), pp. 195-211.

Alessandro Manzoni, *Adelchi*, ediz. critica a c. di Isabella Becherucci, Accademia della Crusca, Firenze 1998.

Aldo Rossi, *Da Dante a Leonardo. Un percorso di originali*, SISMEL-Edizioni del Galluzzo, Firenze 1999.

A conclusione di questa rassegna, sembrano opportune alcune considerazioni. Il testo critico così faticosamente restaurato non è che un'ipotesi di lavoro, ed è certamente diverso dall'opera, antica o moderna, che fu vergata nelle carte dell'autore. Nel corso della trafila (più o meno lunga) che separa l'originale dal lettore del nostro tempo, molti eventi ne hanno turbato l'aspetto e la sostanza, privandoci, forse per sempre, di elementi essenziali alla ricostruzione del testo e della sua fortuna. Pensiamo semplicemente alla perdita irrimediabile di tanti documenti cruciali (si rifletta per esempio sul fatto che quasi nulla della letteratura del Duecento può contare su fonti autografe).

La lezione che deriva dalla filologia del Novecento si ispira perciò a un doveroso, ma non rassegnato, relativismo: dopo Lachmann, dopo Bédier, dopo Barbi, la "nuova filologia" italiana ha suggerito e favorito, senza dogmatismi, non un metodo, ma diverse strategie di volta in volta adeguate all'oggetto di studio (secondo l'impostazione "neolachmanniana" di cui ha parlato Contini). Molti i meriti sul campo della disciplina. La grande scuola filologica italiana ha potuto contare su virtù di erudizione e sperimentalismo, sull'intuito come sulla raffinatezza operativa degli interpreti: e non dimentichiamo che spesso tale acribia si è tradotta in commenti di grande efficacia, l'ultimo atto della trafila ecdotica ed ermeneutica. L'approccio filologico ai testi, esplicito o sottinteso, presente o non nella coscienza dei lettori, inerisce ormai a ogni opera della letteratura italiana (da Dante a *Pinocchio*, da Petrarca a Salgari), di cui può garantire correttezza e autenticità. Ogni secolo e pressoché ogni autore della nostra storia letteraria ne hanno ricevuto, dall'Ottocento ai giorni nostri, lume, attenzione, chiarimento. Se ancora molto resta da fare, ciò è soltanto sintomo della vitalità della filologia italiana, certo non di una sua inadeguatezza: il che, come "sugo della storia", non è davvero poca cosa.

Gli esempi

L'enigma di Ser Durante

Si potrebbe definire quello del *Fiore* non un caso, ma "il caso" della filologia attributiva italiana. Da oltre un secolo la questione della paternità di questo poemetto continua a dividere critici e filologi, a stimolare interventi, che, mettendo in campo competenze e argomenti diversi, hanno cercato (e creduto) di pronunciare finalmente la sentenza definitiva, inappellabile. E invece, come si conviene a ogni thriller di buona fattura, ogni volta le presunte certezze si sono dissolte, l'indiziato principe è stato prosciolto, il giuoco si è azzerato, e si è ricominciato da capo. Il quesito centrale rimane sempre quello: è il *Fiore* (e il *Detto d'Amore* che, vedremo, ne condivide la sorte) opera di Dante Alighieri? Quesito centrale davvero, perché se i due poemetti non fossero di Dante, la storia della nostra letteratura antica li registrerebbe certo in posizione di riguardo, ma senza enfasi eccessiva, nel settore ben frequentato della poesia didattico-allegorica toscana fra Due e Trecento; ma se invece fossero dell'Alighieri, ovviamente del giovane Alighieri, acquisterebbero tanto maggior rilievo in quanto testimoni preziosi di un impegnativo apprendistato nel campo, che sarà poi primario, dello stile mezzano. Non dunque «un aneddoto di gioventù», ma «un anello della grande catena» (Contini).

Dal codice H 438 della Biblioteca interuniversitaria (sezione Medicina) di Montpellier, il filologo francese Ferdinand Castets pubblicò nel 1881 una corona di 232 sonetti (tutti con identico schema metrico ABBA.ABBA.CDC.DCD), che compendia e volgarizza in un toscano farcito di francesismi il *Roman de la Rose*. Il poemetto, che non reca né titolo né indicazione d'autore, narra come l'Amante, per cogliere il «fiore» che gli è stato promesso da Amore, muova alla conquista della donna (Bellaccoglienza). Il primo tentativo è respinto dai difensori della virtù femminile: lo Schifo, che non riesce però a impedire un parziale successo (il bacio), poi Castità, Vergogna, Paura e soprattutto Gelosia, che rinchiude infine Bellaccoglienza in un castello affidato alla custodia del crudele Malabocca. L'Amante, ben consigliato dall'Amico, ottiene l'aiuto del Dio d'Amore, che ha stretto a sua volta alleanza con il «re de' barattier» Falsembiante; ucciso Malabocca, l'assalto al castello dà l'esito sperato e Bellaccoglienza, che è stata a sua volta puntualmente istruita dalla Vecchia, consente infine all'Amante di fare «tutto il su' piacere».

Il *Roman de la Rose*, nelle due parti firmate da Guillaume de Lorris e da Jean de Meung e databili rispettivamente alla terza e alla settima decade del Duecento, ebbe uno straordinario e immediato successo; il rifacimento italiano, che di quelle due parti utilizza soprattutto la seconda, non sarà di molto posteriore all'anno della tragica morte di Sigieri di Brabante (1284), menzionata nel sonetto XCII.

Quanto al *Detto d'Amore*, che molti riscontri interni fanno attribuire alla stessa mano del *Fiore*, si tratta di un frammento di 480 settenari a coppie in rima equivoca, che a sua volta attinge al *Roman de la Rose*, «sia pure con altro atteggiamento e per solito privilegiando parti diverse» (Contini). Fu scoperto e pubblicato nel 1888 da Salomone Morpurgo, il quale chiarì che il codice che lo contiene, Ashburnham 1234 della Laurenziana di Firenze, costituisce la sezione finale di quello di Montpellier; la separazione fu operata nell'Ottocento dalla mano furtiva di Guglielmo Libri, non alieno dall'incrementare in questo modo il proprio patrimonio librario.

Fu lo stesso Castets ad assegnare al poemetto il titolo di *Fiore* che gli è poi rimasto, e a proporne, con la debita cautela, l'attribuzione al giovane Dante, il cui nome, nella forma non sintetica Durante, si registra in due luoghi del testo (LXXXII 9 e CCII 14). Da allora l'ipotesi del primo editore è stata oggetto di contesa fra quanti hanno creduto di poterla accogliere, confermandola con diversi argomenti, e quanti viceversa l'hanno più o meno sbrigativamente respinta, avanzando magari candidature alternative.

Contini

Barbi e Parodi

Entrambe le schiere hanno messo in campo dantisti e filologi di prima grandezza, al punto che, se anche si volesse risolvere la questione invocando l'autorevolezza dei sommi maestri (criterio peraltro sempre pericoloso, e in filologia in special modo), ci si dovrebbe rassegnare al nulla di fatto, constatando fra l'altro che fra i contrari ci sono i maggiori dantisti del primo Novecento, Michele Barbi ed Ernesto Giacomo Parodi, e che colui che può vantare lo stesso titolo per la seconda metà del secolo, Gianfranco Contini, è invece il più deciso assertore della paternità dantesca. Le prove che questi ha raccolto, interne ed esterne, sono tali a suo avviso da chiudere la questione del *Fiore* e del *Detto*; ma dopo anni di relativa calma, la *querelle* si è recentemente riaccesa, registrando interventi a favore di altri candidati. E così il francese, ma a lungo soggiornante in Italia, Guillaume Durant (Palma di Cesnola) e perfino Guido Cavalcanti (Cursetti) si sono aggiunti alla già nutrita schiera dei pretendenti: Dante da Maiano, Rustico Filippi, Brunetto Latini, Folgore da San Gimignano, Lippo Pasci de' Bardi, Antonio Pucci e altri ancora.

Alla *princeps* di Castets, che «passa per cattiva, ma si è molto esagerato» (Contini) hanno fatto seguito diverse altre; ma le due sole filologicamente condotte sono quelle di Parodi, in "Appendice" alle *Opere* di Dante del 1921, e quella curata da Contini nel 1984 per l'Edizione Nazionale. Le poniamo a confronto qui, per dare risalto al diverso trattamento della grafia, alle soluzioni che gli editori propongono per il solo luogo senz'altro corrotto, e per osservare come, nel secondo, l'apparato critico risponda a molteplici esigenze.

L'edizione Parodi, ottima per ammissione generale e dello stesso Contini, si apre con una "Prefazione" (pp. V-XX) che conferma la comune paternità del *Fiore* e del *Detto* ed esamina i diversi argomenti già addotti nella disputa attributiva; il giudizio conclusivo è equilibrato ma, come si è detto, contrario a Dante. Al testo (*Fiore*, pp. 3-119; *Detto d'Amore*, pp. 121-136) seguono la "Nota al testo", il "Glossario" e un "Indice di nomi propri e allegorie". La "Nota al testo" oltre che delle "Fonti" e della "Grafia", dà conto delle "Lezioni": si tratta di un apparato selettivo che denuncia soltanto le lezioni «più notevoli, per scorrezione o per altro» del manoscritto, segnala gli emendamenti apportati e le proposte possibili per luoghi incerti. Da questa edizione riproduciamo il sonetto LVI:

PARODI
Ammodernamento della grafia

AMICO

«Il marinaio che tuttor navicando
va per lo mar, cercando terra istrana,
con tutto si guid'e' per tramontana,
sì va e' ben le sue vele cambiando;
e per fuggir da terra, o appressando
in quella guisa ch'allor gli è più sana,
così governa mese e settimana,
insin che 'l mar si va rabbonacciando.
Così de' far chi d'Amor vuol gioire
quand'e' truova la sua donna diversa:
un'or la de' cacciar, altra fuggire.
Allor sì la vedrà palida e persa,
ché sie certan che le parrà morire
insin che no lli cade sotto inversa».

Quale che sia la convinzione che ciascuno, addetto ai lavori o semplice lettore, vorrà farsi sulla paternità dei poemetti, non c'è dubbio che quella curata da Contini merita di essere additata come un esemplare eccellente di edizione critica di un testo a tradizione singola. L'ampia "Introduzione" (pp. XVII-CL) contiene anche una ricca bibliografia ragionata (pp.

XXIII-XLVII), e un esame accuratissimo del manoscritto (pp. XLIX-LVII); a proposito del quale si afferma che l'ipotesi dell'autografia, non contraddetta dalla datazione presumibile su base paleografica (sec. XIII ex: / XIV in.), va tuttavia esclusa per la presenza, pur in un contesto di notevole correttezza, di errori tali da non poter essere ascritti all'autore. Parte essenziale dell'"Introduzione" è, naturalmente, la discussione degli argomenti interni ed esterni che portano questa volta a concludere che i poemetti sono attribuibili, ma «nel senso del latino *tribuendi*» a Dante Alighieri; chiude questa sezione una nota sulla grafia. Il testo critico e l'apparato si segnalano per la chiarezza e l'eleganza della soluzione tipografica adottata: il testo di ogni sonetto è infatti ospitato nella pagina di sinistra, il relativo apparato critico in quella di destra. L'apparato è diviso in tre fasce: la prima riporta le lezioni del codice che sono state abbandonate, la seconda la discussione dell'emendamento introdotto (o proposto) e di quelli escogitati dai precedenti editori, la terza i rinvii ai luoghi corrispondenti del *Roman de la Rose* e i riscontri «con la *Commedia* [...] o con testi, danteschi o altrui, press'a poco coevi». Vediamo ora testo e apparato del sonetto in questa edizione:

Amico

«Il marinaio che tuttor navicando
Va per lo mar, cercando terra istrana,
Con tutto si guid'e' per tramontana,
Sì va e' ben le sue vele cambiando
E per fug[g]ire da terra *e* apressando,
In quella guisa c[h]'allor gli è più sana:
Così governa mese e settimana
Insin che 'l mar si va rabonacciando.
Così dé far chi d'Amor vuol gioire
Quand'e' truova la sua donna diversa:
Un'or la dé cacciar, altra fug[g]ire.
Allor sì·lla vedrà palida e persa,
Ché sie certan che le parrà morire
Insin che no·lli cade sotto inversa».

5 t. capressando

5. C. (da cui M.) *c'apress'ando* (e ovviamente fugir), P. (che s'accorda in *fuggir*) corregge *o appressando*, DiB. da Zingarelli) *va pressando.* Ma si può più di P. restare graficamente vicini al ms. restituendo (con Della Torre) quel *c-* in *e*, che s'intende simmetrico all'*e* iniziale del verso, per polisindeto identico a quello di LXII 2 (ciò che impone soppressione di ogni pausa dopo 4 e pausa dopo 6). L'apocope di *fug[g]ire* non è strettamente necessaria.

Da R 7549 ss.
I quartina Da R. 7549 ss. (*Li mariniers qui par mer nage, Cerchant mainte terre sauvage, Tout regart il a une esteile, Ne cueurt il pas toujourz d'un veile, Ainz le treschange mout souvent*).
5 Cfr. R 7554 (*Pour eschever tempeste ou vent*, retto da *treschange*).
8 Cfr. l'inizio di *Inf.* XXVI 142 (*Infin che 'l mar...*), a chiusa qui di quartine, là di canto.
9 Da R. 7558 (*Qui veaut de bone amor joïr*).
11 Da R. 7557 (*Or deit chacier, or deit foïr*) ; per la formula *un'or ...altra* ... cfr. IV 13 e XXXIV 7.

Confrontando le due edizioni, osserviamo che per il luogo concordemente giudicato guasto (5 *terra capressando*), si propongono due emendamenti differenti: a *o appressando* di Parodi (che nella "Nota" si limita a segnalare la lezione del manoscritto), Contini oppone *e apressando*, spiegando nella seconda fascia dell'apparato che tale correzione consente di «restare graficamente vicini al ms.» (la confusione fra *e* e *c* è perfettamente comprensibile e frequentissima) e restituisce un costrutto (polisindeto) attestato in altro luogo (LXII 2). Sono inoltre esaminati gli emendamenti suggeriti da altri precedenti editori – Castets (C), Mazzatinti (M), Di Benedetto (Dib.) e naturalmente Parodi – e si segnala che quello introdotto era già nell'edizione di *Tutte le Opere* di Dante Alighieri (Firenze 1919) curata da Arnaldo Della Torre. Per dare risalto all'intervento congetturale Contini ricorre al carattere corsivo.

Quanto alla lingua e alla grafia, le due edizioni si ispirano a concezioni differenti, che comportano un discreto numero di divergenze più o meno rilevanti. Tralasciando questioni di minore importanza, come la punteggiatura (che, mancando nel manoscritto, è a carico esclusivo dei curatori) osserviamo che l'edizione Parodi si uniforma a quei criteri di misurato ammodernamento della grafia (ma non senza qualche conseguenza anche sul piano della fonetica) che «per impulso sostanziale del Barbi» (Contini) erano stati adottati per l'edizione delle *Opere di Dante* del 1921. Notevoli sono soprattutto gli interventi che, in conformità a ciò che si afferma nella nota sulla grafia e in omaggio al principio della osservanza della reale pronuncia, introducono le consonanti doppie in luogo delle scempie del codice. Abbiamo dunque *fuggir* (5), *appressando* (5), *rabbonacciando* (8), *fuggire* (9). Viene viceversa mantenuta, in quanto ritenuta rispondente alla pronuncia, la scempia di *palida* (12). Allo stesso verso il *silla* del codice è risolto in *sì la*, cancellando dunque il raddoppiamento fonosintattico, mentre al v. 14 l'assimilazione in fonosintassi (*nolli*), è mantenuta, ma separando le parole (*no lli*).

L'edizione Contini appare in complesso più conservativa, anche se evita soluzioni che possano disorientare il lettore non esperto. Non si raddoppiano perciò le scempie in *apressando* (5), e *rabonacciando* (8), mentre in *fug[g]ire* (5 e 9) l'integrazione, certamente dovuta, è racchiusa fra parentesi quadre. Lo stesso accorgimento si adotta per l'integrazione di *h* in *c[h]'allor*. Al lettore non esperto si chiede soltanto di familiarizzarsi con l'uso del punto in alto, adottato in *sì·lla* e *no·lli*.

La soppressione di segni superflui e lo scioglimento di abbreviazioni, piuttosto che con il ricorso ad altri espedienti tipografici di non immediata comprensione, sono segnalati in apposita appendice: da questa apprendiamo che il copista ha in realtà scritto al v. 2 *ciercādo*, al v. 4 *cābiādo*, al v. 13 *ciertan*. In questo modo l'assetto grafico originale può essere quasi del tutto recuperato.

Nella terza fascia dell'apparato continiano, occupata per il resto da rinvii al *Roman de la Rose* (siglato R), è interessante il riscontro con *Inf*. XXVI 142 (*Infin che 'l mar*: «a chiusa qui di quartine, là di canto»). Si tratta di una di quelle corrispondenze che, per Contini, individuano un rapporto di connessione tra il *Fiore* e l'opera dantesca a livello profondo; esse risultano più significative di riprese massicce ed esplicite (e che perciò potrebbero rientrare nell'ambito della intertestualità, da Dante a un altro autore o viceversa) e costituiscono dunque argomento essenziale in favore della paternità dantesca. In questo modo l'apparato critico non si risolve in semplice indicatore di fonti, ma diviene funzionale alla tesi sostenuta dal curatore.

Bibliografia consigliata

Il Fiore e il Detto d'Amore, a c. di E.G. Parodi, con note al testo, glossario e indici; in "Appendice" a *Le opere di Dante* edite dalla Società Dantesca Italiana, Bemporad, Firenze 1922.

Il Fiore e il Detto d'Amore attribuibili a Dante Alighieri, a c. di G. Contini, in *Le opere di Dante Alighieri*, Edizione Nazionale a c. della Società Dantesca Italiana, Mondadori, Milano 1984.

Il Fiore e il Detto d'Amor attribuibili a Dante Alighieri, a c. di G. Contini, in Dante Alighieri, *Opere minori*, t. I, parte I, Ricciardi, Milano-Napoli 1984 (con bibliografia esauriente).

Mauro Cursetti, *Ancora per il Fiore: indizi cavalcantiani*, in "La parola del testo", I, 2 (1997), pp. 197-218.

Maurizio Palma di Cesnola, *La battaglia del "Fiore". Omaggio a Remo Fasani*, in "Studi e Problemi di Critica Testuale", LIX (ottobre 1999), pp. 5-42.

La *Vita Nuova* (o *Vita Nova*) di Dante: un caso riaperto

La *Vita Nuova* è un breve prosimetro, vale a dire un'opera mista di prosa e versi, la cui composizione si fa risalire agli anni 1293-1294. In prosa è il racconto dell'amore di Dante per Beatrice, la «gentilissima», a partire dal primo incontro, avvenuto in età ancora fanciullesca, e fino al momento in cui, morta l'amata, una mirabile e misteriosa visione persuade il poeta a non trattare più di lei fino a quando non potrà farlo in opera più degna, in cui egli confida di «dire quello che mai non fue detto d'alcuna» (che potrebbe naturalmente essere, ma non è detto che sia, la promessa della *Commedia*). Nell'ordito narrativo sono inserite trentuno poesie (venticinque sonetti, cinque canzoni e una ballata); oltre che a dichiararne l'occasione, la prosa provvede di norma a fornirne una divisione in parti e una sommaria esegesi. La produzione poetica del giovane Dante non è tutta confluita nel libello; ne restano escluse, ovviamente, tutte le liriche che non pertengono all'amore per Beatrice, ma anche alcune che, pur legate a quella esperienza, furono evidentemente giudicate indegne o non omogenee sul piano dello stile.

La *Vita Nuova* è tramandata da una quarantina di manoscritti, e altrettanti sono quelli che raccolgono le sole liriche; per due secoli, dal Petrarca, al Boccaccio fino al Bembo, l'opera fu letta e imitata (il caso più clamoroso è rappresentato dal *Comento de' miei sonetti* di Lorenzo de' Medici): una minor fortuna testimoniano invece per i secoli seguenti le tre sole stampe pubblicate prima della ripresa ottocentesca: la Giuntina del 1527 (per le sole rime), la Sermartelli (rassettata per motivi di censura) del 1576, e quella curata da Anton Maria Biscioni nel 1723.

Della posizione di eccellenza che l'edizione critica della *Vita Nuova*, pubblicata da Michele Barbi nel 1907 (e sottoposta a profonda revisione nel 1932) occupa nella storia della filologia italiana si è già detto nella **Sezione storica**. A quanto esposto si dovrà in primo luogo aggiungere che quella edizione era stata preceduta, in anni non lontani, da alcune altre a vario titolo notevoli. Nel 1872 e poi nel 1884 il libello era stato edito da Alessandro D'Ancona che aveva utilizzato pochi codici e si era affidato spesso alla tradizione a stampa, ma aveva potuto giovarsi dell'aiuto di Giosue Carducci (che all'epoca della prima edizione gli era ancora amico) e del giovane allievo Pio Rajna. A una soluzione che oggi definiremmo "bédieriana" si era invece attenuto Tommaso Casini che, convinto dell'eccellenza del trecentesco codice Chigiano L. VIII. 305, ne aveva proposto senz'altro la lezione, correggendola soltanto nei casi di errore evidente. Un tentativo di edizione critica era stato infine proposto nel 1896 da Friederich Beck, che arrivò a delineare, senza peraltro offrire una dimostrazione rigorosa, una classificazione di 35 codici, ma non se ne giovò per stabilire il testo, e finì per privilegiare, come Casini, la lezione del Chigiano.

Proprio il confronto con questi precedenti dà la misura della straordinaria novità dell'edizione barbiana, che applica in maniera ineccepibile il metodo lachmanniano, procedendo a una raccolta esauriente e a un esame preliminare di tutti i testimoni manoscritti e a stampa, costituendo sul fondamento degli errori significativi lo *stemma codicum*, utilizzando le indicazioni offerte da quello stemma per individuare le varianti più attendibili, vagliando infine con tutti gli argomenti possibili le varianti che, per la natura bipartita dello stemma, non potevano discriminarsi in termini probabilistici. L'apparato critico, invece di raccogliere materiale inerte (lezioni isolate o irrimediabilmente irricevibili a termini di stemma, errori non significativi), documentava soltanto le reali alternative alla lezione accolta a testo, e le discuteva per giustificare con ogni possibile elemento la scelta operata. Nelle alternative di ordine linguistico si optava per quelle che più probabilmente rispecchiavano l'uso fiorentino dell'estremo Duecento, mentre per la grafia si operava un adeguamento all'uso moderno per cui i suoni venivano rappresentati non con le grafie adottate dagli antichi copisti, e che potrebbero indurre facilmente in errore il lettore odierno, ma con quelle oggi in uso (vedi **Sezione storica** e **Sezione metodologica**). Ecco come si presenta dunque una pagina dell'edizione del 1932:

VITA NUOVA VIII 4-5 27

Piangete, amanti, poi che piange Amore, 4
udendo qual cagion lui fa plorare.
Amor sente a Pietà donne chiamare, 5
mostrando amaro duol per li occhi fore,
perchè villana Morte in gentil core
ha miso il suo crudele adoperare,
guastando ciò che al mondo è da laudare
in gentil donna sovra de l'onore.

8. b *suora*; s *sora*. Grande varietà in k, perchè K ha *sora*, T *soura*, Valladolid e Magl. VII 722 *fora*, Stroz. 170 *fuora*. Non certa è anche la lezione di x, avendo M *sora* (corretto posteriormente in *fora*), M² *sora* e Barb *fuora*, w *soura* (W fra le linee *suora*, e in marg. *al' sora*), P Mgl Co *sora*, e A *suora*. Anche i testi del frammento descritto sotto il n.° 41 (cfr. p. CCLXVIII) hanno *sora*.

se si tratta d'autore vissuto prima che il volgare abbia ricevuto stabilità grammaticale? E non mostra Dante di seguire liberamente simili costruzioni anche in altre parti delle sue opere? Basti citare *Vita Nuova*, VII 7 «ha due parti principali; che ne la prima intendo.... »; XXII 8 «feci due sonetti; che nel primo domando.... »; *Conv.*, IV III 1 «partire si conviene per le sue parti principali, che sono tre: che ne la prima si tratta de la nobilitade....; ne la seconda.... »; *Inf.* XV, 36 «se piace a costui che vo seco» (sul qual passo cfr. la mia nota in *Bull.* cit., XXV, 50). D'altra parte, che la sostituzione della forma grammaticalmente più regolare sia da attribuirsi al Boccaccio, che non aveva scrupoli a far simili ritocchi, mostra l'accordo di k con β.

3. SENTE A PIETÀ.... CHIAMARE. Generalmente si legge *a pietà*, e s'intende 'lamentarsi in modo, al punto, da muovere a pietà' (cfr. *Inf.* V, 3: «pugne a guaio»). Ma par più conforme all'uso di questi vecchi rimatori leggere *a Pietà*, dando a *chiamare* il senso di 'rivolgersi implorando, invocare', come nelle frasi, così frequenti negli antichi autori, *chiamare a Dio*, *chiamare a Cristo* ecc.: cfr. CRUSCA⁵, s. v., § XLVI; e per il concetto, *Vita Nuova*, XIII, 9:

convenemi chiamar la mia nemica,
madonna la Pietà, che mi difenda;

GUIDO CAVALCANTI, *Dante, un sospiro*, 5-7:

vidi il servitore
di monna Lagia, che venia dicendo:
«Aiutami, Pietà»;

DINO FRESCOBALDI, *Voi che piangete*, 41, 42:

cominciò a chiamare:
«Aiutami, Pietà, ch'io non sia morto»;

e BARTOLOMEO DI CASTEL DELLA PIEVE, *Accorr'uomo* (in *Giorn. stor. d. lett. ital.*, XII, 215), st. 1ª:

non è chi m'accorra,
o per me prenda ardir, o per me s'armi
vedendo sì disfarmi
di doglia. U' se', Pietà? chi mi ti tiene?

8. SOVRA DE L'ONORE. La lezione preferita dalle stampe è *fora* o *fuora*; *sovra* è dato soltanto da Bisc., dagli Edd. Mil., da Pass.[1] (quantunque S abbia *sora*), da me e da alcuni che più fedelmente hanno seguito le mie due precedenti edizioni; *sora* o *suora* non ha trovato grazia neppure fra i riproduttori di K (Cas., Pass.[2], Beck, Melod.), sebbene *sora* sia proprio la sua lezione, e non *fora*. *Fora* o *fuora* ha ben scarso fondamento

L'edizione fu subito riconosciuta e proclamata come esemplare; per esempio da Ernesto Giacomo Parodi, l'altro grande dantista italiano di quegli anni e fraterno amico di Barbi, il quale, giovandosi di una competenza filologica e linguistica straordinaria, fu uno dei non molti in grado di valutarne a pieno il valore, e anche di esprimere minime ma fondate riserve.

Da allora e per quasi un secolo i criteri sui quali Barbi fondò la sua edizione del libello dantesco sono stati dichiarati validi e i dissensi hanno per lo più riguardato questioni non sostanziali (proposte di interventi su singoli punti del testo o sulla punteggiatura); gli incrementi alla tradizione manoscritta, quantitativamente modesti – un cospicuo frammento (ms. dell'Archivio del Carmelo di Santa Maria degli Angeli e di Santa Maddalena de' Pazzi [Trespiano]) recuperato da Giuseppe Tamburrino, un frammento e una raccolta di estratti esaminati da Antonio Enzo Quaglio – hanno confermato la sistemazione già delineata.

A riaprire la questione del testo della *Vita Nuova* ha provveduto da alcuni anni Guglielmo Gorni, che con una serie di articoli e con una nuova edizione del prosimetro ha messo in discussione alcune delle scelte fondamentali dell'opera barbiana. I meriti della quale, anche per Gorni, restano peraltro immensi, soprattutto se confrontati con quelli, pur non del tutto trascurabili, dei predecessori. La sistemazione della tradizione quale si presenta nello *stemma codicum* delineato da Barbi è accolta da Gorni con minime correzioni; quella sistemazione prevede ai piani alti dell'albero una bipartizione in due grandi famiglie (α e β), ciascuna delle quali bipartita a sua volta, in questo modo:

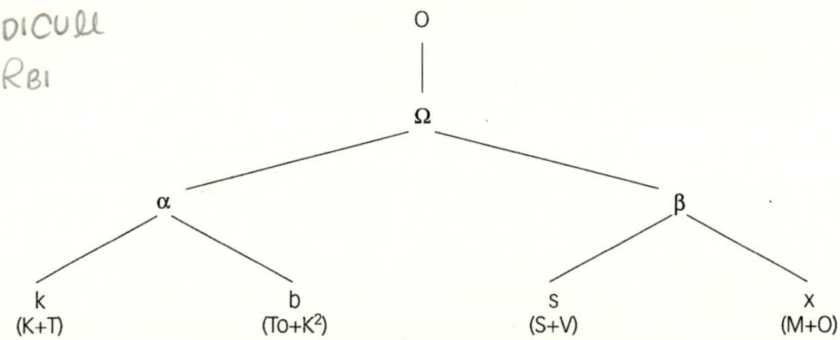

(Avvertiamo che i due codici della famiglia k sono il Chigiano L. VIII. 305 e il Trivulziano 1058, mentre la famiglia b è rappresentata dai due autografi del Boccaccio – il codice di Toledo e il Chigiano L. V. 176, per Barbi discendente dell'altro – e da un gran numero di *descripti*; i mss. di s sono lo Strozziano, ora Magliabechiano VI. 143 e il Veronese Capitolare 445, quelli di x i codici Martelli 12 e Acquisti e Doni 224, già Olschki, della Laurenziana).

Sulla utilizzazione dello stemma si appuntano le critiche di Gorni. In primo luogo egli respinge la decisione di Barbi di accogliere nel testo in non pochi casi lezioni che, essendo esclusive del ramo k e in particolare del codice Chigiano, sono a norma di stemma destituite di autorità. Si tratta quasi sempre di lezioni che presentano un testo più lungo rispetto a quello degli altri codici, e che Barbi decise di privilegiare ritenendo che si potesse ipotizzare, nei capostipiti delle altre famiglie, la presenza di lacune di origine poligenetica. La difficoltà di sostenere una simile ipotesi era già stata denunciata da Parodi: a suo avviso quelle lacune si sarebbero propagate per contaminazione. All'uno e all'altro Gorni replica che la sola conseguenza che è legittimo trarre in tale situazione è quella di ritenere erronee, e dunque respingere, le lezioni esclusive di k. Riesaminando poi, caso per caso, tutte le alternative di pari peso stemmatico, vale a dire le varianti adiafore di α contro β, Gorni accoglie in molti casi la soluzione proposta da Barbi, ma non di rado sostiene e introduce nel suo testo le lezioni che il suo predecessore aveva scartato.

All'autorità stemmatica, cioè alla necessità di riconoscere come autentiche le situazioni che, verificandosi in testimoni appartenenti a entrambi i rami della tradizione, più probabilmente ripropongono lo stato dell'originale, Gorni si appella anche per proporre una diversa partizione dell'opera (che nell'edizione Barbi riproduceva invece quella introdotta da Alessandro Torri per una stampa del 1843) e per sostituire al titolo in volgare *Vita Nuova*, quello latino *Vita Nova*. Il nuovo titolo, capofila di una tradizione, così tenace poi nella nostra letteratura almeno fino a Machiavelli, di opere volgari con titolo latino, calcherebbe dunque fedelmente la rubrica (*Incipit vita nova*) di quel «libro della memoria» di cui, come si afferma nel proemio, il libello è copia ed estratto, e trova conforto dall'essere messo a testo anche (ma indipendentemente) nella recente edizione critica del *Convivio* curata da Franca Brambilla Ageno.

Ancora: all'accordo della totalità o della maggioranza dei testimoni principali Gorni si affida per determinare le scelte di ordine formale, sia per la lingua, sia per la grafia che, respingendo la soluzione di Barbi e accostandosi piuttosto a quella adottata da Contini per il *Canzoniere* e il *Fiore*, non rimodella sulla pronuncia odierna le grafie latineggianti prevalenti nei codici tre e quattrocenteschi.

Il risultato della revisione non è di poco conto, come si vede dal confronto di due brani. Questa è la prima parte del capitolo IX (1-5) come si legge nella *Vita Nuova* a cura di Michele Barbi:

> IX. Appresso la morte di questa donna alquanti die avvenne cosa per la quale me convenne partire de la sopradetta cittade e ire verso quelle parti dov'era la gentile donna ch'era stata mia difesa, avvegna che non tanto fosse lontano lo termine de lo mio andare quanto ella era. (2) E tutto ch'io fosse a la compagnia di molti quanto a la vista, l'andare mi dispiacea sì, che quasi li sospiri non poteano disfogare l'angoscia che lo cuore sentia, però ch'io mi dilungava de la mia beatitudine. (3) E però lo dolcissimo segnore, lo quale mi segnoreggiava per la vertù de la gentilissima donna, ne la mia imaginazione apparve come peregrino leggeramente vestito e di vili drappi. (4) Elli mi parea disbigottito, e guardava la terra, salvo che talora li suoi occhi mi parea che si volgessero ad uno fiume bello e corrente e chiarissimo, lo quale sen gia lungo questo cammino là ov'io era. (5) A me parve che Amore mi chiamasse, e dicessemi queste parole: «Io vegno da quella donna la quale è stata tua lunga difesa, e so che lo suo rivenire non sarà a gran tempi; e però quello cuore che io ti facea avere a lei, io l'ho meco, e portolo a donna la quale sarà tua difensione, come questa era». E nominollami per nome, sì che io la conobbi bene.

E questo è il testo nel paragrafo 4 [1-8] della *Vita Nova* a cura di Guglielmo Gorni (segnaliamo in corsivo tutti i cambiamenti introdotti):

> 4. *Apresso* la morte di questa donna alquanti die, *avenne* cosa per la quale me convenne partire della *sopradecta* cittade e ire verso quelle parti *ov*'era la *gentil* donna ch'era stata mia difesa, *avegna* che non tanto fosse lontano lo termine *del* mio andare quanto ella era. [2] E tutto ch'io *fossi* a la compagnia *di molti, quanto alla vista* l'andare mi dispiacea sì, che quasi li sospiri non poteano disfogare l'angoscia che *'l* cuore sentia, però ch'io mi dilungava *dalla* mia beatitudine. [3] E però lo dolcissimo *signore*, lo quale mi *signoreggiava* per la *virtù della* gentilissima donna, *nella* mia *ymaginatione* apparve come peregrino *leggieramente* vestito e di vili drappi. [4] Elli mi parea *sbigottito* e guardava la terra, salvo che talora li suoi occhi mi parea che si volgessero ad *un* fiume bello e corrente e chiarissimo, lo quale sen gia lungo questo *camino* là ov'io era. [5] A me parve che Amore mi chiamasse, e dicessemi queste parole: «Io vegno da quella donna la quale è stata tua lunga difesa, e so che lo suo rivenire non *sarà. E* però quello cuore che io ti facea avere *a·llei*, io l'*ò* meco, e portolo a donna la quale sarà tua difensione, come questa era». E *nominollami*, sì che io la conobbi bene.

Per quanto concerne l'interpunzione, si osservano alcune innovazioni; ma la sola davvero importante, in quanto incide sul senso della frase, è lo spostamento della virgola da «E tutto ch'io fosse a la compagnia di molti quanto a la vista, l'andare mi dispiacea» (IX, 2) a «E tutto ch'io fossi alla compagnia di molti, quanto alla vista l'andare mi dispiacea» (4, 2). In questo caso, Gorni dichiara di ritenere preferibile la soluzione che lo stesso Barbi aveva adottato nella edizione del 1907, per poi rifiutarla in quella del 1932. Il testo Gorni mantiene grafie arcaiche in *sopradecta*, *ymaginatione*, *leggieramente*, *ò* (per Barbi, secondo l'uso moderno, *sopradetta*, *imaginazione*, *leggeramente*, *ho*); e hanno valore meramente grafico (non rappresentano cioè una pronuncia diversa dall'attuale), gli scempiamenti di *Apresso*, *avenne*, *avegna*, *camino* (in Barbi *Appresso*, *avvenne*, *avvegna*, *cammino*) che vengono conservati analogamente a quanto aveva fatto Contini nell'edizione del *Fiore* e del *Detto d'Amore* (vedi **Esempio Dante, *Fiore***). Secondo l'uso ormai invalso si rappresenta il raddoppiamento fonosintattico (*a·llei* contro *a lei* di Barbi) e si preferiscono le forme contratte, prevalenti nei testimoni antichi (*della*, *del*, *nella*), a quelle (*de la*, *de lo*, *ne la*) che a giudizio di Gorni (p. 291) rappresentano «un tratto ottocentesco, da "ode barbara" carducciana» (e si ricordi come nell'alternativa tra la forma evidentemente sentita come elegante e propria della lingua scritta, e quella che rispecchiava l'effettiva pronuncia, Leopardi optasse infine per la seconda; vedi **Esempio Leopardi**).

Venendo alle alternative nell'ambito delle forme linguistiche (che non implicano quindi scarti di significato; distinzione in teoria assai netta, ma che nella pratica risulta di non sempre pacifica applicazione) Gorni giustifica variamente la sua decisione di respingere la soluzione proposta da Barbi. Per *parte ove* (invece di *parte dove*) opta per la lezione di β contro α, perché negli altri luoghi del testo c'è accordo su questa forma; lo stesso criterio (in sostanza dell'*usus scribendi*) è invocato per la sostituzione di *sbigottito* (α) a *disbigottito* (β). *Gentil donna* è preferito a *gentile donna*, perché è la «sola forma legittimata dalla poesia»; *fossi* e *signore* (*signoreggiava*) subentrano a *fosse* e *segnore* (*segnoreggiava*) perché maggioritarie a norma di stemma. E così via.

Restano le due innovazioni più cospicue, che riguardano qui la sostanza del testo, e che per Gorni sono imposte dallo stemma (ma anche preferibili per il senso e per lo stile); si tratta di due lezioni più brevi (4, 5 «lo suo rivenire non *sarà*» e «*nominollami*») che Barbi aveva respinto per accogliere quelle più lunghe (IX, 5 «lo suo rivenire non *sarà a gran tempi*» e «*nominollami per nome*»), presenti nel solo ramo k della famiglia α.

Era prevedibile e forse inevitabile che l'edizione Gorni, che, pur non dichiarandosi espressamente «critica», introduce non poche e non tutte lievi correzioni al testo di Barbi, suscitasse discussioni e reazioni di vario tenore. Non stupisce per esempio che la conservazione della grafia antica, pur largamente praticata e da molti ritenuta indispensabile, sia stata censurata da chi ritiene prioritaria l'esigenza di non intralciare l'approccio all'opera di Dante da parte del lettore non specialista, o da chi ritiene comunque illusorio, in assenza di documenti autografi, lo sforzo di ricostruire sulle copie l'*usus scribendi* dantesco. Se la decisione di non accogliere, contro il parere di Barbi, le varianti (di sostanza) minoritarie di k non è contestata, nessuna disponibilità a condividere i criteri di selezione delle varianti formali manifesta invece Paolo Trovato, che ha respinto qualsiasi tentativo di delegare all'autorità dello stemma l'opzione fra alternative di ordine grafico e, soprattutto, linguistico. A suo avviso, in una tradizione che, tranne che per pochi individui, risale a diversi decenni dopo la morte dell'autore, molte forme isolate o minoritarie rappresentano spesso tratti autentici della lingua antica che si sono poi, nei diversi testimoni, rapidamente alterati e perduti. L'indagine per l'accertamento dei fatti linguistici non può essere perciò limitata ai soli testimoni riesaminati da Gorni, ma deve tener conto anche di altri esemplari: per esempio del codice del Carmelo (Ca), ignoto a Barbi, che è sì frammentario, ma autorevole per antichità. In definitiva, a parere di Trovato, il nuovo testo si allontanerebbe dalla forma linguistica originale per adottarne una di matrice trecentesca e boccacciana.

Non è questa la sede per entrare in una polemica che è tuttora in corso (alle diverse obiezioni Gorni ha replicato negli "Studi di Filologia Italiana") e che, per l'importanza dell'oggetto in discussione, potrebbe durare ancora a lungo; basterà osservare in conclusione che episodi come questo confermano l'affermazione continiana secondo la quale ogni edizione critica rappresenta non la soluzione di un problema, ma una delle soluzioni possibili, appunto una «ipotesi di lavoro». Inoltre si può constatare come l'accrescersi delle conoscenze e l'affinarsi delle tecniche consenta di sviluppare con sempre maggior consapevolezza la riflessione su questioni già a lungo dibattute in passato e che periodicamente si ripropongono (assetto grafico e linguistico, utilizzo dello stemma e, più in generale, applicabilità del metodo lachmanniano).

Bibliografia consigliata

La Vita Nuova di Dante Alighieri, a c. di A. D'Ancona, Nistri, Pisa 1872; 2ª ediz. Galileo, Pisa 1884.

La Vita Nuova di Dante Alighieri, con introduzione, commento e glossario di Tommaso Casini, Sansoni, Firenze 1885 (con nuova presentazione di Cesare Segre, Sansoni, Firenze 1962).

Dantes Vita Nova, Kritischer Text unter Benützung von 35 bekannten Handscriften von Friederich Beck, München 1896.

La Vita Nuova, a c. di Michele Barbi, Società Dantesca Italiana, Firenze 1907; 2ª ediz. Bemporad, Firenze 1932.

Ernesto Giacomo Parodi, rec. a *La Vita Nuova per c. di Michele Barbi...*, in "Bullettino della Società Dantesca Italiana", n.s. XIV (1907), pp. 81-97.

Antonio Ezio Quaglio, *Un'antica reliquia della "Vita Nuova"*, in "Filologia e Critica", IV (1967), pp. 169-187.

Id., *Tradizioni irregolari nella storia di testi prosastici e prosimetri: esempi e avvertenze*, in *La critica del testo. Problemi di metodo ed esperienze di lavoro*, Atti del convegno di Lecce, 22-26 ottobre 1984, Salerno Editrice, Roma 1985, pp. 151-207.

Giuseppe Tamburrino, *Un antico frammento della "Vita Nuova"*, in "Italia Medioevale e Umanistica", X (1967), pp. 377-383.

Guglielmo Gorni, *Per il testo della "Vita Nuova"*, in "Studi di Filologia Italiana", LI (1993), pp. 5-38.

Id., *"Paragrafi" e titolo della "Vita nova"*, in "Studi di Filologia Italiana", LIII (1995), pp. 203-222.

Id., *Restituzione formale dei testi volgari a tradizione plurima. Il caso della "Vita Nova"*, in "Studi di Filologia Italiana", LVI (1998), pp. 5-30.

Id., *Per la "Vita Nova"*, in "Studi di Filologia Italiana", LVIII (2000), pp. 29-48.

Dante Alighieri, *Vita Nova*, a c. di Guglielmo Gorni, Einaudi, Torino 1996 (con ampia e ragionata bibliografia).

Guglielmo Gorni, *Classici: al servizio del testo*; Marco Santagata, *Classici: al servizio del lettore*, in "La Rivista dei libri", 3 marzo1997, pp. 14-17.

Mario Marti, *Rassegna di studi danteschi*, in "Giornale Storico della Letteratura Italiana", CLXXIV (1997), pp. 582-591.

Paolo Trovato, *Il testo della "Vita Nuova" e altra filologia dantesca*, Salerno Editrice, Roma 2000 (con bibliografia).

Il *Canzoniere* di Francesco Petrarca: "filologie" di un libro esemplare

Il *Canzoniere* di Francesco Petrarca (1304-1374) è il più importante "libro di poesia" della nostra letteratura antica. Con questa espressione denominiamo un'opera in poesia formata non dall'aggregazione casuale, ma da una sequenza immutabile di rime, ordinate secondo un disegno strutturale, formale e narrativo delineato dall'autore stesso. Il libro di poesia, o, appunto, *Canzoniere*, si distingue perciò dalle semplici raccolte di rime, che sottintendono tutt'al più una volontà di assemblaggio cronologica o casuale di componimenti di un medesimo autore o di autori diversi. Aggiungiamo che Petrarca fu il primo, in Italia, a elaborare una strategia macrotestuale così complessa, che si tradusse in modello per la poesia europea (in Francia, in Spagna, in Inghilterra).

Inoltre (e questa è la seconda qualità esemplare, tutta interna alla filologia, del "caso" *Canzoniere*), del libro di Petrarca si conserva ancora oggi l'originale nel ms. Vat. Lat. 3195. È un testimone idiografo (cioè solo in parte compilato dall'autore, ma integralmente rivisto e corretto da lui) nel quale è a tutti gli effetti consegnata l'ultima e definitiva stesura del *Canzoniere* (vedi **Sezione storica**).

Basterebbero questi soli, ma fondamentali, dettagli per assicurare al *Canzoniere* un rilievo assoluto nella storia della nostra letteratura e della nostra filologia. Ma si può aggiungere che sull'opera si fonda lo statuto della lirica italiana, e di gran parte di quella europea: il linguaggio selettivo e sofisticato, le scelte metriche, la fissazione di una topica amorosa che perdurerà inalterata almeno sino a tutto il Cinquecento, e che non manca di riverberarsi, in echi più o meno evidenti, nella poesia di oggi.

Ciò spiega l'attenzione a ogni livello che da sempre è stata rivolta al *Canzoniere*, e che si è tradotta in una secolare letteratura critica (in forma di varia esegesi) a dir poco impressionante. È altissimo il numero di commenti al testo: fra i quali si annoverano alcuni gioielli del genere, dal commento di Castelvetro a quello di Tassoni, da Leopardi a Carducci, e, nel Novecento, tra una selva di differenti proposte di lettura, di Chiorboli, di Fenzi, di Santagata e di moltissimi altri. Spiega meno, forse, l'assenza (che ancora oggi si lamenta) di un'edizione critica che tenga finalmente conto delle "forme" dell'opera e delle loro varianti.

Il titolo originale di questo libro è: *Francisci Petrarche laureati poete Rerum vulgarium fragmenta* (*RVF*), «Frammenti volgari del poeta laureato Francesco Petrarca»: così lo volle denominare l'autore nella rubrica a c. 1 r del manoscritto idiografo (codice Vat. Lat. 3195). Ma altri titoli vulgati sono quelli di *Canzoniere* o, per antonomasia, di *Rime*. L'opera arrivò a contare 366 componimenti in metro vario, così distribuiti: 317 sonetti, 29 canzoni, 9 sestine, 7 ballate, 4 madrigali. Si tratta dunque di una raccolta polimetrica la cui unità è, paradossalmente, confermata dalla divisione in due parti, che impropriamente sono indicate come "in vita" e "in morte" della donna amata, Laura, ma che in realtà coincidono piuttosto con il tempo dell'amore e della gioventù e quello del pentimento e della vecchiaia dell'autore (nn. 1-263; 264-366). L'impianto autobiografico del libro (in cui solo a fatica riusciamo a distinguere verità e finzione: Giuseppe Billanovich si è spinto di recente ad affermare che Laura non è mai esistita) è tanto pervasivo da fuorviare anche lettori esperti. Esso è il frutto di una raffinata strategia d'autore, che identifica nel racconto dell'io un modo nuovo di interpretare l'esperienza lirica. Leggendo il *Canzoniere* abbiamo così l'impressione di ripercorrere le pagine di un diario d'amore, contrassegnato da anniversari e da sequenze narrative, dall'errore e dal pentimento finale. La macrotestualità del libro è sorretta, oltre che dall'unicità della voce poetante, dai collegamenti intertestuali di cui il *Canzoniere* è disseminato, che definiscono brevi nuclei narrativi o formali. Le rime "sparse", o "microtesti", possono acquisire perciò un rilievo speciale nell'architettura dell'opera, come avviene per il trittico sul tema d'amore (nn. 132-134), per i sonetti «dell'aura» (194, 196-198), o «del guanto» (199-201).

Un'opera così complessa non nacque per caso, né venne portata a termine in tempi brevi. La sua realizzazione si snoda lungo l'intero arco produttivo dell'autore, dal 1336 circa sino all'anno della sua morte, il 1374. Le tappe di accrescimento dei *RVF* sono oggi denominate a seconda dei destinatari, del copista, o dei manoscritti che ne hanno conservato testimonianza nei secoli a venire. Tali fasi strutturali, laboriosamente ricostruite dalla filologia e dalla critica del Novecento, vengono oggi definite "raccolte di riferimento", o sillogi, o forme, o redazioni, a seconda del grado di stabilità raggiunto di volta in volta dall'opera (Wilkins, Rico e Santagata). *Correggio*, *Chigi*, *Forma di Giovanni*, *Malatesta*, *Queriniana*, *Vaticana* sono le intitolazioni più comuni: e ricordiamo, con Santagata, che effettivamente «di Canzoniere si può parlare solo a partire» dalla redazione Correggio (1356-1358), forse composta da 171 componimenti e probabilmente già suddivisa in due parti (ma di essa non sopravvive alcun testimone organico). Dal 1366 al 1374 lo sviluppo dell'opera viene testimoniato dall'attuale ms. Vat. Lat. 3195, esempio straordinario di «autoscrittura», che ci consente di assistere all'«evento compositivo in atto» del *Canzoniere* (Petrucci). A partire dal 1367, dal Petrarca in persona vennero infatti ricopiati in pulito in questo originale i numeri 121, 179, 191-263, 319-366 della raccolta definitiva; mentre le liriche rimanenti, tutte riviste dall'autore, vi erano già state trascritte da un suo giovane allievo, Giovanni Malpaghini da Ravenna (ottobre 1366-aprile 1367). A questa "bella copia", che si compone di 72 (+ 2) fogli in pergamena, resta dunque consegnata la forma ultima del *Canzoniere*.

Facciamo ora il punto della questione testuale, anticipando che il *Canzoniere* è il banco di prova su cui si sono esercitati, fra Otto e Novecento, alcuni dei maggiori critici e filologi italiani, da Carducci a Chiorboli, da Contini a De Robertis, da Santagata a Rosanna Bettarini. Per la filologia di oggi (una "filologia d'autore", ormai addestrata a maneggiare ogni tipo di scartafaccio e di avantesto) il caso editoriale è in apparenza semplice. L'edizione non può che fondarsi sull'originale (ms. Vat. Lat. 3195). Va detto però che il rapporto dell'editoria, antica e moderna, con questo autografo non è stato né lineare né costante.

È quasi degno di stupore che, pubblicata la *princeps* del *Canzoniere* nel 1470 (Venezia, Vindelino da Spira), la terza edizione (l'incunabolo padovano del 1472, stampato da Bartolomeo Valdizocco e Martino di Siebeneichen) ricalcasse già fedelmente, quasi diplomaticamente (come ha notato Folena) l'originale di mano dell'autore, vale a dire il ms. Vat. Lat. 3195. Stupisce meno che questo manoscritto venisse poi postillato dal Bembo, infaticabile raccoglitore di carte petrarchesche, che del *Canzoniere* autografo eseguì una collazione parziale sul codice oggi Vaticano Latino 3197, per l'allestimento dell'edizione Aldina del 1501. E dunque, nel corso del Cinquecento, «il Veneto è [...] area centrale della tradizione più autentica dell'ultima veste a noi nota dei *Rerum vulgarium fragmenta*» (Folena).

La nozione dell'autografia del codice Vaticano non si conservò però intatta dal Cinquecento sino ai nostri giorni: dopo alterne fortune e un oblio secolare, fu il francese Pierre de Nolhac a riconoscere di nuovo nel manoscritto la mano di Petrarca (1886), e a promuoverlo a testimonianza originale del *Canzoniere*, «in notevole parte autografa e tutta vigilata dall'autore» (Contini). E già l'edizione di Giovanni Mestica (1896) e poi quella di Giosue Carducci (1899) poterono così avvalersi dell'autografo dell'opera (si vedano rispettivamente: *Le rime di Francesco Petrarca restituite nell'ordine e nella lezione del testo originario su gli autografi col sussidio di altri codici e di stampe e corredate di varianti e note*, Barbèra, Firenze 1896; *Le rime di F.P. di su gli originali*, commentate da Giosuè Carducci e Severino Ferrari, Sansoni, Firenze 1899).

Vediamo ora la trascrizione diplomatica di un frammento del manoscritto (tratta dall'edizione a c. di Ettore Modigliani, *Il Canzoniere di Francesco Petrarca riprodotto letteral-*

mente dal cod. Vat. Lat. 3195 con tre fotoincisioni, Società filologica romana, Roma 1904). Si tratta della prima strofa della canzone conclusiva *Vergine bella* (*RVF* 366). È da avvertire che i versi vengono affiancati a due a due: l'esatta lettura del testo non è quindi in colonna, ma su riga continua:

[366.]

VErgine 1) *bella / che di ſol ueſtita .*	*Coronata di ſtelle al ſōmo ſole*
Piaceſti ſi / chente ſualuce aſcoſe .	*Amor miſpīge* 2) *adir dite parole .*
Ma nō ſoncomīciar ſença tuaita .	*ꝛ di colui chamādo in te ſipoſe .*
Inuoco 3) *lei che ben ſempre riſpoſe /*	*Chi la chiamo con fede .*
Vergine / ſa mercede	*Miſeria extrema del humane coſe /*
Giamai ti uolſe almio ꝑgo tīchina 4)	*Soccorri alamia guerra .*
Ben chiſia terra / ꝛ tu del ciel regina !	

Anche nel corso del Novecento l'edizione del *Canzoniere* non poteva che seguire la strada obbligata della pubblicazione dell'originale. Questo compito è stato criticamente assolto dalle due successive edizioni di Contini (Francesco Petrarca, *Rerum vulgarium fragmenta*, con una nota al testo di Gianfranco Contini e indice dei capoversi, Tallone, Paris 1949; e Francesco Petrarca, *Canzoniere*, testo critico e introduzione di Gianfranco Contini, annotazioni di Daniele Ponchiroli, Einaudi, Torino 1964); e, da ultimo, dall'edizione di Marco Santagata (che, muovendo dal testo fissato da Contini, ha introdotto la correzione delle sviste e dei numerosi errori di stampa, gli indispensabili ritocchi metrici, alcune modificazioni nell'uso della punteggiatura e la soppressione dei segni di dieresi): Francesco Petrarca, *Opere italiane*, a c. di Marco Santagata, Mondadori, Milano 1996, vol. I: *Canzoniere* (si veda in proposito la "Nota al testo" del curatore, alle pp. CLXXXI-CLXXXV del volume).

Di fronte al caso limite di un originale trascritto e rivisto minuziosamente dall'autore, al filologo tocca il rispetto rigoroso della testimonianza manoscritta (ma anche «temperare il rigore con la discrezione», secondo la formula di Contini): sarà quindi necessario interpretare correttamente la lezione del manoscritto Vat. Lat. 3195, incolonnare metricamente ogni componimento, introdurre la punteggiatura corrente integrando quella dell'autore. Leggiamo qualche riga della "Nota" di Contini all'edizione Einaudi del 1964, che manifesta le cautele dell'editore nei confronti dell'autografo petrarchesco:

> La lezione dell'esemplare definitivo è stata rigorosamente rispettata; ma di più, cosa che non accade nelle edizioni correnti, è stata adottata una maggiore osservanza della sua grafia, non di rado latineggiante [...]. Sono stati perciò conservati, ogni volta che ricorressero e indipendentemente dalla loro costanza (mantenendosi quindi *destro*, *fatto*, *trae* accanto agli etimologici *dextro*, *facto*, *trahe*) i segni *h* [...], *k* [...], *x* (come in *extremo*), *y* (come in *ydioma*); la combinazione *ti*, meno spesso *ci*, più vocale (come in *gratia*, *precioso*); i gruppi quali *ct*, *pt*, *dv*, *bg*, *mn* (come in *aspecto*, *rapto*, *adversario*, in *obgetto* e *somno* del copista); la copula *et* (che ha ben poche eccezioni) anche in rappresentanza del compendio *7*. Circa *h* iniziale, già di per sé variabile [...], va avvertito col grande Adolfo Mussafia che gli scribi medievali solevano sopprimere il segno nei vocaboli preceduti da una proclitica con essi saldata [...]. Di portata non puramente grafica ma autenticamente fonetica pare tuttavia l'alternanza di consonante geminata e semplice. (G. Contini, "Nota", pp. XXXVI-XXXVII)

Vediamo ora un sonetto dei *RVF*, in grado di esemplificare i criteri di pubblicazione sopra enunciati. Il componimento è tratto dall'edizione a cura di Marco Santagata (p. 1190), che, come dicevamo, si modella nell'aspetto formale sul testo critico fissato a suo tempo da Contini:

310

Zephiro torna, e 'l bel tempo rimena,
e i fiori et l'erbe, sua dolce famiglia,
et garrir Progne et pianger Philomena,
et primavera candida et vermiglia.
Ridono i prati, e 'l ciel si rasserena;
Giove s'allegra di mirar sua figlia;
l'aria et l'acqua et la terra è d'amor piena,
ogni animal d'amar si riconsiglia.
Ma per me, lasso, tornano i più gravi
sospiri, che dal cor profondo tragge
quella ch' al ciel se ne portò le chiavi;
et cantar augelletti et fiorir piagge,
e 'n belle donne honeste atti soavi
sono un deserto, et fere aspre et selvagge.

Giova sottolineare come la grafia del componimento si discosti parecchio dagli usi grafici attuali. Basta considerare per esempio, nella prima quartina, il *-ph-* di *Zephiro* e *Philomena*, da leggersi ovviamente come *-f-*; o il quasi costante *et*, per *e* / *ed*, che ricorre in tutto il sonetto; ma anche la *h-* etimologica di *honeste*. E il *Canzoniere* esibisce molti altri arcaismi formali, come, ad apertura di libro: *La gola e 'l somno e l'otiose piume* (*RVF* 7), o *Movesi il vecchierel canuto et biancho* (*RVF* 16). Non si tratta di condizioni eccezionali, proprie del solo autografo del Petrarca: la tradizione manoscritta nella nostra lingua, in specie dal tardo Duecento al primo Cinquecento, fa un uso molto libero e vario dei grafemi, ossia dei modi per indicare i suoni. Tale multiformità, che risponde ora a iniziative dei singoli trascrittori, ora a sovrasensi culturali, ora a condizioni geografiche o sociali imputabili all'autore o al copista, richiede perciò di essere valutata e interpretata anche dall'editore moderno (vedi **Sezione storica** e **Sezione metodologica**).

Nel caso del *Canzoniere* è stato Contini a giustificare per primo i motivi del proprio conservativismo grafico (una condotta in parte eccezionale rispetto alle consuetudini editoriali di quegli anni), affermando: «[...] è evidente l'interesse che si ha a conoscere, anche fuori della ristretta cerchia degli specialisti, l'uso grafico del primo grande scrittore di lingua volgare, e sommo paradigma letterario, sul quale siamo direttamente informati». Ma il *Canzoniere* si legge anche in versioni meno arcaizzanti, come attesta la prima quartina di *RVF* 310 nella versione di Ferdinando Neri (*Rime e Trionfi di Francesco Petrarca*, UTET, Torino 1953, p. 427):

CCCX

Zefiro torna e 'l bel tempo rimena
e i fiori e l'erbe, sua dolce famiglia,
e garrir Progne e pianger Filomena,
e primavera candida e vermiglia;

Se la sostanza del testo resta intatta, i due esiti formali appaiono invece distanti: valutiamone l'opposto rilievo metodico.

La grafia arcaizzante agisce in certo modo da segnale di pericolo: può avvertire che, nonostante l'identità del mezzo linguistico, l'opera antica è diversa dall'opera contemporanea, a partire dalla forma in cui venne scritta, e oggi è riprodotta; che occorre decifrarla con attenzione perché potrebbe essere disseminata di "tranelli" (come l'autentico significato di certe parole, solo apparentemente identico a quello di oggi. Si veda per esempio, nel sonetto 310 sopra riprodotto, l'aggettivo *honeste* del v. 13, che sta per "onorevoli, piene di decoro").

Di diverso parere sono i fautori della modernizzazione grafica. Pur consapevoli dei rischi di una trascrizione attualizzante delle fonti, essi giudicano il lettore comune troppo sprovveduto per essere lasciato da solo, o armato di poche laconiche avvertenze, di fronte a una pagina molto diversa dagli usi formali correnti. L'effetto di tanto rigore potrebbe essere quello di allontanare dal testo, e, forse peggio, di veicolare false condizioni o assurde graduatorie: come di ritenere la *Commedia* di Dante (tradizionalmente pubblicata nella grafia di oggi) più moderna del *Canzoniere* di Petrarca.

Il dilemma, come si vede, non è di agevole soluzione e sottintende due modi diversi (più o meno elitario) di intendere la filologia e la sua funzione mediatrice dell'opera letteraria ("al servizio dell'opera" o "al servizio del lettore": vedi **Sezione storica**): e non è detto che, nonostante il favore con cui è stato applicato in questi ultimi anni, il conservativismo grafico abbia anche in futuro la meglio. In ogni caso, il *Canzoniere* si è dimostrato il banco di prova più appropriato per questo genere di riflessioni. Comunque lo si debba presentare ai lettori di oggi, questo libro continua a essere al centro di un'attenzione che Petrarca stesso ha voluto fosse, prima di tutto, filologica.

Se del *Canzoniere* possedessimo solo l'originale e nessun'altra testimonianza, potremmo fermarci qui. Ma sia la nozione delle diverse fasi compositive del libro, sia la disponibilità di un secondo manoscritto autografo delle opere in volgare del Petrarca (il cosiddetto "codice degli abbozzi", Vat. Lat. 3196), hanno costretto da tempo i filologi ad altri interventi, fra testo e tradizione.

Diciamo subito che il codice degli abbozzi è una raccolta composita, cioè nata «a posteriori dall'aggregazione di carte originariamente sciolte» (Paolino), di venti fogli autografi dove si conservano, in redazioni a vari livelli provvisorie, materiali genetici legati alle fasi elaborative del *Canzoniere* e dei *Trionfi* (varianti e stesure pregresse). Testimonianza preziosa del laboratorio petrarchesco, dei suoi "pentimenti" e delle sue correzioni, il manoscritto fu noto nei secoli: e, conservandosi in modo evidente la nozione della sua autografia, venne pubblicato precocemente e pressoché integralmente da monsignor Federico Ubaldini (1642), secondo limpidi criteri tipografici che sembrano anticipare la filologia d'autore del Novecento (vedi **Sezione storica**). Sono molti, ancora oggi, i vantaggi di questa remota impresa editoriale che, oltre a «rendere facilmente accessibile il contenuto dell'autografo» (Paolino), ci ha trasmesso elementi del testo (lettere o intere parole) poi obliterati dal tempo.

Il Vaticano Latino 3196 riporta fra l'altro cinquantaquattro componimenti poi entrati a far parte della compagine definitiva del *Canzoniere*: dunque, una porzione non esigua dell'avantesto del "libro", che merita di essere collocata in rapporto dinamico e diacronico con la sua forma definitiva. È naturale quindi che anche in tempi recenti la filologia petrarchesca l'abbia fatto oggetto di cure editoriali particolarmente assidue. Nel 1955 Angelo Romanò ne ha così fornito un'edizione diplomatico-interpretativa, che, apparentemente modellandosi sull'edizione Moroncini dei *Canti* di Leopardi (vedi **Esempio Leopardi**), riproduce una complessa stratigrafia di redazioni varianti, come documenta l'esempio che segue, tratto da A. Romanò, *Il codice degli abbozzi (Vat. Lat. 3196) di Francesco Petrarca*, Bardi Editore, Roma 1955, pp. 5-7.

Il sonetto è il n. 188 di *RVF*, che aveva già fornito a Contini (pioniere della novecentesca «critica degli scartafacci») spunto per una mirabile lettura strutturalistica delle dinamiche correttorie interne al *Canzoniere*:

ALMO SOL, QUELLA FRONDE CH'IO SOLA AMO

[CLXXXVIII]

Almo sol, quella fronde ch'io sola amo
Tu prima amasti, or sola al bel soggiorno
Verdeggia, e senza par, poi che l'addorno
Suo male e nostro vide in prima Adamo.
Stiamo a mirarla. I' ti pur prego e chiamo
O sole, e tu pur fuggi, e fai d'intorno
Ombrare i poggi, e te ne porti il giorno,
E fuggendo mi toi quel ch'i' più bramo.
L'ombra che cade da quel humil colle,
Ove favilla il mio soave foco,
Ove 'l gran lauro fu picciola verga,
Crescendo mentr'io parlo a gli occhi tolle
La dolce vista del beato loco,
Ove 'l mio cor co la sua donna alberga. V_{1b}, V_2

Almo sol, quella luce ch'io sola amo,
Tu prima amasti, al suo fido soggiorno
Stassi a cui par non fu, poi che l'addorno
Suo male e nostro vide in prima Adamo.
Stiamo a vederla. Al suo amor ti richiamo,
Che già seguisti, or fuggi, e fai d'intorno
Ombrare i poggi, e te ne porti il giorno,
E fuggendo mi toi quel ch'i' più bramo.
L'ombra che cade da quel humil colle
Ove favilla il mio soave foco,
Ove 'l gran lauro fu picciola verga,
Crescendo a poco a poco agli occhi tolle
La dolce vista del beato loco,
Ove 'l mio cor co la sua donna alberga. V_{1a}

V_1 ha del sonetto due redazioni (*a* e *b*), di cui la prima cancellata con tratti di penna da destra a sinistra, obliquamente.

1 Almo sol Quella luce **ch'io sola amo** V_{1a}
Almo sol quella fronde V_{1b}

2 **Tu prima amasti** al suo fido **soggiorno** V_{1a}
or [sola al bel]
[al suo bel]
sola al bel V_{1b}

3 Vivesi or senza par poi che l'addorno V_{1a}
[(Verdeggia e senza pari) poi che l'addorno]
Stassi a cui par non fu
Verdeggia e senza par poi che l'addorno V_{1b}

5 **Stiamo a** vederla Al suo [amor i' chiamo]
amor ti richiamo V_{1a}
mirarla I' ti pur prego e chiamo V_{1b}

6 Che già seguisti or **fuggi e fai d'intorno** V_{1a}
O sole e tu pur V_{1b}

12 **Crescendo** a poco a poco **agli occhi tolle** V_{1a}
[cresce mentre ch'io parlo e agli occhi tolle]
mentr'io parlo V_{1b}

4. adamo V_{1ab}; Adamo V_2; 8. E V_1; Et V_2; 12. ttolle V_{1b}; tolle V_{1a}, V_2.

1. Almo sol. Quella V_{1a}; Almo sol quella V_{1b}; Almo sol, quella V_2; 2. amasti V_{1b}; amasti, V_{1a}, V_2; soggiorno. V_{1b}; soggiorno V_{1a}, V_2; 3. par, V_{1ab}; par V_2; addorno V_{1ab}; addorno. V_2; 5. chiamo. V_{1b}; chiamo V_{1a}, V_2; 6. d'intorno. V_{1b}; d'intorno V_2; 9. colle V_{1ab}; colle, V_2; 10. foco V_{1a}; foco, V_{1b}; foco. V_2; 12. Crescendo, mentr'io parlo, V_{1b}; Crescendo mentr'io parlo V_2; ttolle. V_{1b}; tolle V_{1a}, V_2; 13. loco. V_{1a}; loco, V_{1b}, V_2.

V_1 – Nel margine sinistro, leggermente più in alto del v. 1 *b*, l'indicazione: *transcriptum per Johannem*; poco sotto, una sigla *y*, usata forse per indicare l'ordine di trascrizione (cfr. VATT, p. XVII).

In corrispondenza del v. 11 *a*, l'avvertenza *attende illum*, poi cancellata, si riferiva probabilmente alla parola che in precedenza stava invece di *humil*, che infatti è scritto su rasura. Quanto al punto che sta all'altezza del v. 9 (*a* e *b*) PEL lo mette in relazione con l'avvertenza suddetta: è invece il consueto segno grafico per indicare la divisione tra le quartine e le terzine (cfr. MOD, p. XXVIII).

In *b*, *verdeggia* (3); *a mirarla* (6); *mentr'io parlo* (12) su rasure.

V_2 – Di mano del copista. Al v. 3, la prima *d* di *addorno* «è scritta dalla stessa mano nell'interlineo» (MOD, p. 91, nota 3).

Del sonetto (dopo il capoverso) è indicata anzitutto la numerazione all'interno di *RVF* (188), e poi riprodotto il testo nella versione definitiva trasmessa dal ms., corredato dell'apparato di passaggio da V_1 (Vat. Lat. 3196) a V_2 (Vat. Lat. 3195). Nel nostro caso, le stesure del componimento presenti nel codice degli abbozzi sono due, e due, perciò, i testi pubblicati dall'editore (V_{1a} e V_{2b}: precede la seconda redazione, ultima in ordine di tempo e coincidente con la versione accolta nel Vat. Lat. 3195). Nell'apparato "genetico" Romanò torna sugli interventi correttori del Petrarca, segnalando in neretto «la lezione corrigente che coincide con la lezione definitiva», fra parentesi quadra le lezioni corrette, e in tondo normale la lezione corrigente non definitiva.

Dopo Romanò, il prezioso reperto Vaticano ha continuato a essere oggetto di attenzioni e cure testuali. Fra tutte, spicca l'organica ricostruzione di Laura Paolino, una monografia che ha ripercorso la storia "materiale" del manoscritto, e fissato impeccabilmente il suo legame genetico e strutturale con le diverse redazioni del *Canzoniere*. Nel ripubblicarne il contenuto, la scelta dell'editrice si è però modellata sull'edizione De Robertis dei *Canti* leopardiani:

> In questa edizione i testi di V_2 sono pubblicati nella redazione più antica trasmessa dal manoscritto, con varianti e correzioni registrate in un apparato evolutivo, sistemato in calce ai singoli componimenti. La decisione di presentare come testo base la prima stesura documentata da V_2, privilegiando il punto di partenza dell'elaborazione testuale, si colloca decisamente ai margini della pratica e degli orientamenti tradizionali della cosiddetta «filologia degli scartafacci», che, come è noto, tende a proporre come testo di riferimento l'ultima stesura d'autore. [...] Una prospettiva radicalmente nuova è stata aperta, tuttavia, dall'edizone leopardiana curata da Domenico De Robertis (Il Polifilo, Milano 1984), ai cui princìpi informatori può essere avvicinata [...] la presente edizione. (L. Paolino, "Criteri di edizione", pp. 157-158)

Riproduciamo quindi le due diverse redazioni del sonetto 188 così come si leggono, in forma interpretativa, in Francesco Petrarca, *Il codice degli abbozzi. Edizione e storia del manoscritto Vaticano Latino 3196*, a c. di Laura Paolino, Ricciardi, Milano-Napoli 2000, pp. 178-179 (c. 1*v*):

4 [188^1]

c. 1*v*

Almo sol, Quella luce ch'io sola amo,
Tu prima amasti, al tuo fido soggiorno
Viuesi or sença par, poi che l'addorno
Suo male (et) nostro uide i(n)prima adamo.

Stiamo a uederla: Al suo amor [...] chiamo
Che già seguisti; or fuggi (et) fai d'intorno
Ombrare i poggi, (et) te ne porti il giorno,
(Et) fuggendo mi toi quel ch'i' più bramo.

L'ombra che cade da quel'humil colle,
Oue fauilla il mio soaue foco,
Oue 'l gran lauro fu picciola uerga,

Crescendo a poco a poco, agli occhi tolle
La dolce uista del beato loco
Oue 'l mio cor co la sua do(n)na alberga.

5. amor, *scritto su rasura, è seguito da una o due lettere nascoste da un tratto cancellante, decifrate* ti *da UBALDINI 1642*, i *(cioè* i' chiamo*) da C, APPEL 1891 e PELAEZ 1910;* chiamo *è sormontato da due lettere cancellate che APPEL 1891 legge* ri*;* amor [...] chiamo > amor ti richiamo *(scritto su tre righe nel marg. sinistro e collegato al testo da opportuno rinvio)* 9. humil *è scritto su rasura; sul marg. sinistro la postilla, cancellata con due tratti,* at(tende) illu(m), *riferita forse alla lezione erasa.*

NOTE

Il sonetto è cancellato con tre linee oblique.

5 [188^2]

c. 1*v*

Almo sol, quella fro(n)de ch'io sola amo,
Tu prima amasti, or sola al bel soggiorno
Verdeggia, (et) sença pari poi che l'addorno
Suo male (et) nostro uide i(n) prima adamo.

Stiamo a mirarla: i' ti pur p(re)go (et) chiamo,
O sole; (et) tu pur fuggi, (et) fai d'intorno
Ombrare i poggi, (et) te ne porti il giorno,
(Et) fugge(n)do mi toi quel ch'i' più bramo.

L'ombra che cade da quel'humil colle,
Oue fauilla il mio soaue foco,
Oue 'l gran lauro fu picciola uerga,

12. Crescendo me(n)tr'io parlo, agli occhi tolle
13 La dolce uista del beato loco,
14 Oue 'l mio cor co la sua do(n)na alberga.

2. sola al bel *è scritto su rasura di* al suo fido; sola al bel > al suo bel > sola al bel*: quest'ultima correzione è scritta sopra la riga, a sinistra di* al suo bel *cancellato* 3. Verdeggia *è scritto su rasura e in parte fuori allineamento: la lezione sottostante è letta* Viuesi *da APPEL 1891;* Verdeggia (et) sença pari > Stassi a cui par no(n) fu *(scritto sul marg. sinistro e riferito alla lezione respinta con un segno di richiamo); cancellate anche la correzione marginale e le parole* poi che l'addorno, *Petrarca ha ripristinato la precedente lezione:* Verdeggia (et) senza par poi che l'addorno *(scritta sopra il sonetto e collegata al testo con un segno di richiamo)* 5. a mirarla*: scritto su rasura in una grafia compressa per mancanza di spazio (piccola falla della carta nell'inter. sup.)* 12. me(n)tr'io parlo*: su rasura;* tolle*: sul ms.* ttolle; *nel marg. destro, scritta su quattro righe, la variante* .(ve)l. cresce me(n)tre ch'io parlo e agli occhi tolle, *successivamente cancellata con una riga verticale.*

POSTILLE

1. *Sopra il sonetto, nel margine sinistro della carta:* tr(anscriptus) p(er). Io(hannem)

2. *Sotto P1*: .*Y*.

Rispetto all'edizione Romanò, la Paolino riproduce entrambe le versioni del sonetto nell'ordine in cui vennero trascritte nella carta del codice degli abbozzi, e secondo la prima redazione attestata da ciascuna. In sintesi, il ricchissimo apparato delle varianti (corredato da informazioni sulle *Postille* petrarchesche e da *Note*) sarà diacronico-evolutivo, mentre resterà implicito il confronto con la redazione definitiva del componimento, consegnata al Vat. Lat. 3195.

Se i venerabili autografi del codice degli abbozzi sono da sempre al centro dell'attenzione di quanti intendano esaminare il processo compositivo del *Canzoniere*, non va dimenticato che altri manoscritti conservano, in forma di apografi diretti, memoria più o meno estesa degli scartafacci del poeta. A ciò si aggiunga che il progresso del libro è testimoniato in ogni sua tappa, a partire dalla redazione esemplata dal Boccaccio nel ms. Chigiano L. V. 176, anche da una tradizione di copia (organica ma non autografa), che di volta in volta diverge dalla stesura vaticana non solo per il numero dei componimenti ma, verosimilmente, anche per la lezione accolta a testo.

Si vorrebbe quindi anche per il *Canzoniere* un'edizione critica che collocasse questo eterogeneo materiale variantistico in diretto rapporto con la forma definitiva del libro. E proprio in merito alle diverse fasi redazionali dell'opera, così suonava l'auspicio formulato alcuni anni fa da De Robertis: «La futura edizione critica dovrà tenerne e *renderne* intero conto, antica o recenziore, diretta o indiretta che sia, e non solo [...] per raccogliere quante più varianti anteriori sia dato rastrellare, ma per una completa ricognizione della vicenda strutturale del libro». Nel frattempo, altri studi hanno cominciato a esplorare il retroterra del *Canzoniere*: rivelandosi determinanti a proposito delle forme "Correggio" e Chigi (con gli interventi di Guglielmo Gorni e di Giuseppe Frasso), dei vettori strutturali che segnano il passaggio dall'uno all'altro autografo petrarchesco (Domenico De Robertis), e dei rapporti fra analisi delle fonti e sistema variantistico (Rosanna Bettarini).

Sotto il profilo ecdotico, dunque, è doveroso auspicare che il "sistema" *Canzoniere* possa presto fondarsi pienamente sulla dialettica delle sue «remote redazioni» (Frasso): e ciò significa riunire quanto sopravvive dell'avantesto di quest'opera straordinaria, e collocarlo a distanza ravvicinata dalla forma definitiva. Saremo così in grado di seguire Petrarca nell'atto stesso della sua creazione poetica, e di promuoverlo a primo modello della filologia d'autore di oggi.

Bilbiografia consigliata

Nella selva della letteratura secondaria petrarchesca isoliamo qualche titolo che rappresenta un primo accesso all'opera secondo gli aspetti che abbiamo illustrato a testo: edizione moderna e resa (tipo)grafica, "filologia delle strutture", assetto delle diverse redazioni del *Canzoniere*. Esclusioni anche cruciali non trovano qui altra giustificazione se non nell'intento del nostro lavoro: ma possono essere almeno in parte sanate dal ricorso alle opere di seguito citate. Vogliamo segnalare però la magistrale (e giustamente polemica) messa a punto di Michele Feo sul problema dell'*Edizione nazionale del Petrarca e le edizioni fatte con le forbici*, in "Il Ponte", LVI, 4 (aprile 2000), pp. 1-7.

Francesco Petrarca, *Canzoniere*, testo critico e introduzione di Gianfranco Contini, annotazioni di Daniele Ponchiroli, Einaudi, Torino 1964.

Canzoniere, a c. di Marco Santagata, in *Opere italiane*, Mondadori, Milano 1996, vol. I (e si vedano anche le pp. CLXXXVI-CXC dedicate a "Le redazioni").

Il codice Vaticano Latino 3196, a c. di Laura Paolino, in Francesco Petrarca, *Opere italiane*, Mondadori, Milano 1996, vol. II, pp. 755-890.

Francesco Petrarca, *Il codice degli abbozzi. Edizione e storia del manoscritto Vaticano Latino 3196*, a c. di Laura Paolino, Ricciardi, Milano-Napoli 2000.

Gianfranco Contini, *Saggio d'un commento alle correzioni del Petrarca volgare* (1941), poi in *Varianti e altra linguistica. Una raccolta di saggi (1938-1968)*, Einaudi, Torino 1970, pp. 5-31.

Ernst H. Wilkins, *The Making of the "Canzoniere" and other Petrarchan Studies*, Edizioni di Storia e Letteratura, Roma 1951.

Angelo Romanò, *Il codice degli abbozzi (Vat. Lat. 3196) di Francesco Petrarca*, Bardi Editore, Roma 1955.

Armando Petrucci, *La scrittura di Francesco Petrarca*, Biblioteca Apostolica Vaticana, Città del Vaticano 1967.

Domenico De Robertis, *Contiguità e selezione nella costruzione del "Canzoniere" petrarchesco*, in "Studi di Filologia Italiana", XLIII (1985), pp. 45-66.

Id., *Problemi di filologia delle strutture*, in *La critica del testo. Problemi di metodo ed esperienze di lavoro*, Atti del convegno di Lecce, 22-26 ottobre 1984, Salerno Editrice, Roma 1985, pp. 383-401.

Rosanna Bettarini, *Perché "narrando" il duol si disacerba (Motivi esegetici dagli autografi petrarcheschi)* (1985), poi in *Lacrime e inchiostro nel "Canzoniere" di Petrarca*, CLUEB, Bologna 1998, pp. 137-160.

Furio Brugnolo, *Libro d'autore e forma-canzoniere: implicazioni petrarchesche*, in "Lectura Petrarce", XI (1991), pp. 259-290.

Marco Santagata, *I frammenti dell'anima. Storia e racconto nel "Canzoniere" di Petrarca*, il Mulino, Bologna 1992.

Roberto Antonelli, *Rerum vulgarium fragmenta di Francesco Petrarca*, in *Letteratura italiana. Le opere*, vol. I: *Dalle origini al Cinquecento*, Einaudi, Torino 1992, pp. 379-471.

Giuseppe Billanovich, *Laura fantasma del "Canzoniere"*, in "Studi Petrarcheschi", XI (1994), pp. 149-157.

Giuseppe Frasso, *Pallide sinopie: ricerche e proposte sulle forme pre-Chigi e Chigi del "Canzoniere"*, in "Studi di Filologia Italiana", LV (1997), pp. 23-64.

Guglielmo Gorni, *Classici: al servizio del testo*; Marco Santagata, *Classici: al servizio del lettore*, in "La Rivista dei libri", 3 marzo 1997, pp. 14-17.

Cesare Segre, *Le varianti e la storia. Il Canzoniere di Francesco Petrarca*, Bollati Boringhieri, Torino 1999.

Il *Bel Gherardino*: la filologia dei testi poveri

Il "cantare" è una forma di narrazione in ottave di endecasillabi, le cui prime attestazioni risalgono al pieno Trecento (è del 1343 la più antica trascrizione datata, quella del cantare di Fiorio e Biancifiore) e che nel secolo seguente, sviluppandosi in dimensioni più cospicue e in intrecci più complessi, viene assumendo le forme del poema cavalleresco (dunque non un solo cantare, ma un poema in più "cantari"). Gli argomenti dei cantari sono assai vari: se i più tipici, destinati ad alimentare la splendida epopea fiorentina e ferrarese, sono quelli che attingono alla tradizione dei grandi cicli francesi (e narrano le imprese di Orlando e Rinaldo, di Artù, Tristano, Lancillotto ecc.) altri sviluppano temi fiabeschi (*Liombruno*, *Il Bel Gherardino*), novellistici (*Storia del calonaco da Siena*, l'*Istoria di Maria per Ravenna*), o risalenti alla tradizione classica (*Piramo e Tisbe*); ma non mancano cantari d'argomento storico (*Cantare della guerra degli Otto Santi*) o religioso, come quelli composti dal senese Niccolò Cicerchia (nato intorno al 1340). I cantari superstiti sono in massima parte anonimi; per il Trecento, l'autore più noto, cui si attribuiscono con sicurezza almeno cinque cantari, oltre a una ricca produzione di rime amorose, giocose, morali e storiche, è il fiorentino Antonio Pucci (m. 1388). Gli autori dispongono di una cultura modesta e di una tecnica spesso rudimentale. Destinati a un pubblico popolare e quindi, piuttosto che alla lettura, all'ascolto dalla voce dei cantastorie nelle piazze, i cantari subiscono da parte prima degli stessi esecutori, poi dei trascrittori, pesanti modifiche, tagli, interpolazioni, al punto che, venuto meno lo stesso concetto di "originale", diviene impraticabile ogni ipotesi di ricostruzione testuale secondo le procedure adottate per le opere di più elevata letterarietà; di norma, la sola soluzione editoriale corretta prevede dunque la pubblicazione separata delle diverse redazioni, e una massima tolleranza per infrazioni (alla rima, alla misura, alla norma linguistica) che in altro contesto imporrebbero l'intervento correttorio.

Ricordiamo infine che ancora si discute sull'origine dell'ottava, metro principe della poesia narrativa, e quindi sul rapporto (anche in termini di priorità cronologica) fra i cantari e le opere in ottave del Boccaccio.

Il *Bel Gherardino* è un cantare di autore ignoto, menzionato nel *Corbaccio* boccacciano e quindi sicuramente trecentesco; è diviso in due parti (a loro volta denominate "cantari") per complessive novantadue ottave, e narra le imprese di un giovane e valoroso cavaliere che, dissipato in cortesie il patrimonio paterno, va alla ventura insieme al fidato scudiero Marco; gode dell'amore della Fata Bianca, lo perde per aver tradito il giuramento di tenerlo segreto, ma dopo molte traversie riesce infine a riconquistarlo.

Nel corso di un secolo, di questo cantare sono state allestite quattro edizioni; un esame comparativo darà conto non solo del progressivo affinarsi della tecnica filologica generalmente intesa, ma anche della coscienza sempre più chiaramente acquisita che la letteratura "popolareggiante" dei primi secoli, di cui i cantari costituiscono una delle espressioni più tipiche e affascinanti, si sottrae a procedure di restauro testuale che pretendano di risalire a un "originale" dalla molteplicità dei testimoni e di sottoporre agli usuali interventi di ortopedia, metrica soprattutto, un oggetto non coercibile nei parametri validi per la poesia colta.

La prima edizione fu allestita nel 1867 da Francesco Zambrini (1811-1887), purista faentino, dalla fondazione (1860) e fino alla morte presidente della Commissione per i Testi di Lingua; per pubblicarlo nella "Scelta di curiosità letterarie" egli si servì della copia che altri (Francesco Vespignani) aveva tratto per lui dal codice Magliabechiano VIII. 1272 (A), allora unico testimone noto del cantare. Il manoscritto non era di facile decifrazione e la copia su cui lavorò Zambrini risultò viziata da parecchi errori di lettura che entrarono nell'edizione; la quale fu tanto criticata che lo stesso curatore si decise a rivedere il testo sul codice e a pubblicare una seconda stampa corretta, uscita nel 1871, ma con la stessa data della prima.

Anche dopo questa rassettatura il testo rimaneva del tutto insoddisfacente; di fronte a lezioni che erano o gli apparivano guaste Zambrini non aveva esitato a intervenire con massicci restauri congetturali, addirittura colmando una lacuna con un verso inventato di sana pianta (racchiuso peraltro, sia detto a sua parziale giustificazione, tra parentesi quadre). Gli editori successivi hanno giustamente criticato l'edizione e le intemperanze interventistiche di Zambrini; ma sarebbe, più ancora che ingenerosa nei confronti di uno studioso per tanti versi benemerito, storicamente miope una censura che non tenesse conto della competenza media di un "filologo" di metà Ottocento e dello scopo che egli si proponeva disseppellendo e pubblicando sconosciuti monumenti dell'antica letteratura. In quei documenti, in quei "testi di lingua" i puristi additavano i modelli su cui avrebbe dovuto plasmarsi la lingua della nuova Italia; ma l'esaltazione, in termini spesso enfatici e pedanteschi, dell'idioma schietto e limpido dell'aureo Trecento, si fondava su una conoscenza empirica, parziale e asistematica di quella stessa lingua. Non si dovrà dimenticare che fino agli anni sessanta del XIX secolo, gli eruditi italiani ignoravano l'esistenza non solo della filologia stemmatica, ma anche della grammatica storica (gli Ascoli, i Rajna e i D'Ovidio verranno più tardi a colmare il divario rispetto a quei maestri stranieri, Mussafia e Tobler, per far due nomi insigni, che il vecchio Zambrini poteva anche lodare, ma poco comprendeva). Accade così che i più accesi propugnatori della lingua trecentesca si rivelino a ogni passo sforniti degli strumenti, linguistici prima ancora che filologici, necessari per pubblicare decentemente i documenti ricercati con tanto zelo. D'altra parte la convinzione (o l'illusione) di Zambrini e di altri come lui è che quei testi possano suscitare l'interesse e il diletto di lettori colti ma non specialisti; se questo è il fine, il rispetto per l'autenticità del documento passa in secondo piano rispetto all'esigenza di presentare al pubblico un testo accattivante e ben leggibile, in cui le fastidiose lacune siano state colmate alla bell'e meglio, le *cruces* gordianamente risolte con qualche spericolata congettura, irregolarità di vario ordine (metrico, grafico, fonetico) ricondotte senza esitazione a un uso familiare.

Quando, quasi mezzo secolo più tardi (1914), Ezio Levi pubblica una nuova edizione del cantare, la filologia italiana ha ormai superato la fase pionieristica e vive una stagione prospera, ma ormai prossima al tramonto (si potrebbe ricordare che, quasi a segnare la fine di un'epoca, fra quello stesso 1914 e il 1915 scompaiono in impressionante successione il vecchio D'Ancona, fondatore del metodo storico, e poi Rodolfo Renier e Francesco Novati che quel metodo avevano strenuamente propugnato nel "Giornale Storico"). La stagione del dilettantismo zambriniano è ormai lontana e il nuovo editore ha buon gioco nel condannare l'ingenuità e la faciloneria del suo predecessore; recuperato un secondo testimone parziale del cantare (Fiorentino Nazionale II. IV. 163 [B]; cantare 1, stanze 1-28), egli rigetta giustamente la proposta di attribuzione del cantare ad Antonio Pucci, che Zambrini aveva avanzato senza validi argomenti, e ripristina in molti luoghi la lezione del codice, dal predecessore mal compresa o arbitrariamente manipolata; quanto al nuovo testimone, Levi afferma giudiziosamente di servirsene solo per sanare guasti evidenti di A, per non «conferire al cantare una veste arlecchinesca bizzarramente rappezzata».

Nel 1961 Domenico De Robertis pubblica un fondamentale contributo sui *Problemi di metodo nell'edizione dei cantari*; vi si afferma fra l'altro che la datazione di un cantare è quella del più antico manoscritto che lo tramanda e che, soggetti a continue e massicce rielaborazioni, i cantari, come tutti i testi popolareggianti, si sottraggono a un processo ricostruzionistico di tipo lachmanniano: ogni manoscritto è di fatto testimone di una redazione che può essere confrontata ma non contaminata e confusa con le altre. Quanto agli errori, non li si potrà certo cercare in quella «continua incertezza e approssimatività del metro, della rima, quando è evidente che la sensibilità del trascrittore-redattore è di altro livello da quella richiesta per testi letterari».

A questi princìpi di metodo si ispirano le due edizioni del *Bel Gherardino* che nel 1970 escono a cura di Armando Balduino e dello stesso De Robertis, edizioni che possono giovarsi anche della testimonianza di un terzo manoscritto nel frattempo riemerso, il codice autografo del rimatore fiorentino Filippo Scarlatti (allora Biblioteca Venturi Ginori Lisci 3, ora Acquisti e Doni 759 della Biblioteca Mediceo-Laurenziana di Firenze [C]) che del cantare riporta la porzione mancante a B. Le due edizioni hanno peraltro caratteristiche molto diverse, che rispondono alle esigenze di destinatari non omogenei: quella di Balduino, apparsa in una collana di classici italiani (gli "Scrittori italiani" dell'editore Marzorati), si rivolge anche al lettore ignaro di problematiche filologiche, la seconda, pubblicata negli "Studi di Filologia Italiana", prestigiosa rivista altamente specializzata, è di fatto indirizzata a un pubblico di esperti.

Dall'esame dell'edizione Levi, Balduino deduce che, se il progresso rispetto all'edizione Zambrini è evidente, i criteri di rigore tanto risolutamente affermati appaiono in molti casi disattesi: molte lezioni di B erano state introdotte senza effettiva necessità e, quel che è peggio, erano state recepite, solo avvertendone nell'apparato in appendice, alcune delle più azzardate congetture zambriniane, compreso quel verso intero che il purista faentino aveva coniato del suo, e che Levi riproduceva tale e quale, anzi togliendo quelle parentesi quadre che ne attestavano immediatamente la genesi congetturale.

Dal canto suo, Balduino fa ciò che Levi aveva soltanto promesso: segnala dunque nell'introduzione al testo (che non è critico e non ha dunque apparato esaustivo) i luoghi in cui è intervenuto per ripristinare il testo del codice A, e solo in caso di errori evidenti e di lacune (per le quali sono finalmente denunciate e respinte le invenzioni zambriniane) ricorre a B e C; in ossequio alle esigenze di leggibilità di cui si è detto interviene tuttavia per ricondurre alla misura canonica i molti versi ipermetri e ipometri e procede ad alcuni aggiustamenti necessari per ripristinare la rima, nonché alla eliminazione di fenomeni fonetici ritenuti secondari (come i raddoppiamenti in fonosintassi del tipo *allui*> *a lui*).

All'insegna del rispetto più intransigente del documento è invece l'edizione critica di De Robertis. Le lezioni respinte del manoscritto A sono solo gli scorsi di penna e quelle che rendono inaccettabile il senso; non si interviene su ipometrie e ipermetrie, che vengono segnalate a margine (con i segni + e – seguiti dal numero delle sillabe eccedenti o mancanti), mentre un asterisco richiama la presenza di rime irregolari, che non si riportano alla norma neppure dove a farlo basti una semplice inversione di parole. Per colmare le lacune di notevole entità si inserisce la lezione di B o C, ma l'integrazione è stampata in carattere corsivo per denunciarne l'origine; tra parentesi quadre, integrazioni richieste dal senso o dalla lingua (*i[n]ver*, *e[b]be*). Due le fasce di apparato; la prima per le lezioni di A respinte, la seconda per quelle che Levi aveva introdotte, per lo più deducendole da B.

Vediamo ora, a esemplificare il risultato del lavoro dei vari editori, come le stesse ottave (1, 13-14), che descrivono la battaglia di Gherardino contro un orribile serpente, si leggono nelle quattro edizioni. La prima è quella curata da Zambrini (edizione del 1867):

E lo serpente, per l'aria volando,
Davanti a Gherardin trasse a ferire;

E Gherardin si difendea col brando,
Però che sapea ben dello schermire;
Dicendo: Iddio a te mi raccomando,
Non mi lasciar così impedimentire!
Enperò che là ove il serpen' calcava
Coll'alie tutte, l'arme gli tagliava.

A Gherardin ne paria molto male,
Che lo serpente gli facia tal guerra;
Uno colpo gli diè nel mezzo all'ale,
Che di presente cadde morto in terra;
E nel cader che fe misse gran guai,
E disparì che non si vidde mai.

Questo è il testo nell'edizione Levi:

E lo serpente, per l'aria volando,
davanti a Gherardin trasse a ferire;
e Gherardin si difendea col brando,
però che sapea ben dello schermire;
dicendo: – Iddio a te mi raccomando,
non mi lasciar così impedimentire! –
però che unque'l serpente lo toccava
coll'ale, tutte l'arme gli tagliava.

A Gherardin ne paria molto male
che lo serpente gli facia tal guerra;
ficcò la spada nel mezzo dell'ale,
davagli un colpo, se 'l cantar non erra
che fu per lui sì pessimo e mortale,
che di presente cadde morto in terra;
e, nel cader che fe', misse gran guai,
e disparì che non si vidde mai.

Così le due ottave si leggono nell'edizione Balduino:

E lo serpente, per l'aria volando,
davanti a Gherardin trasse a ferire;
e Gherardin si difendea col brando,
però ch'e'e sapea ben dello schermire;
dicendo: – Iddio a te mi racomando,
non mi lasciar così impedimentire! –
però che là ove il serpente toccava
coll'ale, e' tutte l'arme gli tagliava.

A Gherardin ne paria molto male
che lo serpente gli facia tal guerra;
ficcò la spada nel mezzo dell'ale:
davagli un colpo, se 'l cantar non erra

che fu per lui sì pessimo e mortale,
che di presente cadde morto in terra;
e, nel cader che fe', misse gran guai,
e disparì che non si vidde mai.

E in quella curata da Domenico De Robertis, di cui si riproduce anche il relativo apparato critico in due fasce (dove L indica la lezione del testo Levi):

E lo serpente, per l'aria volando,
davanti a G[herardin] trasse a ferire;
e G[herardin] si defendea col brando,
però che·ssapea bene dello schermire, (+ 1)
dicendo: – Iddio a·tte mi raccomando:
non mi lasciar così impedimentire! –
imperò che colà dove il serpente toccava (+3)
coll'ale, tutte l'arme gli tagliava.

A Gherardino ne parìe molto male (+ 1)
che lo serpente gli facìe tal guerra:
un colpo gli diè nel mezzo dell'alie,*
davagli un colpo, se 'l cantar non erra
che fu per lui sì pessim' e mortale,
che di presente cadde morto in terra;
e, nel cader che fe', misse gran guai,
e disparì che non si vidde mai.

14, 4-5 *mancano*

13, 3 LB *difendea* (B *difendia*) – 13, 7 LB però *che unque 'l* (B *el*) *serpente lo* (B 'l) *t.* – 13, 8 LB *l'ale* – 14, 1 LB *paria* – 14, 2 L *facia* – 14, 3 LB *ficcò la spada nel* (B *in*) – LB *ale* – 14, 4-5 Testo mancante sostituito con B (ma cfr. v. 3 – L5 *pessimo e*).

Partiamo da quest'ultima, che, come si è detto, riproduce il testo tale quale si legge in A: il raddoppiamento fonosintattico è mantenuto e rappresentato con il punto in alto; fra parentesi quadre viene sciolta (13, 2 e 3) la sigla G che nel codice indica il nome del protagonista; la rima imperfetta *alie* (14, 3) pur facilmente riconducibile alla norma, viene mantenuta e segnalata con asterisco; i versi 4 e 5 della seconda ottava, mancanti in A, sono riportati nella lezione di B, ma in corsivo. Sui versi ipermetri non si interviene (13, 4 e 7; 14, 1) ma si segnala a margine il numero delle sillabe eccedenti.

Il testo Zambrini presenta invece una serie di interventi di varia natura: ovvia per l'epoca, e non trattandosi di edizione diplomatica, la rinuncia a rappresentare il raddoppiamento fonosintattico, scontato l'intervento per correggere in rima *alie* in *ale* (14, 3), mentre certamente assurda, al v. 13, 8 la posizione della virgola dopo e non prima di *tutte*. Ma il pasticcio più grave è al v. 13, 7; *calcava*, come Zambrini spiega in nota, è suo emendamento di un presunto *cacchava* del codice. In realtà si tratta di errore di lettura dovuto al trascrittore, errore che lo stesso editore provvederà a sanare nella seconda edizione. Ma poco felice appare anche il modo in cui il verso è riportato a misura; per togliere le tre sillabe eccedenti, anziché intervenire, oltre che su *colà* e *dove* rispettivamente ridotti a *là* e *ove*, su *Enperò*, agevolmente riducibile a *però*, Zambrini opta per un troncamento a dir poco azzardato di *serpente* in *serpen'*. Nella seconda ottava, di fronte alla mancanza dei versi 4-5, Zambrini, osservato che il senso corre senza difficoltà, non suppone l'esistenza di una lacuna, convinto che questa e altre ottave imperfette stiano a dimostrare come, essendo questo cantare dei più antichi, il metro della stanza non fosse ancora «ridotto a perfezione»!

L'edizione Levi è molto più soddisfacente; la rassettatura delle rime e delle misure è condotta con maggior destrezza, e i versi mancanti della seconda stanza sono comprensibilmente surrogati da B. Tuttavia, l'affermazione di non ricorrere se non in caso disperato (come quello appena visto) alla lezione del secondo codice viene poi smentita ai vv. 13, 7 e 14, 3; le lezioni che *unque 'l serpente lo toccava* e *ficcò la spada* sono infatti tratte da B senza urgente necessità.

Balduino, per le esigenze di leggibilità già ricordate, riduce a norma misure e rime anomale, elimina nel modo più convincente le ipermetrie del v. 13, 7 ma a sua volta, di fronte alla lezione che A propone per 14, 3, verso endecasillabo sì, ma accentato in maniera non canonica, preferisce seguire Levi e il testo B.

Chiudiamo segnalando la recente edizione del cantare curata da Daniela Delcorno Branca per il primo volume (*Duecento-Trecento*, pp. 693-730 e 1004-1006) dell'*Antologia della poesia italiana* diretta da Cesare Segre e Carlo Ossola (Einaudi-Gallimard, Torino 1997); il testo riprende quello di Balduino, ritoccato però in più punti (indicati a p. 1005) «o accogliendo la lezione De Robertis, o per nuovo controllo su M^1 [= A], o per diversa congettura»; per le nostre ottave-campione non si segnalano interventi. A questa edizione rinviamo anche per un'ampia bibliografia sul nostro cantare.

Bibliografia consigliata

Cantare del Bel Gherardino. Novella cavalleresca in ottava rima del secolo XIV non mai fin qui stampata, a c. di Francesco Zambrini, Romagnoli, Bologna 1867.

Fiore di leggende. Cantari antichi, I: *I cantari leggendari*, a c. di Ezio Levi, Laterza, Bari 1914.

Cantari del Trecento, a c. di Armando Balduino, Marzorati, Milano 1970.

Domenico De Robertis, *Problemi di metodo nell'edizione dei cantari antichi*, in *Studi e problemi di critica testuale*, Convegno di studi di filologia italiana nel centenario della Commissione per i Testi di Lingua (7-9 aprile 1960), Commissione per i Testi di Lingua, Bologna 1961, pp.119-138 (poi in *Editi e rari. Studi sulla tradizione letteraria tre Tre e Cinquecento*, Feltrinelli, Milano 1978).

Id., *Cantari antichi*, in "Studi di Filologia Italiana", XXVIII (1970), pp. 67-175.

I cantari: struttura e tradizione, Atti del convegno internazionale di Montreal (19-20 marzo 1981), a c. di Michelangelo Picone e Maria Bendinelli Predelli, Olschki, Firenze 1984.

Maria Bendinelli Predelli, *Alle origini del Bel Gherardino*, Olschki, Firenze 1990.

Boccaccio: il libro, i "mercatanti" e le visioni

La tradizione antica del *Decameron* è imponente: 155 copie manoscritte finora riconosciute, anche se non tutte rintracciate. Né poteva essere diversamente per questa «epopea dei mercatanti» (tale è la definizione coniata per il *Decameron* da Vittore Branca): per un'opera che collima con i gusti della borghesia toscana e, più generalmente, italiana tre-quattrocentesca, ne incarna gli umori e gli orizzonti di attesa letterari. Di qui la straordinaria e immediata fortuna di un testo posseduto, letto, copiato, illustrato, addirittura rubato con un costante interesse di pubblico sin dalla sua prima diffusione. A fianco di questa tradizione manoscritta privata ("caratterizzante", "per passione", "di memoria"), se ne affermò anche un'altra di tipo letterario, ridotta ma più autorevole, che prende le mosse dall'autore stesso. Boccaccio difatti non ripudiò mai l'opera verso la quale, in vecchiaia, ebbe tuttavia a esprimere molte riserve. A ridimensionarle, per altro, basta qualche semplice considerazione: come ricordare che il *Decameron* venne ricopiato in tarda età dall'autore (circa 1370: e noi oggi possediamo ancora questo estremo autografo); che fu lo stesso Boccaccio a inviare in quei medesimi anni un esemplare del suo capolavoro a Petrarca, e che, dopo la morte di Petrarca, fu proprio lui a domandare con insistenza al genero del *magister* copia della traduzione latina della sua *Griselda* (*Dec.* X 10).

La rilevanza filologica del "caso" *Decameron* consiste perciò in primo luogo, oltre che nell'importanza dell'autografo, nella trafila, sotto vari aspetti eccezionale, della sua ricezione.

Non siamo informati, con esattezza, sugli anni in cui Boccaccio (1313-1375) pose mano al suo capolavoro: con ogni probabilità poco dopo l'epidemia di peste nera del 1348, quando cioè era ancora vivissimo il ricordo degli eventi che leggiamo nella cornice dell'opera. Di fatto, è lecito supporre (e oggi ha quasi raggiunto una dimensione di certezza) che il *Decameron* circolasse da subito anche in forma spicciolata, anteriore a quella definitiva. L'opera fu conclusa in tempi relativamente brevi, attorno al 1353 o addirittura nel 1351: Boccaccio la sottopose in anni successivi a una intensa revisione, che toccò la lingua, lo stile e non pochi dettagli strutturali delle novelle producendone almeno due diverse redazioni.

> Comincia il libro chiamato *Decameron* cognominato prencipe Galeotto, nel quale si contengono cento novelle in diece dì dette da sette donne e da tre giovani uomini (*Titolo*).

> [...] intendo raccontare cento novelle, o favole o paràbole o istorie che dire le vogliamo, raccontate in diece giorni da una onesta brigata di sette donne e tre giovani nel pistelenzioso tempo della passata mortalità fatta, e alcune canzonette dalle predette donne cantate al lor diletto (dal *Proemio*).

Si tratta dunque di una raccolta in volgare di cento novelle («favole o parabole o istorie») a dieci voci, saldate da una cornice che ne sottolinea la macrotestualità. Ma si potrà avvicinare il *Decameron* anche alla tipologia del prosimetro, per le dieci ballate poste ciascuna a conclusione di ogni giornata. Di questo, come di altri indicatori strutturali e tematici, il Boccaccio è forse debitore a Dante: il prosimetro ricalca il modello della *Vita Nova*; il numero di novelle riprende quello dei cento canti della *Commedia*; infine l'inizio dell'opera cade nel 1348, proprio ai trentacinque anni (il "mezzo" della vita) dell'autore (Battaglia Ricci).

Della straordinaria ricchezza dei registri formali del *Decameron*, come della sua visione del mondo antitetica alla *Commedia* (e comandata da amore, fortuna e intelletto), ha discusso a lungo la critica. Ma le letture novecentesche più innovative hanno messo in luce anche le componenti dell'opera «quale summa della narrativa medievale» (Branca), con il ricorso agli stili della prosa e alle regole del *cursus*, e l'applicazione delle retoriche e delle poetiche messe a punto nei secoli immediatamente precedenti. Fra testo, storia ed estetica della ricezione, infine, si sono mossi gli studi più propriamente filologici sulla trasmissione del *Decameron*: vale a dire i numerosi sondaggi sui codici oggi finalmente in grado di spiegare «particolari aggiunti o tolti, sviluppi rapidi di situazioni, volute caricaturali o illustrative, [che] intervengono a turbare e a sconvolgere le linee di un rigido stemma di codici, anche al di là di ogni ipotesi di contaminazione, anche al di fuori di ogni possibile intervento d'autore. Solo quando si siano scoperti quegli "scrittoi" d'eccezione che furono per il *Decameron* le varie compagnie mercantili e si siano identificate le loro abitudini [...]: solo allora si può sperare di ricostruire con una certa sicurezza le fasi successive della elaborazione dell'opera e le linee di trasmissione del testo, solo allora la *recensio* può procedere senza l'insidia di piste aberranti». (V. Branca, *La filologia*, p. 61)

Senza ricalcare la lunghissima gestazione dei *Rerum vulgarium fragmenta*, anche il *Decameron* percorse un *iter* redazionale meno pacifico di quanto l'elegante pagina dell'autografo definitivo possa oggi lasciar immaginare. Non si va oltre le ipotesi per quanto concerne un primo abbozzo del libro, in cui le novellatrici sarebbero state le sole sette donne (come nel *Filocolo* e nella *Comedia delle ninfe fiorentine*), e sette, dunque, il numero che ne scandiva il livello macrotestuale. Si è invece certi che il *Decameron* venne reso pubblico dall'autore anche in forme provvisorie: da una diffusione spicciolata di singoli gruppi di novelle, via via che potevano dirsi ultimati (diffusione di cui resta traccia nell'appassionata autodifesa dell'*Introduzione* alla IV Giornata), ad almeno una redazione organica che precede di diversi anni quella definitiva.

Una precoce e attivissima tradizione di copia tenne dietro alla composizione dell'opera: i primi amanuensi manipolarono la lezione del *Decameron* «con la confidenza lieta e familiare che permetteva rimaneggiamenti e soppressioni e inserzioni di novelle estranee e accostamenti ad altri testi» (V. Branca, *Copisti per passione*, p. 73). *Testo* (con possibili diverse redazioni d'autore) e *ricezione* sono quindi le due facce, opposte e complementari, del "caso" Boccaccio.

Muoviamo, per illustrarle, da alcune parole di Barbi, scritte all'indomani dell'edizione Massèra del *Decameron* (Laterza, Bari 1927):

> Molto s'è discorso dal Cinquecento a questa parte sul testo del *Decameron*; ma una trattazione a fondo che metta in chiaro la sua storia, e particolarmente la sua tradizione manoscritta, manca ancora. Una falsa supposizione, divenuta presto preconcetto comune, ha indotto a prestar fede eccessiva al codice esemplato nel 1384 da Francesco d'Amaretto Mannelli e a trascurare e spregiare tutti gli altri testi [...]. Non basta. Un'altra questione torna ogni momento ad affacciarsi a chi si metta a studiare la tradizione manoscritta del *Decameron* senza preconcetti, né perché riesca incomoda, si può per ciò solo eliminare: ed è la questione se ci siano stati più esemplari di mano dell'autore, con notevoli diversità fra loro. (M. Barbi, *Sul testo del "Decameron"*, p. 35)

Questi pochi enunciati, tratti dal saggio *Sul testo del "Decameron"*, sono in grado di compendiare la laboriosa trafila dell'opera. Da un lato un'amplissima tradizione manoscritta (complicata, come si diceva, da copisti responsabili di «scelte personali, interventi di gusto più o meno notevoli, fino all'estremo di ritocchi o di rifacimenti» [Branca]); dall'altro il fondato sospetto che dallo scrittoio del Boccaccio siano uscite più redazioni del *Decameron*. E, per finire, l'oscillante valutazione del ms. Hamilton 90 di Berlino, che, ben noto e variamente utilizzato dagli editori (forse già a partire dalla *princeps* quattrocentesca, la stampa napoletana cosiddetta "Deo gratias"), non è stato però riconosciuto nella sua autografia sino a Novecento inoltrato.

A partire da queste condizioni, il testo del *Decameron* risulta per secoli fruibile in una *vulgata* a stampa che muove essenzialmente dal codice Mannelli (ms. Laurenziano XLII. 1, detto l'*Ottimo*), promosso a rappresentare l'intera tradizione manoscritta. Nel frattempo l'interesse "filologico" per il *Decameron* non conobbe soste, ma spesso si tradusse in versioni corrette, emendate, censurate: furono in tal senso cruciali le edizioni cinquecentesche (la Giuntina "ventisettana" e soprattutto l'edizione cosiddetta "dei Deputati", in cui Vincenzio Borghini operò una vera e propria rassettatura del libro, in specie riguardo ai «costumi» e ai «dogmi e cirimonie della religione»: vedi **Sezione storica**). Limitato anche il progresso testuale delle edizioni otto-novecentesche, che selezionarono ora l'una ora l'altra fonte manoscritta senza mai addentrarsi nel vivo della tradizione: quella di Pietro Fanfani (Le Monnier, Firenze 1857); di Aldo Francesco Massèra (Laterza, Bari 1927), che sostituì alla fiducia nel codice Mannelli quella per il codice di Berlino, non ancora riconosciuto autografo; di Charles S. Singleton, fondata sull'esame comparativo di un solo ramo della tradizione (*Il Decameron*, nuova ediz. a c. di Charles S. Singleton, Laterza, Bari 1955).

Solo Barbi restò immune da questa condotta operativa, impostata alla ricerca del testimone migliore: egli infatti,

> contro quella ininterrotta tradizione di feticismo per un unico manoscritto, dimostrò che anche per il testo del *Decameron* [...] non si può giungere a una lezione sicura se non allargando le indagini a codici quanto più numerosi è possibile e determinandone i gruppi, sino a fissare chiaramente lo svolgersi della tradizione manoscritta, il valore di ciascuna testimonianza, la possibilità di redazioni diverse ecc. (V. Branca, *Per la storia del testo del "Decameron"*, p. 426)

Ad accantonare definitivamente queste imperfette procedure di edizione, bastò un fatto nuovo, ma non inatteso. In pieno Novecento, l'autografia del ms. Hamilton 90 della Staatsbibliothek di Berlino (B) venne infatti dapprima cautamente avanzata da Alberto Chiari (1948), poi dimostrata da Vittore Branca e Pier Giorgio Ricci (1962). Il modulo di scrittura del codice, che Boccaccio ricavò dalla nitidissima grafia semigotica (o preumanistica) petrarchesca, è stato anzi inoppugnabilmente ricondotto ad anni prossimi al 1370-1372, e ha permesso così di dedurre un termine di datazione puntuale per quest'ultima stesura del *Decameron*. Un tale riconoscimento ha ovviamente consentito di aggirare l'ostacolo di una tradizione amplissima e "caratterizzante" (e dunque *a priori* mal interpretabile secondo i canoni della *recensio* lachmanniana).

Del manoscritto del *Decameron* è stato tratto un *Facsimile* integrale in occasione dell'ultimo Centenario boccacciano (a c. e con "Introduzione" di Vittore Branca, Alinari, Firenze 1975). È un codice membranaceo di grande formato (quello del «libro universitario», secondo Lucia Battaglia Ricci), «di chiara ed elegante scrittura calligrafica» (Branca), illustrato dall'autore con qualche stilizzata figurina a colori: tutti elementi che intendono suggerire, negli accuratissimi aspetti materiali del libro, l'immagine di un'opera non solo dilettevole, ma di alta ambizione letteraria. Dell'autografo disponiamo anche di un'*Edizione diplomatico-interpretativa*, a c. di Charles S. Singleton (Johns Hopkins University Press, Baltimore-London 1974), da cui proponiamo, nella pagina seguente, un "campione" di testo (da *Dec.* I 3).

E dall'autografo dipende infine l'edizione critica di Vittore Branca (Accademia della Crusca, Firenze 1976). Il ms. Hamilton, lacunoso per la caduta di tre fascicoli (*Proemio* e *Introduzione* I-15; giornate VII 1 16-VII 9 32; IX 10 12-X 8 50), è stato integrato con l'apporto del cosiddetto "codice Mannelli", dipendente «dalla stessa copia che fu trascritta in B ma forse in uno stadio leggermente anteriore», e dunque suo collaterale. Ripercorriamo le partizioni più salienti del volume, aperto da un'"Introduzione" (pp. VII-CXXXV) che riproduce la "Tavola della tradizione manoscritta del *Decameron*", esamina "L'autografo della redazione del 1370

POi che co*m*mendata da tutti la novella di neyphi
le ella si tacque come alla reina piacque phylo
mena cosi comi*n*cio ad parlare⸝ LA novella da ney
phile decta mi ritorna ad memoria il dubbioso caso
gia advenuto ad un giudeo⸝ perc*i*o che gia *et* di dio *et* della
verita della nostra fede e assai bene stato decto il di
sciendere oggimai ad gli advenimenti *et* ad gli acti de
gli uomini *non* si dovra disdire ad narrarvi quella ver
ro la quale udita forse piu caute diverrete nelle ri
sposte alle quistioni che facte vi fossero. VOi do
vete amorose compagne sapere che si come la sciocche
ça spesse volte trae altrui di felice stato *et* mette *in* gran
dissima miseria⸝ cosi il senno di grandissimi *per*icoli trae
il savio, *et* ponlo *in* grande *et* *in* sicuro riposo⸝ Et che vero
sia che la sciocheça di buono stato *in* mis*er*ia alcun con
duca *per* molti exempli si vede li quali *non* fia al presen
te nostra cura di raccontare, avendo riguardo che tut
to il di mille exempli nappaiano manifesti⸝ ma che il
senno di co*n*solation sia cagione come premisi *per* una
novelletta mostrero brievemente.

circa" e i "Rapporti fra l'autografo e le testimonianze più affini", e, in conclusione, formula i "Fondamenti e criteri dell'edizione". A seguire, il testo del *Decameron* accompagnato dall'apparato critico, che, «oltre che adempiere le consuete funzioni ecdotiche», ragguaglia anche sugli «elementi che possono essere utili a caratterizzare sia la trascrizione del Boccaccio, sia la storia del codice» (Branca, come le citazioni che seguono).

E veniamo ai passaggi più cruciali dell'edizione. Anzitutto, va segnalata nell'originale la presenza (fra i numerosi interventi autografi a emendamento e integrazione del testo) di alcune lezioni alternative rimaste sospese nei margini del manoscritto (cinque in tutto), che confermano la continua, inesausta attenzione del Boccaccio per il suo capolavoro. Non correzioni, ma «varianti sostanzialmente equivalenti», vennero annotate dall'autore proprio per suggerire «un'eventuale funzione sostitutiva», e dunque meritano di essere riportate con particolare evidenza in apparato, assieme agli altri *marginalia*. In apparato Branca ha accolto anche tutti i numerosissimi errori dell'autografo, vale a dire «scorsi di penna, lapsus, aplografie, dittografie, incompiutezze meccaniche, omissioni», cioè «i fenomeni chiaramente determinatisi contro la volontà e la coscienza stessa dell'autore», e imputabili al carattere di B, «copia calligrafica [...] di un esemplare di servizio che doveva essere in condizioni non buone».

Se le «solite e connaturate insufficienze scrittorie» del Boccaccio vanno senz'altro emendate, diverso è il trattamento riservato ai cosiddetti "errori d'autore" del *Decameron*, vale a dire ai guasti di fatto e di senso a suo tempo denunciati da Franca Brambilla Ageno. All'atto della ricopiatura, Boccaccio ha infatti involontariamente trasmesso al "suo" *Decameron* anche alcuni errori sostanziali, prodottisi durante la stesura o la trascrizione dell'opera, e riconducibili quindi a un atteggiamento ibrido, insieme d'autore e di copista. Franca Brambilla Ageno definisce questo tipo di guasti «errori polari», avvertendo che «non è del tutto pacifico che si debbano rettificare». Così non è stato corretto a testo, ma conservato e commentato in apparato, il passo seguente (a prima vista contrario alla logica della narrazione): «Quasi ad un'ora la maschil voce e il più non voler maschio parere si partì» (*Dec.* II 9 67), su cui leggiamo appunto il commento chiarificatore di Franca Ageno:

> [...] il Boccaccio, pensando che la protagonista non voleva più parere maschio, introdusse *più non* in una frase che significava che era cessata la volontà (positiva) di parere maschio. Qui non c'è altra via, direi, che rispettare la forma originaria: perché è vero che lo scrittore aveva intenzione di dire l'opposto

> di quello che ha effettivamente detto; ma è pure vero che la forma da lui data al suo pensiero non nasce da pura distrazione [...] ma proprio da scarsa chiarezza e consapevolezza iniziale, da una confusione che è "a monte" del fatto materiale della scrittura. (F. Brambilla Ageno, *Errori d'autore*, p. 131)

La materia, come si vede, è delicata, e su di essa già aveva ammonito Barbi: «gli antichi nel sottintendere quello che dal contesto si può facilmente dedurre e nel fare costruzioni a senso, non avevano gli scrupoli di noi moderni». A parte la correzione degli errori indiscussi e involontari dell'autografo, Branca avverte dunque che

> il testo offerto da B è conservato nell'edizione con estrema puntualità fin dove diventerebbe manifestamente assurdo. Per questo si mantengono lezioni ardue o durissime o gravemente sospette purché non del tutto inammissibili, avvertendo e discutendo e proponendo, se mai, anche soluzioni diverse in apparato. (V. Branca, "Introduzione", p. XCVI)

Merita qualche considerazione anche l'assetto formale dell'edizione, se non altro per il confronto che, "a parità" di dati documentari (la presenza dell'autografo), è possibile istituire con il testo critico del *Canzoniere*. Secondo l'opinione di Branca, «l'edizione critica [...] non può esser mai, neppure per gli autografi, riproduzione meccanica, perché è un'interpretazione, un'operazione scientifica». Ne consegue un cauto ammodernamento grafico (specie nel settore dei raddoppiamenti di consonante, che vengono ricondotti a una stabilità non sempre documentata dall'autografo), che intende preservare l'immagine tradizionale dell'opera, onorarne la funzione di testo archetipico della prosa d'arte italiana, e infine «facilitare la lettura del testo evitando qualche volta equivoci». Niente *triumphi*, né *ymagini*, dunque, ma, nel rispetto della «nuova sensibilità» verso i reperti della tradizione, un esame grafico-linguistico che descrive minutamente l'assetto dell'autografo, lo confronta con le condizioni grafiche di altri autografi boccacciani, il *Teseida* e il *Trattatello in laude di Dante*, e legittima caso per caso gli interventi proposti. Proprio sulla resa formale del *Decameron* vale la pena di rileggere una limpida pagina "metodologica" e operativa di Vittore Branca:

> Nel fissare il testo di un'opera fondamentale per la nostra civiltà, di larghissima tradizione e diffusione temporale e spaziale e sociale, vi sono convenienze, anzi direi doveri e criteri particolari. È il dovere, che incombe proprio al filologo di più stretta osservanza, di presentare a milioni di lettori un testo leggibile, che non li dissuada o li respinga con schermi di segni diacritici insoliti o di presentazioni grafiche e tipografiche desuete o di difficile comprensione per il lettore comune. È il dovere, pure, di adempiere un vero servizio: quello di offrire un'edizione agevolmente riproducibile anche in ristampe correnti e popolari, senza la necessità di interventi semplificatori che troppo spesso sconcerebbero il testo. (V. Branca, "Introduzione", p. CXXXIII)

Nella pagina seguente vediamo la medesima porzione di testo sopra riportata (*Dec.* I 3), tratta dall'edizione critica del 1976, fondamento di tutte le successive ristampe (p. 42).

Il cammino testuale dell'opera potrebbe dirsi, con questa edizione, definitivamente concluso, e il "caso" *Decameron* risolto, se non intervenissero altri elementi a complicarlo e caratterizzarlo, e se non restasse sospesa la curiosità di Barbi circa eventuali doppie redazioni del libro.

La selva di varianti, che un incompleto ma secolare processo di *recensio* aveva rese evidenti, non poteva difatti lasciare i filologi inoperosi. Erano troppi i sospetti che fra queste si celassero anche lezioni d'autore; e tali sospetti avvalorati dai relitti di stesure differenti (le pochissime varianti marginali) conservati all'interno del codice di Berlino. Vittore Branca ha così riaperto l'indagine sulle possibili diverse redazioni del *Decameron*, nell'intento di documenta-

〈 3 〉

1 **Melchisedech giudeo con una novella di tre anella cessa un gran pericolo dal Saladino apparecchiatogli.**

2 Poi che, commendata da tutti la novella di Neifile, ella si tacque,
come alla reina piacque Filomena così cominciò a parlare:
3 — La novella da Neifile detta mi ritorna a memoria il dubbioso
caso già avvenuto a un giudeo. Per ciò che già e di Dio e della verità
della nostra fede è assai bene stato detto, il discendere oggimai agli
avvenimenti e agli atti degli uomini non si dovrà disdire: a narrarvi
quella verrò, la quale udita, forse più caute diverrete nelle risposte
4 alle quistioni che fatte vi fossero. Voi dovete, amorose compagne, sa-
pere che, sì come la sciocchezza spesse volte trae altrui di felice stato
e mette in grandissima miseria, così il senno di grandissimi pericoli
5 trae il savio e ponlo in grande e in sicuro riposo. E che vero sia che
la sciocchezza di buono stato in miseria alcun conduca, per molti
essempli si vede, li quali non fia al presente nostra cura di raccontare,
avendo riguardo che tutto il dì mille essempli n'appaiano manifesti:
ma che il senno di consolazion sia cagione, come premisi, per una
novelletta mostrerò brievemente.

3, 6 fossero] fossera*: a meno che si tratti di un punto saldato a -o finale.*

re fasi successive di composizione dell'opera. E non sono mancate novità di rilievo, il cui interesse va rapportato anche all'originalità delle procedure di riconoscimento testuale.

Nel 1991 le diciotto illustrazioni a penna bruna che accompagnano il testo del *Decameron* nel codice Parigino It. 482 (= P) sono state attribuite con forte verosimiglianza al Boccaccio: la convinzione è che possa trattarsi di un caso peculiare (e sorprendente) di "idiografia" del manoscritto. In altre parole, pare legittimo riconoscere in P, vergato dal mercante fiorentino Giovanni d'Agnolo Capponi nei primi anni sessanta del Trecento, una copia del *Decameron* certamente passata per le mani del Boccaccio, giacché «sembrerebbe difficile ammettere che l'autore si impegnasse a illustrare [...] un testo della sua opera non autentico o modificato da altri» (Branca). E dal momento che il manoscritto di Parigi (assieme a una cinquantina di altri codici) reca «una notevole serie di varianti adiafore o di variazioni o di divergenze dall'autografo e dalla tradizione affine o discesane» (circa seimila), per di più caratterizzate da «elementi e indizi che rimandano al Boccaccio scrittore degli anni cinquanta-sessanta» del Trecento (Branca), si può parlare di una vera e propria redazione giovanile dell'opera (1349-1351?). Di qui la pubblicazione di quelle lezioni (in "Studi sul Boccaccio", XXV [1997] e XXVI [1998]) e una nuova edizione corrente del *Decameron*, che reca una prima *Esemplificazione di varianti in una redazione del Decameron anteriore a quella autografa del 1370 circa* (nuova ediz. riveduta e aggiornata, a c. di Vittore Branca, Einaudi, Torino 1997). Ne risultano lumeggiati sia il minuzioso progresso testuale dell'opera, sia la decisa valorizzazione, nel passaggio da P a B, della componente mercantesca e della qualità espressivistica della lingua del *Decameron*.

Dopo questi accertamenti testuali, siamo in grado di segnalare un'ultima importante appendice.

Parliamo della "visualizzazione" del capolavoro, che ha prodotto nei secoli un'enorme diffusione di immagini, a partire dalle illustrazioni di mano dello scrittore presenti nel codice di Berlino. La "chiave di lettura" del *Decameron* innescata dalle stilizzate figurine del Boccaccio ha dato frutti straordinari: alcune di queste immagini sono nella memoria di tutti, come l'illustrazione botticelliana della novella di Nastagio degli Onesti (*Dec.* V 8), o le decorazioni di molti cassoni nuziali con le storie di Griselda (*Dec.* X 10). La ricezione del *Decameron* si apre dunque, di necessità, anche al versante iconologico: non solo prevede schiere di lettori indaffarati a ricopiare l'opera (e magari a manometterla) per il proprio diletto, ma dà impulso a un rapporto tra parola e figura forse senza uguali nella letteratura europea. Sul tema si vedano ora i volumi su *Boccaccio visualizzato. Narrare per parole e immagini fra Medio Evo e Rinascimento* (a c. di Vittore Branca, Einaudi, Torino 1999, 3 voll.), e la nuova edizione del *Decameron* con le illustrazioni dell'autore e di grandi artisti fra Tre e Quattrocento (a c. di Vittore Branca, Le Lettere, Firenze 1999).

Bibliografia consigliata

Ogni bibliografia complessiva sul Boccaccio annovera pagine e pagine di consigli di lettura, e registra per lo più opere di notevolissimo spessore critico. Estrarne una bibliografia "minimale" può quindi apparire, oltre che riduttivo, errato. Non possiamo quindi che appellarci all'intento propedeutico e filologico della nostra scelta, augurandoci che le opere segnalate (tutte indispensabili per comprendere le pagine che precedono) possano ispirare anche altri percorsi di lettura. Per altri approfondimenti, vale comunque il rinvio alla rivista "Studi sul Boccaccio".

Giovanni Boccaccio, *Decameron*, ediz. critica a c. di Vittore Branca, Sansoni, Firenze 1976.

Decameron, ediz. diplomatico-interpretativa dell'autografo Hamilton 90, a c. di Charles S. Singleton, The Johns Hopkins University Press, Baltimore-London 1974.

Decameron, nuova ediz., a c. di Vittore Branca, Einaudi, Torino 1997.

Decameron, con le illustrazioni dell'autore e di grandi artisti fra Tre e Quattrocento, Le Lettere, Firenze 1999.

Michele Barbi, *Sul testo del "Decameron"* (1927), in *La nuova filologia e l'edizione dei nostri classici da Dante a Manzoni*, Sansoni, Firenze 1994.

Vittore Branca, *Copisti per passione, tradizione caratterizzante, tradizione di memoria*, in *Studi e problemi di critica testuale*, Convegno di studi di filologia italiana nel centenario della Commissione per i Testi di Lingua (7-9 aprile 1960), Commissione per i Testi di Lingua, Bologna 1961, pp. 69-83.

Id., *La filologia*, in Vittore Branca, Jean Starobinski, *La filologia e la critica letteraria*, Rizzoli, Milano 1977, pp.13-109.

Id., *Studi sulla tradizione del testo del Decameron*, in "Studi sul Boccaccio", XIII (1981-1982), pp. 21-158.

Id., *Per la storia del testo del "Decameron", in Lessico critico decameroniano*, a c. di Renzo Bragantini e Pier Massimo Forni, Bollati Boringhieri, Torino 1995, pp. 419-438.

Id., *Boccaccio medievale*, 9ª ediz., Sansoni, Firenze 1997.

Id., *Su una redazione del Decameron anteriore a quella conservata nell'autografo hamiltoniano*, in "Studi sul Boccaccio", XXV (1997), pp. 3-131; *Ancora su una redazione del Decameron anteriore a quella autografa e su possibili interventi "singolari" sul testo*, in "Studi sul Boccaccio", XXVI (1998), pp. 3-97.

Id. (a c. di), *Boccaccio visualizzato. Narrare per parole e immagini fra Medio Evo e Rinascimento*, Einaudi, Torino 1999.

Vittore Branca, Pier Giorgio Ricci, *Un autografo del "Decameron" (codice Hamiltoniano 90)*, Cedam, Padova 1962.

Franca Brambilla Ageno, *Errori d'autore nel "Decameron"?*, in "Studi sul Boccaccio", VIII (1974), pp. 127-136.

Stefano Carrai, Silvia Madricardo, *Il "Decameron" censurato. Preliminari alla "rassettatura" del 1573*, in "Rivista di Letteratura Italiana", VII (1989), pp. 225-247.

Maria Grazia Ciardi Dupré Dal Poggetto, Vittore Branca, *Boccaccio "visualizzato" dal Boccaccio*, in "Studi sul Boccaccio", XXII (1994), pp. 197-236.

Gino Belloni (a c. di), *Vincenzio Borghini, dall'erudizione alla filologia. Una raccolta di testi*, Libreria dell'Università, Pescara 1998.

Lucia Battaglia Ricci, *Boccaccio*, Salerno Editrice, Roma 2000.

Burchiello, la "burchia" e la filologia del Novecento

Quando i più autorevoli lettori del Cinquecento (come Lasca e Doni) cominciarono a interessarsi a Burchiello in forma riflessa e critica, presero immediatamente atto dell'«oggettiva mancanza di volontà unificante d'autore e di fattori coesivi interni» dei suoi *Sonetti* (così Michelangelo Zaccarello, "Introduzione" a *I sonetti del Burchiello*, p. XV). In questi termini sta, ancora oggi, il caso filologico che qui descriveremo. Esso deve affrontare ostacoli gravi: l'inesistenza di un macrotesto, cioè di una raccolta di poesie sorvegliata dall'autore, e il conseguente problema attributivo, vale a dire l'incerta fisionomia di un *corpus* nel quale sono sicuramente confluiti componimenti di rimatori diversi. Insomma, tutto concorre a fare dei sonetti, che con oscillante attendibilità sono stati nei secoli ricondotti al "barbiere-poeta", una delle espressioni più interessanti di "artigianato in versi" del Quattrocento. In altre parole, la personalità del rimatore, la sua individualità o unicità, cedono il passo alla funzione di caposcuola, di modello, di creatore di una maniera fortunatissima e imitata. E la filologia sembra in grado di sciogliere la questione testuale solo optando per l'onesta presa d'atto della dimensione collettiva di questa poesia: un'occasione eccellente per sperimentare soluzioni postlachmanniane, a contatto con i concetti di *ricezione* e *trasmissione* dell'opera letteraria.

Domenico di Giovanni, detto Burchiello (1404-1449), esercitò in Firenze la professione di barbiere. Presso la sua bottega, e prima dell'ascesa definitiva dei Medici alla signoria (Burchiello, esiliato da Cosimo de' Medici, morì a Roma), si raccolse un'accademia di rimatori che oggi giudicheremmo "sperimentali", accomunati da un verseggiare che venne definito "alla burchia", cioè paradossale ed estemporaneo, per quanto non affidato interamente all'oralità. Burchiello ne fu la figura più importante. La sua poesia, antiumanistica e "verbale" (che oggi è da più parti accostata al *nonsense* moderno), si espresse solo nella forma del sonetto caudato e riscosse una fortuna straordinaria, tanto da divenire oggetto di imitazione precocissima. Molte rime degli epigoni furono così attribuite senza fondamento al caposcuola, e costituirono un *corpus* di misura variabile (qualche centinaio di sonetti), che configurò nei secoli la *vulgata* di questo autore. E anche certo passato prossimo fiorentino (come la rimeria giocosa del trecentesco Antonio Pucci e di Orcagna) si confuse e si mescolò nei manoscritti burchielleschi.

In sintesi, possiamo applicare a Burchiello, e alla filologia che lo concerne, l'osservazione critica di Domenico De Robertis: «Burchiello non è un autore o un libro [...] Burchiello è un'intera tradizione, è un *corpus* poetico (e non solo poetico) che ancora le tarde edizioni rispettano».

La trasmissione delle rime del Burchiello è affidata sin dai primi anni a una circolazione locale (a mano o a stampa) molto ampia, che, passando anche attraverso i circuiti dell'oralità e della memoria, non si cura di identificare l'autore (né la sua lezione "autentica"), quanto piuttosto la maniera che egli rappresenta. L'"originale", se mai ve ne fu uno, viene così sostituito da «un insieme di materiali che non ebbero da parte dell'autore una sistemazione di tipo librario, supplita attraverso una fase redazionale e collettoria postuma» (Zaccarello). Il collettore più ampio e controverso di una testualità così infida è la *vulgata* settecentesca, rappresentata dalla farraginosa edizione toscana del 1757 (*Sonetti del Burchiello, del Bellincioni e d'altri poeti fiorentini alla burchiellesca*, Londra, in realtà Lucca-Pisa 1757, forse per le cure di Anton Maria Biscioni). Com'è naturale attendersi, questa edizione, che raccoglie i frutti di una stagione filologica ancora acerba (vi si pubblicano più di trecento sonetti tutti indiscriminatamente a nome di Burchiello, seguiti da una nutrita appendice di poesie alla burchia), mostra una notevole discrezionalità e parzialità nell'uso delle fonti, alcune delle quali attinte solo per pochi riscontri casuali (vedi **Sezione storica**).

Vediamo uno di questi componimenti nella forma trasmessa dall'edizione pseudolondinese:

DE' SONETTI DI BURCHIELLO
Parte Ṣeconda.

La Poesìa combatte col Rasojo,
E spesso hanno per me di gran quistioni;
Ella dicendo a lui, per che cagioni
Mi cavi il mio Burchiel dello Scrittojo?
E lui ringhiera fa del colatojo,
E va in bigoncia a dir le sue ragioni;
E comincia: Io ti prego mi perdoni
Donna, s'alquanto nel parlar ti nojo:
S'i' non fuss'io, e l'acqua, e 'l ranno caldo,
Burchiel si rimarrebbe in sul colore
D'un moccolin di cera di smeraldo:
Ed ella a lui: Tu sei in grand'errore,
D'un tal disio porta il suo petto caldo,
Ch'egli non ha 'n sì vil bassezza il cuore:
Ed io: Non più romore,
Che non ci corra la secchia, e 'l bacino;
Ma chi meglio mi vuol, mi paghi il vino.

Il Novecento affronta l'autore (la "funzione") Burchiello con strumenti di lettura più agguerriti. Ma, mentre la critica giunge a elaborare proposte interpretative decisamente brillanti, il versante ecdotico resta a lungo trascurato. Solo l'edizione dei *Sonetti inediti* di Burchiello curata da Michele Messina del 1952 (e preceduta da un saggio sul medesimo argomento dell'anno precedente) coglie i termini del problema attributivo di fondo e sancisce il carattere di raccolta postuma delle sillogi attribuite al Burchiello:

> Chi veniva in possesso di quei sonetti, li affidava alla memoria o ai suoi zibaldoni, per ripeterli nei lieti conversari delle allegre brigate. Solo dopo la morte, o pochi anni dopo, amorosi raccoglitori misero insieme quella che fu, o credettero fosse, la produzione poetica del barbiere di Calimala. (M. Messina, "Nota" a Domenico di Giovanni detto il Burchiello, *Sonetti inediti*, p. 9)

D'altra parte, però, invece di esaminare l'attendibilità della *vulgata*, Messina preferisce guardare ai presunti sonetti inediti di Burchiello, dispersi in fonti minori o periferiche, convinto che

> [...] la maggiore o minore autorità dei manoscritti – e per antichità e per scrupolosità in fatto di attribuzioni – e la loro convenienza nella paternità, là dove un medesimo componimento è comune a due o più codici, forniscano i dati di fatto che ne hanno determinato l'assegnazione all'opera certa o dubbia del nostro. (Ivi, p. 61)

Tornando sul tema a distanza di più di vent'anni, Messina decise invece di mettere a punto

> uno strumento di lavoro che sceverasse nella farragine della edizione di Londra [...] quanto appartiene ai predecessori, ai sodali in questo genere di poesia e ai più tardi imitatori e continuatori, dai nomi più o meno conosciuti, da quanto di sicuro è invece del barbiere di Calimala. (M. Messina, *Per l'edizione delle "Rime" del Burchiello*, p.196)

Lo studioso portò quindi a termine un ampio censimento dei manoscritti e delle stampe afferenti alla rime della *vulgata*. Di nuovo prendeva slancio la questione attributiva, mentre l'edizione a venire, preceduta dalla raccolta di tutte le testimonianze, sembrava doversi ispirare a un'ottica lachmanniana.

Dopo una nuova pausa ventennale, il "caso" Burchiello restava però ancora aperto. Finalmente, e solo allo scadere del secolo, è apparsa l'edizione critica dei *Sonetti del Burchiello* (a c. di Michelangelo Zaccarello, Commissione per i Testi di Lingua, Bologna 2000: da qui tutte le citazioni che seguono), che, esulando dall'ambito della filologia di copia, persegue una più congrua lettura «storico-tradizionale» dell'intera questione.

Presentiamo anzitutto le principali suddivisioni del volume, che è aperto dall'"Introduzione" (pp. XI-CXXXII), cui fanno seguito "Testo critico" (pp. 1-208), "Annotazioni all'apparato critico" (pp. 209-240), "Nota al testo" (pp. 241-255) e "Nota metrica" (pp. 257-265).

L'editore ritiene legittimo rinunciare «in limine a ricostruire la personalità di un singolo autore», per trattare i sonetti di Burchiello alla stregua di testi popolari

> sottoposti all'arbitrio collettorio e all'iniziativa "creatrice" dei copisti: gli unici manoscritti databili entro la metà del secolo, vivente il Burchiello, sono proprio zibaldoni che tramandano testi isolati, che rispecchiano nella loro eccentricità rispetto alla tradizione principale una "presa diretta" per la quale è difficile escludere il tramite dell'oralità. Nella loro sostanziale diversità, *essi manifestano una volta di più che a monte delle raccolte principali deve essere intervenuta una sistemazione (o più d'una, come saremmo indotti a supporre) di carattere redazionale*. (M. Zaccarello, *"Introduzione"*, in *I sonetti del Burchiello*, p. XXI; nostro il corsivo)

E ancora:

> dobbiamo dunque concepire la tradizione burchiellesca come *potenzialmente innovante*: in essa si associano attività redazionale nei confronti del testo e antologica sul versante collettorio, ed è molto probabilmente una condizione da applicare anche alla sistemazione primaria, alle compilazioni postume [...], che sembrano trascrizioni in vario ordine di materiali sciolti. (Ivi, p. XXIV)

Infine:

> Occorre chiedersi se sia più aderente alla fisionomia storica del testo puntare a isolare i testi "genuini" *o piuttosto rifarsi a un canone antico cui si è storicamente associato il nome di Burchiello*. (Ivi, p. XXVI; nostro il corsivo)

Coerente con questo giudizio d'insieme, la nuova edizione di Zaccarello tiene conto dei caratteri ibridi della poesia burchiellesca, quasi al confine con la tipologia dei testi popolari: rime d'autore a cui si sono ben presto mescolati «materiali contigui»; attività contaminatoria e innovante dei testimoni; fasi redazionali postume del "libro". A monte della trasmissione superstite pare sia stato un originale, o un archetipo, mobile (certo non coincidente con una copia di mano del poeta, ma piuttosto con materiali sciolti, assemblati da cerchie di ammiratori e di epigoni: è quanto Zaccarello denomina «silloge primaria»). L'editore ha istituito poi una prima distinzione fra «tradizione frammentaria e tradizione di *corpus*». Quest'ultima, più organica, raccoglie in tutto 36 testimonianze, contenenti da un minimo di 24 a un massimo di 251 testi, e può a sua volta essere suddivisa in due «sillogi subarchetipiche *x* e *y*», grazie al riconoscimento di diverse «sequenze» di sonetti comuni all'una o all'altra. È questa un'applicazione originale della «filologia delle sequenze», che rende possibili meccanismi congiuntivi di classificazione e di *selectio* non sulla base di errori, ma della compresenza nei testimoni di identiche serie di sonetti.

Nell'ambito della tradizione di *corpus*, sono alcune stampe antiche a fornire la testimonianza più completa e organica di queste raccolte redazionali. In altre parole, una stampa del XV secolo (un incunabolo) è in grado di documentare una tappa effettiva dell'identità storica dell'opera, attestandone la «fisionomia primaria», e collocandosi a «snodo fra la trasmissione manoscritta e l'affermarsi di una *vulgata*» seriore. Piuttosto che girare a vuoto attorno a delicati, e forse insolubili, problemi di autenticità del repertorio, l'editore promuove un incunabolo fiorentino (Francesco di Dino cartolaio, 24/XI/1481 = *FD*), il solo che «sembra derivare per via diretta da parte dei manoscritti pervenuti», a documento «più fedele alla fisionomia testuale che la maggioranza delle sillogi ci tramanda». Questa edizione di sonetti burchielleschi, composta in tutto di 223 componimenti, oscilla quindi tra un nucleo più compatto (nn. I-LI), di attribuzione univoca, e un gruppo finale (nn. CLVI-CCXXII) «più composito e fluido», denunciando gradi progressivi di incertezza attributiva.

Non basta. Posto l'incunabolo *FD* «a fondamento di un'ipotesi ecdotica per quanto concerne il canone e l'ordinamento» delle rime, a testo dovrà figurare il risultato della classificazione e dello spoglio della *recensio* manoscritta. *FD* viene così «corretto ogniqualvolta presenti una lezione che non corrisponda a quella criticamente stabilita». E «l'apparato dovrà accogliere, come retaggio di storia della tradizione, anche gli errori e le varianti dei gruppi minoritari, purché siano riconducibili a una pur frammentaria sistemazione redazionale». In altre parole, l'incunabolo definisce il *corpus* come macrostruttura, mentre la *recensio* della tradizione manoscritta organica lo garantisce nelle lezioni. Il libro dei sonetti di Burchiello non si identifica dunque con l'ipotetico originale, ma con la *summa* delle raccolte manoscritte e a stampa che rappresentarono un primo e consapevole tentativo di mediazione fra le carte sparse del poeta e il suo pubblico. Di qui il titolo "collettivo" assunto dall'edizione (*I sonetti del Burchiello. Edizione critica della vulgata quattrocentesca*, appunto: e non, per esempio, Burchiello, *Sonetti*), che allude alla compresenza di componimenti del caposcuola e di rime apocrife, frutto di imitazione precocissima, e perciò ritenute burchiellesche già dai contemporanei. L'attività redazionale e collettoria dei compilatori delle prime sillogi è insomma un gesto di "autenticazione" (non di falsificazione) di questa poesia, che fin dai piani più alti dello stemma viaggiò «sotto un'unica etichetta stilistica»: la «sfuggente personalità storica» del rimatore viene qui sostituita da una più pertinente «personalità testuale».

L'impostazione che abbiamo descritto condiziona anche la scelta della veste formale dei testi, che è integralmente affidata alla testimonianza della «*vulgata* di riferimento *FD* [...], specchio piuttosto fedele di un uso medio fiorentino, bilanciato fra l'apertura alle innovazioni argentee e l'osservanza della tradizione letteraria». Al riconoscimento di probabili fasi di compensazione formale gestite dalla prima tradizione dell'opera, l'editore affianca altre considerazioni: a proposito di un autore come Burchiello, «il concetto stesso di norma dovrebbe essere definito, dal momento che vengono spesso a mancare, nonché i riferimenti della norma linguistica, anche quelli del senso letterale». Si impongono quindi sia «una certa conservatività» della fonte, sia la rinuncia ad arbitrarie modernizzazioni:

> Sebbene non ci si trovi di fronte a un testimone diretto dell'uso d'autore, la patina editoriale di *FD* è in molti casi espressione di una *scripta* diffusissima anche nelle sillogi manoscritte e ricca di implicazio-

> ni linguistiche e culturali [...]. In sede di interpretazione fonetica, inoltre, questo sistema grafico resiste ad una risoluzione univoca e mantiene quelle incertezze e oscillazioni caratteristiche di una fase prenormativa e di una tradizione testuale di non marcata consapevolezza letteraria. (M. Zaccarello, "Nota al testo", in *I Sonetti del Burchiello*, p. 248)

Di conseguenza,

> possono essere oggetto di intervento editoriale solo le forme che non abbiano alcuna delle seguenti caratteristiche:
> i) Ambiguità riguardo all'interpretazione fonetica.
> ii) Tradizione o valenza culturale in quella data scrizione.
> iii) Implicazioni sistemiche con altre forme non modernizzabili. (Ivi, p. 247)

In sintesi, quali sono le principali novità di questa edizione? Da un lato, anteporre un incunabolo alla tradizione manoscritta segna il tramonto del pregiudizio intorno alla testimonianza a stampa, ritenuta in passato meno affidabile della copia a mano (vedi anche **Esempio Boiardo**). Dall'altro, impallidisce il concetto di "originale" dell'opera: misurarsi con un autore come Burchiello (un "artigiano" della poesia) significa soprattutto definirne la fortuna e l'impatto sui contemporanei, ponendo in secondo piano le questioni della sua autenticità e di una sua improbabile ultima volontà testuale. Cosicché l'edizione «unifica nel trattamento ecdotico i testi presumibilmente autentici e quelli certamente spuri»; e, pur privilegiando un solo testimone, si affida anche a una ricognizione puntuale delle fonti manoscritte all'interno di una (finora) inedita tradizione "di silloge".

Riproponiamo, da *I Sonetti del Burchiello*, *La poesia contende col rasoio*, n. CXXVI, pp. 126-127, seguito dall'apparato negativo dell'editore e da nostre brevi avvertenze di lettura. Rispetto alla *vulgata* settecentesca, l'originale mostra poche modificazioni testuali, forse a conferma di un "linguaggio" che, per la sua alterità, venne maggiormente preservato dalla tradizione:

CXXVI
[*Sonetto del B. per sé lo fè* (Mg8)]

(*FD* 126: **L1 L2 L3 L6 La1 Mg1 Mg8 Mg9 Mg11 R1 Ge Gu Ag Am T T1 Vc Vl1 Vr Uo Mrc2 Mrc3**)

La poesia contende col rasoio
e spesso hanno per me di gran quistioni,
ella dicendo a lui "Per che cagioni
mi cavi el mie Burchiel dello scrittoio?"
E lui ringhiera fa del colatoio
e va in bigoncia a dir le suo ragioni,
e comincia "*Io* ti priego mi perdoni,
donna, s'alquanto nel parlar ti noio:
si non fuss'io e l'acqua e 'l ranno caldo
Burchiel si rimarrebbe in sul colore
d'un moccolin di cera e di smeraldo".
Et ella a lui "Tu se' in grand'errore:
d'un tal disio porta il suo petto caldo
ch'egli non ha in sì vil basseza il core".
Et io "Non più romore,
ch'e' non ci corra la secchia e 'l bacino,
ma chi me[glio] mi vuol mi paghi el vino".

2: OM. di gran Vc; cagione (*cfr. v. 3*) Vc **3**: OM. ella Vl1; dic(i)e ella a llui Am Vl1 Mrc3 *Ya*; Dimmi per Mrc3 *Ya*; Dò per (–) Am; Dè per (–) Vl1; dic(i)endo ella a llui: Dim(m)i per Mrc2 *Yc*; cagione (*cfr. v. 2*) Vc **4**: chava L1 L2 R1 Mrc2 *Xe*; chiava Vr; tuo B. L1 L2 Ge Mrc2 *Xd Xe*; tu B. Mg8 Vl1 *Ya*; tu (e/i)l B. Mg11 Ag Mrc3 *Yc*; dello spedone (:-òio; *corr. a. m.*) L1 **5**: Ella r. (*diplogr. v. 3*) Am **6**: e sale in b. (+) Mg11; e dicie Mg11 Ag; OM. le Mg11 Ag Vc(–) **7**: incomincia Am Vl1(OM. e); OM. Io Mg9 *FD*; I' vo' Mg8; che (m)mi p. Mg8 *Yc*(+); ti p. Ag **8**: sì noio Vc; t'è nnoia (:-òio) Am **9**: S'io non R1 *Xe Ya*; l'aqque L1 **10**: del colore Mg11 **11**: moscolin Vr; micholin L1; OM. e *Yb*; o (d)di s. Am Vl1 Mrc2 *Ya* **12**: in un g. (+) Vc; fortemente in e. (++) La1; Ella a llui trista: In g. Am **13**: di tal Am; porti tuo p. Vl1; baldo *Yb* **14**: ch(e) e' non (–) L1 L2 Mg8 Ge Am Vl1 Mrc2 *Xd Xe Yc*; ch'e' nonne (=) *Ya*; non v'à di sì b. Mg9; che sì vil bassezza non à il suo c. Ag; che 'n simil bassezza non à il suo c. Mg11; chalore (*infl. v. prec.*; =) Am **16**: non vi torrà Ag **17**: e chi Vl1; chi me' (–) *Yc FD*; chi me' di voi v. (=) Mrc3 *Ya*; paghi (OM. mi) *Yc*; chi meglio di voi mi vuol mi p. (+) *Yb*; chi mi vuol mi paghi almeno el v. (=) Am.

Come si noterà, l'apparato negativo del sonetto è piuttosto complesso, e può essere decifrato solo ricorrendo alle avvertenze fornite dall'editore. Precisiamo tuttavia che OM. significa "omesso", che le sigle rinviano ovviamente ai testimoni manoscritti e a stampa, i numeri invece ai versi, e che nel corpo del testo l'uso del corsivo (*Io*, v. 7) sta a indicare «un intervento esterno, un luogo in cui la lezione di *FD* è sostituita da quella critica in modo non riconducibile a semplici integrazioni ed espunzioni» (Zaccarello).

Bibliografia consigliata

Anche Burchiello è, nelle forme che abbiamo enunciato, un piccolo classico della nostra poesia. Vale dunque per lui, come per gli altri autori, un principio di scelta bibliografica "per campioni", che privilegia i titoli citati a testo. Da questi sarà agevole risalire a un panorama critico più completo e significativo dell'opera che abbiamo illustrato.

Domenico di Giovanni detto il Burchiello, *Sonetti inediti, raccolti ed ordinati da Michele Messina*, Olschki, Firenze 1952.

Michelangelo Zaccarello, *I sonetti del Burchiello. Edizione critica della vulgata quattrocentesca*, Commissione per i Testi di Lingua, Bologna 2000.

Domenico De Robertis, *Una proposta per Burchiello*, in "Rinascimento", s. II, VIII (1968), pp. 3-119.

Id., *L'esperienza poetica del Quattrocento*, in *Storia della letteratura italiana*, a c. di Emilio Cecchi e Natalino Sapegno, nuova ediz., vol. III: *Il Quattrocento e l'Ariosto*, Laterza, Roma-Bari 1988, pp. 427-436.

Michele Messina, *Per l'edizione delle Rime del Burchiello. I. Censimento dei manoscritti e delle stampe*, in "Filologia e critica", III (1978), pp. 196-296.

Jean Toscan, *Le carnaval du langage. Le lexique érotique des poètes de l'equivoque de Burchiello à Marino*, Presse Universitaire, Lille 1981.

Emilio Pasquini, *Il "secolo senza poesia" e il crocevia di Burchiello*, in *Le botteghe della poesia. Studi sul Tre-Quattrocento italiano*, il Mulino, Bologna 1991, pp. 25-86.

Michelangelo Zaccarello, *Morfologia e patologia della trasmissione nei "Sonetti" di Burchiello*, in "Studi di Filologia Italiana", LVII (1999), pp. 257-275.

Id., *Rettifiche, aggiunte e supplemento bibliografico al Censimento dei testimoni contenenti rime del Burchiello*, in "Studi e problemi di critica testuale", LXII (2001), pp. 85-117.

"La fantasia fuor de' confini". Burchiello e dintorni a 550 anni dalla morte (1449-1999), Atti della giornata di studi di Firenze, 26 novembre 1999, a c. di Michelangelo Zaccarello, Olschki, Firenze, in corso di stampa.

L'*Orlando* ritrovato: testo e tradizione di un poema "padano"

La fortuna dell'*Orlando innamorato* si può dire ristretta a pochi decenni, il cinquantennio che segue la sua prima pubblicazione (1482 o 1483), e gli ultimi anni del Novecento. Al contrario, la sua cattiva sorte è stata lunghissima ed esemplare. Si cominciò, fra Quattro e Cinquecento, con lo scriverne le "giunte" (o continuazioni: di Nicolò Agostini, Raffaele Valcieco e Pierfrancesco de' Conti), destinate a colmare il vuoto lasciato dall'autore, Matteo Maria Boiardo, con l'interruzione dell'opera. La più celebre fra queste è l'*Orlando Furioso* dell'Ariosto. «Riformare l'*Orlando innamorato*» fu poi un *leit motiv* del XVI secolo: non solo Berni, che si dedicò fra i primi alla riscrittura toscana del poema (1527-1531), ma anche Ludovico Domenichi (in anni vicini al 1545) compì tale impresa (e altri, fra i quali, sorprendentemente, persino Teofilo Folengo, vollero imitarli). Il risultato fu che l'*Orlando* originale venne soppiantato per secoli da versioni contraffatte e variamente restaurate. Per non parlare di una cattiva critica, che, al riparo dei giudizi negativi di De Sanctis e di Croce, a lungo ha visto nell'*Innamorato* soltanto l'anticamera dell'Ariosto, per di più compromesso da residui di dialettalità e da «marche di oralità» degne di censura.

Il secolo che si è appena concluso ha risarcito in gran parte l'*Orlando* dell'incomprensione di cui è stato fatto oggetto. Al 1970 risale il volume miscellaneo su *Il Boiardo e la critica contemporanea*, che ha acceso in Italia un'autentica ripresa d'interesse per il poema: mostrando che non occorre essere toscani per comporre letteratura di vero diletto; e non basta precedere di qualche anno il *Furioso* per venire condannati a un ingiusto oblio. In particolare, le pagine di Carlo Dionisotti su *Fortuna e sfortuna del Boiardo nel Cinquecento* sono valse a ricordare che, prima e dopo l'unificazione in senso toscano della lingua italiana (ufficialmente avviata dalle *Prose* di Pietro Bembo, 1525), fiorirono opere che seppero coniugare con felicità e grazia una cultura di livello nazionale e le tracce indelebili della propria regionalità.

La scadenza cinquecentenaria della prima edizione conosciuta del poema (1487-1987) è stata poi decisiva per chiarire altri aspetti dell'*Innamorato*, facendo emergere notizie sugli ambienti di produzione tipografica, sulla prima ricezione del poema, sulla sua fortuna dal XVI secolo a oggi. Il frutto più importante di questa stagione critica è la monumentale *Bibliografia dell'"Orlando innamorato"* di Neil Harris (1987-1991), che ha messo ordine nell'intrico delle stampe antiche e moderne dell'opera. Mancava un'edizione che tenesse conto di questa nuova messe di studi: ma nel 1999 anche questo obiettivo è stato felicemente raggiunto, per le cure di Antonia Tissoni Benvenuti e Cristina Montagnani. A quasi quarant'anni dalla pubblicazione degli *Amorum libri* con il commento linguistico di Pier Vincenzo Mengaldo (1962, 1963) – due volumi che in certo senso fecero scandalo, esibendo tratti inaspettati della cultura (cortigiana e umanistica, petrarchesca e padana) dell'autore – è così finalmente a disposizione dei lettori l'intero *corpus* in volgare, cavalleresco e lirico, di Boiardo.

Seguiamo quindi da principio l'«intrigo bibliografico di rara suspence» dell'*Innamorato* (Bruscagli), l'ultimo degli intrecci che il Conte di Scandiano sa offrire al suo pubblico, ricostruendo l'inchiesta filologica che concerne il poema a partire dai fatti a nostra disposizione.

L'*Orlando Innamorato* (o, meglio, *L'Inamoramento de Orlando*) è un poema in ottave di endecasillabi, la cui stesura occupò Matteo Maria Boiardo (1449-1494) per molti decenni, a partire dagli anni settanta del Quattrocento. La novità del contenuto cavalleresco è già anticipata dal titolo, o dai titoli, dell'opera: titoli ossimorici o paradossali, che mostrano l'eroe guerriero per eccellenza, Orlando, calato nei panni di un amante "arturiano". Sulla scia della tradizione dei cantari, particolarmente fortunata nella Val Padana, Boiardo operò infatti una felice *coniugatio*, se non di generi, di ambienti e di personaggi già stereotipati, rivitalizzandoli in un poema di rara e fertilissima creatività.

L'ampia porzione del poema condotta a termine (tre libri, il primo di ventinove, il secondo di trentuno canti; il terzo, incompiuto, si arresta alla ventiseiesima ottava del canto IX, scritta dal Boiardo pochi mesi prima della morte) venne più volte pubblicata durante la vita dell'autore. Anzitutto, in due libri, nel 1482-1483: ma questa *princeps* è andata completamente perduta, persino nel ricordo del nome del tipografo e del luogo di stampa; una seconda edizione (Venezia, Piasi 1487) è testimoniata da una sola copia superstite, oggi conservata presso la Biblioteca Marciana; una terza edizione, pubblicata sempre a Venezia da Cristoforo de Pensis de Mandelo nel 1491, sopravvive anch'essa in esemplare unico. Morto l'autore il 19 dicembre 1494, il tipografo Pellegrino de' Pasquali pubblicò la *princeps* integrale del poema fra il 16 maggio e il 15 settembre 1495, a Modena o a Scandiano: ma anche questa prima edizione in tre libri è oggi irreperibile. Forse negli stessi mesi si stampa a Venezia (per Bevilaqua, 1495) il solo terzo libro dell'*Inamoramento*, mentre la prima edizione completa giunta sino a noi è quella pubblicata a Venezia dal Rusconi nel 1506. Questo il frontespizio: *Tutti li Libri de Orlando Inamorato Del Conte de Scandiano Mattheo Maria Boiardo Tratti Fidelmente Dal suo Emendatissimo Exemplare Nouamente stampati & historiati.*

L'edizione critica dell'*Inamoramento de Orlando*, pubblicata nel 1999, segna appunto la fine della storia: un lieto fine, che prevede però, boiardescamente, diverse peripezie.

Descrivere la trafila del poema è avventuroso. Si tratta di una vicenda che alterna successo e oblio, "violenze" testuali e restauri discutibili. Ed è una storia affidata quasi per intero alla testimonianza di stampe in esemplare unico, dopo che gli originali di mano dell'autore (o dei suoi segretari) andarono perduti. Dell'*Inamoramento* si conserva infatti un solo manoscritto integrale, di cui si esclude però la derivazione boiardesca, il codice Trivulziano 1094: frutto di una committenza signorile di poco successiva al completamento del poema, sembra anch'esso copia di una stampa perduta. Non è erronea quindi la convinzione che il poema sia stato fatto oggetto, sin dal suo primo apparire, di una ricezione ai limiti della popolarità; o che comunque l'iniziativa della tipografia abbia del tutto sopraffatto una iniziale ma modesta diffusione manoscritta dell'opera.

Come dicevamo, scomparse la prima edizione in due libri e la *princeps* scandianese in tre del 1495, la più antica memoria del poema è affidata all'*unicum* dell'edizione parziale Piasi del 1487, «danneggiato e pesantemente restaurato nell'Ottocento nel primo quaderno» (Tissoni Benvenuti) e oggi fortunatamente riprodotto in edizione fototipica. In copia unica anche la prima edizione completa del poema giunta sino a noi, la veneziana Rusconi del 1506.

Sono più numerose le stampe protocinquecentesche: la *Bibliografia dell'"Orlando Innamorato"* di Harris ha mostrato la precoce diffusione del poema anche al di fuori del Ducato estense, a Milano e a Venezia, a testimonianza di una tangibile e larga fortuna di pubblico. Ma ha rievocato anche, in tutta la loro gravità, gli arbitri compiuti da sempre nel nome del Boiardo (giunte, rimaneggiamenti, raffazzonature o rifacimenti che fossero). Almeno venti edizioni si susseguono (complete o parziali) dal 1487 al 1544, e perciò ben oltre l'uscita del *Furioso* (1516-1532). Dopo quella data sembrano guadagnare terreno le "traduzioni" e le correzioni toscane, *in primis* quella di Francesco Berni. La ricostruzione della trafila editoriale è in realtà anche più complessa: sin dalle prime edizioni la lezione dell'*Innamorato* va perdendo di originalità per le correzioni linguistiche e metriche imposte dai tipografi (ne è testimonianza tarda la stampa Zoppino del 1528). A fianco di queste ripuliture, meno sistematiche, stanno i veri e propri rifacimenti, o riscritture integrali dell'opera, la cui fortuna, già calante data la bassa marea primo-cinquecentesca del romanzo cavalleresco, è ora insidiata anche dal *Furioso*. Riformare l'*Inamoramento* significò eclissarne a poco a poco l'originale, tanto che, per antologizzare il poema, persino Leopardi preferì inserire alcune ottave del rifacimento del Berni nella propria *Crestomazia poetica* (Milano, Stella 1828).

Il secondo capitolo della storia riguarda quindi le rassettature cinquecentesche, che hanno rappresentato per secoli l'unico modo di avvicinare l'opera. Esse segnano la continuità e il declino della fortuna del Boiardo. Rendere leggibile il poema secondo i nuovi canoni del classicismo toscano significava difatti dichiararne apertamente i limiti, formali e sostanziali, nei confronti delle aspettative dei suoi nuovi lettori.

Prima di procedere oltre, è istruttivo presentare alcune ottave del poema boiardesco secondo l'edizione Piasi del 1487, seguite dalle corrispettive del *Rifacimento* di Francesco Berni (riprodotte dall'edizione di Andrea Calvo, Milano 1542). Come abbiamo detto, le riscritture cinquecentesche dell'*Orlando* sono più di una. Quella del Berni, tuttavia, destinata a incontrare il suo vero momento di gloria nel Settecento, è in certo modo paradigmatica, come esempio di censura e di sopraffazione nei confronti di un testo ormai invecchiato e sgradito alla cultura dominante. Le rispettive ottave sono quelle che aprono (nelle due versioni) il II libro del poema. Nel testo apriamo le abbreviazioni e correggiamo i pochi refusi tipografici:

Nel gratiosa tempo onde natura
Fa piu lucente la stela damore
Quando la terra copre di verdura
E li arboseli adorna di bel fiore
Gioueni e dame et ogni creatura
Fano alegreza con zoglioso core
Ma poi chel verne viene el tempo passa
Fugie el diletto e quel piacer si lassa

Cossi nel tempo che virtu fioriua
Neli antiqui signor e caualieri
Con nui staua alegreza e cortesia
E poi fogirno per strani sentieri
Si che vn gran tempo smarirno la uia
Ne dil piu ritornar feno pensieri
Hor e il mal vento quel verno compito
E torna il mondo di vertu fiorito

Et io cantando torno ala memoria
Dele prodeze de tempi passati
E contiroui la piu bela historia
Se con quiete attenti mascoltati
Che fosse mai nel mondo e di piu gloria
Doue odireti e degni atti e pregiati
De caualier antiqui e le contese
Che fece Orlando alhor chamor il prese

LIBRO SECONDO D'ORLANDO INNAMORATO,
Composto già dal .S. Matteo Maria Boiardo
Conte di Scandiano, & rifatto tutto di nuouo
Da M. Francesco Berni.
CANTO PRIMO.

Per correr maggior acqua, alza le vele
O' debil nauicella del mio 'ngegno,
Et uoi stelle lucenti, al lume de le
Quali io camino al destinato segno,
Propitio sia, & benigno, & fedele
Il fauor uostro a' questo ardito legno,
Che si profondo mar passa solcando,
Et l'honor uostro e l'opre va' cantando.

Madre santa d'Enea, figlia di Gioue,
Degli huomini piacere, & de gli dei,
Venere bella, che fai l'herbe nuoue,
Et le piante, et del mondo uita sei,
Da te ne gli animal uirtù si muoue,
Virtù, che nulla foran senza lei,
Vincol, pace, piacer, gioia del mondo,
Spirto, foco uital, lume giocondo.

Fugge all'apparir tuo la pioggia e 'l uento,
Zefiro apre la terra & la riueste,
Et gli uccelletti fan dolce concento,
saltan gli armenti lieti & fanno feste,
Et da strano piacer commosse drento
Van le fiere in amor per le foreste,
Lasciata l'ira & la discordia ria,
Fanno dolce amicitia e compagnia.

Mutato il gusto letterario, il "primitivo" e il "tardogotico" del poema originale si sono tradotti nelle fiacche rassettature del pieno Cinquecento: le prime ottave del II libro boiardesco appaiono irriconoscibili (e sono anzi tutt'altro) "travasate" nell'opaco e pretenzioso dettato del Berni. Tra il XVI e il XVIII secolo furono queste versioni a soppiantare il vero *Orlando*, censurato per quel tanto di «antichità plebeia» (Pietro Aretino) che sembrava incarnare. Del tutto frainteso il genere a cui l'opera apparteneva, vale a dire il cantare con la sua «retorica giullaresca» (Tissoni Benvenuti), si riformò il Boiardo all'insegna del toscano e del decoro classicistico. Alla voce dell'autore si affiancarono quelle di nuovi narratori: fra tutti i riformatori è rimasto in certo modo proverbiale appunto il Berni, con le sue idiosincrasie e la sua «ostilità» (Weaver) nei confronti dell'originale.

Un tale scempio testuale non poteva attraversare indenne l'Ottocento, romanticamente sensibile alla poesia "primitiva" e al fascino delle piccole patrie italiane. Al secolo che vede la nascita della filologia scientifica spetta anche il merito di un primo ritorno all'autentico *Orlando Innamorato*: il terzo capitolo della storia si occupa di questo cruciale risarcimento.

È solo in apparenza straordinario che il restauro dell'*Orlando* venga portato a termine in Inghilterra, per le cure di un patriota reggiano, Antonio Panizzi. Fu difatti Panizzi, prima esule a Londra a fianco del Foscolo, poi professore universitario, e infine destinato all'altissima carica di Principal Librarian del British Museum, a recuperare e a pubblicare, fra il 1830 e il 1831, la versione originale del poema del suo conterraneo.

Questo il titolo dell'edizione Panizzi:

Orlando Innamorato di Bojardo: Orlando furioso di Ariosto: with an Essay on the Romantic Narrative Poetry of the Italians; Memoirs, and Notes by Antonio Panizzi, volume I, William Pickering, London 1830.

Abbiamo riprodotto integralmente il frontespizio dell'edizione londinese per sottolineare, anche in questa operazione per tanti versi lungimirante e pionieristica, l'immancabile contiguità fra il Boiardo e l'Ariosto. A favore del solo Boiardo giocarono tuttavia, in una fortunata miscela di ragioni pubbliche e private, alcuni fattori. Dalla parte di Panizzi la *pietas* del luogo natio, ma anche «il recupero [...] dell'immagine di una civiltà padana di antiche radici, aliena da improvvisazioni e declamazioni, diversa cioè da una certa immagine corrente dell'Italia contemporanea» (Spaggiari). Da parte inglese, invece, l'interesse (già sollecitato dai primi scavi critici del Foscolo) per le «forme dialettali e anticheggianti» della cultura italiana.

Il testo panizziano, apparso in cinque volumi fra il 1830 e il 1831, è un piccolo modello di filologia prelachmanniana. L'editore, in sostanza, "azzerò" il rifacimento del Berni ricavando il testo del poema dalla tradizione a stampa del XVI secolo (gli venne cioè preclusa la *princeps* veneziana del 1487, come l'uso del ms. Trivulziano 1094). Ne risultò un *Orlando* consistentemente riavvicinato alle proprie origini: la decisione di rinunciare, d'un colpo, alle toscanizzazioni cinquecentesche si rivela difatti cruciale per le sorti a venire dell'*Inamoramento*. Non solo. Fondandosi su sette edizioni a stampa (pubblicate fra il 1513 e il 1544), Panizzi mostra una «notevole libertà [...] nella individuazione e risoluzione degli errori d'archetipo», e scrupolo nello «scrutinio comprensivo di tutti i testimoni a disposizione» (Harris). In più, in duecentocinquanta pagine di note «fornisce ampie giustificazioni di emendamenti e scelte, [...] elenca minuziosamente varianti, individua fonti anche peregrine, compila alberi genealogici degli eroi del ciclo bretone e carolingio, indulge alla ricerca di radici nordiche», e via dicendo (Spaggiari). C'è quanto basta per passar sopra a mende editoriali che sono state in passato ingiustamente sottolineate (come il procedere a qualche modernizzazione linguistica, nonostante «l'intima conoscenza del dialetto reggiano che consentiva al Panizzi l'interpretazione sicura di grafie o di parole altrimenti oscure e impervie» [Harris]).

Il capitolo che segue (fino alla recente edizione critica) è forse il più opaco della trafila editoriale dell'opera. Dopo la censura desanctisiana («al Boiardo mancano tutte le grandi qualità dell'artista, e soprattutto quelle due che sono essenziali alla rappresentazione di questo mondo: l'immaginazione e lo spirito»), fra Otto e Novecento furono ugualmente numerose le edizioni integrali del poema, che per lo più ricalcarono i risultati acquisiti, saggiando qualche altra testimonianza. Si determinò in sostanza una nuova *vulgata* a stampa, preferibilmente fondata sull'unica copia manoscritta: così l'edizione Foffano riscontrò il poema sul codice Trivulziano e sulle edizioni Piasi e Rusconi; Zottoli guardò anche alla stampa Bevilaqua (1495) e ad altre cinquecentine; Scaglione, infine, migliorò il testo del suo predecessore.

Ma eccoci giunti all'ultimo capitolo della storia, e cioè all'ultima edizione critica del poema: Matteo Maria Boiardo, *L'inamoramento de Orlando*, ediz. critica a c. di Antonia Tissoni Benvenuti e Cristina Montagnani, introduzione e commento di Antonia Tissoni Benvenuti, parte I e II, Ricciardi, Milano-Napoli 1999, 2 voll. Il cerchio si chiude là dove Matteo Maria l'aveva lasciato aperto, e la nostra indagine può in certo modo dirsi compiuta. Ma prima occorre soffermarci sulle novità testuali e le soluzioni operative di questa edizione, che esibisce di nuovo, e integralmente, la veste linguistica originale, e recupera la lezione del poema così come venne fruita dai suoi primi lettori. Vediamola dunque da vicino.

L'edizione, curata da Antonia Tissoni Benvenuti e Cristina Montagnani, è stata ospitata nella prestigiosa collana della "Letteratura Italiana. Storia e Testi" della Ricciardi, che per la prima volta ha consentito di far precedere (e non seguire) l'opera (oltre che da un'"Introduzione" di Antonia Tissoni Benvenuti, pp. IX-XXXIII) da un'estesa "Nota al testo" (di Antonia Tissoni Benvenuti e Cristina Montagnani, pp. XXXV-CI), e di corredarla non solo di un commento, ma anche di una fascia d'apparato.

Se il problema dell'*Orlando* concerne in primo luogo la sua tradizione, rappresentata quasi esclusivamente da stampe e complicata dalle immediate versioni contraffatte del poema, occorrerà in primo luogo sondarla a fondo. E occorrerà prendere atto che la ricezione dell'opera, simile a quella dei cantari cavallereschi, ha comportato nei secoli, a danno del testo, «un atteggiamento di rispetto di gran lunga inferiore a quello tradizionalmente mostrato per i più autorevoli Dante e Petrarca» (A. Tissoni Benvenuti, C. Montagnani, "Nota al testo", come, d'ora in poi, tutte le citazioni che seguiranno). Sicché, da un lato si deve ritenere che l'autore abbia continuato a comporre l'*Inamoramento* per tempi assai lunghi, consentendone la pubblicazione al di fuori del proprio controllo. D'altro lato, però, di un poema forse guardato dallo stesso Boiardo con un certo snobistico distacco, e abbandonato alla ricezione e alle manomissioni di un pubblico incolto, l'editore moderno è costretto a tentare il restauro adottando le procedure previste per i testi d'autore.

Per ovviare a queste difficoltà, le due curatrici si sono concentrate anzitutto sull'analisi (comparativa ma anche individuale) delle fonti. E, dopo aver provveduto a una completa collazione dei testimoni, e isolato fra le stampe le più antiche e promettenti, hanno distinto preliminarmente la tradizione dei primi due libri del poema da quella del solo terzo libro. Per i primi due libri, la disamina degli errori e delle soluzioni caratteristiche dei testimoni ha permesso di separare *P* (cioè la *princeps* Piasi del 1487) dal ramo che discende dal subarchetipo *y* (rappresentato dalle stampe cinquecentesche, come la Zoppino del 1528, e dal manoscritto Trivulziano, cruciale per la *vulgata* novecentesca del poema). Si instaura quindi un caso evidente di "bipartitismo" della trasmissione. A capo della tradizione in due libri è possibile congetturare l'esistenza di un archetipo *x*, molto guasto e responsabile di un buon numero di errori comuni a tutte le testimonianze (forse una «bella copia di segretario che restava presso l'autore e veniva via via aggiornata»). Più semplice la trasmissione del solo terzo libro, che affianca ai testimoni del gruppo *y* l'edizione parziale Bevilaqua del 1495 (*Q*).

Tradizione bipartita, dunque, e turbata da probabili interventi d'autore, da varianti redazionali corrispondenti a successive stesure, da riscritture e manipolazioni dei tipografi, da contaminazioni e concieri poligenetici: c'è quanto basta per ritenere impossibile una ricostruzione del testo *ope codicum*, e per optare per una soluzione "post-lachmanniana". Per i primi due libri si impone un'edizione sorvegliata di *P*, «corretta degli errori evidenti con l'aiuto dell'altro ramo o, quando impossibile, per emendazione»; per il terzo di *y* (con testo base *R*, cioè la prima stampa completa conservata),«ma tenendo nel dovuto conto che *Q* conservi varianti di una redazione d'autore precedente». E, com'è ovvio, «è stato necessario un ricorso molto ampio al *iudicium*» per superare tutti gli ostacoli di una *recensio* irriducibile al canone lachmanniano. «Anomalo» anche l'apparato, che non solo ragguaglia sulle fonti base e sui «fatti più significativi della parte alta della tradizione», ma intende fornire «una casistica esemplare del comportamento dei testimoni più importanti», persino per quanto concerne le varianti grafiche e formali. Con esso dialoga la fascia del commento, che interagisce con l'opera nella peculiarità della sua storia e nella sua memoria letteraria, ben mimetizzata dall'andamento popolare del racconto.

Una novità di rilievo riguarda il titolo, che è divenuto *L'Inamoramento de Orlando* (e sostituisce quello, tradizionale, di *Orlando Innamorato*), come vuole la «totalità delle testimonianze dei contemporanei», e soprattutto «l'unica citazione dello stesso autore». Non è un'innovazione di poco conto. Essa infatti si discosta da una consuetudine più che secolare, che leggeva nel titolo corrente anche un implicito richiamo al poema ariostesco: è legittimo perciò domandarsi se e quando prenderà stabilmente piede soppiantando la denominazione *vulgata*.

In secondo luogo, merita attenzione la fedeltà delle curatrici all'assetto formale degli antichi esemplari del poema (*P* e *R* soprattutto): fedeltà totale, fatto salvo qualche indispensabile ammodernamento grafico. Non si tratta di mero gusto antiquario, ma del doveroso rifiuto di «un utopico adeguamento della grafia alla pronuncia», motivato, fra l'altro, da presenze linguistiche spiazzanti (residui padani e francesi, arcaismi, assenze di latinismi), e dall'impossibilità di distinguere l'idioletto di Boiardo da quello dei suoi copisti e tipografi. Gli anni che vedono la composizione dell'*Inamoramento de Orlando* sono del resto cruciali: la libertà idiomatica e le varietà regionali della lingua italiana sono ormai in vista della normalizzazione toscana cinquecentesca. E poiché per l'editore non è sempre possibile adottare soluzioni univoche dei molti problemi di forma del testo letterario antico, la decisione più opportuna sarà di rinunciare a compensazioni e ammodernamenti, ripristinando l'assetto, pur oscillante, delle fonti. Ne riemerge, dopo i clamorosi arbitri del passato, un *Orlando* "padano", dalla esplicita *scripta* settentrionale, che andrà forse imputata, in eque proporzioni, «al sistema grafico fonetico dei segretari, alla tipografia della *princeps* e di *P*» e al Boiardo stesso.

Infine, anche la versificazione del poema assume una patina diversa rispetto al passato, perdendo l'uniforme cromia petrarcheggiante (fondata prevalentemente sulle attestazioni del manoscritto Trivulziano) a tutto vantaggio di una metrica che accoglie come propria componente la recitazione. Nei primi due libri, endecasillabi "vuoti", dialefi irregolari, autonomia degli emistichi, ipometrie, sono difatti facilmente sanabili con una lettura che regolarizzi l'assetto prosodico. Il terzo libro appare invece diverso, in linea con il carattere di *opus crescens* assunto negli anni dal poema: «della originale versificazione canterina dell'*Inamoramento* non sopravvivono che sparuti relitti», a conferma di una evoluzione stilistica d'autore, e insieme della bontà delle scelte metriche adottate dalle curatrici.

Vediamo in conclusione le stesse prime ottave del II libro del poema, corredate della fascia d'apparato dell'edizione Ricciardi (rinunciamo qui a riprodurre l'ampia fascia del commento esegetico di Antonia Tissoni Benevenuti, che pure "dialoga" esemplarmente con la forma del testo). Vi è mai stato un *Orlando* "originale"? Oggi possiamo dire che, se la recentissima edizione critica «restituisce un testo più arcaico e quindi di più difficile lettura, permette d'altra parte di intravvedere alcune caratteristiche» del poema nella sua autentica veste quattrocentesca. Più o meno bello (o familiare) dell'*Orlando* letto sino a oggi, è questo l'*Orlando* che il Conte di Scandiano affidò ai suoi contemporanei:

1. Nel gratïoso tempo onde natura
Fa più lucente la stella d'amore,
Quando la terra copre di verdura
E li arboseli adorna di bel fiore,
Gioveni e dame et ogni creatura
Fano alegreza con zoglioso core;
Ma poi ch'il verne viene e 'l tempo passa,
Fugie el diletto e quel piacer si lassa.

2. Cossì nel tempo che virtù fioriva
Neli antiqui signor e cavalieri,
Con nui stava Alegreza e Cortesia;
E poi fogirno per strani sentieri,
Sì che un gran tempo smarirno la via,
Né dil più ritornar fèno pensieri.
Hor è il mal vento e quel verno compito
E torna il mondo di vertù fiorito.

3. Et io cantando torno ala memoria
Dele prodeze de' tempi passati,
E contirovi la più bela historia,
Se con quïete, attenti m'ascoltati,
Che fosse mai nel mondo, e di più gloria:
Dove odireti e degni atti e pregiati
De' cavalier antiqui, e le contese
Che fece Orlando alhor ch'Amor il prese.

1, 1. Nel (R2 Z)] (n)El P R (-el T) gratïoso C y] gr(ati)osa P

2, 1. tempo C y] temdo P 7. e y] *om.* P

Bibliografia consigliata

Delle varie prospettive di lettura che un testo come l'*Inamoramento de Orlando* oggi può suggerire, privilegiamo strettamente gli aspetti della ricostruzione testuale (così come l'abbiamo raccontata): la nostra bibliografia si presta però anche ad altri approfondimenti, per i rinvii che ogni voce rende possibili.

Matteo Maria Boiardo, *L'Inamoramento de Orlando*, ediz. critica a c. di Antonia Tissoni Benvenuti e Cristina Montagnani, con Introduzione e note di Antonia Tissoni Benvenuti, Ricciardi, Milano-Napoli 1999, 2 voll.

Orlando Innamorato, rist. anastatica dell'ediz. Piero di Piasi, 1487, a c. di Neil Harris, Forni, Bologna 1987.

Francesco Berni, *Orlando Innnamorato*, Milano, Andrea Calvo 1541, 1542.

Matteo Maria Boiardo, *Opere volgari*, a c. di Pier Vincenzo Mengaldo, Laterza, Bari 1962.

Pier Vincenzo Mengaldo, *La lingua del Boiardo lirico*, Olschki, Firenze 1963.

Giuseppe Anceschi (a c. di), *Il Boiardo e la critica contemporanea*, Olschki, Firenze 1970.

Id., *Panizzi e Boiardo*, in *Il Boiardo e la critica contemporanea*, cit., pp. 11-27.

Carlo Dionisotti, *Fortuna e sfortuna del Boiardo nel Cinquecento*, in *Il Boiardo e la critica contemporanea*, cit., pp. 221-241.

Id., *Panizzi esule* e *Panizzi professore*, in *Ricordi della scuola italiana*, Edizioni di Storia e Letteratura, Roma 1998, pp. 179-208 e 209-226.

I libri di "Orlando Innamorato", Istituto di Studi Rinascimentali-Panini, Ferrara-Modena 1987.

Neil Harris, *L'avventura editoriale dell'"Orlando Innamorato"*, in *I libri di "Orlando Innamorato"*, cit., pp. 35-100.

Id., *Bibliografia dell'"Orlando Innamorato"*, Istituto di Studi Rinascimentali-Panini, Ferrara-Modena 1987-1991, 2 voll.

William Spaggiari, *Panizzi e l'"Orlando Innamorato"*, in *I libri di "Orlando Innamorato"*, cit., pp. 145-150.

Id., *La "Romantic Poetry" di Antonio Panizzi e il ritorno al testo originale dell'"Innamorato"*, in Riccardo Bruscagli, Amedeo Quondam (a c. di), *Tipografie e romanzi in Val Padana fra Quattro e Cinquecento*, Istituto di Studi Rinascimentali-Panini, Ferrara-Modena 1992, pp. 63-74.

Elissa Weaver, *"Riformare" l'"Orlando Innamorato"*, in *I libri di "Orlando Innamorato"*, cit., pp. 117-144.

Giuseppe Anceschi, Tina Matarrese (a c. di), *Il Boiardo e il mondo estense nel Quattrocento*, Antenore, Padova 1998, 2 voll.

Parini, o *Il Giorno* senza fine

Te ricca di comune / censo la patria loda / [...]
e te molesto incita / di poner fine al *Giorno*, /
per cui cercato a lo stranier t'addita.

Giuseppe Parini, *La Caduta*, 1785

A pochi testi di poesia quanto al *Giorno* del Parini (si pensa subito, per un caso analogo, alle *Grazie* foscoliane) compete di pieno diritto la qualifica di opera *in fieri*. Il Parini [...] che pure vi attese per circa quarant'anni non arrivò mai a porre un termine e a dare compimento al suo eterno lavoro. (D. Isella, "Premessa", in Giuseppe Parini, *Il Giorno*)

In queste parole, collocate da Dante Isella a "Premessa" della sua edizione critica del *Giorno* (Ricciardi, Milano-Napoli 1969; poi Fondazione Pietro Bembo-Guanda, Parma 1996), è riassunto il problema testuale che qui presentiamo. Scandita inizialmente in tre tappe che avrebbero dovuto tradursi in altrettante edizioni a stampa, l'elaborazione del *Giorno* non vide mai la fine. Anzi, dopo la pubblicazione delle prime due parti (*Il Mattino*, 1763, e *Il Mezzogiorno*, 1765, per un totale di circa duemilacinquecento versi), Parini non affidò alla tipografia nessun'altra pagina del poemetto, il cui sviluppo rimase così consegnato a un circuito del tutto autografo. Venne meno anche l'iniziale «piano particolareggiato dell'opera»: al progetto in tre parti fece seguito infatti una «diversa ristrutturazione dell'insieme» (Isella), suddivisa in quattro.

Il Giorno rappresenta perciò, sotto vari aspetti, un caso esemplare della moderna filologia d'autore. Vi sono testimoniati l'incontro/scontro fra stampe e redazioni autografe dell'opera letteraria, e il problema del "non finito", vale a dire le particolari condizioni in cui può versare un testo rimasto incompiuto fra le carte dell'autore, e le cautele necessarie a pubblicarlo senza arbitri e mistificazioni da parte dell'editore moderno. In sintesi, da un lato Parini respinge l'accelerazione impressa all'opera dalla tipografia; dall'altro moltiplica gli autografi *in progress* del poemetto: così «la fabbrica parzialmente innalzata gli si scomponeva in magazzino di materiali semilavorati usufruibili per un'altra fabbrica, uguale e sostanzialmente diversa» (Isella). In diverse circostanze, altri autori manifestarono difficoltà simili a rapportarsi al mondo della stampa e ai suoi addetti (editori, tipografi, curatori, censori): si pensi, di lì a qualche decennio, al caso, per molti versi analogo, delle *Grazie* di Foscolo. A proposito di Parini, e delle sue resistenze a divulgare definitivamente *Il Giorno*, leggiamo qualche osservazione di Armando Petrucci:

La prevaricazione che la stampa, con il suo inesorabile processo meccanico di riproduzione e con la temibile (e agognata insieme) diffusione in migliaia di esemplari, esercita naturalmente sul testo letterario, e su quello poetico in particolare, fu sentita con violenza da molti, o almeno da alcuni scrittori: fra questi era certamente il Parini. Il cui processo compositivo [...] praticamente non ebbe mai fine; e [...] non trovò mai conclusioni riconosciute e rese pubbliche, e anzi rifuggì per natura dalla costrizione editoriale, preferendo la via lenta, nascosta e sicura della riproduzione manoscritta. (A. Petrucci, *La scrittura del testo*, in *Letteratura italiana*, vol. IV: *L'interpretazione*, Einaudi, Torino 1985, p. 299)

Il Giorno di Giuseppe Parini (1729-1799) è un poemetto incompiuto in endecasillabi sciolti, dove si descrive una giornata vissuta da un esponente della nobiltà (il «Giovin Signore») dal suo tardo risveglio sino ai piaceri e ai divertimenti della notte. *Il Mattino*, l'inizio dell'opera, vede la luce anonimo il 24 marzo

1763, nella stamperia dell'editore Antonio Agnelli di Milano. In apertura, la dedica «Alla Moda», e la promessa a proseguire il lavoro con *Il Mezzogiorno* e *La Sera*. Pubblicato separatamente *Il Mezzogiorno* nel 1765 («in Milano, appresso Giuseppe Galassi»), nel 1770 alcune testimonianze fanno ritenere che Parini stia attendendo alla *Sera*. Nel 1780, invece, il progetto è mutato, e l'opera appare già divisa, nelle intenzioni dell'autore, in quattro parti (*Il Mattino*, *Il Meriggio*, *Il Vespro* e *La Notte*), che avrebbero dovuto comporre *Il Giorno* nel suo secondo e definitivo disegno. A distanza di molti anni, alla morte dell'autore (1799) il poema tuttavia è ancora incompiuto.

Mentre la società dell'*ancient régime* cedeva il posto all'Europa delle rivoluzioni, l'interminabile fabbrica del *Giorno* giungeva dunque a lambire l'Ottocento. L'ispirazione, i motivi conduttori si fanno, da didascalici e satirici, più complessi e contraddittori: e Parini si impegnò nella seconda redazione del *Giorno* in fasi saltuarie e discontinue, come lasciano trasparire gli autografi conservati, rinnovando in parte le coordinate interpretative e formali e la poetica (da sensistica a neoclassica) sottese all'opera.

Oggetto di letture e di attenzione critica di altissimo livello (da De Sanctis a Carducci a Binni, da Spongano a Fubini), può costituire oggi motivo in più di interesse il fatto che *Il Giorno* sembri anticipare l'*Ulysses* joyciano, con la sua rappresentazione di un microcosmo resa attraverso la descrizione di una giornata vissuta dal protagonista. Cosicché potrebbe essere didatticamente utile mettere a confronto le volute solenni del verseggiare pariniano con l'agilissimo monologo interiore di Leopold Bloom.

Come dicevamo, pubblicato *Il Mattino* (*I*) nel marzo 1763, e *Il Mezzogiorno* nel luglio 1765, Parini abbandonò per alcuni anni il proposito di concludere rapidamente l'opera (con una terza parte, *La Sera*, che completava la primitiva struttura triadica dell'opera). Non abbandonò però del tutto il poemetto, che anzi passò nel tempo a un disegno «scalare» ampliandosi in quattro parti: *Il Mattino*, *Il Meriggio*, *Il Vespro* e *La Notte*. A queste suddivisioni, provvisorie e conservate solo da carte autografe, compete, appunto, il titolo collettivo di *Il Giorno* (denominazione che, da parte del Parini, appare nell'ode *La caduta* del 1785 e in una lettera del 1791 al tipografo Bodoni di Parma: il titolo vulgato attiene perciò esclusivamente a questa seconda fase di elaborazione dell'opera). In termini estremi, e perciò paradossali, potremmo addirittura affermare che *Il Giorno* in sé e per sé non esiste, perché non ne venne mai autorizzata la pubblicazione, né conclusa la stesura. Ma oggi è prassi comune rendere pubbliche le redazioni incompiute di un'opera letteraria: si veda, per tutti, il caso dei *Trionfi* di Petrarca.

Leggiamo in apertura, dall'edizione critica di Isella, alcune puntualizzazioni sulla complessa cronologia dell'opera:

> [...] si vorrebbe poter fissare qualche data a cui riferirle [le fasi di composizione dell'opera]; ma è desiderio appagabile solo in parte. Non mancano, e sono state più volte addotte dagli studiosi del problema, le testimonianze dirette e indirette [...]. Il mutamento del piano iniziale del *Giorno*, da serie di tre poemetti a opera unitaria in quattro tempi, deve essere dunque maturato in quel periodo, in cui la poesia tace, anche sul registro delle *Odi*, e fervida è invece l'operosità del Parini quale insegnante e collaboratore, nei modi più vari, alla politica culturale del Governo.
>
> Più fitti si fanno i cenni al lavoro in corso tra l'84 e l'88, né importa se genericamente riferiti alla *Sera* anziché al *Vespro* o alla *Notte* [...]. Il lavoro andò innanzi ancora, all'incirca, dal '92 al '96, dopo non più; e a questi anni estremi è probabile vada riferita l'ultima stesura della *Notte* [...]. Altri indizi ancora si potranno certo reperire; le stesse percentuali di frequenza degli stilemi che abbiamo descritto (un sistema di scelte stilistiche che viene a dare concretezza all'etichetta, altrimenti assai vaga, di "poesia neoclassica") sono indicazioni tutt'altro che generiche, rinviando di continuo dal *Giorno II* alle *Odi* scritte dopo l'85. Ma in qualunque modo, nello stabilire la cronologia dell'elaborazione pariniana, si cerchi di stringere il problema da vicino, è manifesto che oltre certi limiti non si può andare; oppure si

> può, ma a condizione di prendere per reale l'immaginario. (D. Isella, "Introduzione", in Giuseppe Parini, *Il Giorno*, pp. CIX-CXV)

Più in dettaglio, del primo progetto sopravvivono le due edizioni *principes* completate da una serie di varianti evolutive autografe o apografe. Della seconda stesura, o ideazione, resta invece una serie di quaderni autografi in "bella copia", oggi conservati presso la Biblioteca Ambrosiana di Milano con segnatura IV 1-22, che documentano gradi diversi di elaborazione e di strutturazione delle quattro parti: molto avanzata per *Il Mattino II* e *Il Meriggio* (parecchie carte autografe), provvisoria per il *Il Vespro* (un unico autografo, per un totale di 349 versi) e ancor più per *La Notte* (sette mss. autografi, ma quasi tutti in condizione frammentaria: solo l'Ambr. IV 17 assomma a 673 versi).

È da questa tortuosa condizione testuale e documentaria che muovono i problemi filologici del "caso" Parini. I passati editori per lo più pretesero infatti di riportare *Il Giorno* a una compiutezza inesistente (e perciò apocrifa), saldando tra loro porzioni frammentarie e incompatibili di testo. Vediamo come, muovendo dagli anni immediatamente successivi alla morte dell'autore.

Il primo editore "critico" dell'opera fu, all'esordio dell'Ottocento, Francesco Reina, che, recuperati fortunosamente quanti più poté autografi del Parini, pubblicò *Il Mattino I* e *Il Mezzogiorno* secondo la lezione delle due stampe; e vi aggiunse, ricavandoli «soggettivamente» dalle carte in suo possesso (integrate fra loro e ricomposte in forma organica), *Il Vespro* e *La Notte*. Il testo che se ne ricavò, completato da un "apparato" di "Lezioni varie", è quello del *Giorno*, in *Opere di Giuseppe Parini pubblicate e illustrate da Francesco Reina*, Stamperia del Genio Tipografico, Milano 1801, vol. I.

Si posero sulle tracce di Reina (con qualche cautela in più, e con vari aggiustamenti di tiro) anche i numerosi editori del Novecento, in particolare Guido Mazzoni ed Egidio Bellorini (rispettivamente Barbèra, Firenze 1925, e Laterza, Bari 1929): più "conservativo" il primo (che «sostenne il restauro integrale della edizione Reina per tutte e quattro le parti del poemetto»); più innovativo il secondo, che pose in discussione la *vulgata* sulla base degli autografi «finalmente messi a disposizione del pubblico» (Caretti). Per sintetizzare al massimo una questione fra le più intricate della nostra filologia d'autore, ricorderemo che altri editori optarono ora per la lezione delle stampe, ora per gli autografi successivi quanto alle prime due parti del poemetto; e a queste affiancarono, con maggiore o minore abilità e fedeltà documentaria, *Il Vespro* e *La Notte* per testimoniare una presunta organicità dell'insieme. Non solo l'editore si sostituisce all'autore nell'interpretare e forzare la destinazione di carte rimaste provvisorie; ma, come si è detto, si mescolano indebitamente i due diversi progetti dell'opera. Un *Giorno* ridotto a struttura e compiutezza apocrife viene così consegnato, per inerzia filologica e per pregiudizio estetico, anche a un pubblico più ampio, per esempio quello delle antologie scolastiche.

Nel 1951 Lanfranco Caretti provvide per primo a denunciare l'arbitrio, censurando una prassi editoriale ormai più che centenaria:

> Intorno al testo del *Giorno* perdura dunque uno stato di incertezza e di palese disagio. [...] Se ci si è venuti via via liberando fortunatamente dalla tentazione di contaminare il testo del *Giorno* all'interno di ciascuna parte, non si è però ancora trovato il modo di evitare la contaminazione del poemetto dal punto di vista strutturale. [...] Dal punto di vista dell'intero poemetto noi costruiamo deliberatamente un curioso *pastiche* dove due toni, due momenti diversi della poesia pariniana, sono costretti forzatamente a convivere in un organismo che è solo apparentemente unitario. [...] Se si tiene presente, invece, il carattere mobile e mai risolutivo del *Giorno*, si avverte la necessità di un'edizione critica che ridiscuta tutti gli elementi a disposizione, li metta a confronto sulla scorta di elementi interni ed esterni,

tracci la storia documentaria di questa elaborazione continua e senza esiti definitivi (un caso simile a quello delle *Grazie* foscoliane). (L. Caretti, "Nota critica ai testi", in Giuseppe Parini, *Poesie e prose*, pp. 944-945)

Il principio ispiratore della nuova edizione critica, recata a compimento da Isella nel 1969 (2ª ediz. 1996), è proprio la precisa nozione dei due diversi progetti del poemetto. Tale principio è rispecchiato dalla struttura del volume, articolato in una "Premessa" (pp. XVIII-XXII) e in una "Introduzione", dove si distinguono "La prima" e "La seconda redazione" dell'opera (pp. XXV-CXX).

Siamo in grado di visualizzare questo stacco, mostrando (dall'edizione critica di Isella) la dedica e protasi del *Mattino I* messa a confronto con l'ultima stesura (*Il Mattino II*, rispettivamente a pp. 5-6 e 97 del volume 1996):

Il Mattino I

Giovin Signore, o a te scenda per lungo
Di magnanimi lombi ordine il sangue
Purissimo celeste, o in te del sangue
Emendino il difetto i compri onori
E le adunate in terra o in mar ricchezze
Dal genitor frugale in pochi lustri,
Me precettor d'amabil Rito ascolta.
Come ingannar questi nojosi e lenti
Giorni di vita, cui sì lungo tedio
E fastidio insoffribile accompagna
Or io t'insegnerò. Quali al Mattino,
Quai dopo il Mezzodì, quali la Sera
Esser debban tue cure apprenderai,
Se in mezzo agli ozj tuoi ozio ti resta
Pur di tender gli orecchi a' versi miei.
Già l'are a Vener sacre e al giocatore
Mercurio ne le Gallie e in Albione
Devotamente hai visitate, e porti
Pur anco i segni del tuo zelo impressi:
Ora è tempo di posa. In vano Marte
A sè t'invita; che ben folle è quegli
Che a rischio de la vita onor si merca,
E tu naturalmente il sangue aborri.
Nè i mesti de la Dea Pallade studj
Ti son meno odiosi: avverso ad essi
Ti feron troppo i queruli ricinti
Ove l'arti migliori, e le scienze
Cangiate in mostri, e in vane orride larve,
Fan le capaci volte echeggiar sempre
Di giovanili strida. Or primamente
Odi quali il Mattino a te soavi
Cure debba guidar con facil mano.
Sorge il Mattino in compagnia dell'Alba [...]

Il Mattino II

Sorge il mattino in compagnia dell'alba
Dinanzi al sol che di poi grande appare
Su l'estremo orizzonte a render lieti
Gli animali e le piante e i campi e l'onde.
Allora il buon villan sorge dal caro
Letto cui la fedel moglie e i minori
Suoi figlioletti intiepidìr la notte:
Poi sul dorso portando i sacri arnesi
Che prima ritrovò Cerere o Pale
Move seguendo i lenti bovi, o scote
Lungo il picciol sentier da i curvi rami
Fresca rugiada che di gemme al paro
La nascente del sol luce rifrange.
Allora sorge il fabbro, e la sonante
Officina riapre, e all'opre torna
L'altro dì non perfette; o se di chiave
Ardua e ferrati ingegni all'inquieto
Ricco l'arche assecura: o se d'argento
E d'oro incider vuol gioielli e vasi
Per ornamento a nova sposa o a mense.

Nel passaggio dall'uno all'altro progetto viene meno il vero e proprio proemio, che del solenne esordio faceva motivo di sarcasmo, con la "dedica" dell'opera da parte del *Precettor d'amabil Rito*. Nella versione seriore (*Il Mattino II*), il poemetto si apre invece con la visione di una sobria Arcadia lombarda, e in più registra varianti puntuali rispetto alla prima redazione. Le due stesure appaiono quindi formalmente e strutturalmente inconciliabili, nonché irriducibili alla medesima pagina: in sintesi, «un conto sono i primi due poemetti, altro è il nuovo poema» (G. Barbarisi, *Giuseppe Parini*, p. 618). È quindi ineccepibile la decisione di Isella di riprodurre integralmente *Il Mattino I* e *Il Mezzogiorno*, e di seguito, separatamente, le quattro parti che, rimaste inedite, corrispondono a un disegno strutturale e formale diverso dell'opera. In casi del genere la pubblicazione completa e "paritetica" di redazioni plurime è la scelta più opportuna per l'editore critico, esonerato così dal ricorrere ad apparati troppo complessi, o a soluzioni tipografiche speciali come quelle elaborate nel recente passato per le due edizioni successive dei *Promessi Sposi* (1827 e 1840).

Descriviamo ora, in dettaglio, i passaggi operativi più salienti dell'edizione Isella.

Il testo di *Mattino I* e *Mezzogiorno* si fonda sulle stampe del 1763 e 1765, con l'apparato di varianti evolutive che compete a ciascuna sezione, testimoniate da esemplari a stampa con correzioni autografe, o da copie di autografo. Tali modifiche «non sono che ritocchi e miglioramenti che lasciano impregiudicato l'impianto iniziale: semplici varianti puntuali, che vanno lette con riferimento ai testi del '63 e '65, e che, anche cronologicamente, si collocano in anni vicini, prima del '70 o poco oltre».

Passiamo ora al secondo progetto del *Giorno*, interamente fondato su testimonianze autografe, ma incompiute e disorganiche. Il primo compito dell'editore è stato quello di riordinare l'esatta successione delle carte per riconoscervi la versione ultima, anche se non sempre definitiva, degli episodi narrati. In altre parole, si è trattato di identificare, all'interno di quaderni privi di segnalazioni d'autore e di altri indizi documentari, il processo evolutivo del poemetto: compito non facile, giacché le correzioni pariniane talora hanno rivelato «frequenti ritorni alle lezioni anteriori». Una volta raggiunta la sicura nozione dello sviluppo degli autografi, Isella ha potuto fissare un volto «non unitario e statico», ma dinamico e intertestuale dell'opera: a testo l'ultima redazione di ogni parte; in apparato le rispettive varianti genetiche. E così *Il Mattino II* è stato recuperato dalla lezione dei mss. Ambr. IV 3-4; *Il Meriggio* da IV 8-9; *Il Vespro* da IV 10 e *La Notte* da IV 17; «seguono in appendice i frammenti sparsi, cosiddetti "minori", della *Notte*, e gli appunti in prosa per *Vespro* e *Notte*» (G. Barbarisi, *Giuseppe Parini*, p. 619).

È istruttivo segnalare che, nell'impossibilità di definire in altro modo la successione dei quaderni autografi, Isella ha fatto ampiamente ricorso al giudizio stilistico. Altro non era opportuno fare, dal momento che

> Ciascuno degli autografi su cui si fonda la seconda redazione è una trascrizione in pulito; costituisce dunque, per così dire, la conclusione provvisoria di una fase di lavoro che vi si concreta e, materialmente, vi si annulla. [...] Ne deriva che, salvo casi eccezionali, in cui è dato cogliere in atto l'impiantarsi di una nuova lezione sulla lezione precedente, noi disponiamo soltanto di documenti, più o meno estesi, che consentono di confrontare tra loro una serie di momenti conclusivi, di esiti: stabilire una diacronia, ricostruire una storia nel suo divenire non è, in queste condizioni, la cosa più facile. [...] Va soggiunto che il Parini non procede nel suo correggere sempre in una direzione rettilinea [...], ma ritorna spesso indietro, quasi a cercare nel passato una sicurezza smarrita; ripesca, cioè, al di là di innovazioni temporanee, fasi anteriori, riammette in circolo lezioni già dismesse. (D. Isella, "Premessa", in Giuseppe Parini, *Il Giorno*, pp. XXI-XXII)

Nonostante la presenza di autografi, il margine di soggettività (*iudicium*) concesso all'editore è stato dunque elevato. Per esempio, i cinque manoscritti superstiti del *Mattino II* possono essere ordinati in sequenza a partire dall'uso pariniano di abbandonare progressivamente, o italianizzare, i nomi stranieri. Ma non basta. «Una seconda chiave ci è offerta [...] dall'eliminazione (in ossequio alla ben nota insofferenza della tradizione poetica italiana, dal Petrarca in poi, per le ripetizioni) di parole che ricorrono più volte sia in posizione ravvicinata, sia anche a distanza, in luoghi nettamente divaricati» (Isella). La lezione che l'editore trae da questa norma, o inclinazione formale dell'autore, è una pagina di "filologia stilistica" esemplare.

Sulla base di rilievi stilistici (ma anche di considerazioni legate alla classificazione delle fonti) Isella ha così ricomposto il quadro generale dell'opera. Il disegno che ne è scaturito è di necessità fluttuante (sono diversi gli apparati a seconda che le sezioni del poemetto siano prossime o non all'elaborazione finale), ma pienamente garantito sotto l'aspetto testuale e documentario. La forzata compiutezza del *Giorno* si è dissolta in una condizione aperta e frammentaria: non un passo indietro per il testo, ma una laboriosa conquista della moderna "filologia d'autore". In conclusione, e a titolo di esempio, leggiamo, corredato di apparato genetico, l'esordio della *Notte* (*Il Giorno*, vol. I, p. 203):

La Notte

Né tu contenderai benigna Notte,
Che il mio Giovane illustre io cerchi e guidi
Con gli estremi precetti entro al tuo regno.
    Già di tenebre involta e di perigli,
Sola squallida mesta alto sedevi
Su la timida terra. Il debil raggio
De le stelle remote e de' pianeti,

Che nel silenzio camminando vanno,
Rompea gli orrori tuoi sol quanto è duopo
A sentirli assai più. Terribil ombra
Giganteggiando si vedea salire
Su per le case e su per l'alte torri
Di teschi antiqui seminate al piede.
E upupe e gufi e mostri avversi al sole
Svolazzavan per essa; e con ferali
Stridi portavan miserandi augurj.
E lievi dal terreno e smorte fiamme
Sorgeano in tanto; e quelle smorte fiamme
Di su di giù vagavano per l'aere
Orribilmente tacito ed opaco;
E al sospettoso adultero, che lento
Col cappel su le ciglia e tutto avvolto
Entro al manto sen gìa con l'armi ascose,
Colpìeno il core, e lo strignean d'affanno.

2 Giovane illustre] Giovin Signore *c; in d* giovane *è correzione di* giovine   4 *senza capoverso in c d*   8 camminando] passeggiando *f*   9 duopo] d'uopo *c d*   10 assai] vie *c d e*   14 upupe] ùpupe *c d*   17 lievi dal terreno] dal t. lievi *e f g*   23 Entro al manto sen gìa] Nel mantel se ne gìa *c d e f g*   24 Colpìeno] Colpiano *c d*

Come chiosa, è sufficiente avvertire che l'apparato è positivo, cioè registra anzitutto la lezione definitiva, separata da quelle precedenti da una parentesi quadra capovolta; e che le sigle in corsivo richiamano (nell'ordine di composizione così come è stato riconosciuto dall'editore) i quaderni autografi della *Notte*.

Bibliografia consigliata

È altissimo, anche solo nel Novecento, il numero delle edizioni commentate del *Giorno*, come è ampia e qualificata la letteratura critica sul poemetto (da Croce a Binni a Fubini a Russo a Gibellini a Barbarisi). Ci limitiamo, come al solito, a indicare i pochi titoli essenziali alla comprensione del nostro discorso, qualche classico della bibliografia pariniana, e infine i contributi più aggiornati che consentono un accesso agli studi pregressi. Particolarmente importante il miscellaneo del 1998, dove si segnalano gli ultimi interventi sul testo del *Giorno*, in specie di Enzo Esposito e Roberto Leporatti.

Giuseppe Parini, *Il Giorno*, ediz. critica a c. di Dante Isella, vol. I, Fondazione Pietro Bembo-Ugo Guanda Editore, Milano 1996 (è la ristampa dell'edizione Ricciardi del 1969, con correzione degli errori e delle sviste tipografiche e una nuova "Nota alla presente edizione"); vol. II, Commento di Marco Tizi.

Lanfranco Caretti, "Nota critica ai testi", in Giuseppe Parini, *Poesie e prose, con appendice di poeti satirici e didascalici del Settecento*, Ricciardi, Milano-Napoli 1951, pp. 941-947.

Id., *Nota sul testo del "Giorno"* (1951), in *Filologia e critica. Studi di letteratura italiana*, Ricciardi, Milano-Napoli, 1955, pp. 151-160.

Nicola Longo, *Il Giorno di Giuseppe Parini*, in *Letteratura italiana*, *Le opere*, II: *Dal Cinquecento al Settecento*, Einaudi, Torino 1993, pp. 1231-1258.

Interpretazioni e letture del "Giorno", a cura di Gennaro Barbarisi e Edoardo Esposito, Cisalpino, Milano 1998.

Luca Clerici, *Bibliografia della critica e delle opere di Giuseppe Parini*, in *Interpretazioni e letture del "Giorno"*, cit., pp. 621-672.

Roberto Leporatti, *Sull'incompiutezza del "Giorno"*, in *Interpretazioni e letture del "Giorno"*, cit., pp. 75-115.
William Spaggiari, *L'edizione Reina*, in *Interpretazioni e letture del "Giorno"*, cit., pp.117-160.
Gennaro Barbarisi, *Giuseppe Parini*, in *Storia della letteratura italiana*, diretta da Enrico Malato, VI: *Il Settecento*, Salerno Editrice, Roma 1998, pp. 569-633.

I *Canti* di Giacomo Leopardi: origine ed evoluzione dell'edizione critica d'autore

Nella storia della nostra filologia i *Canti* leopardiani godono da tempo di un'attenzione privilegiata. Non c'è da meravigliarsene: l'ispezione meticolosa delle «sudate carte», la ricostruzione del processo elaborativo consegnato ai mirabili autografi recanatesi e napoletani sono state giudicate ben presto condizione preliminare e indispensabile per una lettura critica intenta a sorprendere il gesto decisivo, il passaggio folgorante in cui, eliminata ogni scoria prosastica, ogni forzatura enfatica, ogni ovvietà scolastica, si realizza il miracolo della pura espressione poetica.

Compito primario della filologia leopardiana è stato perciò quello di allestire gli strumenti essenziali per una lettura di quel materiale, capaci di rappresentare in forme chiare ed esaurienti il percorso anche assai accidentato che dalla prima redazione (che è in ogni caso una redazione tendenzialmente compiuta, poiché per Leopardi non sopravvivono di norma abbozzi nel senso proprio dei termine, vale a dire appunti, nuclei di testo magari neppure versificati e di collocazione indefinita) porta all'ultima; non definitiva peraltro, se è vero che altri e forse cospicui mutamenti avrebbe certamente prodotto la revisione della stampa napoletana del 1835, avviata, in vista di una progettata edizione parigina, su un esemplare sciolto (la cosiddetta "Starita corretta"), ma non compiuta per la morte del poeta.

La più importante, studiata, amata raccolta di liriche del nostro Ottocento raccoglie tutte le poesie approvate (trentasei compiute e cinque *Frammenti*) comprese quelle due (*Il tramonto della luna* e *La ginestra*) che furono pubblicate solo nell'edizione postuma fiorentina del 1845 curata da Antonio Ranieri. Un piccolo libro dunque, ma che segue la carriera poetica dell'autore dagli anni giovanili fino alla vigilia della morte: i primi testi arrivati alla stampa erano state le due canzoni del 1818 (*All'Italia* e *Sopra il monumento di Dante*), pubblicate a Firenze all'inizio dell'anno successivo (ma datate al 1818); era seguita nel 1820 l'edizione della canzone *Ad Angelo Mai*. Raccolte più cospicue erano state poi pubblicate a Bologna nel 1824 (*Canzoni*), nel periodico milanese "Il Nuovo Ricoglitore", e ancora a Bologna nel 1826 (*Versi*). Il titolo di *Canti* appare per la prima volta nella stampa fiorentina del 1831, che accoglie anche gli idilli composti, fra il 1828 e il 1830, a Pisa e a Recanati. La produzione degli ultimi anni (il ciclo di *Aspasia*, le due canzoni sepolcrali, la *Palinodia al Marchese Gino Capponi*, *Il passero solitario*), entra infine nell'edizione napoletana, pubblicata da Saverio Starita nel 1835.

La prima edizione critica dei *Canti* appare a stampa nel 1927; ne è curatore Francesco Moroncini, che negli anni successivi pubblicherà anche le *Operette morali* e altri scritti leopardiani, nonché i primi volumi dell'*Epistolario*. L'edizione, per unanime consenso dei critici, si può dire eccellente, e tanto più ammirevole se si considera che vide la luce in un momento in cui, conclusa da tempo l'epoca eroica della filologia positivistica (che sulle carte leopardiane si era peraltro esercitata, ma con risultati sostanzialmente modesti e comunque parziali), l'insofferenza della dominante critica estetica di ascendenza crociana nei confronti della filologia non solo non favoriva imprese di questo genere e di questa portata, ma aveva provocato una crisi gravissima (di uomini e di competenze) in una disciplina che sempre più si voleva relegata a incombenze servili. Sarà legittimo perciò riconoscere nell'edizione Moroncini un frutto precoce di quella stagione di riscatto che Michele Barbi pochi anni più tardi ufficialmente inaugurerà con *La nuova filologia*, a un tempo denunciando lo stato miserevole degli studi filologici contemporanei e indicando la strada del rinnovamento. E si potrebbe al proposito azzardare che proprio la straordinaria *performance* moronciniana autorizzò in certo modo Barbi a non ricordare affatto, in un libro che si concentrava sulla filologia d'autore (per Foscolo, Guicciardini, Manzoni), il caso dei *Canti*, uno dei pochissimi che, in un bilancio in grave passivo dell'ecdotica nostrana, poteva già dirsi brillantemente risolto.

Lavoro ottimo, dunque, e straordinariamente fecondo: da questa edizione (e da quella, allestita un decennio più tardi da Santorre Debenedetti, dei *Frammenti autografi dell'"Orlando Furioso"*) avrebbe preso avvio quella stagione cruciale della critica novecentesca che, sotto l'etichetta irridente di «critica degli scartafacci» avrebbe visto scendere in campo, contro Benedetto Croce, prima Giuseppe De Robertis, poi, su posizioni aggiornate in direzione già pre-strutturalistica, il giovane Gianfranco Contini. Sulla documentazione raccolta e ordinata nell'edizione Moroncini si fondò infatti l'esplorazione variantistica avviata in alcuni memorabili capitoli del *Saggio sul Leopardi* di De Robertis e perfezionata in quelle *Implicazioni leopardiane* che con i saggi sull'Ariosto e sul Petrarca costituiscono il nucleo primario della variantistica continiana.

In assenza, almeno per la nostra letteratura, di modelli cui uniformarsi e di riflessioni teoriche sulla filologia d'autore, Moroncini procedette con criteri empirici e, come appunto avrebbe di lì a poco consigliato Barbi, trovando da sé il metodo adatto al suo caso.

L'operazione appare tanto più ardua e meritoria se si considera che il caso dei *Canti* si presenta complesso per le condizioni difformi del materiale confluito nel libro: se per alcune poesie mancano al tutto testimonianze autografe, e i pochi mutamenti che l'editore deve registrare sono quelli apportati nella "Starita corretta" (è il caso del *Passero solitario*, della *Palinodia*, di *Imitazione*, dei «canti fiorentini» – tranne *Consalvo* –, delle canzoni sepolcrali), per altre gli autografi documentano, accanto a un autentico lavoro correttorio, ora più ora meno diffuso e incisivo, la presenza di varianti, lezioni alternative di rango inferiore, che spesso affollano i margini delle carte con abbondanza tale da costituire, piuttosto che un serbatoio di soluzioni realmente praticabili, il risultato di un esercizio di stile, di un gioco combinatorio di ascendenza scolastica.

L'edizione Moroncini è così strutturata: di ogni canto si propongono innanzitutto il titolo e il testo definitivi, con i versi numerati di cinque in cinque. Seguono una rapida illustrazione delle fonti manoscritte e a stampa (con lo scioglimento delle varie sigle), quindi, se ve ne siano, le diverse redazioni dei titoli. Viene poi il vero e proprio apparato critico, che per i soli versi interessati da correzioni e varianti (gli altri non sono ripetuti) riporta, in due fasce distinte, i mutamenti di maggior peso e quelli che riguardano la punteggiatura, l'uso delle maiuscole, la grafia (particolarmente rilevante, fra questi ultimi, l'abbandono, nella Starita, delle forme letterarie *a la*, *de la*, *ne la* ecc., in favore di *alla*, *della*, *nella* ecc.). Alla lezione ultima è dato risalto con la stampa in grassetto: in tal modo il lettore può individuare facilmente in quale fase del lavoro essa viene definita. Per ben distinguerle rispetto alle correzioni, le varianti al singolo verso o a gruppi di versi sono racchiuse in riquadri. Seguono una fascia per le "Postille e note" dell'autore (non presente nel nostro esempio) e una per le note del curatore.

Ecco dunque, nell'edizione critica di Moroncini, il testo di *Alla Luna* e l'apparato critico degli ultimi cinque versi (12-16). (Avvertiamo che le sigle vanno così sciolte: An = autografi napoletani; Nr = "Il Nuovo Ricoglitore", Milano, 1825-1826; B^{26} = Edizione bolognese dei *Versi*, 1826; F = Edizione fiorentina dei *Canti*, 1831; N = Edizione napoletana dei *Canti*, 1835; Nc = esemplare di N con correzioni autografe.)

O graziosa luna, io mi rammento
Che, or volge l'anno, sovra questo colle
Io venia pien d'angoscia a rimirarti:

E tu pendevi allor su quella selva
Siccome or fai, che tutta la rischiari.
Ma nebuloso e tremulo dal pianto
Che mi sorgea sul ciglio, alle mie luci
Il tuo volto apparia, che travagliosa
Era mia vita: ed è, né cangia stile,
O mia diletta luna. E pur mi giova
La ricordanza, e il noverar l'etate
Del mio dolore. Oh come grato occorre
Nel tempo giovanil, quando ancor lungo
La speme e breve ha la memoria il corso,
Il rimembrar delle passate cose,
Ancor che triste, e che l'affanno duri!

12. **Oh** [quanto] **grato occorre***
come An

Come sì grato	An

15. **Il** sovvenir An
Rimembrar Nc

16. **Ancor che trist**[i], **e** ancor che ['/] pianto **duri!** An
e **il**
che l'affanno Nc

---

15. de le	An	cose	An	16. **duri!**	An Nc
delle	N	**cose,**	B26	duri.	Nr

* I vv. 13-4 furono aggiunti dall'A. dopo pubblicata l'ediz. Starita, e si leggono, scritti da lui in calce alla p. 65 di Nc, insieme con gli ultimi due vv. modificati.

Nel 1981 Emilio Peruzzi pubblica presso l'editore Rizzoli di Milano la seconda edizione critica dei *Canti*. Nei confronti dell'opera di Moroncini, Peruzzi dimostra e dichiara più volte la propria ammirazione e il proprio consenso di fondo; tuttavia egli osserva che l'opera tanto meritoria rivela due aporie d'ordine metodico, tali da rendere opportuno l'allestimento di una nuova edizione critica. In primo luogo la distinzione che Moroncini introduce fra le correzioni importanti e quelle secondarie complica l'apparato critico, ma soprattutto è soggettiva e dunque impropria, tanto più nel caso di Leopardi, che annetteva grande importanza anche ai minimi ritocchi della punteggiatura, della fonetica e della grafia. Appaiono poi inaccettabili quegli interventi con cui l'editore, per una comprensibile esigenza di chiarezza, ha ritenuto legittimo aggiungere, in presenza di correzioni sintetiche e incomplete, parole che negli autografi mancano e che dunque debbono a rigore considerarsi come indebite integrazioni congetturali. Si aggiunga che la leggibilità, pur notevole, dell'edizione Moroncini può essere migliorata sensibilmente con alcuni accorgimenti.

Risultato del lavoro di Peruzzi è dunque un'edizione che, senza rinnegare nella sostanza l'impianto della precedente, si presenta al lettore assai diversa. I rinvii sono facilitati numerando verso per verso, e non per gruppi di cinque, il testo definitivo, che è dato subito per intero, e poi ripetuto di pagina in pagina, per i versi cui l'apparato critico si riferisce. Nell'apparato figurano tutti i versi (non solo quelli interessati da correzioni), in modo che il rapporto fra testo e apparato, e quindi il processo correttorio complessivo, risultano immediatamente decifrabili con maggior comodità per il lettore. L'apparato non distingue fra correzioni di primaria o secondaria importanza, tutte riunite nella prima fascia; la seconda raccoglie le varianti (quelle che Moroncini racchiudeva in riquadri), la terza le note dell'autore (non presenti nell'esempio scelto), la quarta quelle dell'editore. Ma la novità decisiva è costituita dalla riproduzione fotografica, nella seconda parte del volume, di tutti i manoscritti, autografi e di mano di Antonio Ranieri utilizzati per l'edizione. La scelta ha un'importanza che va ben al di là della soddisfazione di una semplice curiosità nei confronti di cimeli tanto suggestivi (grazie anche all'eleganza e alla chiarezza della grafia, certi autografi leopardiani sono divenuti i più celebri della nostra letteratura, materiale destinato, nei suoi esemplari più memorabili, *L'infinito*, *A Silvia*, anche all'industria del *souvenir*); riprodurre i manoscritti significa da un lato consentire al lettore di controllare l'operato del filologo, dall'altro agevolare una «decifrazione» diretta di interventi correttori la cui dinamica meglio si può comprendere dalla visione di una fotografia che dalla descrizione di un apparato, necessariamente mediata da espedienti tipografici anche complessi.

Nell'edizione Peruzzi il testo dell'idillio *Alla Luna* si presenta dunque identico a quello dell'edizione Moroncini; ne riproduciamo perciò soltanto gli ultimi cinque versi con il relativo apparato:

12 Del mio dolore. Oh come grato occorre
13 Nel tempo giovanil, quando ancor lungo
14 La speme e breve ha la memoria il corso,
15 Il rimembrar delle passate cose,
16 Ancor che triste, e che l'affanno duri!

12	Del mio dolore. Oh	quanto	grato occorre	An	α, P
		[quanto]		An	β
		come			
		come		Av	

13-14 vd. v. 16 Nc

15	Il sovvenir	de le	passate cose	An	P
		delle		Av	α
		de[lle]		Av	β
		de le			
		de le		Nr	
			cose,	B^{26}	
		delle		N	

16	Ancor che	tristi	e ancor che	'l	pianto	duri!	An	α
		trist[i]	*e*					β
		triste,	*e*					
		triste,	*e*			duri!	P	
				[']/		*duri!*	An	γ
				il				
		triste,	e			duri!	Av	
						duri!	Nr	
						duri.	B^{26}	

Nc: sui due ultimi versi (15-16) di N la correzione manoscritta

[Il sovvenir delle passate cose,]
[Ancor che triste, a ancor che il pianto duri.]
Nel tempo giovanil, quando ancor lungo
La speme e breve ha la memoria il corso,
Il rimembrar delle passate cose,
Ancor che triste, e che l'affanno duri!

---

12 An (come sì grato)

---

12 An var. nel margine destro del foglio, su una riga verticale lungo i vv.12-14.

16 An α riporta sull'autografo una correzione decisa nel *Supplemento generale* (vd. XII *Infinito* v. 3 An app. crit.), p. 2: «Agl'Idilli ... Scrivi: Anc[h]or che triste.». La *i* finale di *tristi* aveva il punto sopra il tratto orizzontale della *t* precedente (come in *rimirarti* v. 3 e *stile* v. 9) ed è trasformata in *e* che termina con uno svolazzo (come *a* di *Luna* tit. e *selva* v. 4) in modo che lo svolazzo arrivi a coprire il punto; la virgola è forse di una fase successiva

β cancella l'apostrofo e aggiunge *i* davanti a *l*

P a fianco di questo verso, le iniziali: (*G.L.*)

Av la congiunzione *e* pare scritta modificando un'altra lettera, o ripassando una *e* riuscita confusa per troppo inchiostro

Rispetto all'apparato di Moroncini, questo appare assai più ricco, anche perché tiene conto di alcune correzioni di Av, gli autografi conservati dal Comune di Visso (Macerata), che Moroncini qui trascura, e di P, copie di mano di Paolina Leopardi, risalenti a stesure non identiche agli autografi noti. Nella prima fascia dell'apparato che, come si è detto, elimina ogni distinzione gerarchica fra le varianti, le lettere dell'alfabeto greco α, β, γ individuano le varie fasi dell'elaborazione di ciascun verso in quella particolare redazione; nell'ultima fascia il processo correttorio negli autografi è descritto dal curatore in modo più minuzioso ed esauriente.

Pochi anni dopo la pubblicazione di quella di Peruzzi, esce a stampa la terza edizione critica dei *Canti*, curata da uno dei più prestigiosi filologi del nostro tempo, Domenico De Robertis. Scopo del nuovo editore non è quello di correggere e perfezionare il lavoro di Moroncini (dell'edizione Peruzzi, De Robertis giunge a tempo a dare solo un cenno nella sua "Introduzione") che egli riconosce, pur con qualche limite, come fondativa della filologia d'autore in Italia; bensì di proporre una ricostruzione del tutto diversa, nei suoi princìpi e nelle sue conseguenze, della elaborazione del libro poetico leopardiano. La sua è dunque una «nuova ipotesi metodologica, di una diversa filologia, e di una diversa rappresentazione, nella direzione di una piena leggibilità del testo e della sua storia». Argomento fondamentale di De Robertis è che l'edizione Moroncini, prendendo come termine di riferimento la Starita corretta ricostruisce l'itinerario compositivo di ogni canto (o «microtesto»), ma non consente di seguire in ogni suo movimento il processo di formazione del libro (la «macrostruttura»). Al contrario, egli ritiene che momento cruciale nella vicenda di ogni canto non sia quello dell'estrema revisione, ma quello in cui quel canto, approdando «alla prima redazione pubblica, per lo più a stampa» (l'eccezione è costituita, ovviamente, dai due canti postumi), concorre alla formazione del libro, entra nella sua storia. L'elaborazione precedente la prima edizione a stampa viene documentata non da un apparato genetico, ma dalla riproduzione fotografica degli autografi, e quella successiva è registrata in un apparato di tipo evolutivo; ben si comprende dunque come questa edizione critica si riveli del tutto differente dalle precedenti, sia per ciò che riguarda l'ordine dei *Canti* (il caso più clamoroso è naturalmente quello del *Passero solitario*, qui presentato al ventiseiesimo posto, dopo *Il sabato del villaggio*, mentre nella stampa napoletana, dove comparve per la prima volta, era stato collocato all'undicesimo, prima della *Sera del dì di festa*) sia per l'assetto testuale dei singoli pezzi. Con tali premesse, ecco in quale insolita veste l'idillio *Alla luna* si presenta al lettore; sotto al testo l'apparato dei vv. 12-14, che naturalmente, non tenendo conto dei manoscritti, si presenta assai snello (si badi che l'edizione napoletana si indica qui con la sigla N35 e che la seconda fascia raccoglie le note del curatore):

LA RICORDANZA.

Idillio III.

O graziosa Luna, io mi rammento
Che, or volge un anno, io sopra questo poggio
Venia carco d'angoscia a rimirarti:
E tu pendevi allor su quella selva
Siccome or fai, che tutta la rischiari.
Ma nebuloso e tremulo dal pianto
Che mi sorgea sul ciglio, a le mie luci
Il tuo volto apparia; chè travagliosa
Era mia vita: ed è, nè cangia stile,
O mia diletta Luna. E pur mi giova
La ricordanza, e 'l noverar l'etate
Del mio dolore. Oh come grato occorre
Il sovvenir de le passate cose
Ancor che triste, e ancor che il pianto duri!

B[26]	13	cose,	
	14	duri.	
N35	13	delle	
N35c[a]	13-14	Nel tempo giovanil, quando ancor lungo	(13)
		La speme e breve ha la memoria il corso	(14)
		Il rimembrar delle passate cose,	(15)
		Ancor che triste, e che l'affanno duri!	(16)

---

note del curatore

a. Oltre che per l'applicazione della variante dell'*Errata-corrige* di N35 di cui alla nota precedente.
b. La –*e* di *passate* ripassata.

Il testo è quello della *princeps*, cioè del "Nuovo Ricoglitore" e reca il titolo *La ricordanza*, che in F fu sostituito da *Alla luna*. Le differenze che separano questa dall'ultima versione sono, come si vede dal confronto con il testo Moroncini, notevolissime; ai ritocchi di minor peso (ma anche fenomeni limitati come il passaggio da *Luna* a *luna*, che si attua in F, difficilmente potranno essere ritenuti irrilevanti) si accompagnano infatti molte correzioni sostanziali: ancora in F si ha una prima riscrittura del v. 2 da *or volge un anno, io sopra questo poggio* a *or volge l'anno, io sopra questo colle*, con un passaggio da *poggio* a *colle* che esplicita il nesso con l'altro idillio *L'infinito* (*Sempre caro mi fu quest'ermo colle*). In N35 un ulteriore intervento sui vv. 2-3 porta finalmente *da io sovra questo colle / venia carco* a *sovra questo colle / io venia pien*. Ma, come documenta l'apparato, il mutamento decisivo, che corregge la riflessione

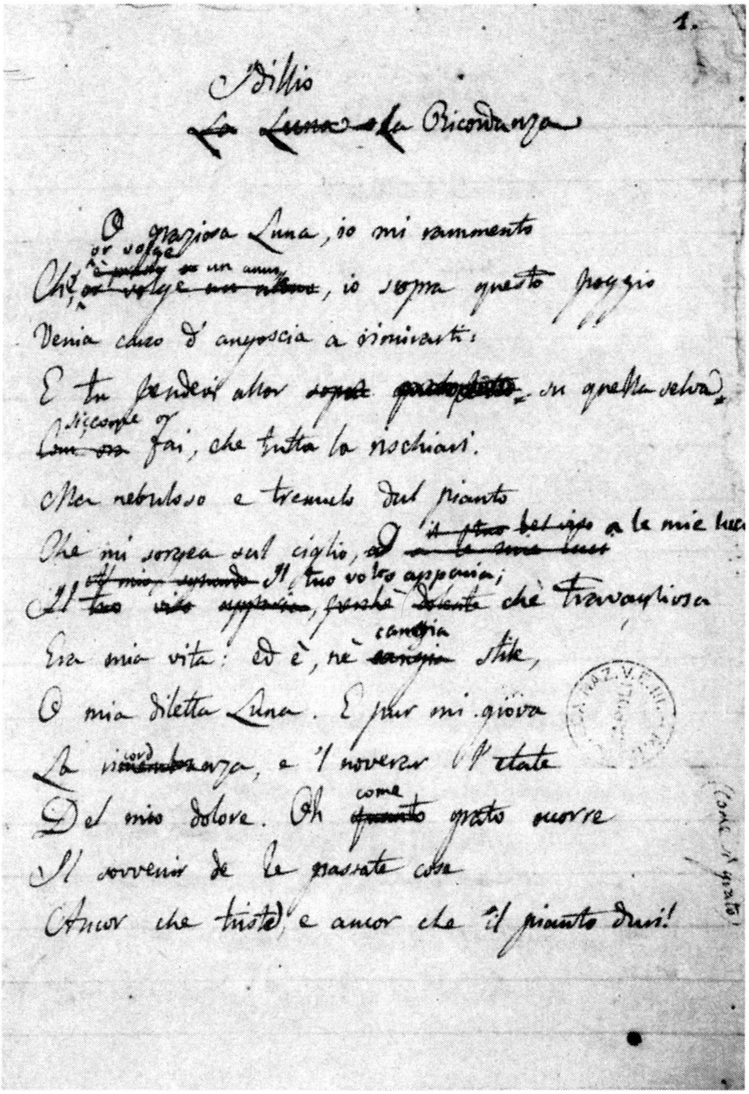

L'idillio leopardiano *La Ricordanza* (poi *Alla luna*) nell'autografo napoletano.

finale, non più valida in assoluto, ma soltanto «nel tempo giovanil», avviene in N35c. Leopardi cassa i due ultimi versi della stampa e riformula tutta la conclusione inserendo due versi nuovi (13-14: *Nel tempo giovanil, quando ancor lungo / La speme e breve ha la memoria il corso,*) e sostituendo negli ultimi due (15-16) *sovvenir* con *rimembrar* e *il pianto* con *l'affanno*: la seconda correzione sarà suggerita anche (non solo, ovviamente) dalla necessità di evitare la ripetizione (*pianto* è anche al v. 6), mentre l'altra elimina, in favore del più amato *rimembrar*, un verbo che all'infinito (e, come qui, sostantivato) non compare mai nei *Canti*.

A questo punto, e tenendo conto che scopo primo di ogni edizione critica è di norma quello di stabilire un testo che, offrendo maggiori garanzie di correttezza e autenticità, possa legittimamente aspirare a rimpiazzare quello o quelli prima correnti, ci si potrebbe chiedere:

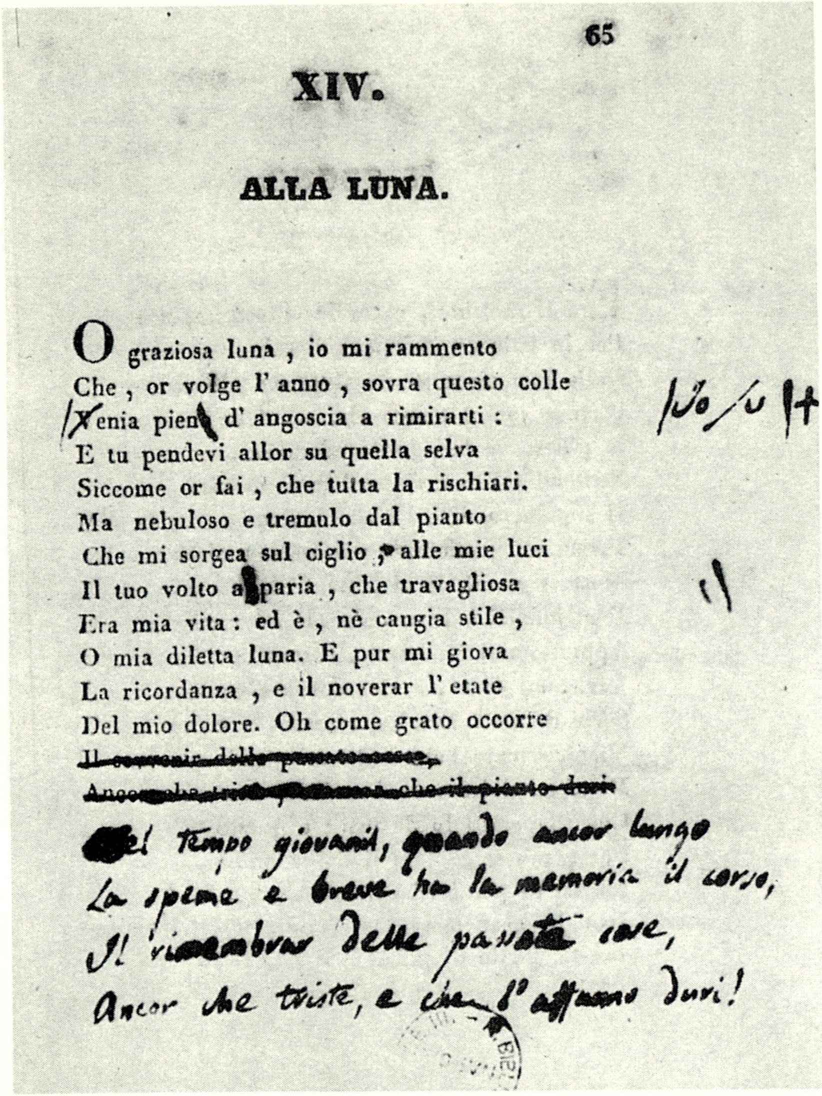
65

XIV.

ALLA LUNA.

O graziosa luna , io mi rammento
Che , or volge l' anno , sovra questo colle
Venia pien d' angoscia a rimirarti :
E tu pendevi allor su quella selva
Siccome or fai , che tutta la rischiari.
Ma nebuloso e tremulo dal pianto
Che mi sorgea sul ciglio , alle mie luci
Il tuo volto apparia , che travagliosa
Era mia vita : ed è , nè cangia stile ,
O mia diletta luna. E pur mi giova
La ricordanza , e il noverar l' etate
Del mio dolore. Oh come grato occorre
~~Il sovvenir delle passate cose,~~
~~Ancor che triste, e ancor che il pianto duri~~
el tempo giovanil, quando ancor lungo
La speme e breve ha la memoria il corso,
Il rimembrar delle passate cose,
Ancor che triste, e che l'affanno duri!

L'idillio leopardiano *Alla luna* nella Starita corretta.

De Robertis intende davvero sostituire il suo testo critico dei *Canti* a quello di Moroncini e Peruzzi, venendo meno al principio che la redazione che conta è l'ultima voluta dall'autore? Siamo davvero invitati a cancellare dalla memoria uno dei versi più amati della nostra poesia per convertirci a «Silvia, sovvienti ancora...», come recitava la *princeps* fiorentina? Certamente no. Quello che il filologo qui ci suggerisce è che se le edizioni Moroncini (e Peruzzi) hanno degnamente assolto al compito di fornirci l'edizione critica dei *Canti* nell'ultima lezione fissata dall'autore, la sua edizione è in grado di offrire agli studiosi (per il pubblico dei comuni lettori il discorso qui non si pone), uno strumento in più, grazie al quale è possibile ripercorrere nei suoi snodi cruciali, e più chiaramente di quanto non si potesse fare prima, una straordinaria vicenda compositiva, in cui l'approdo alla lezione definitiva costituisce il momento ultimo, non quello decisivo nella storia del singolo canto e dell'intero libro.

Bibliografia consigliata

Giacomo Leopardi, *Canti*, ediz. critica ad opera di Francesco Moroncini, Cappelli, Bologna 1927 (rist. anastatica , Cappelli, Bologna 1961 e, con presentazione di Gianfranco Folena, Cappelli, Bologna 1978).

Canti, ediz. critica di Emilio Peruzzi con la riproduzione degli autografi, Rizzoli, Milano 1981.

Canti, ediz. critica e autografi, a c. di Domenico De Robertis, Il Polifilo, Milano 1984.

Canti, introduzione di Franco Gavazzeni, note di Franco Gavazzeni e Maria Maddalena Lombardi, Rizzoli, Milano 1998 (con ampia e ordinata bibliografia).

Giuseppe De Robertis, *Saggio sul Leopardi*, Vallecchi, Firenze 1944.

Gianfranco Contini, *Implicazioni leopardiane*, in "Letteratura", XXXIII (1947), pp. 102-109 (poi in *Varianti e altra linguistica*, Einaudi, Torino 1970, pp. 41-52).

Id., *Varianti leopardiane: "La sera del dì di festa"* (1979), in *Ultimi esercizi ed elzeviri (1968-1987)*, Einaudi, Torino 1988, pp. 293-298.

Id., *Radiografia di Leopardi* (1982), in *Ultimi esercizi ed elzeviri (1968-1987)*, cit., pp. 285-291.

Domenico De Robertis, *Leopardi*, Edizioni Cosmopoli, Bologna-Roma 1996.

Un dittico novecentesco: Montale, Ungaretti

I libri di poesia a cui è consegnata la fama di Montale e Ungaretti, rispettivamente *L'Opera in versi* e *L'Allegria*, sono forse, in Italia, i più celebri del Novecento, due veri classici del loro tempo. A Montale (e in particolare alle sue raccolte *Ossi di seppia* e *Le occasioni*, libri amatissimi, imitati e discussi ancora oggi) va il merito di aver espresso la *summa* poetica più esemplare del secolo; a Ungaretti di aver attuato per primo un clamoroso stacco formale rispetto alla tradizione lirica italiana dell'Otto-Novecento. Ma, poiché i due autori hanno composto poesia in modi differenti – Montale modificando parcamente il proprio dettato originario; Ungaretti calandosi invece in un «moto perpetuo testuale» (Contini), in una sorta di perenne sincronia/diacronia del libro, della parola e della variante –, è differente il banco di prova della filologia d'autore nei loro confronti. Nel nome di Montale e di Ungaretti si chiude perciò (con qualche originale spunto metodologico) una rassegna che si era aperta nel nome di Dante.

È ora necessario violare in parte l'ordine cronologico, facendo precedere Eugenio Montale (1896-1981) a Giuseppe Ungaretti (1888-1970). La filologia del Novecento si è misurata con l'uno e con l'altro poeta secondo un approccio testuale a volte simile, a volte complementare: dei due casi, quello di Montale è senz'altro il più semplice da riepilogare, e quindi merita di essere presentato per primo.

Leggiamo in apertura una breve scheda di ciascuna delle due edizioni che illustreremo.

a. *L'Opera in versi* di Eugenio Montale (edizione critica a c. di Rosanna Bettarini e Gianfranco Contini, Einaudi, Torino 1981) racchiude in un solo volume i sei libri di poesia pubblicati in vita dall'autore e un'ultima raccolta di inediti: *Ossi di seppia* (1925, 1928), *Le occasioni* (1939), *La bufera e altro* (1956), *Satura* (1971), *Diario del '71 e del '72* (1973), *Quaderno di quattro anni* (1977), *Altri versi* (1980); più un *Quaderno di traduzioni*, e un gruppo di *Poesie disperse edite e inedite*, giovanili o senili. È un lunghissimo percorso creativo, aperto nel 1916 dalla poesia forse più celebre di tutte (*Meriggiare pallido e assorto*), e concluso dagli *Altri versi* (liriche accorpate proprio durante l'*iter* redazionale dell'edizione critica). Il termine di datazione più recente è apposto alla lirica n. 696 del volume (*Clizia nel '34*), che reca la nota d'autore «5/I/1980». L'edizione critica include così 828 componimenti numerati progressivamente (comprese due prose, *Dov'era il tennis...*, e *Visita a Fadin*), che conservano la collocazione e le suddivisioni delle raccolte originali; il suo titolo (*L'Opera in versi*) intende suggerire che la produzione di Montale non è tutta qui, ma annovera anche una consistente raccolta di *Prose e racconti* (poi pubblicate a parte, a c. e con introduzione di Marco Forti, note ai testi e varianti a c. di Luisa Previtera, Mondadori, Milano 1995) e di pezzi giornalistici (*Il secondo mestiere. Prose 1920-1979*, a c. di Giorgio Zampa, Mondadori, Milano 1996). Dell'*Opera in versi*, ha annotato Pier Vincenzo Mengaldo, «non si può propriamente parlare come di un complesso veramente unitario per genesi, quale il *Canzoniere* di Saba o la stessa *Vita di un uomo* di Ungaretti. Essa infatti, in quanto raccolta completa, riunita in un solo libro, delle poesie pubblicate dall'autore, nasce da una quasi postuma iniziativa filologico-editoriale, certo col consenso e anzi la collaborazione dell'autore» (P.V. Mengaldo, *L'Opera in versi di Eugenio Montale*, p. 625). Muovendo da queste considerazioni, non possiamo trattare *L'Opera in versi* alla stregua di un "canzoniere" (e del resto anche Montale ha speso questo termine solo per le sue prime tre sillogi). Siamo in grado tuttavia di riconoscervi una certa «unitarietà» (Mengaldo), in parte avallata dall'autore stesso, e ribadita dall'edizione critica, la prima «entro certi limiti esauriente di tutta l'opera moderna di un autore contemporaneo» (Bettarini-Contini). Specialmente le raccolte *Ossi*, *Occasioni* e *Bufera* si riecheggiano l'una con l'altra in sapienti rinvii contenutistici e strutturali: Montale le definì perciò il «recto» di un unico libro, di cui le raccolte successive rappresentano il «verso».

b. *L'Allegria* è il più celebre libro di poesie di Giuseppe Ungaretti, divenuto familiare ai lettori per l'inaspettata, violenta rottura dei canoni tradizionali del ritmo e del verso (il "verso libero"). Nell'edizione critica di Cristiana Maggi Romano (Fondazione Arnoldo e Alberto Mondadori, Milano 1982), la raccolta assomma a 105 componimenti (alcuni dei quali in francese), suddivisi in sette sezioni e un'"Appendice". Una breve cronistoria delle sue successive ristampe è indispensabile alla comprensione delle pagine che seguiranno. *L'Allegria* non ebbe questo titolo né la medesima configurazione fin dall'inizio della sua storia: le edizioni che presentano "movimenti" testuali (vale a dire correzioni, spostamenti, aggiunte di liriche, cosicché nessun volume può dirsi identico al precedente, neppure a quello con il medesimo titolo), e che dunque vanno di necessità segnalate per una corretta analisi del problema ecdotico, sono: *Il Porto Sepolto* (Stabilimento Tipografico Friulano, Udine 1916); *Allegria di naufragi* (Vallecchi, Firenze 1919); di nuovo *Il Porto Sepolto* (Stamperia Apuana di Ettore Serra, La Spezia 1923), *L'Allegria* (Preda, Milano 1931 e Edizioni di Novissima, Roma 1936). E finalmente *L'Allegria* (Mondadori, Milano 1942): al 1942 si arresta, o almeno si placa, «la stagione più creativa di Ungaretti» (Allegri). In quest'ultimo volume, curato da Giuseppe De Robertis e intitolato collettivamente *Vita d'un uomo*, *L'Allegria* si affianca in dittico al *Sentimento del tempo*: in seguito, solo qualche sporadica variante interromperà il silenzio poetico dell'autore. Al succedersi delle edizioni si intrecciano, come dicevamo, ora mutamenti «in apparenza più irrilevanti (l'abrogazione di un articolo, lo spostamento di un aggettivo, l'aggiunta di una congiunzione o la maiuscolatura di un capoverso)», ora interventi più decisivi, come l'incremento di poesie, «il trasloco di nuclei compatti di liriche», la scissione di versi e strofe, il passaggio dalla «misura monosillabica al ripristino dell'endecasillabo» (Allegri) e così via. La filologia d'autore affronta dunque con *L'Allegria* un severo banco di prova: se «l'esercizio variantistico è costitutivo della poesia di Ungaretti e a essa si accompagna ininterrottamente lungo tutta la sua evoluzione» (Allegri), tocca all'editore di oggi l'obbligo di mettere ordine fra tanta esuberanza, e di scegliere la forma del libro che possa intendersi come definitiva (o, viceversa, più significativa per il lettore).

a. L'edizione critica delle poesie di Montale (intitolata appunto *L'Opera in versi*) risulta, come abbiamo visto, dalla somma di più libri. Ognuno di essi, a eccezione dell'ultimo, è stato pubblicato a suo tempo in forma autonoma, o in stampe parziali divenute poi, via via, definitive, ovviamente per la cura dell'autore. L'edizione critica non consiste però nella mera giustapposizione, in ordine cronologico, di tali raccolte. Essa include infatti, oltre al testo definitivo di ciascun libro, una succinta "Nota dei curatori", e una congrua sezione di "Varianti e autocommenti" posta in coda al volume (pp. 829-1125), che documenta l'intero retroterra "genetico" dei componimenti.

Va anzitutto segnalato l'aspetto più singolare di questa edizione. Esso consiste nel fatto che Rosanna Bettarini e Gianfranco Contini, i curatori dell'*Opera*, hanno lavorato a diretto contatto con il poeta, ancora vivente e ben in grado di offrire agli editori indicazioni preziose per il loro lavoro di ricerca (dove rintracciare le fonti, come datarle, quali considerare più importanti, come ordinare le varianti ecc.). Si tratta di una condizione piuttosto rara nell'ambito della filologia d'autore, e apparentemente destinata a orientare, o addirittura a condizionare, le scelte operative del filologo. Tuttavia, il volume non si è giovato più di tanto di questa insolita collaborazione: l'edizione critica (presente o non l'autore), deve infatti fondarsi su «un'oggettività per la quale la parola del cosiddetto interessato ha un significato, quantunque ovviamente preziosissimo, informativo piuttosto che ultimativo». Così, per esempio, la «discrezione» di Montale «ha lasciato intuire o divinare che cosa era suo netto desiderio» veder realizzato, e in che cosa si rimetteva invece alla decisione dei curatori: i limiti e le competenze di questa peculiare "filologia con l'autore" sono apparsi perciò a entrambe le parti (il poeta e i suoi editori) evidenti e invalicabili.

Come è condizione comune della letteratura moderna e contemporanea, anche dell'*Opera in versi* sono state reperite numerosissime testimonianze originali, fra stampe parziali, edizioni, ristampe di ciascuna raccolta; e inoltre prime pubblicazioni in giornali e periodici, manoscritti autografi, dattiloscritti e bozze corrette dall'autore ("Tavola dei testimoni", pp. 845-857). E tuttavia, nonostante il poeta in persona abbia contribuito a selezionare e a ordinare questi materiali, della loro completezza gli editori non si possono dire certi: «Riteniamo probabile che un'emersione, con relativa pubblicazione aneddotica, si verificherà dopo la presente edizione, senza tuttavia modificarne in maniera importante i contorni» ("Nota dei curatori", per questa come per le citazioni successive). Fonti così copiose non testimoniano però un apparato variantistico imponente: Montale ha corretto nel tempo le sue liriche, ma non le ha sottoposte a un flusso continuo di riscrittura. I pentimenti e le correzioni (attestati dalle stampe come dai manoscritti) sono frequenti ma parchi, e lasciano trasparire una parola poetica sin dalle origini meno inquieta di quella di Ungaretti. A ben guardare, le varianti coinvolgono per lo più fatti di punteggiatura e minuti elementi formali, mentre solo raramente emergono redazioni totalmente estranee alla forma definitiva. E anche la "forma libro" conserva nel tempo la fisionomia delle origini, ampliandosi per successivi accorpamenti, secondo un classico disegno di progressione testuale. Dalla storia redazionale dell'*Opera in versi* esce quindi confermato il ritratto di un poeta «diffidente delle proprie varianti», sia per «differenziarsi dai poeti contemporanei», sia per la «sua spontanea concezione della poesia come improbabile e precaria lacerazione del tessuto quotidiano, da sbrigare celermente se non proprio *in raptus*». Corre tuttavia agli editori l'obbligo di rendere conto di ogni aspetto, per quanto modesto, dell'*iter* evolutivo di questa poesia.

A ciò provvedono, istituzionalmente, gli apparati, che sono addirittura tre, dislocati, come tutta la nota al testo, in coda al volume: «Vi compaiono, in quest'ordine e per ciascuna poesia, varianti dei manoscritti [...], varianti delle stampe e autocommenti». L'ultima fascia costituisce appunto la vera novità, anche metodologica, dell'edizione: essa comprende infatti «la puntuale raccolta delle non scarse pronunce procedenti, spontaneamente o in risposta ad altrui domande, dall'autore stesso» attorno alla propria poesia. In assenza di un'edizione commentata, questo materiale, che i curatori presentano come «archivistico», è il primo passo, il più fondativo e documentario, verso la vera e propria esegesi del testo. Mostriamo allora, accostandoli per l'occasione secondo l'uso delle edizioni critiche, testo e apparato di una delle poesie più antologizzate del Montale degli *Ossi*, *Spesso il male di vivere*. L'esempio mostra l'essenziale dosaggio delle varianti genetiche d'autore, precedute (secondo la tipologia propria degli apparati positivi) dalla lezione definitiva del componimento, così com'è accolta a testo (pp. 33, 873):

Spesso il male di vivere ho incontrato:
era il rivo strozzato che gorgoglia,
era l'incartocciarsi della foglia
riarsa, era il cavallo stramazzato.

Bene non seppi, fuori del prodigio
che schiude la divina Indifferenza:
era la statua nella sonnolenza
del meriggio, e la nuvola, e il falco alto levato.

33 *Spesso il male di vivere ho incontrato...*

Una fotocopia di un manoscritto in pulito sormontato da asterisco seriale, senza data, conserva Vanni Scheiwiller per dono di Francesco Messina; di sotto nel foglio *So l'ora in cui la faccia più impassibile...* [= Ms]. – Tutte le edizioni.

Str. 1

2. rivo strozzato] rivo ingorgato Ms Gob

Str. 2

5. fuori del prodigio] fuori che il prodigio Ms Gob Rib Car Ein[1]

Ancora da *Ossi di Seppia*, *Corno inglese* esibisce, nella fascia dell'autocommento, un caso interessante quanto eccezionale di variante rifiutata (perché troppo tardiva, immaginiamo) dagli editori critici: in altre parole, l'estremo pentimento d'autore è inaccettabile giacché viola la memoria collettiva, sedimentata attorno a questo famoso componimento giovanile di Montale. Riproduciamo il testo e parte dell'apparato di questa poesia (pp. 11, 864-865):

Corno inglese

Il vento che stasera suona attento
– ricorda un forte scotere di lame –
gli strumenti dei fitti alberi e spazza
l'orizzonte di rame
dove strisce di luce si protendono
come aquiloni al cielo che rimbomba
(Nuvole in viaggio, chiari
reami di lassù! D'alti Eldoradi
malchiuse porte!)
e il mare che scaglia a scaglia,
livido, muta colore,
lancia a terra una tromba
di schiume intorte;
il vento che nasce e muore
nell'ora che lenta s'annera
suonasse te pure stasera
scordato strumento,
cuore.

In una lettera a R. Bettarini del «13 nov. 78»:

> [...] Allego una possibile variante per «Corno inglese». A me quel «ricorda un forte scuotere di lame» messo tra virgolette [*l.* lineette] pareva insopportabile:
>
> Il vento che stasera ha suonato [1-4]
> con un suo forte scuotere di lame
> gli strumenti degli alberi e ha sconvolto
> uno sfondo di rame

b. L'*iter* compositivo dell'*Allegria* di Ungaretti prende le mosse molto da lontano, e precisamente nel 1916, quando il poeta, nel pieno della prima guerra mondiale (egli è fante sul Carso), decide di pubblicare le proprie poesie in una piccola edizione, quasi una *plaquette* per gli amici. Esce così *Il Porto Sepolto*, in tutto trentadue componimenti per poco più di seicento versi complessivi. Ma, come dicevamo, questa stampa rappresenta solo la preistoria del libro, che, ampliandosi e variandosi consistentemente, nel numero delle liriche e nel loro aspetto formale (e mescolandosi all'elaborazione dell'altra silloge ungarettiana, *Il sentimento del tempo*), approda a un risultato finale assai differente dal conciso nucleo iniziale. Parliamo dell'edizione Mondadori del 1942, l'ultima tappa rielaborativa segnata, da parte dell'autore, dalla «frenetica attività di riordino di tutto il proprio lavoro poetico» (Allegri). Fra pentimenti, riscritture, rinunce, dislocazioni, è anzitutto la vicenda di una «dissipazione testuale» (Ossola) di proporzioni allarmanti, di cui è laborioso fissare il disegno conclusivo secondo l'ultima volontà dell'autore. Del problema rielaborativo e strutturale dell'*Allegria*, del resto, la filologia italiana prese atto con tempismo eccezionale, se è vero che l'edizione del 1942, curata da Giuseppe De Robertis, prevedeva una sostanziosa appendice di varianti d'autore.

Esaminiamo dunque, sulla scorta di questo complesso retroterra documentario, gli aspetti più salienti dell'edizione critica dell'*Allegria* (a c. di Cristiana Maggi Romano, Fondazione Arnoldo e Alberto Mondadori, Milano 1982). Il volume è aperto da una "Introduzione", dove si esamina la "Struttura e storia dell'*Allegria*", se ne elencano le "Testimonianze", si dà conto dei "Criteri di edizione" adottati (pp. XI-LXX).

Quanto ai componimenti, il proposito di Cristiana Maggi Romano è stato di render conto della «prima e fondamentale sistemazione della giovanile ricerca poetica ungarettiana», nonché della porzione quantitativamente più cospicua del libro. Da questi due requisiti dipende la promozione di *Allegria di naufragi* (Vallecchi, Firenze 1919 = V) a testo base, «corredato da due distinti apparati delle varianti antecedenti e successive a tale edizione [...]. L'apparato delle varianti delle redazioni precedenti V è disposto anteriormente al testo di V, quello delle varianti delle redazioni successive di seguito al testo di V» (Maggi Romano): la stampa del 1919 si configura perciò come il «punto prospettico dal quale guardare al passato e al futuro del libro ungarettiano» (Giunta).

La pagina che ne risulta, pur suddivisa ordinatamente in una «catena di redazioni varianti» (Giunta), cioè in una prima fascia di testimonianze, manoscritte e a stampa, in un apparato genetico, nel testo, e in un apparato di varianti evolutive, è di fruizione un po' laboriosa: e l'edizione si direbbe così rivolta agli specialisti, piuttosto che al lettore comune. Vediamo per esempio come si presenta la lirica forse più celebre di tutte, la "fulminante" *Mattina*, incorniciata dal suo pur ridotto apparato diacronico (pp. 66-67):

MATTINA

cPi (*Cielo e mare*), cS (*id.*), cM (*id.*), cU (s. t.)

AD (CIELO E MARE), V (p. 52, *C* 3, ID.), P (p. 113, *Na* 5, MATTINA), N (p. 84, *Na* 5, ID.), M (p. 84, *Na* 5, ID.), M62 (p. 92, *Na* 5, ID.).

cPi, cS¹ 2		[*d'immenso*]	(2)
		con un breve	(3)
		moto	(4)
		di sguardo	(5)
	data	*S. M. l. l. 26/1/1917*	
cS	data	] *la longa il* | *26 gennaio 1917*	
cM, AD	data	] *la longa* [	

CIELO E MARE

M'illumino
d'immenso

Santa Maria la Longa il 26 *gennaio* 1917

cU²	tit.	[*om.*]
P	tit.	MATTINA
	data	] La Longa [

Ma il "caso" filologico dell'*Allegria* non si esaurisce con l'edizione Maggi Romano. Vi è stato chi, come Carlo Ossola, non ha riconosciuto all'*Allegria* del 1919 una qualità esemplare, ma piuttosto il «carattere, anche affannoso, di raccolta, e non di opera, di ansioso *étalage* e non di meditata disposizione». Se insomma l'«opacità strutturale» di questa tappa è evidente (e addirittura appare chiara all'autore stesso, più volte incline a esprimere il proprio disagio nei confronti della stampa del 1919, a cui mancano a suo dire «aspetto e anima di libro»), dovremo forse ricercare altrove il testo base dell'edizione critica. In altre parole, perché fermarsi al 1919, quando la storia compositiva dell'*Allegria* prosegue almeno (con mutazioni consistenti) sino al 1942? E ancora: se la stampa del 1919 viene privilegiata rispetto a quella del 1942 (e si viola perciò, pur con solidi argomenti critici, il principio della "volontà ultima dell'autore"), perché non retrocedere addirittura al 1916, vale a dire al primo *Porto Sepolto*, «il "bozzolo salvo" della poesia ungarettiana»? In tale direzione si è mosso appunto Ossola, che ha ripubblicato e commentato in anni recenti, in un'edizione che non può dirsi propriamente critica, la prima stampa del libro di poesia di Ungaretti: Giuseppe Ungaretti, *Il Porto Sepolto*, a c. di Carlo Ossola, Marsilio, Venezia 1990 (1ª ediz. 1981).

A dibattito ancora aperto, è di Ossola la riflessione, teorica e operativa, che segue:

> [...] alla teleologia (della "volontà ultima" d'autore) e alla bulimia (del variantismo esasperato [...]) sarà forse da sostituire – di fronte all'amorfo accumulo di *débris* – o da opporre una filologia dei testi a stampa che valuti, come apice dell'accertamento critico, l'angolatura di intersezione tra il sedimentarsi della composizione e il compaginarsi della destinazione, tra la scrittura e la lettura: una conoscenza insomma del testo nel suo "essere-per-destinarsi", nella sua segnata storicità (che è condizione modesta, ma irrinunciabile, della sua stessa leggibilità). *"Riedizione storica" dunque quale migliore forma di edizione critica*. (C. Ossola, in Giuseppe Ungaretti, *Il Porto Sepolto*, p. 29; nostro il corsivo)

Da condizioni documentarie come questa, connotate da estrema variabilità testuale e da stampe d'autore plurime, emerge un'importante lezione di metodo: nell'edizione critica di un autore contemporaneo l'ossequio per la forma definitiva dell'opera può a volte essere affiancato (o addirittura sostituito) dall'attenzione per una testimonianza, o per una fase, diversa del libro, di cui si voglia privilegiare il prestigio storico. In altre parole, tocca al filologo determinare la strategia editoriale più adeguata al testo, con il promuoverne, all'atto stesso della pubblicazione, la fonte più autorevole: questa, a sua volta, potrà non identificarsi con la forma definitiva, ma con la fase del libro più "militante" o "innovativa" per i lettori. È allora evidente che, nel caso di Ungaretti, la riflessione intorno al testo base, e alla sua «unicità» (Giunta), non può ancora dirsi conclusa: nuove soluzioni editoriali potranno in futuro, con altre prospettive, privilegiare "stazioni" differenti dell'*Allegria*, coniugando attenzione al testo ed estetica della ricezione. Filologia e critica vi stanno riflettendo assieme.

Bibliografia consigliata

Tanto Montale come Ungaretti sono stati fatti oggetto, nel Novecento, di una letteratura secondaria di vastissime proporzioni. Limitiamo perciò di proposito le nostre indicazioni bibliografiche ai titoli citati a testo, suggerendo però di consultare anche, e *in primis*, la *Letteratura Einaudi* per altri consigli di lettura. Non possiamo ignorare, fra le edizioni montaliane che si fondano sull'impresa filologica di Bettarini e Contini, l'importante commento di Dante Isella alle *Occasioni* (Einaudi, Torino 1996), in cui filologia e critica si sostanziano a vicenda in un'analisi delle fonti e degli echi intertestuali di ogni componimento.

Eugenio Montale, *L'Opera in versi*, ediz. critica a c. di Rosanna Bettarini e Gianfranco Contini, Einaudi, Torino 1981.

Le Occasioni, ediz. commentata a c. di Dante Isella, Einaudi, Torino 1996.

Giuseppe Ungaretti, *L'Allegria*, ediz. critica a c. di Cristiana Maggi Romano, Fondazione Arnoldo e Alberto Mondadori, Milano 1982.

Il Porto Sepolto, a c. di Carlo Ossola, Marsilio, Venezia 1990 (1ª ediz. 1981).

Domenico De Robertis, *Per l'edizione critica del "Dolore" di Giuseppe Ungaretti*, in "Studi di Filologia Italiana", XXXVIII (1980), pp. 309-323.

Oreste Macrì, *Su un'edizione critica del'"Allegria" di Ungaretti (o dell'editare criticamente testi contemporanei)*, in "Inventario", n.s., IX (1983), pp. 75-99.

Cristiana Maggi Romano, *Nuove carte per l'edizione critica dell'"Allegria": Ettore Serra e il "Porto sepolto" del '23*, in "Studi di Filologia Italiana", XLI (1984), pp. 311-330.

Ead., *Aggiornamento dell'edizione critica dell'"Allegria"*, in "Studi di Filologia Italiana", XLVIII (1990), pp. 259-300.

Rosanna Bettarini, *Psicofilologia*, in "Filologia e critica", XV (1990), pp. 604-613.

Mario Allegri, *Vita d'un Uomo di Giuseppe Ungaretti*, in *Letteratura italiana. Le opere*, vol. IV: *Il Novecento*, I: *L'età della crisi*, Einaudi, Torino 1995, pp. 431-461.

Pier Vincenzo Mengaldo, *L'opera in versi di Eugenio Montale*, in *Letteratura italiana. Le opere*, vol. IV: *Il Novecento*, I: *L'età della crisi*, cit., pp. 625-688.

Claudio Giunta, *Prestigio storico dei testimoni e ultima volontà dell'autore*, in "Anticomoderno", III, *La filologia*, Viella, Roma 1997, pp. 169-198.

Appendice

Il *Diario postumo* di Eugenio Montale

È stato il caso letterario dell'estate 1997, insinuatosi persino, dalle pagine dei quotidiani di luglio e agosto, fra le letture da spiaggia. È subito deflagrato, mostrando come una "battaglia tra filologi" possa suscitare interesse anche presso un pubblico di lettori non specialisti. Della cronaca di questa polemica è stato addirittura fatto un libro (Dante Isella, *Dovuto a Montale*, Archinto, Milano 1997), seguito, da parte opposta, da un volume di *Atti* delle giornate di studio in occasione della Mostra svizzera di autografi montaliani (24-26 ottobre 1997: del Convegno ha dato ampio ragguaglio "Il Sole 24 ore" del 18 gennaio 1998).

Con ciò, non possiamo illuderci (né in fondo auspichiamo) che la filologia si traduca in moda giornalistica. Semmai, e a conclusione del nostro percorso, vogliamo delineare con questo episodio (tanto eccezionale quanto paradigmatico) un'immagine della filologia del futuro, forse meno umbratile che agli inizi del Novecento, ma, riteniamo, ugualmente determinata a esprimere un approccio al testo fondato su procedure di certezza, gusto dell'indagine e (perché no?) della polemica, rispetto della verità e dell'autenticità di un'opera.

Quali i personaggi e gli ingredienti di questo "finale in giallo"?

Vi è un celebre poeta che in vita ha contribuito in prima persona, talora con ironica puntigliosità, all'edizione critica della propria *Opera in versi*. Vi è una musa ispiratrice dei suoi ultimi anni (la poetessa milanese Annalisa Cima); vi è, soprattutto, l'edizione critica del suo *Diario postumo. 66 poesie e altre* (a c. di Rosanna Bettarini, Mondadori Milano 1996); vi è infine il sospetto, avanzato per la prima volta da Dante Isella dalle pagine del "Corriere della Sera", 20 luglio 1997, che questa raccolta non appartenga a Montale, ma sia un abile "falso" forse confezionato dalla sua dedicataria e amica, con la connivenza più o meno manifesta e intenzionale dell'autore.

Muoviamo intanto dalla scheda descrittiva dell'opera.

Il *Diario postumo* conta ottantaquattro poesie, non numerate ma datate e firmate, nonché tutte dedicate «ad Annalisa» (o «ad Annalisa Cima»): che ora si leggono in un unico volume criticamente pubblicato, come si diceva, per le cure di Rosanna Bettarini. La vicenda compositiva e "redazionale" della raccolta (l'ottava e postuma montaliana) è in apparenza senza ombre. Il poeta in persona ha assegnato ad Annalisa Cima il compito di pubblicare alla sua morte, sei per anno a partire da cinque anni dopo la propria scomparsa (e dunque dal 1986), e per undici anni consecutivi, un gruppo di componimenti che «si intrecciano all'itinerario del "quarto" e "quinto" Montale, da *Satura* (1971) ai terminali ma non conclusivi *Altri versi* (1980)» (Marchese). Le liriche, edite annualmente dalla Fondazione Schlesinger di Lugano, assommano così a sessantasei, più un ultimo lascito di diciotto, che porta quindi il numero complessivo delle poesie postume a ottantaquattro. Si tratta di componimenti nati «negli uggiosi pomeriggi milanesi» a partire dal 1969, dallo stile «colloquiale e diaristico» dell'ultima stagione montaliana. Sotto il profilo documentario, va detto che «tutti i testi sono scritti a mano, ora con lapis, ora con biro o penna stilografica, su materiale montalianamente povero o di recupero [...]. Le prime trenta poesie sono edite nella collana "I Poeti dello Specchio" di Mondadori [...] (1991) con il titolo redazionale di *Diario postumo*» (R. Bettarini, "Apparato critico", p. 90).

Fin qui le mere informazioni documentarie, sulla base delle quali Rosanna Bettarini (già responsabile con Contini della cura dell'*Opera in versi*) ha condotto un'impeccabile edizione critica della raccolta, riproducendo il testo dell'ultima stesura, e confinando in appendice, in forma di "Apparato critico" (pp. 87-110), le varianti genetiche, qualora ve ne fossero, di ogni componimento. Riportiamo, dalle pp. 18 e 95 della raccolta, testo e apparato di una delle liriche più "mondane" della silloge, *Al Forte*:

AL FORTE

Un grande ombrello d'ombre
che or rotonde ora oblunghe
decidono il mezzogiorno o l'imbrunire.
Sere e tramonti rosa, in questo
inusuale salotto, dove ho visto
sfilare le tue amiche. Paola
la bruna dagli occhi smeraldo
verrà ancora?

Due stesure datate «1972». Seguono le varianti della prima:
AL FORTE] *Ai Forte* [*non titolo ma 'occasione', nel margine destro*]
2-3. or] [a]ora [b]or oblunghe | decidono] oblunghe decidono l'imbrunire.] l'imbrunire,
4. rosa,] rosa;
5. inusuale] inusitato
7. dagli occhi smeraldo] dallo sguardo smeraldo

A pochi mesi dalla pubblicazione del volume mondadoriano, però, dalle pagine del "Corriere della Sera" del 20 luglio 1997 Dante Isella ha messo severamente in dubbio l'autenticità del *Diario postumo*. La sua negazione di paternità si fonda soprattutto, ma non solo, sulle pesanti coincidenze stilistiche fra queste poesie"in morte" e le precedenti raccolte montaliane: coincidenze tanto marcate che, invece di far pensare ai consueti fenomeni di intratestualità, desterebbero piuttosto sospetti di plagio. «Si tratta, molto probabilmente [...] di frasi colte al volo nella conversazione orale col poeta [...] frasi serbate nella memoria propria o di un registratore, poi montate con la tecnica centonaria [...] e promosse in fretta a versi». O, forse, è ipotesi da non respingere (sempre a detta di Isella) che «il *Diario* possa convogliare anche spezzoni d'autore». E persino l'autenticità dei presunti autografi montaliani non sarebbe del tutto pacifica. Un esperto di scritture come Armando Petrucci ha infatti espresso i propri dubbi circa la grafia dei 95 foglietti autografi del *Diario*: contenenti «a colpo d'occhio diversità notevoli» nei confronti della scrittura di Montale, tali da giustificare, a suo dire, «il sospetto di inabili falsificazioni».

Non si è fatta attendere – tra i molti studiosi intervenuti nell'aspra *querelle* a favore o contro i due contendenti (come Maria Corti, Lalla Romano, Andrea Zanzotto, Giuliano Gramigna, Giovanni Raboni) – la replica non solo di Annalisa Cima, velatamente indicata da Isella come prima responsabile di un volume "falso", o per lo meno "apocrifo", ma soprattutto di Rosanna Bettarini, editrice del libro postumo, e dunque in certo modo garante della sua autenticità. Al "disconoscimento" stilistico del *Diario postumo* Rosanna Bettarini ha ribattuto con argomenti opposti: tanto varrebbe sostenere che «tutte le volte, non poche, che Dante cita se stesso dentro e fuori la *Commedia* non sarà più Dante, a dispetto d'un celebre articolo di Contini sulla memoria interna dell'Alighieri». O ancora:

> [...] quello di Montale è stato un bellissimo gioco da gran prestigiatore, poetico e delicatamente perverso, dove il poeta porta alle sue ultime conseguenze quella sua arte di perdere peso, di bordeggiare il Logos a rispettosa distanza, di risparmiare il fiato sino alla soffocazione, prendere il volo in un mormorio al limite del nonsenso e sempre dentro il senso [...] sicuro comunque, aligero folletto che fischia dall'al di là, che questa geniale poesia d'*autretombe*, questo "apocrifo d'autore" e autenticissimo "falso", questa beffa poetica tirata agli altri e a se stesso, sarebbe arrivata a creare quel "parapiglia" al quale assistiamo. (R. Bettarini, "Il Sole 24 ore", 27 luglio 1997)

E difatti, anche grazie a una circostanziata testimonianza giornalistica di Maria Corti, che avrebbe assistito di persona ad alcune delle fasi legali della vicenda (come l'autenticazione notarile delle carte autografe), si è fatta strada una soluzione ludica del caso: Montale stesso avrebbe ordito la beffa, organizzando il complicato marchingegno dei lasciti e dell'edizione postuma proprio per suscitare una rissa tra filologi, i «cani da tartufo» già oggetto del suo sarcasmo.

Fra botte e risposte la questione si è trascinata sino all'inverno 1997-1998. Se i «cani da tartufo» hanno mostrato i denti, anche il defunto poeta (e forse primo, ilare responsabile della baruffa) ne è uscito un po' ammaccato. O Montale non è per nulla responsabile di quelle poesie, o, comunque, gli sono imputabili versi almeno in parte «fiacchi» e ripetitivi: «Quello del *Diario* è un Montale minimalista, anzi infimo, che giocava sull'autenticità dell'apocrifo» (R. Bettarini, "Corriere della Sera", 21 luglio 1997).

In questa sede non vogliamo né, soprattutto, possiamo dichiararci a favore dell'uno o dell'altro schieramento: ci mancano infatti il controllo diretto e l'approfondimento scientifico di troppi elementi testuali e documentari. Pensiamo tuttavia che la vicenda ci trasmetta qualche utile elemento di riflessione. Il caso filologico innescato dal *Diario postumo* di Eugenio Montale racchiude infatti una sua piccola morale, perché mostra la fragilità di alcuni degli enunciati che questo libro ha, quasi sino all'ultimo, fatto propri (soprattutto a proposito del concetto di ultima volontà dell'autore, qui paradossalmente interpretabile come "volontà testamentaria" del poeta). Ma ne esce indebolita anche la pretesa di autenticare un'opera (o, viceversa, di negarle autenticità) sulla base del mero riconoscimento stilistico. Vengono invece rafforzate le quotazioni dei falsi, di cui in questa sede siamo stati indotti ampiamente a discutere. Una volta di più, il lettore, lo studioso, il filologo sono esortati a tener alta la guardia non solo per distinguere (caso mai fosse necessario) il vero dall'inautentico (o dalla copia), ma soprattutto per assegnare scientificamente all'opera ciò che, nel bene e nel male, le pertiene: una giusta collocazione nella storia e nella cultura nazionale, un'esatta dimensione testuale, un'attribuzione verosimile, per quanto i documenti, interpretati senza pregiudizi, possano consentire.

Bibliografia consigliata

Eugenio Montale, *Diario postumo. 66 poesie e altre*, a c. di Rosanna Bettarini, Mondadori, Milano 1996.

Angelo Marchese, *L'autocitazione nel "Diario postumo" di Montale*, in "Otto/Novecento", XX-XXI (1996-1997), pp. 143-167.

Dante Isella, *Dovuto a Montale*, Archinto, Milano 1997.

Atti del Seminario sul "Diario postumo" di Eugenio Montale, (Lugano, 24-26 ottobre 1997), All'insegna del pesce d'oro di Vanni Scheiwiller, Milano 1998.

Giuseppe Savoca, *Concordanze del "Diario postumo" di Eugenio Montale*, Olschki, Firenze 1998.

La rete della filologia. L'edizione digitale e le banche dati testuali: una rassegna per l'italianistica

di Francesca Tomasi

L'evoluzione degli strumenti di comunicazione ha condotto a una vera e propria "rivoluzione digitale" e l'avvento di nuovi media ha contribuito a ridefinire le pratiche della comunicazione. È sempre più frequente il ricorso a metodologie e ad applicazioni computazionali nell'ambito degli studi umanistici e le prospettive di impiego degli strumenti informatici si stanno quindi progressivamente evolvendo.

Anzitutto si moltiplicano i sussidi elettronici per la conservazione, il trattamento e la diffusione del patrimonio testuale: documenti ipertestuali "navigabili" in rete e banche dati testuali su cd-rom o distribuite *on-line* costituiscono gli esempi più eloquenti della nuova fisionomia che il testo, tradizionalmente cartaceo, sta assumendo. Da un lato l'avvento delle reti e quindi di un sistema di interscambio delle informazioni di dimensioni mondiali, il *Word Wide Web*, ha condotto a una consistente diffusione di dati strutturati, accessibili dalla comunità degli utenti della rete; dall'altro l'abbassamento dei costi dei supporti (come il cd-rom) ha permesso una fruizione imponente delle fonti su supporto elettronico.

Ma il testo elettronico, e in particolare il documento letterario, incontra molte difficoltà: dalla mancanza di standard di codifica del testo e dei costrutti paratestuali, all'assenza di protocolli univoci per la formalizzazione elettronica dei documenti e di criteri di autenticazione della qualità del testo in versione elettronica, alla carenza di princìpi precostituiti per valutare l'attendibilità dell'informazione così trasmessa. Tutto ciò rende difficile non solo produrre documenti elettronici omogenei ma anche discernere la qualità di un prodotto computerizzato. La conoscenza dei princìpi essenziali della rappresentazione digitale del testo risulta quindi indispensabile per l'affidabilità filologica delle edizioni digitali e per la piena utilizzazione delle funzionalità che ne permettono l'analisi automatica.

Il panorama delle risorse esistenti è davvero vasto; un elenco dei prodotti monografici dedicati a singoli autori, correnti letterarie, epoche storiche, generi, nonché delle banche dati di testi della letteratura italiana sarebbe quasi inesauribile. Accanto alla continua realizzazione e distribuzione di nuovi siti Web e di cd-rom si registra una difficoltà reale a valutare la resa elettronica dell'informazione testuale (affidabilità del testo) e paratestuale (qualità dell'apparato informazionale di commento e di approfondimento) per la mancanza di criteri uniformi di qualificazione. È possibile comunque indicare una serie di requisiti che l'utente può considerare come sistemi di "verificabilità": il linguaggio di codifica usato per la resa elettronica; la dichiarazione dell'autore, cioè la presenza di un copyright o comunque la possibilità di identificare l'ente/singolo che ha prodotto il testo elettronico; la presenza di motori di ricerca interni e di sistemi di recupero delle occorrenze; i paratesti (commento, note, informazioni addizionali sull'opera o sull'autore); i riferimenti bibliografici, cioè l'indicazione della fonte cartacea da cui il testo è tratto e le eventuali indicazioni bibliografiche di corredo; l'aggiornamento dei contenuti e dei *link* alle altre risorse *on-line*.

Nel *mare magnum* delle proposte oggi disponibili, è possibile distinguere innanzitutto fra "monografie ipertestuali" da un lato, cioè raccolte di informazioni incentrate su un tema a lettura non necessariamente sequenziale, e archivi digitali dall'altro, cioè raccolte di testi in formato elettronico, e fra prodotti *on-line* intendendo fruibili sul Web e *off-line*, cioè consultabili su cd-rom.

Certo è che esistono risorse e strumenti di varia natura (parte dei quali è trattata nella sezione dedicata agli "strumenti utili"), ma si è scelto di limitare il campo, fornendo esemplificazioni di quei prodotti reputati forse più utili nell'ambito dell'italianistica e limitando l'indagine soprattutto ai prodotti italiani (salvo quando quelli stranieri non siano davvero interessanti per qualità dei contenuti e metodologia di approccio ai documenti).

1. Le monografie ipertestuali e gli archivi testuali

1.1 Monografie ipertestuali

Sono siti che offrono una prospettiva globale del *corpus* documentario afferente a un autore: biografia, opere (compresi spesso i testi digitalizzati in versione integrale), risorse bibliografiche utili. L'informazione così strutturata è in mutua relazione all'interno di un costrutto ipermediale (associazione di testo, immagini, audio e video in un ambiente integrato). Si è necessariamente effettuata una scelta in ordine alfabetico di quegli strumenti che sembrano più attraenti per esaustività della trattazione e attendibilità filologica dei testi e dei materiali presentati.

Sono stati anche indicati siti che non prospettano un quadro onnicomprensivo su di un autore, ma che affrontano un aspetto specifico del *corpus* in forma monografica.

ARETINO
http://alicomswiss.com/Aretino/
Il sito è dedicato a Pietro Aretino, di cui si riportano l'*Astolfeide*, i *Sonetti lussuriosi*, i *Dubbi amorosi*, l'*Angelica* e l'*Orlandino*. Al webmaster, che si cela dietro il nome del celebre "Pasquino", non interessa tanto la poesia erotica, quanto quella oscena e in particolare dialettale. Vengono proposti componimenti di Giuseppe Gioachino Belli, Giorgio Baffo, Micio Tempio, Carlo Porta, Vincenzo Monti, Niccolò Franco, Ferdinando Russo, anonimi goliardici. Gli autori più celebri sono affiancati da poeti contemporanei che inviano e pubblicano i propri scritti.

BOCCACCIO
Decameron web: http://www.brown.edu/Research/Decameron
Interessantissimo sito della Brown University dedicato al *Decameron* di Boccaccio e alla figura dell'autore nel contesto storico coevo. È un vero prodotto ipermediale, che affianca al testo del *Decameron* tutto il costrutto paratestuale utile a inquadrare l'opera. Del testo è disponibile la versione interpretativa, codificata in SGML (cfr. la sezione relativa alla codifica "semantica") sia in lingua inglese sia italiana; questo significa che è possibile effettuare ricerche sui dati strutturati (sui nomi di persona citati, sui riferimenti geografici e sulle parole chiave). L'accesso al sito è duplice: da un lato al testo e ai paratesti relativi al contenuto, dall'altro alle informazioni "di corredo". I *link* laterali consentono di accedere alla biografia (disponibile in italiano e in inglese), al testo integrale (la versione italiana è basata sull'edizione di Vittore Branca del 1992), al motore di ricerca sul testo e sul sito, ai membri della brigata, alla letteratura del Trecento, alla storia, alla società, alla religione, alle arti, alle mappe, a temi e motivi ricorrenti. Nella parte inferiore dell'*home-page* i *link* riguardano le *news*, un forum, la sottoscrizione al progetto con iscrizione al *guest book*, la bibliografia strutturata, il motore di ricerca sul sito, *link* a siti utili (organizzati per genere e contenuto), la pedagogia, cioè l'uso del sito nell'ambito della didattica.

DANTE

Dante on-line: http://www.danteonline.it/italiano/home_ita.htm

È un progetto dell'Ente Nazionale Cassa di Risparmio di Firenze con la consulenza scientifica della Società Dantesca Italiana. La *home-page* del sito è organizzata per macrosezioni: 1) le opere (*Rime*, *Vita Nuova*, *Convivio*, *De vulgari eloquentia*, *Commedia*, *Monarchia*, *Epistole*, *Egloghe*, *Questio de aqua et terra*, *Fiore*, *Detto d'Amore*); di ciascuna è riportato il testo integrale; 2) i codici: indice dei manoscritti della *Commedia* suddiviso per Città, Biblioteca, Segnatura, Segnatura Precedente, Copista, Secolo. Sono manoscritti posseduti dalle biblioteche di tutto il mondo, ordinati alfabeticamente per città. Alcuni manoscritti sono anche visionabili direttamente sul sito; è possibile visualizzare la versione elettronica in formato testo (di cui sono esplicitati i princìpi di trascrizione) e anche l'immagine digitale di ogni pagina (che è navigabile nella versione a tutto schermo); 3) la vita: in versione testuale e multimediale (audiovisiva), corredata da una dettagliata biografia, strutturata per macroeventi, tratta da G. Petrocchi, *Vita di Dante*, Laterza, Bari 1983 e "Biografia", in *Enciclopedia Dantesca*, "Appendice" (1978), pp. 1-53; 4) bibliografia: bibliografia analitica e ragionata degli studi danteschi nel mondo, con la possibilità di utilizzare un motore di ricerca per parole chiave (soggetto, autore, titolo, editore ecc.); 5) interviste: per ora una sola intervista di Giuseppe De Rita; 6) risorse: *link* utili, non solo a siti danteschi ma anche a biblioteche e università nel mondo, nonché a siti di interesse generale; 7) cerca: motore per ricercare stringhe in uno o più testi oppure per cercare uno o più dei codici della *Commedia* elencati nel sito; 8) info: sulla Società Dantesca Italiana (http://www.dantesca.it).

Dartmouth Project - via Web: http://dciswww.dartmouth.edu:50080/?&&&7&s; accesso telnet: telnet://lib.dartmouth.edu, digitando DANTE al *prompt*

Si tratta di un database contenente il testo della *Divina Commedia* e quarantasei commenti danteschi di autori che spaziano dal Duecento ai tempi nostri, cioè da Jacopo della Lana e Giovanni Boccaccio fino a Pasquini e Quaglio. È concepito e diretto da Robert Hollander della Princeton University. La maschera di ricerca consente di utilizzare un consistente numero di chiavi per accedere all'informazione: autore (nome del commentatore), cantica, numero di canto, lingua (inglese, italiano, latino), numero di verso, note, data di pubblicazione, e ricerca di occorrenze direttamente all'interno del testo della *Commedia* o del commento.

Digital Dante: http://dante.ilt.columbia.edu

Progetto diretto da Teodolinda Barolini e Robert O. McClintock presso l'Institute for Learning Technologies della Columbia University. Contiene opere di Dante in lingua originale e in traduzione inglese, fonti dantesche in traduzione inglese (tutte scaricabili sul proprio computer), e altri materiali didattici. Il testo della *Commedia* è disponibile in due differenti traduzioni inglesi che si possono confrontare direttamente a video. È corredato anche da un'interessante collezione di immagini digitali, tratte da dipinti di famosi pittori (Botticelli, Doré, Dalí), che raffigurano episodi diversi delle tre cantiche.

LEOPARDI

Progetto Leopardi: http://www.leopardi.it/

Progetto del Centro Nazionale di Studi Leopardiani. L'aspetto più accattivante di questo sito è, assieme alle notizie sulla vita e sull'opera poetica di Leopardi, la presenza di materiali audiovisivi: un'intervista a Mario Luzi, Gianfranco Lelj che recita *A Silvia*, un'intervista a Franco Foschi, direttore del Centro Nazionale di Studi Leopardiani.

È inoltre consultabile una mappa che presenta le iniziative leopardiane, per ora limitate all'Italia, cioè i centri dedicati allo studio dell'autore. È possibile anche accedere a un forum di discussione. Nella presentazione del progetto si prospettano altri servizi che prospettano un sito ipermediale interattivo.

MACHIAVELLI

Machiavelli on-line: http://www.sas.upenn.edu/~pgrose/mach/

Sito in lingua inglese, gestito da Philip Grose, dedicato a Machiavelli e al *Principe* (di cui è presente una versione elettronica non interrogabile né scaricabile). Del testo è riportata la tavola dei contenuti e una sezione sulla forma e la struttura del trattato. Il resto del sito è costituito da *link* ad altre risorse per lo studio dell'autore, dell'opera e del contesto storico. Non essendo aggiornato, molti dei *link* sono inattivi e le risorse quindi non raggiungibili.

Banca dati Machiavel: http://www.unil.ch/cgi-bin/cgiwrap/uwwital/nacquery-pl

Un altro sito interessante è quello raggiungibile dalla *home-page* della "section d'italien" dell'Università di Losanna, che mette a disposizione una banca dati della bibliografia di Machiavelli, dal 1969 al 1989 (a cura di Jean-Jacques Marchand). È possibile effettuare ricerche per parole-chiave (autore, titolo, opera, lingua, luogo, editore, anno ecc.) sulle circa milleduecento schede raccolte relative alle opere letterarie.

MONTALE

La poesia di Eugenio Montale: http://www.geocities.com/Paris/LeftBank/5739/mont.html

Sito strutturato in un menu laterale navigabile per macrosezioni: i Testi, con biografia, saggi critici e un'intervista; Immagini riferite alla biografia montaliana; due Sezioni antologiche relative alla poesia e alla prosa, con bibliografia essenziale; Novità, con contributi critici diversi; Audio, con brani letti da Montale stesso e da Vittorio Gassman; *Link* a siti utili; *Guestbook*, riservato ai visitatori. Il sito è anche dotato di un motore di ricerca interno che consente l'accesso all'informazione per parole chiave.

PASOLINI

Pier Paolo Pasolini-Pagine corsare: http://www.pasolini. net

Sito molto interessante per la molteplicità dei contenuti trattati, per il costrutto ipertestuale e soprattutto perché costantemente aggiornato dai curatori (Angela Molteni e Massimiliano Valente) con articoli e informazioni utili. La serie dei *link* riguarda la vita dell'autore (organizzata per *link* che rimandano a più estese trattazioni), i commenti (spesso anche di autorevoli critici, sull'opera letteraria narrativa, sulle esperienze poetiche e sui saggi), la filmografia completa (tutti i film sono corredati da uno o più commenti e la sezione contiene immagini, musica, riferimenti pittorici riguardanti tutte le opere cinematografiche), il teatro, l'ideologia politica, i contributi inviati dai visitatori, gli approfondimenti (alcuni temi legati alla figura artistica e umana di Pasolini), la cronologia dei processi e una "sala virtuale" nella quale è possibile ascoltare file audio e visitare una galleria di immagini organizzate per argomento. Inoltre è disponibile l'elenco delle fonti bibliografiche da cui l'informazione presente nel sito è stata tratta.

PETRARCA

Francis Petrarch. Selections from his correspondences: http://history.hanover.edu/-early/petrarch.htm

Versione elettronica di parte dell'epistolario petrarchesco in lingua inglese, corredato da un apparato di note critiche. Rientra nello *Hanover Historical Texts Project*, un progetto per la realizzazione di un *corpus* di testi elettronici, ordinati secondo princìpi topografici e cronologici (interessante la sezione dedicata al Rinascimento in Italia, che riporta testi di Leonardo Bruni, Poggio Bracciolini, Enea Silvio Piccolomini, Battista Guarino).

Ente Nazionale Francesco Petrarca: http://www.petrarca.it/
Sito ufficiale dell'Ente Nazionale Francesco Petrarca, che ha sede a Padova. Riporta un'accurata bibliografia, nonché nomi, indirizzi, riferimenti su testi e biblioteche.

VII Centenario della nascita di Francesco Petrarca (2004)-Comitato Nazionale: http://www.Franciscus.unifi.it
Sito ufficiale del Comitato, coordinato dal Ministero per i beni e le attività culturali e presieduto da Michele Feo, Dipartimento di Italianistica dell'Università di Firenze. Assieme alla presentazione dei progetti iniziati in occasione del VII centenario, il sito riporta le iniziative della Commissione per l'Edizione Nazionale delle opere di Petrarca e prospetta di ospitare alcune versioni elettroniche delle opere petrarchesche, una bibliografia per codici della biblioteca del Petrarca, le riviste (quaderni e studi) e una rassegna della bibliografia (di studi petrarcheschi) relativa al periodo 1976-1985.

SCIASCIA
Sciascia web: http://www.amicisciascia.it/
A cura dell'Associazione Amici di Leonardo Sciascia (Milano). Contiene una bibliografia completa degli scritti di Sciascia interrogabile con un motore di ricerca e una sezione dedicata ai saggi critici sull'opera e sull'autore, disponibili in versione integrale. È anche presente un *link* all'archivio di Radio Radicale che conserva le registrazioni degli interventi radiofonici e parlamentari di Sciascia.

TASSO
Tasso web: http://www.maldura.unipd.it/~italiano/zaja/index.html
Tasso Web è un progetto dell'Università di Padova, Dipartimento di Italianistica. Il sito è ancora in fase di lavorazione, ma le prospettive sembrano interessanti. L'unico *link* attivo è costituito dagli indici elettronici della rivista di "Studi Tassiani" dal 1951 al 1997, della quale è prevista la messa "in linea" degli *abstracts* e delle recensioni degli articoli. L'indice prospetta anche una bibliografia tassiana, delle letture della *Liberata*, i "figurati" tassiani, la versione elettronica di alcuni testi, notizie e segnalazioni e un ipercommento alla *Liberata*.

UNGARETTI
Giuseppe Ungaretti unofficial web site: http://www.avnet.it/itis/ungaretti
Sito non accademico, di Mauro Longin e Anna Frigo, periti informatici. Un vero e proprio ipertesto che prevede una stretta e mutua relazione fra le sue parti. Interessante la sezione dedicata alle opere. Dalla bibliografia, suddivisa per componimenti in versi, opere in prosa, traduzioni e lettere, è possibile accedere alla descrizione di ciascuna delle opere complessive e alla versione elettronica dei singoli testi, oppure si può accedere direttamente alle poesie, ordinate alfabeticamente. Sono presenti anche informazioni collaterali (un approfondimento sul concetto di ermetismo, una sezione sugli "amici" di Ungaretti con corrispettiva biografia, approfondimenti su Mallarmé e Valéry e sulle riviste del primo Novecento) e documenti sonori nella sezione "media" .

1.2. Archivi testuali

1.2.1 Banche dati on-line: corpora digitali fruibili sul Web.

Antologia frammentaria della letteratura italiana: http://www.crs4.it/HTML/Literature.html
L'Antologia frammentaria della letteratura italiana è una iniziativa del CRS4 (Centro di Ricerca, Sviluppo e Studi Superiori in Sardegna), un consorzio interdisciplinare per la ricerca scientifica e tecnologica applicata, presieduto da Carlo Rubbia.

L'archivio è curato da Riccardo Scateni e comprende circa quaranta titoli fondamentali nella storia della letteratura italiana, molti dei quali provengono dall'archivio del Progetto Manuzio (vedi Liber-Liber) o sono *link* all'archivio stesso. Gli autori (e le relative opere) sono organizzati per macrosezioni (poesia, teatro, testi religiosi, narrativa, narrativa per ragazzi, autori contemporanei, filosofia, saggistica, miscellanea). Ogni titolo dell'elenco è un *link* che rimanda al testo nella sua versione integrale. Non è prevista alcuna indicazione paratestuale (commenti sull'autore o note critiche sull'opera), né sono presenti motori di ricerca. Non essendo mai dichiarato il dato bibliografico di riferimento (l'edizione da cui il testo è stato ricavato) non è certa l'attendibilità filologica delle versioni elettroniche.

Biblioteca di studi classici: http://www.fausernet.novara.it/fauser/biblio/index.htm
Archivio testuale della letteratura italiana dalle origini ai giorni nostri, gestito da Giuseppe Bonghi. L'accesso alla corposa biblioteca avviene attraverso due indici principali: autori maggiori e periodi storici (organizzati per "Progetti", suddivisi per epoche). Assieme alle versioni elettroniche dei testi è consultabile un ricco apparato paratestuale: biografie dettagliate, introduzioni alle opere, critica testuale, bibliografia di riferimento (relativa all'edizione cartacea ma anche a testi di commento e di esegesi sull'autore e sulle opere). I testi (molti dei quali, soprattutto per il Novecento, sono ricavati dal progetto Liber-Liber) non sono né scaricabili, né interrogabili. L'*home-page* include anche un *link* a una raccolta di appunti di letteratura italiana e un *link* a un "glossario Duecento", con oltre millecinquecento parole tradotte in italiano moderno.

Biblioteca telematica: http://web.tiscalinet.it/millenaria/
Il progetto è realizzato con la collaborazione dell'Università degli Studi di Salerno. Offre alla consultazione circa quattrocento opere, per la maggior parte classici della letteratura italiana, e alcuni testi stranieri tradotti (le stesse opere sono presenti anche in Cyberia [cfr.]). Sono previste sezioni in lingua originale, altre dedicate ai classici antichi e un'area riservata ai nuovi scrittori. Sono disponibili una *web-chat* e una bacheca elettronica, riservata a chi voglia segnalare nuove opere in formato digitale, cercare un libro, o semplicemente farsi conoscere. I testi non sono corredati da alcun apparato di ricerca e non è mai dichiarato il riferimento bibliografico.

Cyberia: http://www.cyberia.it/biblio/index.html
È un progetto di civiltà virtuale finalizzato alla condivisione del sapere e alla sperimentazione delle nuove tecnologie telematiche. Fra i vari servizi offerti è presente anche una biblioteca con circa quattrocento opere consultabili sia in formato testo che attraverso una sintesi vocale. L'accesso ai testi avviene tramite un motore di ricerca, che consente di effettuare interrogazioni su autori o singole opere e restituisce un elenco dei *link* che rimandano all'oggetto ricercato, oppure è possibile recuperare l'informazione secondo l'ordine alfabetico per autori o per opere. Per molti degli autori è prevista una nota biografica e l'elenco delle opere (spesso però l'elenco è dei singoli componimenti e non delle opere complessive, e

questo rende disordinata la lettura e difficile l'interpretazione). I testi non sono corredati da alcun apparato di ricerca delle stringhe e non è mai dichiarato il riferimento bibliografico.

Cibit-Biblioteca italiana telematica: http://cibit.humnet.unipi.it
Biblioteca digitale di testi dedicata alla tradizione culturale italiana dal Medioevo al Novecento. Costruita e gestita dal CIBIT (Centro Interuniversitario Biblioteca Italiana Telematica), diretto da Mirko Tavoni (Università di Pisa). È forse la più corposa banca dati esistente *on-line* (attualmente ospita 1116 testi). È possibile leggere e interrogare singoli testi, esplorare il catalogo della biblioteca e selezionare o interrogare *corpora* testuali con caratteristiche comuni, leggere e interrogare collezioni (*Dante e le sue fonti*, *Medioevo e umanesimo latino*, *Poesia del Rinascimento*, *Testi politici*, *Testi giuridici* ecc.). L'interrogazione si basa su un potente motore di ricerca (DBT-Data Base Testuale), elaborato presso l'Istituto di Linguistica computazionale del CNR. Ogni opera è corredata da una scheda bibliografica estremamente dettagliata; i testi utilizzati sono spesso le versioni elettroniche della LIZ (*Letteratura Italiana Zanichelli*). Nella *home-page* è consentito anche l'accesso a un elenco di siti di italianistica, all'elenco commentato di altre biblioteche digitali e un *link* agli OPAC (On-line Public Access Catalogue), cioè ai cataloghi elettronici delle biblioteche che hanno aderito a questo servizio.

Digilander: http://digilander.iol.it/bepi/
Sito commerciale, privo di dichiarazioni circa la provenienza (elettronica o cartacea) dei testi, consente la sola lettura delle opere, e non è corredato da alcuna informazione su autori e testi. L'accesso avviene tramite un elenco alfabetico ordinato per autore. Sono riportati i classici della letteratura italiana, leggibili dal sito ma non scaricabili né interrogabili per parole chiave.

Duecento: http://www.silab.it/frox/200/
Archivio della poesia italiana dalle origini a Dante, realizzato da Francesco Bonomi. «L'archivio comprende oggi quasi duecento autori tra maggiori, minori e minimi, per un totale approssimativo di duemilaquattrocento opere [cioè poesie]». I testi, di cui è sempre dichiarata l'edizione cartacea di riferimento, sono leggibili, interrogabili e scaricabili. Si possono fare ricerche per parole sull'intero archivio, tramite un motore di ricerca proprietario, sia lavorando *on-line* sia scaricando il motore sul proprio computer e lavorando *off-line*. Il sito è corredato di un apparato paratestuale sulle scuole poetiche e sulla critica: gli autori sono raggruppati per scuole poetiche e la sezione dedicata alla critica riporta un'antologia letteraria, di cui è sempre dichiarato il riferimento bibliografico.

IntraText: http://www.intratext.com
IntraText è un prodotto della ECP (Èugolos Concordance Program). È una banca dati multilingue, con una consistente biblioteca religiosa. L'elemento più interessante è che le opere sono completamente indicizzate; questo significa che i testi sono trasformati in costrutti ipertestuali interattivi di consultazione e ricerca: è possibile, per ogni vocabolo, ottenere le frequenze di occorrenza, la serie delle concordanze, le statistiche. Sono riportate poi le liste dei vocaboli presenti in ogni testo (in ordine alfabetico, di frequenza e di lunghezza).

Il testo è accessibile partendo dal sommario della struttura del componimento (ogni sezione strutturale è un *link* alla porzione corrispettiva del testo) o dalle concordanze stesse (vale a dire dalla scelta di un vocabolo della lista, che rinvia alla sequenza delle occorrenze con contesto). È anche possibile inviare testi personali per sottoporli alla conversione ipertestuale IntraText.

Liber-Liber: http://www.liberliber.it/
È la più nota biblioteca di testi elettronici italiani, realizzata su base volontaria dall'associazione non profit Liber-Liber (nata in seno al Progetto Manuzio), diretta da Marco Calvo. Contiene al momento oltre quattrocento testi leggibili e/o scaricabili in uno o più dei formati txt, rtf, HTML, ma non è possibile fare ricerca sul testo. Di ogni autore si riporta una scheda biografica di riferimento.

Nuovo Rinascimento: http://www.nuovorinascimento.org/
Espressione dell'Associazione "Nuovo Rinascimento", nata nell'Università di Firenze, questa "Banca Dati Telematica" a cura di Danilo Romei include, oltre a strumenti di consultazione, alcuni testi letterari italiani nei formati txt, rtf, HTML. Nel dettaglio, raccoglie testi elettronici di opere di autori italiani, saggi, bibliografie, materiali didattici e materiali informatici in generale, pertinenti alla storia e all'attualità della letteratura italiana (le sezioni sono: Arte, Bacheca, Bibliografia, Concordanze, Didattica, Documenti, Edicola, Glosse, Guide, Ipertesti, Recensioni, Saggi, Strumenti, Testi, Vari).

Si segnalano: numerosi testi critici inediti, la riproduzione in facsimile di opere rare, l'indicazione di nuovi strumenti per lo studio dell'italianistica, una bibliografia interattiva dei classici italiani in rete.

Tuttolibri: http://www.media.it/libreria/indice.htm
Questo sito atipico propone una collezione, in espansione, di sei testi elettronici e di alcune fra le più celebri poesie italiane. Affiancate alla sezione delle biblioteche virtuali si trovano gli "Inviti alla lettura" e una "Sintesi di opere famose", ossia recensioni e commenti inviati dai lettori e pratici riassunti di un buon numero delle grandi opere della letteratura mondiale.

1.2.2 Banche dati off-line: collezioni di testi leggibili e interrogabili su cd-rom

Fra i cd-rom in commercio sono validi strumenti di consultazione e affidabili fonti di ricerca le edizioni della LEXIS (società di realizzazione di prodotti editoriali; cfr. http://www.lexis.it).

Si tratta di diverse banche dati: *Archivio della Tradizione Lirica, da Petrarca a Marino*; *Francesco Petrarca, "Opera Omnia"*; *Torquato Tasso, "Tutte le Opere"*; *Giacomo Leopardi, "Tutte le Opere"*; *I Commenti Danteschi dei secoli XIV, XV e XVI*; *LIZ (Letteratura Italiana Zanichelli)*.

Ogni banca dati raccoglie insiemi testuali omogenei: l'*opera omnia* di un autore o la produzione di un genere letterario. In un unico disco migliaia di testi (spesso di difficile reperibilità) sono integralmente riprodotti e resi disponibili a ricerche estese e sofisticate.

La scientificità delle procedure e dei criteri editoriali adottati è garantita dalla presenza di un curatore, responsabile della scelta dei testi e delle edizioni prese a riferimento.

Tutte le banche dati utilizzano DBT per Windows (Data Base Testuale sviluppato da Eugenio Picchi presso l'Istituto di Linguistica Computazionale del CNR di Pisa). DBT è un sistema di analisi testuale in grado di elaborare e interrogare qualsiasi testo che impieghi l'alfabeto latino, nel rispetto completo delle sue caratteristiche tipografiche, filologiche, iconografiche. Gestisce archivi testuali anche strutturati in maniera complessa (note, apparati, paratesto ecc.) e/o corredati di immagini, a partire da file di testo in formato ASCII standard codificati per l'elaborazione in DBT.

Ogni cd-rom è strutturato secondo uno schema standard:

1) il menu principale contiene l'elenco degli autori e delle opere presenti nel cd;

2) è possibile selezionare un testo, più testi o l'intero archivio. I pulsanti "Autore" e "Secolo" permettono di costituire dei sotto-*corpora*;

3) dopo la selezione si ha la possibilità di aprire per la consultazione o la lettura l'intero *corpus* dei testi;

4) si possono effettuare ricerche di forme, localizzare le parole ricercate e visualizzarne i contesti, generare le concordanze di un testo o di più testi allo stesso tempo;

5) la ricerca può avvenire anche tramite i cosiddetti "caratteri jolly". Digitando la stringa "viv(e/o/i/r)*" verranno visualizzate tutte le forme dell'intero *corpus* appartenenti alla sfera semantica del vivere;

6) tramite gli operatori booleani (and, or, not) è possibile ricercare contemporaneamente nel testo due o più parole. La speciale funzione "Famiglia Hard" consente di generare concordanze di uno o più lemmi in associazione a lemmi appartenenti a una determinata area semantica;

7) indici e statistiche. Con questa funzione si possono produrre indici alfabetici, decrescenti e inversi, incipitari, explicitari e rimari, *index locorum*, sequenze di caratteri e sequenze di parole.

Archivio della Tradizione Lirica, da Petrarca a Marino (a cura di Amedeo Quondam)
La tradizione del petrarchismo italiano raccolta in un'unica grande banca dati. 29 500 testi poetici disponibili per la lettura, lo studio e la ricerca: le opere di centododici autori da Petrarca a Marino a cui si aggiungono le principali raccolte di rime tre-cinquecentesche. Inoltre è inserita una rappresentativa selezione di poeti antichi esemplata sulla raccolta di *Sonetti* e *Canzoni di diversi antichi autori toscani*, pubblicata nel 1527 a Firenze dai Giunti.

Francesco Petrarca, "Opera Omnia" (a cura di Pasquale Stoppelli)
La prima edizione dell'intera opera petrarchesca dopo le edizioni basileensi del XVI secolo: in un unico disco il testo, le concordanze, gli indici.

Torquato Tasso, "Tutte le Opere" (a cura di Amedeo Quondam)
Il *corpus* delle opere tassiane è accompagnato da un importante apparato documentale che comprende l'epistolario integrale e la biografia tassiana di Giovan Battista Manso. Il cd-rom consente un attraversamento unitario dell'opera tassiana attraverso interrogazioni mirate sui diversi generi o sulle singole opere.

Giacomo Leopardi, "Tutte le Opere" (a cura di Lucio Felici)
La prima edizione integrale elettronica di tutti gli scritti leopardiani, dai puerili agli ultimi testi napoletani. La banca dati include tutte le redazioni dei *Canti*, l'epistolario con le lettere dei corrispondenti, le due crestomazie e il commento a Petrarca.

I Commenti Danteschi dei secoli XIV, XV e XVI (a cura di Paolo Procaccioli)
In un'unica banca dati testuale sono raccolti tutti i commenti antichi alla *Commedia* di Dante, da Jacopo Alighieri a Castelvetro e Tasso. In aggiunta, l'intero *corpus* delle opere latine e volgari di Dante. Trenta i commenti raccolti tra il XIV e il XVI secolo. Nei casi di Landino e Vellutello si tratta della prima edizione dopo il Cinquecento. Per questo disco, il software è stato integrato con funzioni *ad hoc*: è infatti possibile ricercare tutti i passi dei Commenti che si riferiscono allo stesso verso, gruppo di versi o canto della *Commedia*.

LIZ 4.0 - Letteratura Italiana Zanichelli - Cd-rom dei testi della Letteratura italiana (a cura di Pasquale Stoppelli ed Eugenio Picchi)
In un solo cd-rom il testo di mille opere letterarie italiane (dalle origini fino a Pirandello e D'Annunzio). Duecentoquarantacinque autori registrati, più diciannove anonimi, quattro

antologie poetiche e le raccolte complete del "Caffè" e del "Conciliatore". Sono presenti anche opere di interesse anche extraletterario come la *Storia d'Italia* di Guicciardini, le *Vite* del Vasari, la *Istoria del Concilio tridentino* di Paolo Sarpi, il *Teatro delle favole rappresentative* di Flaminio Scala, lo *Zibaldone* leopardiano, i libretti di Verdi.

Rispetto a LIZ 3 la banca testuale è stata incrementata di duecentoventi opere, distribuite uniformemente su tutti i secoli della letteratura italiana. Gl autori e le opere che compaiono per la prima volta sono evidenziati nell'elenco dei testi. L'efficacia di LIZ è inoltre accresciuta in questa edizione per la possibilità di effettuare per la prima volta ricerche per lemmi, e non più soltanto per forme.

Con il cd-rom è distribuito il volume *Schede di Letteratura Italiana*, a cura di Lexis Progetti Editoriali, che fornisce le informazioni essenziali sulle opere e sugli autori registrati nell'archivio testuale di LIZ.

2. Le nuove frontiere

2.1 La codifica "semantica"

Uno dei principali limiti del linguaggio utilizzato nel campo delle rappresentazioni testuali sul Web, l'HTML, è la predisposizione a una codifica di tipo "visuale". Questo significa che si tratta di un linguaggio che si limita a fornire i comandi necessari alla descrizione dell'aspetto fisico del documento piuttosto che della struttura logica del testo; si preoccupa cioè di come gli elementi del documento appariranno in fase di visualizzazione ma non ne indaga il contenuto veicolato. È quindi un linguaggio che non interviene nella rappresentazione delle istanze di contenuto trasmesse dalla fonte. Quasi tutti i siti Web esistenti si basano su questo linguaggio, il che significa perdita completa del primato del significato a favore della rappresentazione del significante.

L'adeguatezza della rappresentazione del testo in formato elettronico costituisce un'esigenza primaria nel campo delle discipline umanistiche. Il trasferimento dell'informazione, tràdita da una fonte primaria all'elaboratore elettronico, può essere concepito come un processo di comunicazione e trasmissione dell'informazione, la cui complessità pone serie difficoltà alla rappresentazione esaustiva dell'informazione testuale contenuta nella fonte. La necessità che la trasmissione avvenga senza perdita di informazione conduce a interrogarsi sui princìpi fondanti la qualità e l'adeguatezza della trascrizione elettronica. La rappresentazione dei dati testuali mediante semplici sequenze di caratteri ASCII (cioè la serie dei caratteri disponibili sulla tastiera dell'elaboratore) non garantisce l'esaustività della trasmissione dei dati e conduce a un'inevitabile perdita di informazione. È allora necessario far seguire al "livello zero" della resa elettronica un secondo più analitico livello di codifica (comunemente denominato *markup*) che consenta di rappresentare in modo esaustivo la fonte e tutta l'informazione da essa veicolata. La rappresentazione strutturale del testo ottenuta con l'impiego di opportuni linguaggi di *markup* rende così possibile il recupero delle informazioni che vanno oltre la ricerca di sole stringhe di caratteri e permettono l'estrapolazione degli elementi semantici dell'informazione. Questo è possibile ricorrendo a un linguaggio che consente di interpretare in modo significativo struttura e contenuto di una fonte, intervenendo direttamente sul testo. La codifica si esprime infatti, direttamente all'interno della versione elettronica del testo, tramite l'uso di stringhe (caratteri ASCII, cioè set della tastiera) denominate "marcatori" e costituite dal nome dell'elemento, l'eventuale attributo, il valore associato all'attributo; per esempio una partizione testuale identificabile come una sezione di dedica potrebbe assumere questo aspetto: <div type='dedica'> dove "div" esplicita la presenza di una sezione strutturale, "type" è l'attributo che permette di specificare il tipo di partizione e "dedica" è il valore dell'attributo "type" che associa la partizione a un contenuto. Associate a ogni porzione del documento queste stringhe consentono di intervenire nell'esplicitare il valore dei blocchi testuali (privi di contenuto per un elaboratore elettronico); i dati interpretati vanno dalla strutturazione del testo (nel caso di un testo in prosa la suddivisione in capitoli, paragrafi e sezioni) all'individuazione dei nomi, dei riferimenti temporali, fino all'indagine più specifica del testo in relazione all'interesse della codifica (strutturazione dell'apparato, individuazione delle figure retoriche, edizione diplomatica ecc.).

Basti il riferimento a uno dei più utilizzati linguaggi di codifica, cioè SGML (Standard Generalized Mark-Up Language), e alla sua DTD (Document Type Definition, cioè raccolta degli elementi per la codifica di documenti caratterizzati dall'analoga tipologia strutturale e contenutistica) nota come TEI (Text Encoding Initiative) in uso nella codifica di testi di natura umanistica. Numerosissime sono le pubblicazioni in merito e i saggi dedicati. Per una visione d'insieme sulla codifica, su SGML e sulla struttura della TEI cfr. http://rmcisadu.let.uniroma1.it/crilet. Importante anche la parte del sito relativa all'XML, nuovo linguaggio di codifica, destinato a soppiantare l'HTML nell'implementazione degli ipertesti sul Web.

TIL-Testi italiani in linea: http://til.let.uniroma1.it/
Progetto di ricerca cofinanziato dal MURST nel 1998 (coordinatore Roberto Mercuri, Università di Roma "La Sapienza"), ha per obiettivo la realizzazione di una biblioteca digitale della tradizione letteraria italiana dalle origini all'epoca contemporanea in formato SGML-TEI. La banca dati non è ancora accessibile.
Il progetto innovativo di questo archivio testuale si riassume in: 1) codifica dei testi SGML-TEI; 2) apparato paratestuale; 3) *metadata* bibliografici; 4) sistema di analisi; 5) attendibilità delle versioni elettroniche delle opere.

Per quanto riguarda il primo punto, a differenza di tutte le altre banche dati, i testi sono codificati in formato SGML in base allo schema di codifica messo a punto dalla TEI al fine di interpretare struttura e contenuto dei dati trasmessi, assegnando un valore logico alle porzioni di testo.

Per quanto riguarda l'apparato, a ogni testo elettronico è allegata una serie di informazioni di corredo: una sintetica nota biografica; una bibliografia strutturata per edizioni dell'opera, monografie sull'opera e sull'autore, approfondimenti; una nota filologica al testo, recuperata dall'edizione cartacea ritenuta la più accreditata e utilizzata in fase di trascrizione; un riassunto commentato dell'opera in questione.

Per quanto riguarda la gestione dei *metadata*, ogni opera è corredata dalla menzione dell'edizione cartacea utilizzata ed è associata a una descrizione dettagliata della versione elettronica, secondo il formato ISBD (International Standard Bibliographic Description), lo standard previsto per le descrizioni bibliografiche. L'obiettivo è quello di produrre una descrizione distribuibile poi nel sistema SBN (Sistema Bibliotecario Nazionale), nell'ambito dei progetti di catalogazione delle risorse digitali, in un formato compatibile. La standardizzazione della descrizione bibliografica consentirebbe anche la creazione di un OPAC (On-line Public Access Catalogue), un catalogo elettronico consultabile in linea, delle risorse così descritte.

Per quanto riguarda il sistema di ricerca delle informazioni, grazie alla codifica SGML-TEI è possibile recuperare informazioni sui contenuti e cioè effettuare interrogazioni all'interno dei marcatori (sugli elementi, sugli attributi e sui valori degli attributi); questo significa che ogni fenomeno codificato è oggetto di reperimento (per esempio se un nome proprio di persona è dichiarato come tale ne è espressa anche la valenza). La ricerca non avviene quindi solo su stringhe di caratteri (occorrenze di un vocabolo), ma sul significato. La ricerca fornisce in *output* le occorrenze *in-context* (cioè evidenziate direttamente all'interno del testo) quindi con contesto esteso, e la frequenza per sezione strutturale del testo.

L'accuratezza filologica delle trascrizioni è garantita da un lavoro di verifica della versione elettronica dei testi sull'edizione cartacea di riferimento utilizzata, edizione ritenuta la più autorevole nella tradizione del testo.

Tutte le opere non coperte dal diritto di autore sono liberamente accessibili sul Web. La consultazione può avvenire *on-line*, grazie al server SGML *Dynaweb*, oppure *off-line* mediante trasferimento del file in formato SGML sul computer dell'utente (che deve possedere un *browser* SGML).

2.2 L'edizione critica ipertestuale

Le applicazioni computazionali possono venire utilizzate anche nell'indagine ecdotica. Questo significa sottrarre all'immobilità e alla fissità della stampa la mobiltà del testo criticamente stabilito, e consentire di visualizzare dinamicamente la storia della tradizione testuale, vale a dire rappresentare le fonti in costrutti ipertestuali e restituire sullo schermo la mobilità del testo con le varianti. Non è un caso che Raul Mordenti, attento studioso dei rapporti fra filologia e computer, parli non di testo ma della «plurale mobilità di tanti e diversi testi». Mai l'edizione critica può dirsi definitivamente conclusa: la stessa operazione di *eliminatio codicum* porta alla perdita di dati informazionali che non interessano l'esito finale del tradizionale prodotto editoriale. Un ipertesto computerizzato consentirebbe invece di rappresentare la storia della tradizione accogliendone tutti i testimoni, portatori di informazioni utili. Anche le varianti d'autore, gli errori dei copisti, le scelte dello stampatore possono essere interessanti per l'analisi della tradizione del testo e per questo divenire oggetto di interesse per lo storico, il bibliografo, il linguista. Un costrutto ipertestuale consentirebbe di conservare l'intera tradizione e ospitare l'edizione interpretativa, quella diplomatica e quella critica. Accanto alla possibilità di "navigare" entro le diverse forme del testo si aggiunge poi l'eventualità di strutturare un apparato a più livelli (che prenda le mosse dall'apparato genetico-evolutivo tradizionale) che raccolga, accanto all'indicazione della variante trasmessa dai diversi testimoni, una serie di informazioni di natura critica, interpretativa, storica, linguistica, cioè un apparato di commento in cui è l'utente che sceglie a quale livello vuole condurre l'analisi. La possibilità è quindi di visualizzare, utilizzando criteri di rappresentazione variabili, per ogni lezione, la corrispettiva tràdita da uno o più testimoni e per ciascuna riportare il contesto esteso del testo che la tramanda; rimandare da un nome di persona alla biografia relativa; descrivere un evento storico; sciogliere il significato di un vocabolo; definire il significante grammaticale, retorico, stilistico di una sezione. Si pensi poi alla possibilità di affiancare alla trascrizione elettronica il corrispettivo originale (cioè il documento) in formato digitale (indispensabile per quelle tradizioni ove i testimoni siano rappresentati da fonti primarie come manoscritti, incunaboli o cinquecentine). La presenza dell'immagine digitale fornirebbe un *corpus* informazionale di estremo interesse per il paleografo o il codicologo.

Edizione Critica Ipertestuale dello Zibaldone Laurenziano (Pluteo XXIX.8) autografo di Giovanni Boccaccio. Materiali per un'edizione critica ipertestuale dello Zibaldone: http://rmcisadu.let.uniroma1.it/boccaccio/

Si tratta di uno dei pochissimi esempi di edizione critica ipertestuale, vale a dire non solo un testo elettronico ma una vera e propria edizione critica con testo in versione diplomatica, interpretativa e critica, corredato dalle immagini e codificato in SGML, con impiego di quei marcatori *ad hoc* per l'interpretazione dei segni del manoscritto: segni della messa in pagina, segni della scrittura e segni dell'editore (i marcatori utilizzati per codificare questi fenomeni testuali sono accessibili dal sito).

L'ipertesto in versione HTML è strutturato in: 1) Testo dello *Zibaldone* (considerato come una serie di cinquantadue segmenti testuali, ciascuno corrispondente a un file codificato secondo i criteri dello Standard Generalized Markup Language, denominato secondo il numero delle carte dello *Zibaldone*); 2) Bibliografia delle descrizioni del Ms.; 3) Bibliografia delle Edizioni, a stampa e manoscritte; 4) Bibliografia critica.

Il testo dell'*Elegia di Costanza* (cc. 60r-60v, corrispondente nell'Indice al segmento n. 25) è stato oggetto di una dimostrazione e dunque si presenta già nella forma che dovrebbe assumere l'edizione ipertestuale: a partire dall'Edizione Diplomatica Codificata del Ms., è possibile il rinvio all'immagine del manoscritto autografo, nonché a quella di suoi segmenti ingranditi (per gruppi di cinque versi).

Progetto Pico: http://www.brown.edu/Departments/Italian_Studies/pico/
Progetto realizzato in collaborazione fra l'Università di Bologna e la Brown University di Providence (USA). Il Progetto-Pico/Pico-Project si offre come uno strumento integrale di lettura e di interpretazione del testo del *Discorso sopra la dignità dell'uomo* (*Oratio de hominis dignitate*) di Pico della Mirandola di cui è riprodotta la versione elettronica del testo originale, rappresentato dalla prima edizione a stampa (Bologna 1496). Il sito riporta il testo del *Discorso* in italiano-latino e in italiano-inglese (entrambi i casi con testo a fronte) corredato da apparato critico interattivo e da una banca dati di immagini dell'*editio princeps*, dei due incunaboli (Brunense e Bononiense, entrambi del 1498) e dell'*Apologia*.

2.3 L'edizione come database

Il problema di tradizioni complesse, rappresentate da una molteplicità di interventi testuali e paratestuali (glosse e *marginalia*), sia d'autore sia di mano diversa, consente di pensare a forme differenti di organizzazione dei testimoni di un testo. In questo senso Dino Buzzetti suggerisce l'idea di un'edizione come database, vale a dire una raccolta delle fonti in forma di archivio. Questo significa strutturare l'informazione trasmessa da una fonte come i campi di una base di dati, vale a dire interpretare le istanze di contenuto, organizzandole come recipienti di dati dove i record sono costituiti dall'informazione stessa. Per portare un esempio pratico: supponiamo di dover strutturare l'informazione trasmessa da una raccolta epistolare. È facile individuare come campi strutturabili nel database: il mittente, il destinatario, la data (topica e cronica), l'oggetto della lettera. Questi campi avranno come attributi i dati estrapolabili dalle lettere e ogni lettera costituirà quindi un record della base di dati.

Database Kleio: http://www.gwdg.de/kleio/
Il software KLEIO, sviluppato da Manfred Thaller del Max Planck Institut di Göttingen, ha rivoluzionato il sistema delle applicazioni computazionali nell'ambito della ricerca storica.

Attuando il principio di "source-oriented data processing", cioè di eleborazione dei dati partendo dalla fonte, ovvero di analisi della sorgente come portatrice di informazione, KLEIO fornisce una gamma di strumenti specializzati che permettono di conservare l'integrità delle fonti d'origine e di manipolare il materiale.

L'elemento più interessante è l'associazione del testo della fonte in formato elettronico e la corrispettiva porzione di immagine digitale.

3. Altri strumenti utili

3.1. Cd-rom-collezioni

BNI - Bibliografia Nazionale Italiana
Bibliografia Nazionale Italiana, ICCU, I.E. Bibliografica, Milano 1994.
La Bibliografia Nazionale Italiana contiene la descrizione delle oltre 450 000 pubblicazioni edite e/o prodotte in Italia dal 1958 a oggi e soggette a consegna, a norma di legge, alla Biblioteca Nazionale Centrale di Firenze. Sono disponibili venti chiavi di accesso ai dati (tra cui autore personale, autore collettivo, titolo e complementi del titolo, luogo e anno di edizione, collezione, editore, paese e lingua, codice CDD, descrizione CDD, edizione CDD, soggetti, tipo di pubblicazione, ISBN/ISSN) e liste di aiuto.

Illustrated incunabula short-title catalogue
The illustrated ISTC on cd-rom: the illustrated incunabola short title catalogue on cd-rom-Reading [ecc.]: Primary source media, [Londra]: in association with The British Library c1996.
Edizione su cd-rom del catalogo degli incunaboli compilato a partire dal 1980, a cura della British Library: oltre ventottomila registrazioni bibliografiche di incunaboli attualmente conservate in più di tremila biblioteche di tutto il mondo, integrate da diecimila immagini che riproducono in formato facsimilare una selezione delle pagine dei volumi originali. È possibile la ricerca, anche combinata, per autore, titolo, stampatore, luogo di stampa, data (anche con giorno, mese e anno), formato, lingua, riferimenti bibliografici, ubicazione ecc.

Iter Italicum
di Paul Oskar Kristeller, versione elettronica a cura di Luciano Floridi, E.J. Brill, Leiden [ecc.] 1995. Il più completo ed esteso catalogo di manoscritti umanistici e rinascimentali conservati nelle biblioteche e nelle raccolte di tutto il mondo. Curato da Paul O. Kristeller e pubblicato nell'edizione a stampa fra il 1963 e il 1992. L'edizione elettronica, che è possibile consultare per mezzo di una gamma molto ampia di chiavi di ricerca, è curata da Luciano Floridi del Wolfson College di Oxford.

La "Grande Letteratura Einaudi"
10 cd-rom (ediz. Einaudi)
Riproduce in versione elettronica il notevole *corpus* della *Letteratura Italiana* della Einaudi. Sia versioni testuali delle opere (un *corpus* di 352 testi integrali) sia saggi su autori e opere, epoche storiche e generi letterari navigabili in un ambiente ipertestuale e multimediale. 3356 voci ricavate dal *Dizionario degli autori e delle opere* di Alberto Asor Rosa completano l'enciclopedia. Ogni cd è poi corredato da un dizionario di metrica e da un apparato di tavole cronologiche. Interessante la sezione delle immagini: 350 esempi, fra manoscritti antichi, frontespizi originali ecc., a corredo dei testi.

Poetria Nova
SISMEL, Edizioni del Galluzzo, Florence 2001
Un repertorio di testi poetici del Medioevo latino prodotti in Europa fra il VII e il XIII secolo (650-1250). All'archivio della poesia medievale latina è collegato quello della poesia romana (età arcaica, classica e tardoromanica), abbracciando il dominio letterario dal 204 a.C. circa al 1264 d.C., per un totale di novecentomila versi.

3.2 Siti Web: gli OPAC

L'Istituto Centrale per il Catalogo Unico delle biblioteche italiane e per le informazioni bibliografiche (ICCU) è stato creato con il compito di catalogare l'intero patrimonio bibliografico nazionale.

Questo obiettivo è oggi perseguito grazie alla cooperazione tra le biblioteche, anche di diversa titolarità amministrativa, a garanzia dello sviluppo di servizi di uguale livello su tutto il territorio nazionale. Risultato di tale cooperazione è la realizzazione del Servizio Bibliotecario Nazionale (SBN), la rete informatizzata di servizi nazionali alla quale sono collegate biblioteche dello stato, degli enti locali e delle università, che contribuiscono alla creazione del catalogo collettivo nazionale in linea gestito dall'Istituto.

Nell'intento di migliorare la conoscenza delle raccolte bibliografiche e di semplificarne l'accesso, l'Istituto promuove e coordina censimenti nazionali dei manoscritti, delle edizioni italiane del XVI secolo, delle biblioteche presenti in Italia. A supporto dell'attività di catalogazione delle biblioteche, l'Istituto ha la responsabilità di indirizzare, produrre, adattare alla realtà italiana e diffondere le norme standard per la catalogazione delle diverse tipologie di materiali: dai manoscritti ai documenti multimediali.

L'Istituto esplica funzioni di coordinamento (nel rispetto delle autonomie delle biblioteche) nell'ambito del Servizio Bibliotecario Nazionale e dei progetti di catalogazione realizzati mediante l'utilizzo delle nuove tecnologie dell'informazione. Moltissime biblioteche stanno progressivamente trasferendo i loro cataloghi in banche dati digitali, mettendoli a disposizione via Internet, di solito gratuitamente. Tali cataloghi sono chiamati anche OPAC (On-line Public Access Catalog, ossia catalogo in linea accessibile pubblicamente).

I cataloghi *on-line* offrono grandi vantaggi: possono essere consultati da qualsiasi computer connesso in rete, in tutto il mondo, senza bisogno di recarsi fisicamente nelle rispettive biblioteche; permettono di cercare gli stessi libri in molte biblioteche, in breve tempo o anche contemporaneamente. Non tutte le biblioteche, però, hanno provveduto alla catalogazione automatica e quindi possiedono solo il tradizionale catalogo cartaceo a schede. Inoltre, anche nelle biblioteche dotate di un catalogo in linea, i volumi acquisiti prima della sua introduzione (che costituiscono il cosiddetto "pregresso") non vi sono sempre compresi.

Gruppi di biblioteche che dipendono da uno stesso ente (per esempio un'università o una provincia), o che sono in qualche modo accomunate, possono cooperare per creare *cataloghi collettivi* in linea, nei quali si trovino tutti insieme i volumi posseduti dalle diverse biblioteche. In questo caso, con una singola ricerca si troverà se un'opera è posseduta da qualcuna delle biblioteche partecipanti al catalogo. Alcune biblioteche registrano le loro opere solo all'interno di un OPAC collettivo, mentre altre hanno anche un proprio OPAC, interrogabile separatamente. Consultando un catalogo *on-line*, dunque, è importante rendersi conto di che cosa esso effettivamente contenga: quali biblioteche comprenda e a partire da che anno e con quali criteri le opere siano state catalogate.

SBN (Servizio Bibliotecario Nazionale): http://opac.sbn.it/
Il Servizio Bibliotecario Nazionale (SBN) è la rete delle biblioteche italiane promossa dal Ministero per i beni e le attività culturali con la cooperazione delle regioni e dell'università. Aderiscono a SBN biblioteche statali, di enti locali, universitarie, di accademie e istituzioni pubbliche e private operanti in diversi settori disciplinari.

Obiettivo comune è quello di superare la frammentazione delle strutture bibliotecarie, per fornire un servizio di livello nazionale che si basi sulla gestione di un catalogo collettivo *on-line* e sulla condivisione delle risorse ai fini dell'accesso ai documenti.

L'utente può consultare le "basi dati" Libro moderno, Libro antico e Musica interrogando l'OPAC SBN via Internet (Base dati Indice [libro moderno], Base dati Indice [libro antico], Base dati beni musicali, Base dati anagrafe delle biblioteche italiane).

Associazione Italiana Biblioteche (OPAC italiani): http://www.aib.it/aib/lis/opac1.htm
Sono disponibili in questo sito *link* a utili risorse: un repertorio dei cataloghi di biblioteche italiane disponibili via Internet; un repertorio di periodici posseduti da biblioteche italiane; un repertorio di risorse elettroniche su cd-rom ad accesso locale (possedute da biblioteche italiane); una guida per il pubblico all'utilizzo dei cataloghi in linea; indicazioni bibliografiche su alcuni testi relativi a OPAC, metaOPAC (strumenti che permettono di interrogare numerosi OPAC contemporaneamente), biblioteche virtuali e relativi repertori.

EDIT 16-Censimento Nazionale delle Edizioni Italiane del XVI secolo: http://edit16.iccu.sbn.it/
Il Censimento delle Edizioni Italiane del XVI secolo EDIT16 ha lo scopo di documentare la produzione italiana a stampa del XVI secolo e di effettuare una ricognizione del patrimonio posseduto a livello nazionale. Contiene edizioni stampate tra il 1501 e il 1600 in Italia, in qualsiasi lingua, e all'estero in lingua italiana.

Al Censimento partecipano attualmente circa milleduecento biblioteche italiane, la Biblioteca statale della Repubblica di San Marino e alcune biblioteche appartenenti allo stato della Città del Vaticano tra cui la Biblioteca Apostolica Vaticana.

EDIT16 contiene, oltre alle informazioni sulle edizioni, anche notizie su autori, editori, titoli uniformi e marche tipografiche di cui offre anche le immagini digitalizzate. La ricerca pertanto può essere effettuata anche su autori, editori e marche (per esempio editori che hanno utilizzato una certa marca, o quelli che hanno avuto attività in un certo luogo e in un certo anno oppure marche che abbiano uno stesso motto ecc.).

Promosso dall'ICCU (Istituto Centrale per il Catalogo Unico delle biblioteche italiane e per le informazioni bibliografiche, Roma) allo scopo di far seguito all'IGI (*Indice Generale degli Incunaboli delle Biblioteche d'Italia*, Roma 1943-1981) per la creazione di una bibliografia nazionale retrospettiva. A tutt'oggi sono stati restituiti all'ICCU i tabulati relativi agli autori con lettere A-G, ed è in fase di controllo il tabulato della lettera H. L'ICCU, dopo aver confrontato i dati inviati dalle biblioteche, pubblica periodicamente i volumi per ogni lettera (attualmente: A-C) in forma di *Short-Title* e ha in programma per il futuro di riversare le notizie nell'archivio in linea del Servizio Bibliotecario Nazionale. Di pari passo con il Censimento, la Biblioteca ha avviato la catalogazione delle proprie cinquecentine con il metodo ISBD (A) (International Standard Bibliographic Description for Older Monographic Publications, Antiquarian), operando il recupero e l'identificazione degli esemplari attraverso le vecchie schede dei cataloghi Topografico e Autori, e le indicazioni manoscritte che si trovano nei registri del Fondo Antico.

I manoscritti in SBN: http://www.iccu.it/docmano.htm
«L'ICCU, nell'intento di tutelare e far conoscere il patrimonio manoscritto conservato nelle biblioteche italiane, in collaborazione con gli istituti bibliotecari e universitari, ha stabilito e diffonde standard per la documentazione bibliografica e la catalogazione del libro manoscritto».

Per l'attuazione di queste attività ha realizzato due software: il primo denominato *BibMan*, per la costituzione di una base dati bibliografica relativa ai manoscritti e il secondo, *MANUS*, per la loro catalogazione.

3.3 I repertori *on-line*

Biblioteche virtuali in lingua italiana: http://www.alice.it/virtual/net.vir/vnetita.htm
Questa sezione elenca e descrive le biblioteche virtuali in lingua italiana. Sono progetti italiani che si propongono di digitalizzare il patrimonio letterario nazionale e di renderlo disponibile in rete. In ogni caso si possono trovare all'interno delle biblioteche anche proposte di testi stranieri.

Crilet-Risorse e servizi per la letteratura: http://crilet.let.uniroma1.it/humcat/online.htm
Una pagina realizzata nell'ambito dell'importante sito del CRILET (Centro Ricerche Informatica e Letteratura) che fornisce un'egregia classificazione delle risorse e dei servizi *on-line* utili per gli studiosi di italianistica (Le Università e le istituzioni culturali, Le basi di dati *on-line*, I Testi *on-line*, Per le biblioteche e i bibliotecari, Elenchi, guide e *directory*, Lavori creativi, Riviste elettroniche ed e-zines, SGML, XML e HTML, Software per il trattamento di testi, Le *Mailing lists* dedicate alla letteratura).

Dante Alighieri: A Guide to Online Resources: http://orb.rhodes.edu/encyclop/culture/lit/Italian/Danindex.html
Curato da Otfried Lieberknecht. Ottima sintesi delle risorse dantesche esistenti in Internet, incluso un elenco critico dei testi elettronici delle opere di Dante disponibili in rete.

Ipertesti: http://ipertesi.url.it/siti/sitifram.htm
Elenco di siti utili per lo studio della letteratura italiana e delle letterature straniere. Ogni sito è brevemente descritto ed è un *link* diretto alla risorsa.

Rassegna degli strumenti informatici per lo studio dell'antichità classica: http://www.economia.unibo.it/dipartim/stoant/rassegna1/intro.html
Ottimo sito a cura di Alessandro Cristofori (Dipartimento di Storia Antica, Università di Bologna): si propone di offrire una guida ai nuovi strumenti a disposizione di studenti e studiosi del mondo classico, con brevi descrizioni e valutazioni e accesso diretto alle risorse disponibili *on-line*. La rassegna è articolata in *Gateways* e guide, Fonti Letterarie (su supporto magnetico e *on-line*, con elenco dei siti per ogni autore greco e latino), Fonti epigrafiche, Fonti papiracee, Fonti numismatiche, Documentazione archeologica e immagini, Riviste elettroniche, Materiali didattici, Le strutture della ricerca (strutture accademiche), Gruppi di discussione, Informazioni (lavoro, librai, convegni, indirizzari), Musei e mostre, altre risorse elettroniche organizzate per soggetto (per esempio sull'Antichità Italiche, Antropologia, Paleografia, Retorica, Storia del Cristianesimo, Storia della filosofia antica ecc.), Software, Glossario e un Indice Alfabetico.

Siti di Letteratura italiana nel mondo: http://151.100.20.127/occhio.htm
Elenco di siti italiani e stranieri dedicati alla letteratura italiana.

Strumenti utili per il classicista: http://www.classics.unibo.it/ (Link "Strumenti Informatici")
Il sito del Dipartimento di Filologia classica dell'Università di Bologna propone un'interessantissima sezione dedicata agli "strumenti informatici" per lo studio del classico. La navigazione avviene per "macrosezioni" dalle quali si accede a *link* ulteriori che rimandano direttamente alla spiegazione della risorsa in oggetto (molte banche dati sono state classificate e accuratamente descritte) o al sito che della risorsa si occupa: principali rassegne generali, banche dati bibliografiche, banche dati testuali, font e altre *utilities* per il classicista

(molto utile per il recupero dei font che non sono installati in un normale computer), altre risorse *on-line* (testi, riviste elettroniche, tradizione manoscritta, teatro, storia della filologia classica, enti e istituzioni).

È anche disponibile dal Dipartimento il servizio Ultra*Net, cioè la consultazione *on-line* delle banche dati dell'Università di Bologna.

Bibliografia consigliata

d'Arco Silvio Avalle, *Principi di critica testuale*, Antenore, Padova 1978.

La pratique des ordinateurs dans la critique des textes, Colloque International du CNRS, nr. 579, Paris 29-31 mars 1978, Editions du CNRS, Paris 1979.

Lessicografia, filologia e critica, a c. di Giuseppe Savoca, Atti del convegno internazionale di studi, Catania-Siracusa 26-28 aprile 1985, Olschki, Firenze 1986.

Tito Orlandi, *Problemi di codifica e trattamento informatico in campo filologico*, in *Lessicografia, filologia e critica*, cit.

Giuseppe Gigliozzi (a c. di), *Studi di codifica e trattamento automatico di testi*, Bulzoni, Roma 1987.

Giovanni Adamo, *La codifica come rappresentazione. Trasmissione e trattamento dell'informazione nell'elaborazione automatica dei dati in ambito umanistico*, in Giuseppe Gigliozzi (a c. di), *Studi di codifica e trattamento automatico di testi*, cit.

Raul Mordenti, *Appunti per una semiotica della trascrizione nella procedura ecdotica computazionale*, in Giuseppe Gigliozzi (a c. di), *Studi di codifica e trattamento automatico di testi*, cit.

Tito Orlandi, *Informatica umanistica. Riflessioni storiche e metodologiche con due esempi*, in Giuseppe Gigliozzi (a c. di), *Studi di codifica e trattamento automatico di testi*, cit.

Alfredo Stussi, *Nuovo avviamento agli studi di filologia italiana*, il Mulino, Bologna 1988.

Giovanni Adamo (a c. di), *Trattamento, edizione e stampa di testi con il calcolatore*, Bulzoni, Roma 1989.

Tito Orlandi, *Informatica umanistica*, La Nuova Italia Scientifica, Roma 1990.

Raul Mordenti, *Oltre il gesto della moglie di Lot: esperienze e proposte di uso dell'informatica per l'edizione critica*, in *Récit et informatique*, textes réunis par Claude Cazalé Bérard, Actes de la journée d'études, Centre de Recherches en Langue et Littérature Italiennes, Université de Paris X-Nanterre, 9 décembre 1989, Éditions de l'Espace Européen, La Garenne-Colombes 1991.

Dino Buzzetti, Paolo Pari e Andrea Tabarroni, *Libri e maestri a Bologna nel XIV secolo: un'edizione come "database"*, in "Schede Umanistiche", n.s. II, II (1992).

Ennio Presutti, *Calcolatori e Scienze umane*, Etas Libri, Milano 1992.

Raul Mordenti, *Informatica e filologia*, in *Calcolatori e Scienze umane*, cit.

Luca Toschi, *L'archivio elettronico "C. Goldoni": un caso di filologia applicata*, in Ennio Presutti, *Calcolatori e Scienze umane*, cit.

Giuseppe Gigliozzi, *Letteratura, modelli e computer. Manuale teorico-pratico per l'applicazione dell'informatica al lavoro letterario*, Euroma, Roma 1993.

Giovanni Adamo, *Bibliografia di informatica umanistica*, Bulzoni, Roma 1994.

Macchine per leggere. Tradizioni e nuove tecnologie per comprendere i testi, Atti del convegno, Fondazione Ezio Franceschini, Centro italiano di studi sull'alto medioevo, Spoleto 1994.

Fabio Ciotti, *Il testo elettronico. Memorizzazione, codifica ed edizione*, in *Macchine per leggere. Tradizioni e nuove tecnologie per comprendere i testi*, cit.

Littérature et informatique. Littérature générée par ordinateur, textes réunis par Alain Vuillemin et Michel Lenoble, Artois Presses Université, Artois 1995. Si legge anche all'indirizzo: http://www.refer.org/littinfo.

Lorenzo Perilli, *Filologia Computazionale*, Contributi del Centro Linceo Interdisciplinare "Beniamino Segre", n. 93, Accademia nazionale dei Lincei, Roma 1995.

Dino Buzzetti, *Il testo "fluido". Sull'uso dell'informatica nella critica e nell'analisi testuale*, in *Filosofia e infor-*

matica, a c. di Luciano Floridi, Atti del primo incontro italiano sulle applicazioni informatiche e multimediali nelle discipline filosofiche, Paravia, Torino 1996.

Mario Ricciardi (a c. di), *Lingua letteratura computer*, Bollati Boringhieri, Torino 1996.

Aurelio Roncaglia, *Procedimenti formali e "divinatio" nell'ecdotica*, in Mario Ricciardi (a c. di), *Lingua letteratura computer*, cit.

Giuseppe Gigliozzi, *Il testo e il computer. Manuale di informatica per gli studi letterari*, Bruno Mondadori, Milano 1997.

Patrizia Nerozzi Bellman (a c. di), *Internet e le Muse*, Mimesis, Milano 1997.

Claude Cazalé Bérard, Raul Mordenti, *La costituzione del testo e la "comunità degli interpreti" : libertà e responsabilità del critico/editore/ermeneuta in ambiente elettronico inter-attivo*, in Patrizia Nerozzi Bellman (a c. di), *Internet e le Muse*, cit.

Fabio Ciotti, *Testo, rappresentazione e computer. Contributi per una teoria della codifica informatica dei testi*, in Patrizia Nerozzi Bellman (a c. di), *Internet e le Muse*, cit.

Gino Roncaglia, *Alcune riflessioni su edizioni critiche, edizioni elettroniche, edizioni in rete*, in Patrizia Nerozzi Bellman (a c. di), *Internet e le Muse*, cit.

Alberto Cadioli, *Il critico navigante, saggio sull'ipertesto e la critica letteraria*, Marietti, Genova 1998.

George P. Landow, *L'ipertesto. Nuove tecnologie e critica letteraria*, Bruno Mondadori, Milano 1998.

Indice dei termini filologici

Avvertiamo che l'Indice è funzionale alla "Sezione metodologica" di questo volume: senza aspirare alla completezza, spiega i vocaboli più tecnici presenti in quel capitolo. Abbiamo perciò raccolto sotto un'unica voce lemmi analoghi o complementari, evidenziandoli in grassetto, come nel corpo del testo.

Anepigrafo: testo privo di intitolazione.

Anisosillabismo: misura imperfetta (ipermetra o ipometra) delle sillabe nell'ambito del verso "chiuso".

Anonimo (**adespoto**): testo privo di indicazione d'autore.

Antigrafo: esemplare da cui si ricava una copia dell'opera.

Apografo: copia dell'opera.

Apparato critico: serie di annotazioni, poste a piè di pagina o in coda al volume, dove l'editore critico raccoglie informazioni intorno alla tradizione dell'opera, sia essa di copia o d'autore. Apparato **sincronico** è l'apparato che fa capo a una tradizione di copia; **diacronico** (**genetico** o **evolutivo**), quello che documenta il processo elaborativo della tradizione d'autore. Apparato **positivo** è quello che accanto alle lezioni rifiutate, accoglie anche quelle promosse a testo; apparato **negativo** quello che registra solo le varianti respinte.

Archetipo: capostipite perduto della tradizione superstite, dimostrato dall'esistenza di almeno un errore significativo comune a tutta la tradizione.

Archetipo in movimento: situazione stemmatica che si determina quando la tradizione non sia riconducibile a un archetipo unico, ma a un capostipite che è incorso in correzioni o guasti, o addirittura conserva relitti di più stesure originali.

Autografo: copia dell'opera di mano dell'autore.

Avantesto: nel processo di scrittura dell'opera, ciò che precede la forma definitiva, di norma testimoniato da "materiali" d'autore.

Bibliografia testuale: traduzione dell'espressione inglese *Textual Bibliography*, indica il complesso di competenze (bibliografiche e filologiche) necessarie a pubblicare un testo sulla base di sole testimonianze a stampa.

Bifidismo o **bipartitismo**: all'interno dello *stemma codicum*, distribuzione dei testimoni in due ramificazioni principali, a partire dall'archetipo.

Canone: all'interno dello stemma, lo «schema per la scelta fra le varianti» (Inglese).

Capostipite (o **subarchetipo**): testimone intermedio della tradizione, a capo di una famiglia.

Carta: l'unità minima del documento scritto, che si ottiene piegando a metà il foglio; quest'ultimo, a sua volta, può essere riunito in fascicoli. Di norma la carta comprende il *recto* e il *verso*, cioè assomma a due facciate.

Censimento: raccolta di tutte le fonti, o testimoni, di un'opera.

Cinquecentina: edizione del XVI secolo.

Classificazione: nel corso della *recensio*, è la distribuzione genealogica dei testimoni, resa possibile dalla constatazione di errori significativi, all'interno di uno stemma, o albero genealogico.

Codex optimus: il manoscritto ritenuto a vario titolo (antichità, completezza ecc.) il più attendibile della tradizione, che perciò è a volte posto a fondamento dell'edizione. Si identifica in sostanza con il *bon manuscrit*, mentre non coincide con l'autografo.

Codice: di solito formato da più carte, suddivise in fascicoli, è il manoscritto (a volte, per estensione, anche la stampa).

Codicologia: la disciplina che si applica alla storia e alle caratteristiche interne ed esterne del manoscritto (antico e moderno), e non ai suoi contenuti.

Collatio: operazione della *recensio* che pone a confronto le lezioni dei diversi testimoni per verificarne la coincidenza o la diversità.

Conciero: un restauro apocrifo (perché eseguito dal copista), che ha verosimiglianza testuale.

Congettura: ipotesi di restauro del testo, non fondata sui dati della tradizione. È il risultato della *divinatio* dell'editore critico.

Constitutio* (*restitutio*) *textus: la fissazione del testo dell'originale.

Contaminazione (o trasmissione, tradizione orizzontale): dipendenza di un testimone non da un solo antigrafo (trasmissione verticale), ma da più esemplari appartenenti a gruppi o famiglie diverse (trasmissione orizzontale).

Copista o **amanuense**: colui che, in un manoscritto, ha materialmente redatto il testo.

Criteri interni: operazioni che, esulando dalla legge di maggioranza lachmanniana, procedono alla scelta fra varianti sulla base della superiore difficoltà testuale (*lectio difficilior*), o della più accentuata verosimiglianza stilistica (*usus scribendi*) di una rispetto alle altre.

Crux desperationis: segnale che indica che il testo è, in quel luogo, apparso insanabile all'editore.

Descrizione: nell'edizione critica, ragguaglio degli elementi codicologici (esterni) di un manoscritto o di una stampa; tavola ne è invece la presentazione dettagliata dei contenuti, testo dopo testo.

Diffrazione: luogo che, nella tradizione di un testo, presenta la concorrenza di lezioni tutte diverse l'una dall'altra. Si definisce inoltre "in presenza" se, fra le lezioni concorrenti, compare anche quella genuina; "in assenza" nel caso contrario.

Ecdotica o **critica del testo**: la scienza storica che presiede al recupero critico dell'originale di un'opera.

Editio princeps: la prima edizione, antica o moderna, di un'opera.

Editio variorum (o collettore di varianti): copia dell'opera che conserva, oltre al testo base, anche lezioni alternative che convivono come varianti.

Editore o **curatore**: in filologia, lo studioso responsabile dell'edizione critica.

Edizione critica: somma delle operazioni volte a pubblicare criticamente il testo, e prodotto di quelle operazioni.

Edizione diplomatica (e **semidiplomatica**): edizione di un manoscritto trattato alla stregua di un documento d'archivio (ne vengono cioè conservate tutte le caratteristiche grafiche, compresi gli errori; vi si possono compiere alcuni minimi interventi di ammodernamento, come lo scioglimento delle abbreviazioni).

Edizione interpretativa: più dell'edizione diplomatica, impone una essenziale interpretazione del testo procedendo alla modernizzazione di alcune particolarità grafiche del manoscritto (divisione delle parole, introduzione di punteggiatura e segni diacritici, scioglimento delle sigle ecc.).

Eliminatio codicum descriptorum: eliminazione dallo stemma, ai fini della *restitutio textus*, dei testimoni che sono copia di altri, conservati.

Emendatio: l'operazione del correggere un testo, con gli strumenti della tradizione (*ope codicum*), o della congettura (*ope ingenii*).

Emendatio ope ingenii: vedi congettura, *iudicium*.

Errore: luogo dove il testo è corrotto rispetto alla volontà dell'autore. Si può distinguere in **poligenetico** e **monogenetico**; **significativo** o **guida**; **congiuntivo** o **separativo**.

Esemplare: copia di un'opera; ma anche antigrafo da cui è ricopiata (appunto "esemplata").

Esemplare ideale (***Ideal Copy***): in bibliografia testuale, somma di tutte le "forme" delle copie di una stessa emissione a stampa.

Examinatio: esame di tutte le lezioni del testo tràdito, alla ricerca di eventuali errori da sanare tramite *emendatio ope ingenii*.

Famiglia, sottofamiglia: in uno stemma, raggruppamento, o sotto-raggruppamento, di testimoni.

Filigrana: emblema impresso nello spessore del foglio nel corso della sua fabbricazione, che segnala la provenienza (cartiera) del foglio stesso.

Filologia d'autore: il complesso di operazioni che concernono l'edizione di un'opera sulla base di sue testimonianze autografe.

Fondo: di una biblioteca, pubblica o privata, di una fondazione ecc: raccolta di documenti, manoscritti o a stampa, che provengono da un medesimo donatore, o hanno una comune origine, o contengono materiali analoghi.

Fonema/grafema/allografo: un suono (fonema), e il modo (grefema) o i modi (allografi) con cui esso viene rappresentato.

Idiografo: copia dell'opera, non di mano dell'autore, ma vigilata interamente da lui, e perciò autenticata.

Incunabolo: edizione a stampa, pubblicata entro l'anno 1500.

Iudicium (***divinatio***): è il "giudizio" che guida l'editore nella *restitutio textus*, e che si rivela particolarmente determinante quando cessino le operazione "meccaniche" di edizione (*emendatio ope ingenii*).

Lacuna: porzione mancante del testo, da colmare o da segnalare nell'ambito dell'edizione critica.

Lectio difficilior: vedi Criteri interni.

Lectio singularis: in una tradizione di copia molto ricca e pluriarticolata, è la lezione che resta confinata a una testimonianza isolata, e che perciò si ritiene destituita di valore testuale.

Legge di maggioranza: operazione che consente, una volta fissato lo stemma, di scegliere, fra le varianti, quella documentata da un maggior numero di ramificazioni (o famiglie), indipendentemente dal numero dei testimoni di ciascuna di esse.

Lezione: il modo in cui è stato "letto" il testo; per estensione, luogo del testo che presenta una determinata forma.

Locus criticus (**luogo critico**): nella collazione, luogo del testo dove si verifica «il concentrarsi di errori significativi» (Balduino); che può essere perciò utile per eseguire un sondaggio ristretto della tradizione.

Macrotesto: l'unione significativa (per esempio nel canzoniere, o nel libro di racconti), di più microtesti, ovvero di singole cellule testuali (come il sonetto, o la novella spicciolata).

Manoscritto: il libro o il documento, antico o moderno, scritto a mano. Può essere formato anche da una sola carta.

Nota al testo: capitolo (o capitoli) dell'edizione, che contiene la dettagliata esposizione delle operazioni messe in atto dal curatore.

Originale: il testo definitivo dell'opera, posseduto (e in questo caso coincidente con l'autografo, l'idiografo o la stampa d'autore), o ricostruito dall'edizione critica. **Originale in movimento**: il caso in cui le condizioni della tradizione facciano sospettare un autografo che ha subìto nel tempo correzioni d'autore, o addirittura la presenza di più originali.

Paleografia: la disciplina che studia le grafie antiche in ogni loro aspetto, ricavandone anche indicazioni di ordine culturale sul testimone.

Pecia: nello *scriptorium* medievale, suddivisione dell'opera in fascicoli, per consentire la ricopiatura simultanea di più copie dell'opera.

Recensio: somma delle operazioni ecdotiche che, dal censimento all'*emendatio ope codicum*, precedono l'*emendatio ope ingenii*. ***Recensio aperta***: quando «la lezione dell'archetipo non si può fissare meccanicamente [...] ma si determina solo con il *iudicium*» (Pasquali).

Saut du même au même (salto dallo stesso allo stesso, pesce): lacuna prodotta dal salto visivo e logico (all'atto della ricopiatura) da un parola (o porzione di parola) alla stessa collocata a breve distanza nel testo. Il salto si produce perciò per omeoteleuto o per omeoarchia.

Scriptorium: scrittoio o "officina" di produzione del manoscritto. Per estensione, anche lo "studio" dell'autore, il luogo dove egli ha redatto l'opera.

Selectio: operazione di selezione fra le varianti.

Stemma (**albero genealogico**): rappresentazione grafica dei rapporti di parentela intercorsi fra i testimoni superstiti di un'opera; stemmatica è l'insieme delle regole che presiedono alla costituzione e all'impiego dello stemma.

Subarchetipo: capostipite di una famiglia.

Testimone o **fonte**: il manoscritto o la stampa che documentano un'opera.

Testo base (o **testo guida**): nella collazione, l'esemplare su cui si effettuano i confronti di lezione omotetica.

Testo critico: il testo che si ottiene dall'edizione critica.

Testo tràdito: il risultato dei processi di *recensio* (vale a dire il testo ricostruito dell'archetipo o dell'originale).

Tradizione: la trasmissione, antica o recente, di un'opera. Si può presentare come **diretta** o **indiretta**, **caratterizzante** (o **attiva**).

Tradizione plurima di copia: concerne di solito un'opera antica, trasmessa non da originali, ma da più testimoni tutti esemplati da copisti.

Tradizione popolare o **rielaborativa**: propria dei testi popolari, prevede che del testo "originario" si traggano copie fortemente differenziate, ciascuna delle quali finisce per rappresentare una diversa redazione dell'opera. È il caso, per esempio, dei cantari.

Usus scribendi: vedi Criteri interni.

Variante: nella tradizione di copia, luogo del testo dove la tradizione non manifesta unanimità di lezione, ma "innova" rispetto al testo base conservando verisimiglianza. In particolare la variante **adiafora** (o **ammissibile**) è una lezione a tutti gli effetti alternativa, che solo l'uso dello stemma o l'applicazione dei criteri interni di scelta possono promuovere a "vera", o respingere come "falsa". Nell'apparato d'autore, la variante è un'alternativa d'autore al testo, non necessariamente risolta: potrà essere **genetica** (cioè precedente la lezione definitiva), o **evolutiva** (cioè successiva alla lezione accolta a testo).

Vulgata (***Editio vulgata***, o ***Textus receptus***): il testo di un'opera, specialmente antica, così come è tramandato dalla tradizione, soprattutto a stampa, e senza un controllo effettivo della tradizione stessa.

Indice dei manoscritti

BERLINO
Staatsbibliothek

Hamilton 90, 13, 36, 48, 54, 121, 122, 126
Latino fol. 437, 31

FIRENZE
Biblioteca Medicea Laurenziana

XXIX. 8, 14
XXXIII. 31, 14
XLII. 1, 22, 122
XC. Inf. 37, 16
Acquisti e Doni 72, 57
Acquisti e Doni 224, 100
Acquisti e Doni 759, 116
Ashburnham 1234, 93
Gaddi rel. 71, 71
Martelli 12, 100
Rediano 9, 9, 30, 48, 67
S. Croce XXVI sin. 1, 27

Biblioteca Nazionale Centrale

II. II. 327 (B.R. 50), 14
II. IV. 163, 115
Magliabechiano VI. 143, 100
Magliabechiano VII. 1035, 72
Magliabechiano VIII. 1272, 115
Palatino 204, 16
Palatino 323, 13
Banco Rari 217 (già Palatino 418), 9, 21, 30, 67

Biblioteca Riccardiana

1035, 13
2723, 72

Archivio del Carmelo di Santa Maria degli Angeli e di Santa Maddalena de' Pazzi (Trespiano)

Frammento della Vita Nuova (Ca), 100

GRENOBLE
Bibliothèque Municipale

580, 31

MADRID
El Escorial
Real Biblioteca di San Lorenzo

Escorialense Latino e. III. 23, 9

MILANO
Biblioteca Ambrosiana

IV 1-22, 143

Biblioteca dell'Archivio Storico Civico e Trivulziana

Trivulziano 1058, 100
Trivulziano 1080, 55, 70
Trivulziano 1088, 31
Trivulziano 1094, 134, 137

MONTPELLIER
École de Médecine

H 438, 77, 93

PARIGI
Bibliothèque Nationale

Italiano 482, 14, 125
Italiano 554, 16

RAVENNA
Archivio Storico Arcivescovile

11518 ter, 38, 76

ROVIGO
Biblioteca dei Concordi

Silvestriano 289, 57

SIVIGLIA
Biblioteca Capitular

7. 1. 32, 54

TOLEDO
Biblioteca del Cabildo

Toledano 104. 6, 13
iano Latino 4001, 63

CITTÀ DEL VATICANO
Biblioteca Apostolica Vaticana

Barberiniano Latino 3953, 9
Barberiniano Latino 4001, 63
Capponiano 50, 63
Chigiano L. V. 176, 13, 100, 112
Chigiano L. VI. 213, 13
Chigiano L. VIII. 305, 9, 20, 98, 100
Vaticano Latino 3195, 12, 19, 22, 26, 48, 54, 85, 104, 105, 106, 110, 112
Vaticano Latino 3196, 12, 20, 22, 48, 108, 110
Vaticano Latino 3197, 105
Vaticano Latino 3199, 11, 13, 19
Vaticano Latino 3214, 20
Vaticano Latino 3793, 9, 20 29, 48, 49, 54, 63, 67, 77
Vaticano Latino 4823, 20, 63

VERONA
Biblioteca Capitolare

445, 100

Indice dei nomi

Abardo, Rudy 32
Adamo, Giovanni 186
Ageno Brambilla, Franca 35, 43, 55, 59, 61, 67, 68, 69, 72, 73, 76, 77, 78, 79, 84, 101, 123, 124, 126
Agostini, Nicolò 133
Alberti, Giovan Battista 76
Alberti, Leon Battista 16, 87
Albizzi, Franceschino degli 11
Albonico, Simone 40, 71, 83
Alfieri, Vittorio 36, 83
Alighieri, Dante 7, 9, 10, 11, 13, 14, 16, 20, 21, 27, 31, 33, 34, 35, 38, 41, 44, 47, 48, 52, 54, 55, 56, 57, 62, 69, 70, 73, 76, 79, 87, 88, 89, 90, *93-97*, *98-103*, 108, 120, 138, 158, 166, 171, 175, 177, 185
Alighieri, Jacopo 177
Allacci, Leone 23
Allegri, Mario 159, 161, 164
Almansi, Guido 89
Anceschi, Giuseppe 140
Andrea da Barberino 30
Angiolieri, Cecco 9
Anselmi, Gian Mario 7
Antonelli, Roberto 10, 40, 43, 48, 49, 57, 62, 66, 67, 68, 70, 71, 86, 113
Aquilano, Serafino 18
Aragona, Federico d' 16
Aretino, Pietro 136, 170
Ariosto, Ludovico 19, 21, 36, 41, 79, 83, 133, 137, 150
Arnone, Nicola 30
Ascoli, Graziadio Isaia 29, 30, 115
Asor Rosa, Alberto 43, 182
Auzzas, Ginetta 14
Avalle, d'Arco Silvio 10, 35, 42, 50, 72, 88, 186
Avellini, Luisa 39, 43

Baffo, Giorgio 170
Baldacchini, Lorenzo 48
Baldelli, Ignazio 40
Balduino, Armando 43, 57, 90, 116, 117, 119, 193
Bandini, Angelo Maria 24, 26
Barbarisi, Gennaro 145, 146, 147, 148
Barbi, Michele 7, 10, 14, 31, 32, 33, 34, 35, 36, 37, 42, 55, 62, 65, 70, 75, 78, 82, 84, 87, 88, 90, 94, 96, 98, 99, 100, 101, 102, 103, 121, 122, 124, 126, 149, 150
Barbieri, Giovanni Maria 23
Barolini, Teodolinda 171
Bartoli, Adolfo 30
Bartoli Langeli, Attilio 46, 47, 85
Bartolini, Lorenzo 20, 21
Bartolomeo di Iacovo da Valmontone 38, 89
Baruffaldi, Girolamo 25, 53, 89
Basile, Bruno 42
Basile, Tania 52
Bassani, Giorgio 47, 88
Battaglia Ricci, Lucia 121, 122, 126
Battelli, Carla 17
Beccadelli, Lodovico 20
Becherucci, Isabella 90
Beck, Friederich 98
Bédier, Joseph 33, 34, 70, 71, 72, 73, 90
Belli, Giuseppe Gioachino 170
Belloni, Gino 23, 126
Bellorini, Egidio 143
Beltrami, Pietro G. 86
Bembo, Pietro 13, 19, 20, 21, 39, 47, 83, 87, 88, 98, 105, 133
Bendinelli Predelli, Maria 119
Bentivogli, Bruno 7, 53
Berengo, Marino 32
Berisso, Marco 72, 86
Berni, Francesco 22, 133, 134, 135, 136, 137, 140
Berra, Claudia 23
Bertolini, Lucia 17
Bertoni, Alberto 86
Besomi, Ottavio 90
Bessi, Rossella 43, 76, 79, 83
Bettarini, Rosanna 36, 82, 105, 112, 113, 158, 159, 163, 164, 165, 166, 167
Biadene, Lorenzo 86
Bianchi, Enrico 12
Bigi, Silvia 53
Billanovich, Giuseppe 38, 46, 89, 90, 104, 113
Binni, Walter 142, 147
Bischoff, Bernard 46
Biscioni, Anton Maria 98, 127
Boccaccio, Giovanni 8, 9, 10, 11, 12, 13, 14, 15, 16, 20, 37, 43, 48, 54, 68, 70, 72, 78, 79, 88, 98, 100, 112, 114, *120-126*, 170, 171, 180
Boccalini, Traiano 89
Bodoni, Giambattista 142
Boiardo, Matteo Maria 18, 19, 27, 66, 75, 87, *133-140*
Bologna, Corrado 10, 43

Bonghi, Giuseppe 174
Bonomi, Francesco 175
Borghini, Vincenzio 21, 22, 23, 37, 122, 126
Borriero, Giovanni 10
Borromeo, Federigo 23
Bosco, Umberto 33, 56
Botticelli (Sandro Filipepi, detto il) 171
Bozzetti, Cesare 35, 73
Bracciolini, Poggio 173
Bragantini, Renzo 126
Branca, Vittore 13, 14, 16, 32, 35, 36, 42, 49, 72, 78, 119, 120, 121, 122, 123, 124, 125, 126, 170
Branca Delcorno, Daniela 72, 119
Brevio, Giovanni 20
Brugnolo, Furio 14, 113
Brunelleschi, Filippo 25
Bruni, Leonardo 16, 173
Bruscagli, Riccardo 133, 140
Buonaccorso da Montemagno il Giovane 88
Buonaccorso da Montemagno il Vecchio 88
Burchiello (Domenico di Giovanni, detto il) 8, 18, 24, *127-132*
Buzzetti, Dino 181, 186

Cadioli, Alberto 187
Calvino, Italo 47
Calvo, Marco 176
Camillo, Giulio 20
Campanella, Tommaso 89
Canfora, Luciano 63
Cangrande della Scala, signore di Verona 88
Cappelli, Antonio 46
Capponi, Giovanni d'Agnolo 125
Carducci, Giosue 25, 27, 28, 29, 30, 32, 36, 98, 104, 105, 142
Caretti, Lanfranco 35, 39, 82, 83, 143, 144, 147
Carrai, Stefano 66, 126
Caruso, Carlo 90
Casella, Mario 55
Casini, Tommaso 29, 30, 31, 98, 103
Castellani, Arrigo 49, 85
Castellani Pollidori, Ornella 40
Castelvetro, Lodovico 104, 177
Castets, Ferdinand 38, 93, 94, 96
Castiglione, Baldassarre 19, 79
Cavalcanti, Guido 39, 52, 73, 87, 89, 94
Cazalé Bérard, Claude 14, 186, 187
Cecchi, Emilio 132
Cecchini, Enzo 53, 62
Cecco d'Ascoli (Francesco Stabili, detto) 18
Cesarini Martinelli, Lucia 43
Chiari, Alberto 13, 36, 122
Chiorboli, Ezio 104, 105
Ciardi Dupré Dal Poggetto, Maria Grazia 126
Cicerchia, Niccolò 114
Cicerone, Marco Tullio 15
Cima, Annalisa 164, 165, 166
Cino da Pistoia (Cino Sighibuldi, detto) 11, 28, 52
Ciotti, Fabio 186
Clerici, Luca 147
Coglievina, Leonella 56
Colocci, Angelo 20, 63
Comboni, Andrea 7, 86
Comparetti, Domenico 29
Conti, Giusto de' 18, 22, 24, 47
Conti, Pierfrancesco de' 133
Contini, Gianfranco 34, 35, 36, 37, 38, 39, 40, 42, 55, 60, 66, 67, 68, 70, 71, 72, 76, 81, 82, 83, 84, 85, 86, 88, 89, 90, 93, 94, 96, 97, 101, 102, 105, 106, 107, 108, 113, 150, 157, 158, 159, 163, 164, 165, 166
Copinger, Walter Arthur 54
Corbinelli, Jacopo 22
Corti, Maria 35, 53, 166
Costantino I il Grande, imperatore 15
Covino, Sandra 32
Crescimbeni, Giovan Mario 24
Cristofori, Alessandro 185
Croce, Benedetto 28, 32, 33, 35, 133, 147, 150
Cudini, Piero 32
Cursetti, Mauro 94, 97
Curti, Luca 32

D'Ancona, Alessandro 27, 28, 29, 30, 31, 32, 98, 103, 115
D'Annunzio, Gabriele 36, 177
D'Auria, Elio 88
D'Iorio, Paolo 43, 81
D'Ovidio, Francesco 31, 115
Dain, Alphonse 46
Dalí, Salvador 171
De Rita, Giuseppe 171
De Robertis, Domenico 10, 14, 16, 23, 35, 42, 48, 51, 53, 55, 56, 75, 76, 80, 81, 87, 105, 110, 112, 113, 115, 116, 118, 119, 127, 132, 153, 156, 157, 164
De Robertis, Giuseppe 35, 36, 150, 159, 161
De Sanctis, Francesco 27, 33, 133, 142
De' Pasquali, Pellegrino 134
Debenedetti, Santorre 23, 34, 35, 79, 150
Delcorno, Carlo 68, 69

Della Torre, Arnaldo 95, 96
Delvigo, Maria Luisa 69
Di Benedetto, Arnaldo 96
Diez, Friederich 30
Dionisotti, Carlo 25, 27, 32, 134, 140
Domenichi, Ludovico 133
Donati, Forese 88
Doni, Anton Francesco 127
Doré, Gustave 171
Durant, Guillaume 94

Ebani, Nadia 39
Equicola, Mario 20
Ercole, Pietro 30
Esposito, Edoardo 147
Esposito, Enzo 147
Este, Leonello d' 25

Fahy, Conor 40, 47, 81
Fanfani, Pietro 122
Favati, Guido 73, 87
Felici, Lucio 177
Fenzi, Enrico 103
Feo, Michele 113, 173
Ferrand, Nathalie 43
Ferrari, Severino 28, 29, 105
Ferretti, Gian Carlo 54
Fiesoli, Giovanni 57
Filippi, Rustico 38, 94
Fink, Guido 89
Firpo, Luigi 78, 89
Flamini, Francesco 31
Floridi, Luciano 182
Folena, Gianfranco 14, 20, 35, 56, 85, 86, 105, 107, 157
Folengo, Teofilo 133
Folgore da San Gimignano 39, 94
Forni, Pier Massimo 126
Forti, Marco 158
Foschi, Franco 171
Foscolo, Ugo 25, 27, 34, 36, 38, 70, 79, 80, 137, 141, 150
Fränkel, Hermann 60
Francesco di Dino cartolaio 130
Francesco di ser Neri da Barberino 63
Franco, Niccolò 170
Frasso, Giuseppe 23, 112, 113
Frescobaldi, Matteo 28
Frigo, Anna 173
Fubini, Mario 86, 142, 147

Galeazzo di Tarsia 73
Galvani, Giovanni 21
Gaskell, Philip 81
Gavazzeni, Franco 157
Giacomo da Lentini (detto il Notaio) 48, 49, 62, 67
Gibellini, Pietro 147
Gigliozzi, Giuseppe 43, 186, 187
Ginzburg, Natalia 47
Giovanni del Virgilio 14, 88
Giunta, Claudio 10, 40, 69, 81, 162, 163, 164
Giunti, Camilla 7
Giunti, editori 21, 177
Gonelli, Lidia Maria 32
Gorni, Guglielmo 16, 32, 40, 43, 61, 66, 74, 75, 85, 86, 87, 90, 100, 101, 102, 103, 112, 113
Graf, Arturo 30
Gramigna, Giuliano 166
Gresti, Paolo 77
Grignani, Maria Antonietta 54
Grose, Philip 172
Gualteruzzi, Carlo 21
Guarino, Battista 173
Guicciardini, Francesco 19, 34, 70, 80, 150, 178
Guillaume de Lorris 93
Guittone d'Arezzo 11

Hain, Ludwig Friedrich Theodor 54
Harris, Neil 133, 134, 137, 140
Hollander, Robert 171

Inglese, Giorgio 43, 55, 59, 63, 71, 73, 82, 191
Isella, Dante 35, 79, 81, 83, 141, 142, 143, 144, 145, 146, 147, 163, 164, 165, 166, 167

Jacopo della Lana 171
Jacopone da Todi 18
Jannaco, Carmine 42
Jean de Meung 93

Kristeller, Paul Oskar 52, 182

Lachmann, Karl 28, 30, 34, *56-59*, 60, *69-71*, 75, 76, 79, 90
Landino, Cristoforo 16, 177
Landow, George P. 187
Lanza, Antonio 55, 56, 70
Lasca (Antonfrancesco Grazzini, detto il) 126
Latini, Brunetto 38, 89, 94
Lelj, Gianfranco 171
Lenoble, Michel 186

Leonardi, Lino 10, 43, 50
Leopardi, Giacomo 25, 26, 36, 41, 44, 54, 79, 80, 81, 83, 102, 104, 109, 135, *149-157*, 171, 176, 177
Leopardi, Paolina 153
Leporatti, Roberto 147, 148
Levi, Ezio 115, 116, 117, 118, 119
Libri, Guglielmo 93
Lieberknecht, Otfried 185
Livio, Tito 15
Lombardi, Maria Maddalena 38, 40, 157
Longin, Mauro 173
Longo, Nicola 147
Lucchini, Guido 32
Lucrezio Caro, Tito 56
Luzi, Mario 171

Maas, Paul 57, 61, 63, 65
Machiavelli, Niccolò 19, 38, 40, 100, 172
Macpherson, James 24
Macrì, Oreste 164
Madricardo, Silvia 126
Maffei, Scipione 24
Maggi Romano, Cristiana 36, 159, 162, 163, 164
Magliabechi, Antonio 23
Maiano, Dante da 21, 94
Mallarmé, Stéphane 173
Malpaghini, Giovanni 12, 54, 105
Mannelli, Francesco d'Amaretto 22, 121
Mannelli Goggioli, Maria 27
Manni, Domenico Maria 24
Manso, Giovan Battista 177
Manuzio, Aldo 17, 18, 19, 20, 47, 174, 176
Manzoni, Alessandro 36, 70, 80, 89, 90, 150
Maraschio, Nicoletta 85
Marchand, Jean-Jacques 52, 172
Marchese, Angelo 165, 167
Marino, Giambattista 36, 176, 177
Mariotti, Scevola 59
Marrocu, Luciano 27
Martelli, Mario 38, 40, 43, 76, 79, 83
Marti, Mario 87, 103
Massèra, Aldo Francesco 121, 122
Matarrese, Tina 140
Mazzatinti, Giuseppe 53, 96
Mazzoni, Francesco 55, 56
Mazzoni, Guido 28, 31, 42, 143
Mazzotta, Clemente 83
McClintock, Robert O. 171
Medici, Cosimo de' 21, 127
Medici, famiglia 127
Medici, Lorenzo de' (detto il Magnifico) 16, 52, 98
Mengaldo, Pier Vincenzo 35, 133, 140, 158, 164
Menichetti, Aldo 86
Mercuri, Roberto 179
Messina, Michele 128, 129, 132
Mestica, Giovanni 105
Meyer, Paul 30
Miggiani, Maria Giovanna 53
Migliorini, Bruno 85
Modigliani, Ettore 105
Molteni, Angela 172
Monaci, Ernesto 30
Montagnani, Cristina 133, 137, 138, 140
Montale, Eugenio 7, 8, 36, 54, 80, 88, *158-167*, 172
Montecuccoli, Raimondo 27
Montefeltro, Federico da 17
Monteverdi, Angelo 25
Monti, Vincenzo 170
Moore, Edward 33, 55
Mordenti, Raul 14, 180, 186, 187
Moroncini, Francesco 34, 44, 79, 83, 108, 149, 150, 151, 152, 153, 154, 156, 157
Morpurgo, Salomone 28, 31, 93
Muratori, Ludovico Antonio 24
Musatti, Maria Pia 54
Mussafia, Adolfo 29, 30, 32, 106, 115

Neri, Ferdinando 107
Nerozzi Bellman, Patrizia 187
Nolhac, Pierre de 26, 105
Novati, Francesco 30, 32, 115

Orcagna 127
Orlandi, Tito 186
Orsini, Fulvio 22, 23
Ossola, Carlo 40, 55, 81, 119, 161, 163, 164

Pagnotta, Linda 86
Palma di Cesnola, Maurizio 94, 97
Pancheri, Alessandro 14, 88
Panizzi, Antonio 27, 136, 137
Pantani, Italo 54
Paolino, Laura 108, 110, 111, 112, 113
Pari, Paolo 186
Parigino, Giuseppe 81
Parini, Giuseppe 8, 36, 79, 80, *140-148*
Paris, Gaston 29, 30
Parodi, Ernesto Giacomo 31, 33, 37, 84, 86, 94, 95, 96, 99, 100, 103
Pasci de' Bardi, Lippo 94

Pascoli, Giovanni 28, 36, 80
Pasolini, Pier Paolo 172
Pasquali, Giorgio 34, 42, 46, 57, 60, 65, 68, 70, 71, 72, 73, 134, 194
Pasquini, Emilio 7, 17, 23, 39, 43, 44, 56, 73, 90, 132, 171
Pavese, Cesare 47
Pelosi, Andrea 86
Pensis de Mandelo, Cristoforo 134
Perazzini, Bartolomeo 25
Perilli, Lorenzo 186
Peruzzi, Emilio 44, 83, 151, 152, 153, 156, 157
Petrarca, Francesco 8, 9, 10, 11, 12, 13, 15, 16, 19, 20, 21, 36, 37, 41, 43, 47, 48, 53, 54, 78, 79, 87, 88, 90, 98, *104-113*, 120, 138, 142, 146, 150, 172, 173, 176, 177
Petrocchi, Giorgio 37, 44, 55, 56, 59, 65, 73, 82, 171
Petrucci, Armando 14, 20, 46, 49, 105, 113, 141, 166
Piasi, Piero de 134, 135, 137, 138, 140
Picchi, Eugenio 176, 177
Piccolomini, Enea Silvio 173
Pico della Mirandola, Giovanni 12, 181
Picone, Michelangelo 14, 119
Pieraccioni, Dino 42, 57, 68
Pintaudi, Rosario 27, 32
Pirandello, Luigi 177
Poggi Salani, Teresa 85
Poliziano, Angelo 15, 16, 18, 19, 21, 28, 72, 74
Ponchiroli, Daniele 106, 113
Porta, Carlo 36, 170
Presutti, Ennio 186
Previtera, Luisa 158
Procaccioli, Paolo 177
Properzio, Sesto 56
Protonotaro, Stefano 23
Pucci, Antonio 24, 39, 94, 114, 115, 127
Pulci, Luigi 18
Pulsoni, Carlo 14, 23
Punzi, Arianna 86

Quadrio, Francesco Saverio 24
Quaglio, Antonio Enzo 44, 72, 100, 103, 171
Quentin, Henri 34, 56, 57, 60, 69, 70
Quondam, Amedeo 14, 20, 47, 48, 88, 140, 177

Raboni, Giovanni 166
Raimondi, Ezio 27
Rajna, Pio 10, 30, 31, 32, 33, 36, 39, 42, 98, 115
Ranieri, Antonio 149, 152
Redi, Francesco 23
Reina, Francesco 26, 143
Renier, Rodolfo 30, 32, 115
Resta, Gianvito 90
Reynolds, Leighton D. 46
Ricci, Pier Giorgio 13, 36, 55, 122, 126
Ricciardi, Mario 66, 187
Rico, Francisco 105
Rizzo, Silvia 16
Roddewig, Marcella 56
Romanò, Angelo 108, 110, 112, 113
Romano, Lalla 166
Romei, Danilo 176
Roncaglia, Aurelio 42, 66, 187
Roncaglia, Gino 187
Rosiello, Luigi 85
Rossi, Aldo 90
Rossi, Nicolò de' 9, 54
Rossi, Vittorio 31, 93
Rubbia, Carlo 174
Russo, Ferdinando 170
Russo, Luigi 147

Saba, Umberto 36, 158
Saccenti, Mario 32
Sadoleto, Francesco 21
Salgari, Emilio 90
Salutati, Coluccio 16, 30
Salviati, Leonardo 22
Sanguineti, Federico 39, 55, 56, 70
Sannazaro, Jacopo 79
Santagata, Marco 14, 20, 40, 48, 53, 88, 103, 105, 106, 113
Santoli, Vittorio 73
Sapegno, Natalino 132
Sarpi, Paolo 178
Savoca, Giuseppe 167, 186
Scaglione, Aldo 137
Scala, Flaminio 178
Scarlatti, Filippo 116
Scateni, Riccardo 174
Sciascia, Leonardo 173
Scotti, Mario 38, 40
Segni, Bardo 21
Segre, Cesare 23, 35, 39, 40, 41, 42, 71, 72, 76, 79, 81, 83, 85, 103, 113, 119
Sennuccio del Bene 11
Serdini, Simone, detto il Saviozzo 73
Sereni, Vittorio 36
Sigieri di Brabante 93
Singleton, Charles S. 36, 122, 126

Solimena, Adriana 86
Sorella, Antonio 81
Spaggiari, William 27, 137, 140, 148
Speroni, Gian Battista 71
Spira, Vindelino da 15, 105
Spongano, Raffaele 7, 35, 80, 88, 89, 142
Starita, Saverio 149
Starobinski, Jean 42, 126
Stoppelli, Pasquale 40, 47, 81, 177
Stussi, Alfredo 32, 35, 38, 40, 43, 64, 71, 76, 79, 81, 85, 86, 186

Tabarroni, Andrea 186
Tamburrino, Giuseppe 100, 103
Tasso, Torquato 19, 38, 89, 173, 177
Tassoni, Alessandro 106
Tavoni, Mirko 175
Tebaldeo, Antonio 18, 52
Tempio, Micio 170
Timpanaro, Sebastiano 17, 27, 57, 65, 72, 76
Tinucci, Niccolò 24, 52
Tiraboschi, Gerolamo 24
Tissoni Benvenuti, Antonia 25, 89, 133, 134, 136, 137, 138, 139, 140
Tizi, Marco 147
Tobler, Adolf 30, 115
Tomasi di Lampedusa, Giuseppe 88
Tomasi, Francesca 7, 169
Torri, Alessandro 100
Toscan, Jean 132
Toschi, Luca 186
Travi, Ernesto 87, 88
Trissino, Gian Giorgio 22
Trovato, Paolo 20, 40, 48, 84, 85, 89, 102, 103

Ubaldini, Federico 23, 108
Uberti, Fazio degli 18, 30
Ungaretti, Giuseppe 7, 8, 36, 80, *158-167*, 173

Valcieco, Raffaele 133
Valdizocco, Bartolomeo 19, 105
Valente, Massimiliano 172
Valéry, Paul-Ambroise 173
Valla, Lorenzo 15
Vandelli, Giuseppe 30, 33, 55
Varchi, Benedetto 22
Vasari, Giorgio 178
Vecchi Galli, Paola 7, 8, 53
Vela, Claudio 39, 83
Vellutello, Alessandro 177
Verdi, Giuseppe 178
Verga, Giovanni 36
Vespasiano da Bisticci 17
Vespignani, Francesco 115
Vettori, Piero 21
Vignuzzi, Ugo 40
Villani, Filippo 27
Villani, fratelli 22
Virgilio Marone, Publio 59
Vita Finzi, Paolo 88
Vitelli, Girolamo 32
Vuillemin, Alain 186

Weaver, Elissa 136, 140
Wilkins, Ernst H. 105, 113
Wilson, Nigel G. 46
Witte, Karl 26, 33, 55

Zaccarello, Michelangelo 127, 129, 131, 132
Zambrini, Francesco 28, 29, 114, 115, 116, 118, 119
Zampa, Giorgio 158
Zanato, Tiziano 75
Zanzotto, Andrea 166
Zenari, Massimo 87
Zeno, Apostolo 24
Zottoli, Angelandrea 137

Bentivogli , Bruno.

Filologia italiana / Bruno Bentivogli, Paola Vecchi Galli. – [Milano] : Bruno Mondadori, [2002].

208 p. ; 24 cm. - (Campus. Manuali).

ISBN 88-424-9538-7.

1. Filologia italiana. 2. Letteratura italiana. I. Vecchi Galli, Paola.

450.9

Scheda catalografica a cura di CAeB, Milano.

Ristampa | Anno
3 4 5 6 | 12

Stampato per conto della casa editrice
presso Fotoincisione Varesina, Varese